재미

콘텐츠 창작과 분석,
이해에 관한 개념

재미

— 콘텐츠 창작과 분석, 이해에 관한 개념 —

이현비 지음

지성사

일러두기

1. 소설을 비롯해 단행본으로 출간된 책은 『　』로, 작품(시, 그림, 노래, 영화) 제목과 논문은 「　」로, 신문과 잡지는 〈　〉로 구분했다. 단, 각주에서는 외국 서적과 신문, 잡지는 이탤릭체로, 논문은 큰따옴표로 구분했다.

2. 본문에 인용한 외래어 표기는 국립국어원의 표기 원칙에 따랐다. 다만, 인명 가운데 태어난 나라와 활동한 나라가 다를 경우 활동한 나라에서 불리는 이름으로 표기했다(예: 헝가리계 영국 저널리스트인 '아서 케스틀러'는 영어식 발음이다. 헝가리어로는 '아르투르 쾨스틀러'Artúr Kösztler'라고 표기한다).

3. 각주에서 같은 책과 자료가 여러 차례 인용될 경우, 각 장에 처음 나올 때마다 저자, 책명, 옮긴이, (펴낸 곳, 발행 연도), 인용 쪽수를 밝히고, 이후 '앞의 책', '같은 책'으로 표기했다.

    이 책은 영화, 소설, 게임, 만화 등 모든 종류의 콘텐츠를 창작하거나 분석 및 이해하는 데 필요한 여러 개념들을 정확히 정의하고, 그 개념들 간의 논리적 관계를 상세하면서도 일관되게 정리한 것이다. 주된 내용은 필자가 2004년에 출간한 『재미의 경계』에서 제시했던 내용을 중심으로 하되, 다소 주관적으로 제시되었던 설명을 학술적인 근거들로 보충하고 확장하였다. 특히 그동안 괄목할 만큼 큰 성장을 이룬 게임 분야에 대한 설명을 많이 보충하고자 노력하였다. 즉, 이 책은 재미와 콘텐츠에 대한 전반적인 내용들을 학술화하였다고 할 수 있겠다.

    그런데 누군가는 이러한 학술화 작업이 불필요하다고 생각할지도 모른다. 재미나 콘텐츠에 대해 논하자면, 이론서보다 실용서가 더 중요하다고 말할 사람도 많을 것이다. 그런 사람들에게는 이 책이 쉬운 내용을 쓸데없이 어렵게 해 놓은 것으로 보일 수도 있다. 예를 들어 연출의 세 가지 조건을 따지는 것은, 여러 작품들을 연출하였을 때 얻는 경험적이고 감각적인 지식에 비하면 견강부회하는 공리공론으로 보일 것이다. 구체적인 사례를 들어 설명하면 더 쉽게 느껴지지 않겠는가.

    하지만 영화를 만들거나 게임을 개발하는 전문가들을 양성하는 콘텐츠학과에서 학생들에게 매번 '예를 들어'를 연발하며 설명할 수는 없는 노릇이다. 구체적인 사례를 들어가며 설명하는 것은 당연히 필요하지만 일반화된 정확한 개념과 논리 체계를 가지고 설명하는 것 역시 필요하다. 따라서 이 분야에서는 이론서보다 실용서가 더 중요하다 하더라도 '콘텐츠학과'와 '콘텐츠학'이 있는 현실에서는 체계적인 하나의 이론으로 정립해야 할 필요가 충분히 있으며, 이에 따라서 단편적이고 실용적 지식들을 정리하고 종합해야 할 필요가 있다.

더 나아가 이러한 학술화 작업의 실용성과 당위성 또한 지적할 필요가 있다. 정교한 학술 이론 없이는 콘텐츠 기술의 장기적인 발전도 요원하기 때문이다. 작은 오두막집을 지을 때는 구조역학이라는 전문 지식이 필요 없지만, 100층짜리 고층 건물을 지으려면 제아무리 수십 년 동안 오두막을 지어온 장인이라 해도 어림없는 것과 같다.

이 책의 많은 부분이 콘텐츠학에 초점을 맞추고는 있지만, 그럼에도 이 책은 콘텐츠론과는 구분되는 '재미론'이다. 따라서 콘텐츠학의 일부로서의 재미론이 아닌, 보편적 목적으로서의 재미론의 가치를 엿볼 수 있을 것이다.

인간사의 모든 것이 그러하듯이 학문 연구에서도 여러 관행들이 있는데, 필자는 불필요한 허례허식을 답습하지 않으려고 노력하였다. 한 예를 들자면, 필자의 기존 자료를 인용할 때 '이현비'라는 이름을 그대로 적시하였다. 지나치리만큼 겸손한 표현을 하는 기존의 관례를 따른다면 이름 대신에 '졸저'라고 표시해야 한다. 하지만 요즘 독자들에게는 이런 표현이 오히려 오해를 부추길 수 있다고 생각한다. 그 밖에도 엄밀한 개

넘 이해가 필요한 경우가 아니라면 기존 연구를 인용할 때 2차 문헌이나 번역서에 의존하였음을 밝힌다.

수많은 밤을 지새우며 수십 번을 고쳐 썼다. 그러는 동안 크고 작은 문제들이 있었으나 많은 분들의 도움으로 지금 이 순간을 맞이할 수 있었다. 이 자리를 빌려 감사의 마음을 전한다. 특히 이 책이 나아가야 할 방향과 출판 전반에 관하여 지성사 사장님의 격려와 조언이 큰 역할을 하였다. 형식적으로 보일까 염려되지만 짧은 문장으로나마 감사를 표하고 싶다.

봄볕 따스한 날에
성균관대 도서관에서
이헌비

차례

표·그림 목록

13

이 책을 읽기 전에

재미론의 확립

이 책의 목적은 '재미fun'에 대한 이론적 발전 내용을 종합하고 정리하는 것이다. '재미에 대한 이론'을 '재미론'이라고 부른다면 이 책의 목적은 '재미론을 확립하고 발전시키는 것'이라고 말할 수 있다. 이론적 내용들을 종합하고 정리한다면 그 이론 분야가 확립되고 발전할 테니까 말이다. 재미론 연구는 재미에 대한 관심에서 출발한다. 그런데 왜 굳이 '재미론'이라는 거창한 이론을 들먹여야 할까? 재미에 대해 그냥 쉽게 관심을 가질 수도 있지 않을까?

재미에 대해 어려운 이야기는 피하고 쉬운 관심만 고집할 경우에는 그 결과가 별로 달갑지 않을 수 있다. 재미란 무엇일까 생각해 보자. 그 럴듯한 대답들이 이미 있지만 그다지 좋지 못하다. 예를 들어 라프 코스터Raph Koster에 따르면, 재미는 '패턴을 학습하는 과정'에서 온다고 한다.[1]

---

[1] 라프 코스터, 『라프 코스터의 재미이론』, 안소현 옮김, (디지털미디어리서치, 2005).

그런데 이것은 정확한 대답이 될 수 없다. 수학이나 영어 공부에도 패턴 학습은 있다. 하지만 수학이나 영어 공부가 재미없다고 말하는 사람들이 많다. 이처럼 패턴을 학습하는 과정이지만 재미가 없는 것도 쉽게 찾을 수 있다.

우리가 정말 재미에 대해 관심을 가지고 있다면, 그래서 재미에 대해 진지하게 알고자 한다면 좀 더 여러 측면에서 고찰하고 확인된 대답을 찾아보아야 한다. 그래야만 책임 있는 대답을 얻을 수 있고 정확한 지식일 수 있다. 이 책에서 제시하고자 하는 것이 바로 그와 같은 지식이다. 재미에 대한 책임 있는 이해와 정확한 지식 말이다.

한편, 재미에 대한 책임 있는 답에 그치지 않고 '좋은 이론'에까지 이르기 위해서는 정확한 답과 더불어 무언가가 좀 더 필요하다. 이를테면 내용의 일반성과 체계성이다. 예를 들어 물리학은 단순히 돌멩이의 자유 낙하 운동만을 잘 설명하는 것에 그치지 않고, '모든 물체(일반성)'의 자유 낙하 운동을 설명할 수 있다. 더 나아가 모든 종류의 운동들이 '서로 어떻게 연관되는지(체계성)'까지 설명할 수 있다. 이와 같이 재미론도 다른 이론 분야만큼 유용하고 가치 있는 이론이기 위해서는 일반성과 체계성을 갖추어야 한다.

이런 목적으로 이 책에서는 재미에 대한 기존 연구의 대부분을 종합하고 재구성하였다. 기존의 연구 내용들은 서로 다른 콘텐츠의 재미를 설명하며, 때로는 '재미'라는 말을 쓰지도 않는다. 그만큼 그 전체는 매우 다양한 설명을 포함한다. 이것들을 일관되게 종합함으로써 모든 측면에서의 재미를 설명할 수 있고(일반성), 또한 재미의 여러 측면들이 서로 어떻게 연관되는지를 설명할 수 있을 것이다(체계성).

물론 필요에 따라 재미에 대한 필자의 이해와 설명도 추가하였다. 재미 경험의 4단계 분석이 그 대표적인 예이다. 결론적으로 이 책의 전체적인 내용은 재미에 대한 기존의 연구를 정리하고 확장하면서, 동시에 이론적으로 심화하여 체계적인 연구 분야로 정립한 것이라고 말할 수 있다. 이로써 궁극적으로 재미론이 확립되고 발전하는 출발점이 될 수 있기를 희망한다.

재미? 왜? 어떻게?

이 책을 펼쳐든 사람이라면 이미 재미에 대해서 관심을 가지고 있을 것이다. 그런데 재미론은 아직 하나의 학문 분야로 확립되지 않았기 때문에 사람들은 그 내용에 대해 잘 모른다. 잘 모르다 보면 어떤 사람들은 재미에 대한 이론이 재미있을 것이라는 피상적인 기대감을 가지게 된다. 그럴 경우 이 책의 추상적이고 복잡한 이론에 실망할 것이다. 그러므로 이와 같이 어렵고 난해한 내용의 재미론이 왜 필요한지를 지금부터 간단히 언급하겠다.

먼저 강조할 것은 재미가 여러 이유에서 매우 중요하다는 사실이다. 이미 많은 학자들이 재미의 중요성을 이론적 연구에서 강조하였다. 그에 따르면 재미는 신체 활동에 참가하거나 그만두게 하는 가장 중요한 이유 중의 하나이며,[2] 어떤 과업을 수행할 때 더 많은 노력을 하게 만드는 요소가 된다.[3] 이처럼 재미는 신체 활동, 쇼핑, 레저 스포츠, 교육, 과업 수행, 인터넷, 온라인 게임 등의 다양한 분야에서 중요하다. 어떤 학자는

---

2   D. L. Gill, J. B. Gross & S. Huddleston, "Participation motivation in youth sports", *International Journal of Sport Psychology, 14*, (1983), pp. 1-14.

3   R. Y. Buenz & I. R. Merrill, "Effects of Effort on Retention and Enjoyment", *Journal of educational psychology, 59(3)*, (1968), pp. 154-158.

산업 혁명 이후의 시대적 변화로서 지식 정보화 사회 및 감성 중심 사회의 도래라는 관점에서 재미가 중요해진다고 설명한다.[4]

재미와 콘텐츠 산업

오늘날 재미가 특별히 더욱 중요해진 까닭은 콘텐츠 산업과 콘텐츠학의 발전에 기인한다. 현대 사회에서 콘텐츠 산업이 매우 중요한 분야로 부상함에 따라 세계 문화 콘텐츠 산업 시장 규모도 급격히 성장했다. 그중 국내 산업 매출 규모만 보면 애니메이션 산업의 매출액은 2005년에 2,338억 원이었으나 2010년에는 약 5,144억 원 규모로 커졌고, 영화 산업의 매출액은 2005년 3조 294억 원이었는데 2010년에는 3조 5,779억 원, 2013년에는 4조 983억 원으로 증가하였다. 또한 온라인 게임 「리니지」를 만든 엔씨소프트의 2002년 매출은 1,548억 원이었으나 2013년 매출은 5,304억 원이었다.[5]

이에 따라 자연스럽게 콘텐츠에 대한 연구와 이론, 즉 콘텐츠학이 발전하고 있다. 그런데 콘텐츠는 대중에게 재미를 선사하기 위한 상품이다. 김정우는 "재미를 위한 솔루션, 그것이 콘텐츠"[6]라고 말하였다.

따라서 콘텐츠를 연구하는 콘텐츠학에서는 '콘텐츠를 어떻게 만들어야 재미있는가?'가 궁극적인 주제가 될 것이고, 교육이나 쇼핑 등의 목적에서 재미에 대해 관심을 갖는 경우는 '교육이나 쇼핑을 어떻게 재미있게 만들 수 있는가?'가 주제가 될 것이다.

연구 주제가 중요하면 중요할수록 더 정확하고 신뢰할 수 있는 지식이 필요하다. 그러다 보면 지식 체계, 즉 이론은 추상적이고 복잡해진다.

---

4   김선진, 『재미의 본질』, (경성대학교 출판부, 2013), pp. 48-57.

5   한국콘텐츠진흥원(www.kocca.kr)의 2014년 산업별 동향분석 보고서들과 각종 보고서 참조.

6   김정우, 『문화콘텐츠 제작』, (커뮤니케이션북스, 2007).

이것이 바로 비록 어렵고 난해하더라도 정확하고 신뢰할 수 있는 재미론이 필요한 1차적인 이유이다. 이러한 맥락에서 필요한 재미론이란 콘텐츠가 재미있도록 만들기 위한 지식으로써의 재미론이어야 한다. 따라서 이 책에서 논의할 재미론이란 곧 재미를 창작하는 방법에 대한 이론이다.[7] 특히 순수 예술과 같은 고상한 재미가 아니라 콘텐츠학과 같은 관점에서 대중적 재미에 주로 관심을 기울일 것이다.

여기서 이러한 언급을 하는 까닭은 여러 관점에서 재미에 대한 이론들을 전개할 수 있지만 그 모든 이론이 콘텐츠 산업 및 콘텐츠학과 직접 관련되지는 않기 때문이다. 예를 들어 철학적 관점에서 재미가 삶에 미치는 영향을 연구한 이론이라면 이것은 콘텐츠학과 직접 관련짓기 어렵다.

창작 기술로서의 재미론

창작 기술에 대한 이론은 원래 항상 어렵고 복잡하기 마련이다. 재미뿐만 아니라 다른 어떤 것에 대한 창작 기술 이론도 마찬가지이다. TV를 보거나 자동차를 운전하면서 즐기기는 쉽지만 그런 TV나 자동차를 만들기 위한 전자 공학이나 기계 공학은 고도로 추상적이고 복잡한 지식이다. 재미와 좀 더 가까운 예를 들자면, 영화나 게임은 재미있지만 영화 창작 이론과 게임 창작 이론은 추상적이고 복잡한 지식이다. 재미론 역시 다르지 않다.

대중적인 재미를 창작하기 위한 지식으로써의 재미론의 관점을 일관되게 유지할 때에는 장점과 단점이 있다. 가장 중요한 장점은 논의의 객

---

7 이 책의 끝부분에서 논의할 재미에 대한 철학적 고찰은 창작 기술적 관점에서의 재미론과 직접적인 연관성은 없다. 하지만 재미에 대한 철학적 고찰은 창작자의 관심을 높이는 동기 부여의 차원에서, 그리고 재미에 대한 창작자의 통찰을 심화하여 형식이나 절차로 정리된 창작 기술 이상으로 재미 창작에 중요한 요소들을 발견하도록 이끌 수 있다는 점에서 간접적으로 연관있다고 볼 수 있겠다.

관성을 검증하기 위한 기준을 확보한다는 점이다. 재미는 근본적으로 개인의 취향에 따라서 달라질 수 있는 심리적인 현상이다. 따라서 어떤 것이 재미있는가는 매우 상대적인 기준에 따라 판단될 수 있다. 하지만 대중의 재미를 기준으로 한다면 어떤 것이 재미있는지에 대해 훨씬 더 객관적인 기준을 얻게 된다.

어떤 영화나 게임이 대단한 흥행 실적을 보여 주었다면 거기에 어떤 비판이 주어지더라도 대중적으로 재미있음에는 틀림없을 것이고, 반대로 충분한 마케팅을 펼쳤음에도 흥행에 참패했다면 이유를 막론하고 대중적으로 재미없음이 틀림없다. 그리하여 어떤 재미론에 따라서 콘텐츠를 창작했을 때 그것이 얼마나 재미있는지 많은 사람들에게 물어 보거나 혹은 얼마나 흥행에 성공했는가를 봄으로써 그 이론의 옳고 그름 역시 가릴 수 있을 것이다.

반대로 단점도 있다. 한마디로, 상당수 사람들이 관심을 가질 만한 재미론의 일부를 배제하기 쉽다는 점이다. 어떤 사람들은 그저 재미를 이해하기 위해서 재미에 관심을 기울인다. 유머에 대해 관심을 기울이는 모든 사람들이 개그맨이 되고자 하는 것이 아니듯이, 그리고 예술에 대해 관심을 가지는 모든 사람들이 예술가가 되고자 하는 것 또한 아니듯이, 재미에 관심을 가지는 상당수 사람들 역시 대중이 재미있다고 말하는 '평범한' 재미가 아닌 '특수한' 재미, 예를 들어 마니아적인 재미에 관심을 가지기도 한다. 안타깝지만 그런 사람들은 이 책의 재미론에서 얻을 것이 별로 없다.

필자가 볼 때 이런 단점을 보완할 수 있는 대안은 다른 학문에서 찾을 수 있다. 아마도 부분적으로 예술론이나 미학, 혹은 다른 종류의 취미론이나 비평론에서 찾을 수 있으리라 본다. 그와 상관없이 분명한 사실은, 이 단점 때문에 앞서 언급한 장점을 포기할 이유가 될 수 없다는 점이다.

둘 다 있어도 좋다. 다만 이 책에서는 전자를 추구할 뿐이다.

재미론 발전의 1차적 방향

이상의 논의를 정리해서 재미론을 1차적으로 어떻게 발전시킬지에 대한 방향을 도출할 수 있다. 그것은 다음과 같다.

> **첫째,** 대중적 재미라는 '객관적 기준'을 토대로 하여
> **둘째,** 재미를 창출하는 창작 기술에 대해 직·간접적으로 연관된 유용한 지식을 추구하되
> **셋째,** 일반성과 체계성을 갖춘 정확한 지식을 추구해야 한다.

이를 위해 우리는 수집 가능한 여러 자료들과 선행 연구들을 합리적으로 탐색하고 이해하는 노력을 기울여야 한다. 재미든 무엇이든, 합리적으로 이해하고 탐색한다면 그저 재능과 우연적인 통찰에만 의지하는 것보다 더 큰 성취를 이룰 것이다.

이 책에서 필자가 제시하고자 하는 재미론도 그런 점에서 재미를 이해하고자 하는 사람들에게 도움이 될 수 있기를 바란다. 아마도 콘텐츠 창작과 생산 분야 종사자들 및 학자들, 그리고 몇몇 예술가 집단 등이 그런 사람들일 것이다.

이 책의 서술 방식과 연구의 한계

필자는 이 책의 내용을 다음과 같은 방식으로 서술할 것이다.
첫째, 이 책 전체 내용의 논리적 구조와 연관성을 최대한 분명히 드러

낼 수 있는 방식으로 서술할 것이다. 필자는 재미에 대한 기존 이론과 그 설명의 많은 부분이 애매모호한 개념들을 사용하여 정확한 논리적 기반이 없고, 거품 같은 말잔치로 이루어져 있다고 본다. 그런 문제를 되풀이하지 않기 위해서 필자는 표와 도식으로 여러 개념들이 서로 어떻게 연관되는지를 분명히 보여 줄 것이다.

이런 방식의 서술은 일부 독자들에게 낯설게 느껴질지 모른다. 그러나 표와 도식을 적극적으로 활용하여 이론을 설명하는 것은 독자들에게는 내용을 쉽게 이해하도록 돕는 반면, 필자에게는 부담스러운 방식이라는 점을 미리 말하고 싶다.

이론적 내용들을 표와 도식으로 제시하면 그 내용의 전체적 상관관계가 정확히 드러난다. 이는 필자의 설명이 틀렸거나 앞뒤가 맞지 않을 경우에 그 문제점이 잘 보인다는 것을 의미한다.

둘째, 재미론을 논의하면서 주제에 맞는 정확성과 엄밀성을 추구할 것이다. 이와 관련해서 아리스토텔레스는 다음과 같이 말하였다.

> 우리의 주제가, 허용하는 만큼의 정확성에 도달한다면 충분히 논의된 셈일 것이다. 기술에 의해 만들어지는 것들의 경우에도 똑같은 정확성이 추구되지는 않는 것처럼, 정확성은 모든 논의들에서 똑같이 추구되어야 하는 것은 아니기 때문이다.[8]

군이 아리스토텔레스를 거론하지 않아도 주제에 맞는 정확성과 엄밀성을 추구하는 것은 언제나 합당하다. 미생물학자는 나노미터 단위로 크기를 측정하는 데 반해 천문학자는 행성들 간의 거리를 측정할 때 수천 킬로미터 정도의 오차는 무시한다. 그렇다고 해서 미생물학자의 연구만

---

8 아리스토텔레스, 『니코마코스 윤리학』, 이창우 외 2인 옮김, (이제이북스, 2008), 제1권 제3장.

이 정확하고 천문학자의 연구는 부정확하다고 말하는 사람은 없다. 각각의 연구 주제에 따라서 필요한 엄밀성과 정확성이 다르기 때문이다. 마찬가지로 건축학 논문에 사용되는 모든 수학 공식을 수학 논문에서처럼 증명을 하면서 도입할 필요도 없다.

재미론을 연구할 때도 이 같은 이유로 필자는 심리학자의 실험을 설명하는 내용을 살펴볼 때 원서가 아니라 번역된 책으로 읽어도 충분하다고 생각한다. 왜냐하면 원서로 읽지 않으면 알 수 없는 섬세하고 정밀한 심리학적 논의는 재미론 연구에 거의 영향을 미치지 않기 때문이다. 즉 재미론 연구에서 참조할 만한 심리학의 내용은 섬세한 개념적 차이에 민감한 내용이 아니다. 오히려 논쟁의 여지가 있는 심리학 연구는 재미론에서 아예 근거로 삼을 수 없다.[9]

따라서 본 연구에서 인용 및 주석을 달 때에도 번역서와 원서에 차별을 두지 않았다. 한 예로 심리학자인 'R. A. Martin'과 '마틴'은 동일 인물을 가리킨다. 필자가 마틴Martin의 심리학 연구 내용 중에서 영어로 된 논문을 참고로 했을 경우에는 인용 근거를 영문자로 표시하였고, 한글 번역서를 참고했을 경우에는 한글로 표시한 것이다. 중요한 것은 최종적으로 필자의 연구 결과가 올바른 근거를 가지고 있음을 확인할 수 있도록 명확히 밝혔다는 점이다.[10]

전체적으로 이 책의 연구 내용은 시론의 성격이 짙다. '재미'라는 개념에 대해서 정확히 초점을 맞춰 포괄적으로 연구한 사례를 아직 찾아

---

9 어떤 분야에서 필요 이상으로 학술적 엄밀성에 집착하는 경우를 본 적이 있는데, 주로 그런 집착을 학술 역량이 부족한 학자들에게서 발견하였다. 예를 들어서 철학에 대한 기본 지식이 없는 체육철학자가 체육에 대한 현상학적 접근을 시도한 논문을 평가하면서 독일어 원서가 아닌 국내 번역서를 인용했다고 비판하는 것을 본 적이 있다.

10 필자의 연구를 참조하거나 검토할 다른 연구자들의 입장에서 필자가 참고한 문헌들을 찾기 쉽게 하려면 참고 문헌에 표기된 그대로 'R. A. Martin'과 '마틴'으로 각각 표기해 주는 것이 좋을 것이라 판단하였다.

볼 수가 없기 때문이다. 즉 정확히 '재미론'을 연구한 사례가 없는 것이다. 그렇다면 누군가가 먼저 시작해야 한다. 재미론의 핵심 개념들에 대해 학문적 물음들을 던지고 그에 대한 1차적인 답안들을 탐구하고 비교하며 만약 답이 없다면 제시해 보아야 한다.

끝으로 예상되는 한 가지 비판에 대해서 미리 해명을 해 두고 싶다. 번역서 참고와 인용, 주석들이 연구의 불성실함을 보여 준다는 비판의 가능성에 대한 것이다. 그 비판이 합당할지도 모르지만 심리학과 시나리오, 콘텐츠 등 매우 이질적인 분야의 연구들에 대한 원서를 모두 읽고 재미론을 새로이 연구할 수 있는 연구자가 얼마나 있을지 의문스럽다. 아직까지 그러한 연구의 시도 사례가 없는 것으로 보아 가까운 미래에도 없을 것으로 생각한다. 그렇다면 우리는 둘 중의 하나를 선택해야만 한다. 재미론의 연구를 미룰 것인가, 아니면 약간의 엄정성을 포기하더라도 생산적인 재미론을 만들 것인가. 이에 대해 어느 쪽이 반드시 더 낫다고는 말할 수 없을 것이다. 그런 만큼 필자가 택한 방식이 잘못되었다고 말하기도 어렵다.

어쨌든 이상의 특징들은 이 책의 연구 한계라고도 말할 수 있다. 이러한 한계는 재미론에 대한 연구가 축적되고 후속 세대 연구자의 전문성이 강화됨에 따라서 극복할 수 있으리라 믿는다.

제1장

선행 연구 고찰

재미론이란 구체적인 대상을 지적해서 말하면, 재미에 대한 연구와 그 결과물을 모두 포괄하는 것이다. 이러한 재미론의 선행 연구들은 두 부류로 나눌 수 있다. 하나는 재미라는 개념에 정확히 초점을 맞춘 연구들이고, 또 하나는 재미와 관련 있는 개념에 대해 논의하면서 사실상 재미론을 부분적으로 또는 부차적으로 연구한 내용들이다.

첫째 부류인 재미 개념에 분명히 초점을 맞춘 연구는 별로 많지 않다. 찾아볼 수 있는 소수의 사례는 필자의 저작인 『재미의 경계』(2004)와 김선진의 저술[1] 정도이다. 하지만 둘째 부류의 재미론 연구는 여러 다른 분야의 연구들 속에서 찾아볼 수 있다.

둘째 부류의 연구들은 의외로 다양하고 폭넓은 분야에서 매우 많이 발견할 수 있는데, 그 분야와 내용이 너무 다양해서 이 연구들을 어떤 범주로 분류하고 이해할 것인가 하는 문제가 뒤따른다. 필자는 그 연구 내용을 크게 네 갈래로 정리하고자 한다. 바로 유머, 극작, 놀이, 교육과 심

1 　김선진, 『재미의 본질』, (경성대학교 출판부, 2013), pp. 48-57.

리에 대한 연구 내용이다.

비록 이 연구들 중 일부, 특히 극작에 대한 연구는 재미라는 개념을 명시적으로 사용한 적이 전혀 없지만 사실상 재미론에 해당하는 많은 중요한 논의들을 포함하고 있다. 그러므로 이 연구들을 이론적 고찰에 포함시키는 것이 반드시 필요하다.

선행 연구에 대한 고찰은 선행 연구의 역사 서술도 포함하게 마련이다. 하지만 이것은 매우 흥미로울 수 있는 반면에 어렵고 포괄적인 과제이다. 아울러 이 책의 주된 목적이 거기에 초점을 맞추고 있지도 않다. 따라서 연구 목적에 필요한 정도에만 국한해서 이 과제를 개괄적으로만 다룰 것이다. 즉 필자는 재미에 대한 기존 연구의 내용 중에서 몇 가지 중요한 성과들만을 개략적으로 제시하고 설명할 것이다. 재미에 대한 연구의 역사를 상세하게 추적하는 것은 앞으로의 연구 과제로 남길 수밖에 없다.

1. 유머에 대한 연구

유머 연구를 통한 재미 연구 개략

현실적으로 찾아볼 수 있는 유머 연구들의 초기 내용은 재미로서의 유머를 연구한 것이 아니기 때문에 유머와 관련한 심리적 접근에 초점을 맞추었다. 출발점은 20세기 초의 정신분석학적 접근이라고 알려져 있다. 그중에서 중요한 내용을 살펴보자.

최초의 정신분석학자인 프로이트S. Freud는 공격성을 농담의 중요 측면으로 간주하였다. 이후 이런 기조는 우월성·멸시 이론으로 이어졌다. 그러나 유머에 대한 이해는 각성이나 불합치 이론으로 변화하며 전개되었다. 그 이론의 주된 내용은 유머가 심리적·생리적 각성을 유발하며, 이때 인지적 불합치에서 유머가 발생한다는 것이었다.

이후 주목할 만한 발전은 반전 이론에서 발견된다. 마이클 앱터Michael Apter는 유머를 일종의 놀이로 간주하고 연구한 심리학자이다. 그는 성격 이론에 기초해서 '반전 이론theory of reversals'이라고 부르는 가설을 제시하였다. 이에 따르면, 사람의 심리 상태는 '텔릭telic 상태'라는 심각한 목표 지향적 상태와 '파라텔릭paratelic 상태'라는 놀이 활동 지향적 상태로 구분할 수 있으며, 사람의 마음은 이 두 마음 상태를 오락가락 반전한다. 마이클 앱터는 사람들이 파라텔릭 상태에서 흥미진진한 행동으로 각성 수준을 높이고자 한다고 보았다.[2] 또한 마틴R. A. Martin은 이런 앱터의 이론을, 유머가 동일한 대상에 대한 동시 발생적이면서도 모순된 두 가지 해석의 지각을 수반하는 것으로 이해하였다.[3] 이것은 재미의 중요한 속성이기도 하다.

재미에 대한 국내 학자의 연구 역시 유머에 대한 연구에서 출발한다. 필자는 1997년에 발간한 책에서 유머의 논리적 구조를 분석하여 유머의 창출 조건을 모형화하였다.[4] 즉 필자가 이 책에서 '현비 구조'라고 부르는 것이다. 이후 2004년에는 이를 좀 더 추상화하여 작품 일반에서의 재미 창출 조건에 대한 개념적 모형으로 확장하였다. 필자는 당시의 연구 결과를 담은 책에서 이 모형을 '뫼비우스 띠 구조'[5]라고 불렀다.

거의 비슷한 시기에 독립적인 연구를 수행한 파울로스J. A. Paulos 역시 뫼비우스 띠와 유머와의 관계를 발견하였다. 파울로스의 발견을 뫼비우스 띠와 유머를 넘어서 재미와의 관계 발견으로 확장하여 이해할 수도 있다. 그러나 파울로스의 연구는 필자의 2004년 연구와 비교했을 때 재미론으로서의 두 가지 명백한 한계점을 가지고 있다. 첫째, 유머에 대한 연구 결과를 재미에 대한 연구로 일반화하는 데에 상당한 간극이 있다. 둘째, 파울로스는 유머와 뫼비우스 띠와의 관계보다는 역설과 유머의 관

---

2 M. M. Apter, *The experience of motivation: The theory of psychological reversals*, (Academic Press, 1982).

3 마틴, 『유머심리학: 통합적 접근』, 신현정 옮김, (박학사, 2008), p. 96.

4 이현비, 『원리를 알면 공자도 웃길 수 있다』, (지성사, 1997).

5 이현비, 『재미의 경계』, (지성사, 2004).

계에 더 초점을 맞추었다.[6] 따라서 파울로스가 뫼비우스 띠와 재미와의 관계 자체를 얼마나 이해하였을까에 대해서 의문을 가질 만하다.

그 밖에도 베르그송의 『웃음』이라는 책[7] 등에도 유머에 대한 논의가 있다. 하지만 재미에 대한 연구로서 주목할 만한 부분은 찾기 어렵다. 1997년과 2004년의 필자의 두 연구 이외의 국내 연구는 주로 실용적인 측면에서 관심을 가졌을 뿐이다. 따라서 재미에 대한 학술적 연구로 활용할 만한 내용은 찾기도 어렵고 고찰의 가치도 크지 않다.

유머 연구를 통한 재미 연구의 한계

대체로 유머는 매우 짧다. 바로 여기에서 유머 연구를 통한 그동안의 재미 연구의 장점과 단점이 함께 나타난다. 먼저 장점을 살펴보면, 유머 연구를 통해서 우리는 재미 구조 전체에 대한 통찰에 좀 더 쉽게 접근할 수 있었다. 유머가 짧기 때문에 이에 대한 연구는 대개 유머라는 콘텐츠 전체를 고찰하면서 이루어진다. 이 덕분에 그 안에서 수행된 재미에 대한 연구도 하나의 작품 전체 구조에 주로 초점을 맞춘다. 이에 비해 다른 분야에서의 재미 연구는 부분적인 특징에 초점을 맞추는 경향이 더 강하다.

반면에 유머 연구의 단점은 섬세한 내용을 좀 더 충분히 분석하지 못한다는 점이다. 짧고 단순한 분량의 콘텐츠에서 구조를 분석하기 때문이다. 즉 길고 복잡한 이야기 구조를 가진 장편 영화나 게임의 재미를 이해

---

6 파울로스, 『수학 그리고 유머』, 박영훈 옮김, (경문사, 2003), 제3장.
7 앙리 베르그송, 『웃음』, 정연복 옮김, (세계사, 1992).

하기 위한 중요하고도 많은 내용들을 짧은 콘텐츠인 유머 연구에서는 얻을 수 없었다.

짧은 유머를 재미있게 만드는 원리만으로는 상영 시간이 긴 콘텐츠, 예를 들어 영화 「아바타」(2009)나 온라인 게임 「리니지」와 같은 콘텐츠들을 재미있게 만들기란 역부족이다. 유머 모음집을 읽을 때 각각의 유머가 재미있을지라도 금방 지루해지는 것 또한 바로 이러한 이유 때문이다. 재미있는 유머들의 단순 집합이 재미있을 것이라고 추론하는 것은 명백한 합성의 오류이다. 거기에서 분석할 수 있는 내용도 한계가 있기 마련이다. 따라서 유머 이론을 통해서 얻은 성과를 일반화해서 콘텐츠 영역 전 분야에 효율적으로 적용하려면 좀 더 복잡하고 긴 내용의 작품들에 대한 별도의 분석이 필요하다.

유머 연구를 통한 재미 연구의 또 다른 한계점은 재미에 대한 상세한 이해를 포기하는 경향을 유발한다는 데에 있다. 이것이 곧 유머 연구가 불합치론이나 부조리론으로 많이 흐르는 까닭이라고 필자는 생각한다. 뒤에서 좀 더 상세하게 살펴보겠지만[8] 유머를 이해한 뒤에 얻은 결론이 결국 '부조리' 혹은 '불합치' 등으로 표현되는 경우가 많다. 유머에 대해서든, 혹은 재미에 대해서든 이런 이해는 사실상 이해를 포기하는 회의론을 함축한다.

---

8 이 책의 제3장 287쪽 '유머의 네 가지 조건과 기존 유머 이론의 비판적 비교'를 참조하기 바란다.

2. 극작에 대한 연구

극작 연구를 통한 재미 연구 개략

한편, 재미라는 개념을 정확히 사용하지 않았지만 사실상 재미에 대한 중요한 연구는 영화나 시나리오 작법에 대한 논의에서 발전해 왔다. 그 출발점은, 대부분의 분과 학문들의 역사가 그러하듯이 대철학자인 아리스토텔레스이다. 아리스토텔레스의 『시학Poetica, 詩學』은 극작 연구를 통해서 재미의 조건을 탐구한 최초의 사례이며, 역사적으로 그 유례를 찾아보기 어려운 창조적인 사례이다. 이 연구는 그 시기에서나, 통찰의 깊이와 정확성에서나 다른 연구들에 비해 월등히 뛰어나다.

『시학』은 문예 비평이나 예술 비평에 대한 이론으로 이해되는 경우가 많다.[9] 하지만 마이클 티어노Michael Tierno(2008)가 『시학』을 영화 구성에 대한 이론으로 이해한 것처럼 『시학』은 콘텐츠학의 이론으로도 해석할

---

[9] 예를 들어 『시학』의 역자 천병희는 머리말에서 『시학』이 "인류 최초의 과학자에 의하여 저술된, 문예 비평에 관한 최초의 저술이라는 점에서 후세에 큰 영향을 주었던 것이다"라고 말하였다. 〔아리스토텔레스, 『시학』, '천병희, 「머리말」, 천병희 옮김, (문예출판사, 1993), p. 6.〕

수 있다. 그리고 그렇게 해석했을 때『시학』의 이론은 매우 구체적이면서도 실질적인 이론이 된다.

천병희 역시『시학』이 제목과는 달리 시詩에 대한 이론이 아니라 극작에 대한 이론이라고 말하였다. 천병희에 따르면, "『시학』의 명백한 결점의 하나는, 이 논문은 내용상 '시학'이라기보다는 '드라마학'이라고 부르는 것이 더 타당할 만큼 거의 드라마에 관해서만 논하고 있다는 점이다. 그는 서사시조차 드라마와 비교하여 간단하게 논한 다음, 서사시는 비극보다 열등한 예술이라고 결론을 짓고 있다."[10]

아리스토텔레스 이후 극작에 대한 연구는 소설, 연극, 영화, 시나리오 작법 등에 대한 연구에서 포괄적으로 수행되어 왔으며, 특히 고전적인 3막 이론과 플롯에 대한 연구로 진행되어 왔다. 이 역사는 길고 다양해서 여기서는 간략하게라도 정리하기가 매우 힘들며, 다른 한편으로는 재미에 대한 생산적인 내용이 아니다. 또한 소설과 연극에 대한 연구들 중 많은 부분도 주로 재미보다는 순수 예술론의 입장에서 접근한 것이기 때문에 재미론의 입장에서는 그 상세한 내용을 언급할 필요가 없어 보인다.

이에 반해 대중성과 상업성이 강한 영화에 대한 구성 이론에서 재미론이라고 불릴 만한 연구를 더 많이 찾아볼 수 있다. 최근의 저작들 중에서 웰스 루트의『시나리오의 구성과 기법』(1997), 닐 D. 힉스의『헐리우드 영화 각본술』(2002), 켄 댄시거와 제프 러시의『얼터너티브 시나리오』(2006), 토비아스의『인간의 마음을 사로잡는 스무 가지 플롯』(2007), 마이클 티어노의『스토리텔링의 비밀』(2008) 등을 들 수 있으며, 특히 시나리오 작법에 대한 시드 필드의『시나리오 워크북』(2007)이 유명하다. 반면에 자네티의『영화의 이해』(1996)와 같은 저술은 재미론과 거리가 멀다.

---

10 천병희, 앞의 글, p. 16.

극작 연구를 통한 재미 연구의 한계

이 분야에서의 재미 연구는 여전히 활발하며 재미론에 대한 중요한 성과들을 많이 산출하고 있다. 하지만 몇 가지 근본적인 한계점도 가지고 있다.

첫 번째 한계점은, 극작 연구에서의 재미론이 보편적인 재미론의 관점에서 봤을 때 불완전하다는 것이다. 극작 연구에서의 재미론은 이에 포함되는 영화와 드라마, 소설과 만화 등의 중요한 콘텐츠들 속에서의 재미 자체를 충분히 일반화하여 분석하지 못하였다. 즉 영화의 재미와 소설의 재미를 따로따로 설명할 뿐, 이 재미들의 공통점을 설명하지 못한 것이다.

이런 불완전성은 단지 이론적인 부분에서만 문제가 되는 것이 아니다. 영화와 만화처럼 서로 다른 매체를 사용하는 콘텐츠의 유사점과 차이점을 분명하게 이해하지 못한 나머지, 성공한 만화로 만든 영화가 처참히 실패하는 사례가 곧잘 생긴다. 다시 말해 매체를 바꿀 때 원작의 재미가 사라지는 문제를 해결하는 데에 극작 연구에서의 불완전한 재미론은 도움이 되지 못한다. 특히 이 분야의 연구는 소설과 연극을 중심으로만 발전해 왔기 때문에 영화나 만화 등에 대한 연구가 부족한 점도 문제이다.

두 번째 중요한 한계점은, 극작 연구에서의 재미론이 게임과 놀이에서의 재미에 대해 충분히 이해하지 못한다는 점에 있다. 오늘날 재미를 생산하는 주된 콘텐츠에서 게임과 테마파크 등은 결코 빼놓을 수 없는 부분을 차지하고 있다. 그리고 영화의 재미와 게임의 재미를 모두 '재미'라는 하나의 용어로 표현하는 만큼 공통점이 있다. 하지만 영화나 드라마와 같은 극작 연구에서 얻은 재미론의 내용은 게임이나 테마파크에서 얻는 재미를 이해하기에는 대체로 적절하지 않다.

　그러나 극작 연구에 대한 두 가지 변명이 가능하다. 첫째, 극작 연구는 처음부터 각 매체별 차이점에 관심을 가지지 않았다는 점을 고려해야 한다. 둘째, 극작 연구에서 찾아볼 수 있는 재미론의 내용이 아직은 다양한 매체들을 넘어서지는 못하지만 그럴 수 있는 잠재성은 충분히 가지고 있는 것으로 보인다.

　이러한 한계점들을 인식하고 보완할 방법을 모색하면서, 지금까지 축적해 온 연구 성과를 활용한다면 극작 연구에서의 재미 연구는 재미 이해에 큰 도움이 될 것이다.

3. 놀이에 대한 연구

놀이 연구를 통한 재미 연구 개략

놀이play에 대한 연구 중에서 중요한 것을 꼽는다면 프랑스의 사회학자인 로제 카이와R. Caillois의 『놀이와 인간』(2002), 그리고 요한 하위징아J. Huizinga의 『호모 루덴스』(2010)를 빠뜨릴 수 없다.

로제 카이와는 놀이의 개념을 정의하고 놀이의 특징을 제시하였으며, 특히 오늘날에도 많은 놀이 학자들에게 영향을 끼친 놀이 규칙의 네 가지 유형을 제시하였다. 그에 따르면 모든 놀이 규칙은 놀이에 '의지가 작용하는가, 그렇지 않은가', 그리고 '규칙이 있는가, 없는가'를 기준으로 아곤Agon, 알레아Alea, 미미크리Mimicry, 일링크스ilinx라는 네 가지[11]로 분류할 수 있다.

---

11 아곤은 바둑이나 스포츠 경기처럼 규칙이 있으면서 자신의 의지가 개입될 수 있는 경쟁 놀이이며, 알레아는 복권이나 주사위 놀이처럼 규칙이 있지만 자신의 의지로 조작할 여지가 없는 우연 놀이이고, 미미크리는 연날리기나 소꿉장난 같은 역할놀이로 자신의 의지가 개입될 수 있지만 규칙이 없는 놀이이며, 일링크스는 롤러코스터 타기처럼 일정한 규칙도 없고 자신의 의지가 개입될 수도 없는 몰입 놀이이다.

하위징아는 놀이의 관점에서 문화, 언어, 법률, 전쟁, 지식, 신화, 철학, 예술, 문명 등 우리 삶에서 중요한 거의 모든 것을 재조명하는 작업을 하였다. 재미의 관점에서 보면 하위징아는 재미의 분석을 거부하고, 대신 놀이의 가치인 재미의 관점에서 문화와 문명을 이해하려 했다고 볼 수 있다.

스튜어트 브라운 Stuart L. Brown과 크리스토퍼 본 Christopher C. Vaughan의 『플레이, 즐거움의 발견』(2010)도 놀이를 통한 재미 연구의 한 예이다. 저자들은 "놀이 없는 세상에는 책, 영화, 예술, 음악, 농담, 드라마도 없다"[12]라고 말하는데, 이 말에서 저자들이 의미하는 놀이는 사실상 오늘날의 콘텐츠학이 관심을 가지는 콘텐츠 전부를 의미함을 알 수 있다. 용어에서 저자들은 '놀이'라는 표현을 쓰지만 여러 언급에서 볼 때 저자들이 사실상 재미에 대해 논의하고 있음이 명백하다. 저자들은 "즐겁지 않으면 놀이가 아니다"[13]라고 한다. 또 놀이의 특징은, 그 자체가 목적이어야 하고 자발적이며 지속하고 싶은 욕구를 불러일으키는 등의 재미있는 활동이어야 한다고 말한다.[14] 두 저자가 놀이에 대해서 궁극적으로 말하려는 점은 놀이를 통해서 삶의 중요한 문제들을 해결할 수 있다는 것이다. 이는 전반적으로 칙센트미하이 M. Csikszentmihalyi의 몰입 이론과 유사한 내용이다.

놀이에 대한 연구에 포함할 수 있는 또 다른 재미론은 최근에 많이 이루어진 게임에 대한 연구들이다. 게임이 놀이라는 것 또한 분명하므로 여기에 이상한 점은 없다. 특이한 점은, 개념적으로는 게임이 놀이의 부

---

12 스튜어트 브라운·크리스토퍼 본, 『플레이, 즐거움의 발견』, 윤미나 옮김, (흐름출판, 2010), p. 40.

13 같은 책, p. 266.

14 같은 책, p. 53.

분에 해당하는 것으로 보이지만, 최근의 연구 추세는 오히려 게임에 대한 연구에서 놀이에 대한 기존 연구를 포함하는 양상을 보인다는 점이다. 이런 양상은 컴퓨터 게임의 부가 가치가 확대됨에 따라서 이에 초점을 맞춘 연구가 늘고 있기 때문이다. 컴퓨터 게임에 대한 연구로는 마크 살츠만의 『Game Design: 이것이 게임 기획이다』(2001), 김정남·김정현의 『For Fun 게임 시나리오』(2007) 등을 찾아볼 수 있다. 앞으로 이 내용들은 본론에서 직접 참조하고 인용하게 될 것이다.

재미론 연구에서는 재미에 대한 보편적이고 통시적인 이론으로 발전시키고자 하므로 최근의 연구 추세보다는 좀 더 일반적이고 보수적인 개념적 직관에 따라 논의를 살펴보는 것이 적당할 것이다.

놀이 연구를 통한 재미 연구의 한계

놀이 연구를 통한 재미 연구의 가장 중요한 한계는, 재미를 창출하기 위한 많은 요소들을 '임의적인' 요인들로 분류하고 방치한다는 점에 있다. 예를 들어 컴퓨터 게임과 같은 콘텐츠 개발에서는 게임 속에 설정된 긴장 관계에 콘텐츠 사용자를 몰입시키기 위한 특별한 기술적 요소들을 고려해야만 한다. 하지만 그렇지 못하다는 것이 놀이 연구 중심의 재미론에서 나타나는 중요한 한계점이다.

놀이에 대한 전통적인 연구에서 왜 이런 요소들을 고려하지 못하였을까? 그 이유를 어느 정도는 이해할 수 있다. 놀이의 대표적인 종류인 스포츠를 연구한다고 가정해 보자. 이 경우에는 사람들을 스포츠에 몰입시키기 위한 사항들을 별로 고려할 필요가 없다. 사람들은 당연히 스포츠에 관심을 기울이고 쉽게 몰입할 테니까. 놀이에 대한 연구는 이렇게 사람들이 그 놀이를 시작한다는 전제에서 재미를 탐구해 왔다.

하지만 많은 게임 상품들이 시장에서 경쟁하는 오늘날의 경우에는 다르다. 사람들을 어떤 놀이에 자발적으로 참여하게 만드는 것이 때로는 쉽지 않다. 이 문제에 관심을 기울인다면 우리는 사람들이 어떤 놀이를 선택하는 데에 많은 요인들이 작용한다는 것을 알게 될 것이다. 이런 문제를 실용적으로 개선하기 위해 오늘날 많은 관심을 기울이는 것이 '스토리텔링'이다.

최근 컴퓨터 게임에 대한 연구를 살펴보면, 스토리텔링의 요소가 게임에 대한 재미론에서 중요하게 부각되고 있다. 이에 따라 컴퓨터 게임에 대한 연구가 스토리텔링에 초점을 맞춘 극작에서 발전된 재미 이론과 결합하는 성향을 볼 수 있는데, 김정남과 김정현의 연구와 같은 몇몇 사례들이 그 예이다. 이러한 변화는 포괄적인 재미 연구에 매우 큰 도움이 될 것이다.

놀이 연구를 통한 접근법에서 발견할 수 있는 또 다른 문제점은 놀이에서의 재미 요소들에 대한 이론적 체계화가 부족하다는 점이다. 로제 카이와가 보여 준 놀이 규칙의 분류는 중요한 발전이지만 그 이후의 발전은 미약하다. 이를테면 로제 카이와가 제시한 네 부류의 규칙이 서로 어떻게 결합하는지, 그리고 일정한 비율로 섞이거나 결합될 경우에 어떤 효과들을 기대할 수 있는지에 대한 상세한 분석도 연구해 볼 필요가 있다. 하지만 그런 연구는 아직 찾을 수 없다.

4. 교육과 심리에 대한 연구

교육과 심리 연구를 통한 재미 연구 개략

　재미에 대한 연구가 이루어진 또 다른 분야는 교육학과 심리학 분야이다. 교육학 연구에서 재미에 관심을 보인 연구로는 존 듀이John Dewey의 연구들[15]이 대표적이고, 심리학 분야에서의 재미에 대한 연구는 프로이트와 칙센트미하이가 대표적이다.

　교육 철학의 관점에서 출발한 존 듀이는 피교육자들의 흥미를 이끌어내고 학습에 대한 동기 부여를 유발하려는 수단으로 재미에 관심을 가졌다. 교육 철학에서 재미로 관심이 이동하는 것은 상당히 자연스럽다. 이렇듯 교육적 필요에서 생겨난 재미에 대한 연구는 여전히 계속되고 있다.

　프로이트는 심리학 연구에서 재미에 관심을 보인 최초의 연구자로, 재미의 인지 과정에 대해 짧게 언급하기도 하였다. 하지만 이후 현대 심

---

[15] 존 듀이, 『교육에 있어서의 흥미와 노력』, 신현태 옮김, (이문출판사, 1988), 그리고 『민주주의와 교육』, 이홍우 옮김, (교육과학사, 1996).

리학의 발전 과정에서 재미에 대한 연구는 매우 적다. 현대 심리학은 실험으로 확인 가능한 구체적이고 단편적인 심리 현상에 주로 집중하는 데에 비해, 재미는 상대적으로 포괄적이고 막연한 심리 현상이기 때문이다.

'몰입'에 대한 연구자로 알려진 칙센트미하이는 심리학적 재미 연구의 대표자이다. 그가 연구한 몰입에 대한 연구는 사실상 재미 경험에 대한 연구이기 때문이다. 이것은 칙센트미하이의 연구가 인간의 행복과, 그 행복에 이르기 위한 수단으로 '놀이'에 대한 관심에서 출발했다는 점에서 잘 드러난다. 그 밖에도 그가 쓴 글의 여러 대목에서도 그의 관심은 재미 경험임을 확인할 수 있다.[16]

하지만 칙센트미하이의 몰입론은 콘텐츠학의 관점에서 필요한 제한된 재미 경험이 아니라 삶의 모든 부분에 확대된 재미 경험이다. 즉 그의 주제는 일종의 행복론이었던 것이다. 칙센트미하이는 행복을 구현하는 하나의 방법으로 몰입을 연구하였고, 이 점이 그의 연구의 중심이다.

그 밖에도 마틴의 『유머심리학: 통합적 접근』은 유머에 대해 초점을 맞추기는 하였지만 심리학적 관점에서의 재미 연구로도 여길 만하다.

교육과 심리 연구를 통한 재미 연구의 한계

교육학에서의 재미 연구는 근본적으로 재미를 교육의 수단으로만 이

---

16 칙센트미하이, 『몰입의 기술』, 이삼출 옮김, (더불어책, 2008) 참조.
칙센트미하이는 9쪽에서 『몰입의 기술』이라는 책을 "저술하게 된 동기는 '인생을 정말로 가치 있게 만드는 것이 무엇인가?'라는 데 관심을 갖게 되면서 시작되었다"고 말하며 39쪽에서 그 해답을 '재미'에 대해서 연구함으로써 우리가 대부분의 시간을 보내는 학교나 사무실, 공장 같은 직장에서의 불유쾌한 문제를 해결하고자 한다. 즉 칙센트미하이의 몰입 이론은 53쪽에서 말하듯이 "재미의 경험과 활동을 공식화하려는 시도"라고 할 수 있다.

해하려 한다는 점에서 한계가 있다. 이 때문에 재미에 대한 다른 분야의 연구에 의존하기가 쉽다. 즉 재미를 응용하는 방법을 연구하게 될 뿐, 재미 자체를 연구하는 방향으로 발전하기는 어렵다.

물론 존 듀이의 연구 중 일부는 선구적이었다. 하지만 그럴 수 있었던 까닭은 다른 분야에서의 재미에 대한 연구가 매우 부족했기 때문에 가능했던 것이라고 필자는 추측한다. 재미와 관련해서 활용할 자료가 아무것도 없으니, 선구적으로 만들어 낼 수밖에 없었을 것이다. 하지만 재미론이 발전한다면 교육학적인 접근은 부차적일 수밖에 없다.

한편, 심리학에서의 재미 연구의 한계는 현대 심리학 연구의 방법론에서 주로 기인한다. 이미 지적했듯이 현대의 주류 심리학인 인지 심리학에서는 반복적으로 실험 가능한 단순 가설을 검증하는 방법론에 크게 의존한다. 이러한 연구 방법론은 재미 연구에 적합하지 않은 경우가 많다. 재미는 포괄적이고 복합적인 심리 현상이어서 조작적인 실험으로 검증하기가 상당히 어렵기 때문이다.

게다가 칙센트미하이와 같은 연구는 아무리 설득력이 있다 하더라도 심리학자들이 폭넓게 동의할 만한 객관적 근거를 제시하는 데에 어려움이 있다. 칙센트미하이의 몰입론은 심리학적인 연구라기보다는 행복을 위한 일종의 처방과 같은 성격을 가지고 있다. 그 연구 내용은 이렇게 살라고 말하는 것이지, 재미란 이런 것이라고 말하지 않는다. 칙센트미하이 역시 존 듀이만큼이나 재미를 수단으로 하여 연구하므로 교육학적 접근과 비슷한 한계를 지닌다.

제2장

재미론의 기초 개념

1. 재미의 개념

분석 대상으로서의 재미 개념

재미 개념의 분석성

재미 창작을 위해서 재미를 이해하려면 재미를 분석적으로 이해해야만 한다. "어떻게 해야 재미있는가?"라는 물음을 좀 더 구체적으로 표현하면 "어떤 요소들을 어떻게 결합해야 재미있게 되는가?"라고 할 수 있다. 이는 곧 재미 개념이 분석적으로 이해되어야 한다는 것을 의미한다.

재미에 대한 분석을 거부하는 입장들

하지만 기존의 논의에서 재미 개념에 대한 분석을 거부하는 입장들이 많이 제시되었다. 예를 들어 요한 하위징아는 재미란 각종 분석과 논리적 해석을 거부하는 개념이며, 그리하여 그것을 어떤 심리적 범주로 환원시키는 것이 불가능한 개념이라고 말하였다.[1]

---

1   요한 하위징아, 『호모 루덴스』, 이종인 옮김, (연암서가, 2010), p. 33.

이런 입장은 재미를 기초 개념으로 이용하여 다른 것들을 평가하고 분석하고자 하는 입장에 적합하다. 필자[2]나 마틴이 논의하고 비판한 유머에 대한 부조리론도 이런 입장에 속한다고 하겠다. 이 입장은 재미에 대한 학술적 연구를 시도하는 재미론의 입장과 정면으로 대치한다.

그러나 이렇게 입장이 상충된다고 해서 요한 하위징아와 같이 재미 개념의 분석을 거부하는 입장이 틀렸다고 단언할 수는 없다. 왜냐하면 어떤 연구 및 이론적 고찰에서든 정의되지 않은 원초적 개념들이 필요하며 그것이 재미라는 개념일 수도 있기 때문이다. 유아교육론과 같은 분야에서는 재미라는 개념을 분석하지 않고 사용할 수 있을 것이다. 더 나아가, 어떤 논의에서든 원초적인 무정의 개념을 도입하지 않으면 그 탐구는 근본적으로 순환론적 오류를 포함하게 된다.

그러므로 재미가 근본적으로 분석 가능한 개념인가, 그렇지 않은가는 재미와 관련된 현상들을 어떤 관점에서 바라보는가에 따라 결정된다. 필자와 같은 입장에서 재미에 대한 이론을 구성해 보고자 한다면 재미를 분석 불가능한 원초적 개념으로 간주하는 것이 아니라 분석 가능한 복합적인 대상으로 간주해야 한다.

재미 개념을 분석하는 두 가지 방법

그렇다면 재미 개념을 어떻게 분석할 수 있을까? 재미론 연구에서도 여러 학문 분야에서 사용하는 접근법을 따르는 것이 적절할 것이다. 그 방법은 두 가지이다. 하나는 기본적으로 언어적 개념 분석을 통한 접근법이고, 다른 하나는 이와 관련한 다른 분야에서의 연구들을 종합하는 것이다.

---

2 이현비, 『재미의 경계』, (지성사, 2004).

첫째, 언어적 개념 분석을 살펴보자. 재미라는 것이 도대체 무엇을 의미하는지를 확정하는 것이 언어적 개념 분석에서 하는 일이다. 개념 분석은 왜 필요할까? 먼저, 재미에 대한 개념적 분석 연구가 거의 없다. 그래서 다른 연구를 도입해서 재미 개념을 분석하려고 시작하는 것조차 불가능하다. 재미가 정확히 무엇인지를 알아야, 무엇이 재미와 관련되었는지를 알 수 있을 것 아닌가. 그것을 모르면 다른 연구를 도입하는 것도 불가능하다.

재미에 대한 언어적 개념 분석은 어떻게 해야 하는가? 우리가 가진 유일한 자산인 언어 사용의 직관을 활용해야만 한다. 소크라테스나 아리스토텔레스 등의 여러 철학자들이 이러한 방식으로 정의나 아름다움에 대해서 논의했고, 여전히 모든 학자들이 이렇게 논의하고 있다. 재미에 대해서도 이러한 시도는 똑같이 가능할 것이다.

둘째, 재미 개념의 분석을 위해서 이와 관련한 다른 분야의 연구를 종합할 수 있다. 이때 참조할 만한 것은 심리학적 연구의 성과들이다. 개략적으로 말해서 재미라는 것은 우리의 마음속에서 느껴지는 것, 즉 심리적인 것이기 때문이다. 심리학적 연구들은 주로 '심리적 경험'의 측면에서 재미를 분석한다.

한편, 앞에서 간단히 살펴본 다른 분야의 연구들도 있지만 그 내용이 재미라는 개념에 정확히 초점이 맞춰져 있지 않아 재미 개념 분석에 도움이 되기 어렵다.

지금부터는 이상의 두 접근법을 활용하여 재미 개념을 분석해 보자.

재미 개념의 세 가지 속성

언어적 분석과 심리학적 연구들을 고찰하여 확인할 수 있는 재미 개념에는 적어도 다음과 같은 세 가지 속성이 있다. 이러한 속성들은 재미 개념에 대한 구체적인 정의를 내리거나 그 적합성을 판단하는 개략적인 지침이 되어 줄 것이다.

재미는 평가 기준이다

첫째, 재미는 평가 기준이라는 속성에서 보면, 재미와 콘텐츠의 관계는 아름다움과 예술품의 관계와 같다. 예술품은 아름다워야 하듯이 콘텐츠는 재미있어야 한다. 어떤 것이 재미있다면 그것은 좋다는 의미를 함축한다. 반대로 재미가 없다면 그만큼 나쁘다는 의미이기도 하다. 즉 평가적이라는 뜻이다.

이는 경험적으로 납득할 수 있다. 여러분이 「희생자」라는 영화와 「석양」이라는 영화 중에 어느 것을 볼까 고민하고 있다고 가정해 보자. 그래서 이 영화를 본 철수와 영희에게 물어보았다. 철수는 "「희생자」는 재미있긴 하지만 상징성이 약한 것 같아"라고 말하고, 영희는 "「석양」은 상 받은 영화이긴 한데, 재미는 없어"라고 말한다. 자, 여러분은 어느 영화를 볼 것인가? 이때 평범한 사람들은 대개 「희생자」를 본다. 왜 그럴까? 단지 더 재미있기 때문이다.

그래서 블록버스터 영화처럼 거대 자본을 끌어들여 콘텐츠를 제작하는 제작자들은 재미를 강조한다. 특히 상업성이 강한 콘텐츠 제작에서 재미는 가장 중요한 평가 기준이므로 유사한 개념으로 보일 수도 있는 '예술성'이나 '사실성'과 같은 개념보다 우선적으로 고려된다.

릭 굿맨Rick Goodman은 게임 「에이지 오브 엠파이어 Age of Empires」의 수석 디자이너이자 1995년에 앙상블 스튜디오Ensemble Studios라는 회사를 설립한 게임 제작자인데, 그의 말에서도 이런 점이 잘 드러난다. 그는 컴퓨터 게임을 제작할 때 창작자들이 예술가적 성향으로 추구하는 사실성도 중요하지만 사실성보다 재미를 더 강조하라고 조언한다. 컴퓨터 게임에서 뛰어난 사실성을 보여 준다면 사용자들은 감탄을 터뜨리곤 한다.[3] 하지만 그의 지적에 따르면, 게임에서 사실성은 재미를 위한 장치일 뿐이다. 따라서 재미를 포기하면서까지 다른 가치를 추구해서는 안 된다.[4] 그만큼 콘텐츠 분야에서 재미는 사실성이나 예술성과 같은 가치들보다 우선한다.

재미는 경험의 속성이다

둘째, 재미는 경험의 속성이라는 명제가 함축하는 뜻을 분명히 하기 위해서 대조를 한다면, 재미는 인식의 속성이 아니라는 뜻이다.

우리는 종종 "이 영화가 재미있다", "이 소설이 재미있다" 혹은 "이 만화가 재미있다"라고 말한다. 여기서 영화, 소설, 만화 등은 우리가 보거나 듣거나 읽어서 인식하는 대상이다. 그래서 재미는 바로 이와 같은 인식 내용의 속성이라고 오해하기 쉽다. 이런 맥락에서 핸더슨 등 Henderson & etc은 재미란 좋은 시간을 보내고 있다는 긍정적인 감각이라고 말하였다.[5]

하지만 수동적으로 인식하고 감상하는 내용만 재미있는 것이 결코 아니다. 게임이나 테마파크에서 얻는 재미처럼, 재미를 느끼는 사람이 의지를 가지고 활동하는 데에서 얻는 재미들도 많다. 이런 입장 역시 여러 학자들의 주장으로 뒷받침되고 있다. 켈리J. R. Kelly는 재미란 무엇인

---

3 〈게임동아〉 2010년 10월 27일자에 극사실주의 게임의 인기를 보도한 기사에 따르면, 극사실주의 게임의 한 예인 「그란 투리스모 5」는 플레이스테이션 3 전용 레이싱 게임이다. 이 게임은 다양한 차량과 경기용 서킷 및 차량의 성능과 노면 상태까지 사실적으로 표현하였다.

4 마크 살츠만, 『Game Design: 이것이 게임 기획이다』, 박상호 옮김, (민커뮤니케이션, 2001), p. 36.

5 K. Henderson, M. Glancy, and S. Little, "Putting the Fun into Physical Activity", *Journal of physical education, recreation & dance, 70(8)*, (1999).

가를 함으로써 얻어지는 즉각적인 경험 상태라고 말하였다.[6] 포딜차크w. Podilchak는 이런 재미의 경험 상태에 대해서 설명하였는데, 즉 목적이나 보상을 기대하지 않는 적극적인 감정 상태가 재미의 경험 상태라는 것이다.[7] 포딜차크 역시 재미를 경험의 속성으로 파악하였음을 알 수 있는 대목이다.

소설이나 만화 같은 인식의 대상뿐만 아니라 게임과 놀이와 같은 활동의 대상을 포괄해서 재미라는 용어를 일관되게 적용할 수 있으려면 재미가 경험의 속성임을 받아들여야 한다. 인식과 활동은 모두 경험의 일면들이기 때문이다. 게임이나 놀이공원에서의 활동이 경험인 것은 분명하다.

이렇게 생각하면 소설이나 영화 감상에서 발견하는 인식의 속성으로서의 재미가 사실은 대리 경험의 속성임을 알 수 있다. 즉 인식에서 얻는 재미는 감상 경험의 속성인 것이다. 인식에서 경험의 차원을 부각시키는 이런 이해는 사실 문학과 같은 예술론에서 줄곧 강조해 온 부분과 일치한다.

재미는 쾌감을 유발한다

셋째, 재미는 쾌감을 함축하고, 이 쾌감은 경험의 결과로 얻을 수 있다. 재미는 쾌감을 목적으로 하는 경험이다. 몰입을 통해 재미를 설명하는 칙센트미하이나 혹은 놀이를 통해 재미를 설명하는 스튜어트 브라운과 크리스토퍼 본 등의 주장을 살펴보면 재미의 전체 과정은 포딜차크가 정의하는 것처럼 일정한 감정 상태로 주어진다. 이 재미의 전체 감정 상

---

6 J. R. Kelly, Freedom to Be: *A New Sociology of Leisure*, (Macmillan, 1987).

7 W. Podilchak, "The Social organization of Fun", *Leisure and Society, 8(2)*, (1985), pp. 685-691.

태에서 재미있다고 자각되는 강력한 지점들이 있다고 포딜차크는 말하는데[8] 그때 사람들은 정서적 흥분을 느낀다. 이 정서적 흥분은 쾌감이다. 그러므로 나중에 다시 정식화하겠지만 재미는 정서적 흥분에서 오는 쾌감이라 할 수 있다.

콘텐츠 창작의 관점에서 특히 재미가 정서적 흥분에서 오는 쾌감이라고 규정하는 것은 일반적인 경험과 잘 일치한다. 우리는 재미있는 영화나 게임을 즐기면서 즐거워한다. 고통이나 그 밖의 부정적인 정서에서 오는 다양한 통증이 있다면 결코 재미를 느낄 수 없다. 이것이 재미 경험의 결과가 쾌감이라고 말할 수 있는 이유이다.

재미가 즐거움과 쾌감을 준다는 점을 생각하면 우리는 사람들이 왜 재미를 추구하는가를 심리학적으로 쉽게 이해할 수 있다. 심리학 연구자들에 따르면, 정서는 인간의 생존과 생식을 증진시킬 가능성이 높은 반응을 선택하도록 돕는다.[9] 이렇게 재미가 인간의 삶에 구체적으로 도움이 되지 않는다면, 그와 같은 기질이 발달하고 존재해 온 것을 이해하기 어렵다.

이처럼 명백하고 단순한 추론에 따라 재미가 쾌감을 유발한다는 사실과, 이러한 긍정적 정서가 삶에 도움이 된다는 사실에서 우리는 재미가 삶에 도움이 되며, 재미를 꾸준히 추구해야 한다는 결론을 얻을 수 있다. 그러므로 콘텐츠는 예술성이나 사회성 못지않게 재미를 추구할 필요가 있으며, 콘텐츠학 연구에서 재미를 가치 기준으로 삼아야 한다.

---

8 W. Podilchak, 앞의 글.

9 M. S. Gazzaniga, & T. F. Heatherton, *Psychological science*, (New York: W.W.Norton, & Company, 2003).

재미 이해의 여러 차원과 논의의 틀

이상에서 논의한 세 가지 속성은 재미 개념을 분석할 때 중요한 고려 요소이다. 하지만 재미 개념 자체를 상세히 체계적으로 이해하고자 하는 목적에는 적합하지 않다. 왜냐하면 재미 개념의 세 가지 속성이 동일한 측면을 설명하는 것도 아니고 중요한 모든 측면을 드러내는 것도 아니기 때문이다.

따라서 재미에 대한 상세하고 체계적인 이해를 위해서 재미 개념을 적절히 여러 차원으로 나누어 분석하고 종합할 필요가 있다. 이를 위해 필자는 재미의 여러 측면을 다섯 가지로 나누어서 논의하고자 한다.

재미의 다섯 측면들은 크게 개념 분석 차원과 기타 차원으로 나뉜다. 재미의 개념 분석 차원은 심리적 차원, 관계적 차원, 내용적 차원이라는 세 가지 측면을 말한다. 이 세 차원에서의 재미 개념 분석은 재미라는 말로 의미하는 것이 정확히 무엇이며 어떻게 존재하는지를 보여 줄 것이다. 즉 본질을 설명한다.

기타 차원은 재미 혹은 재미있는 콘텐츠에 뒤따르는 여러 부가 활동의 측면을 가리킨다. 이와 관련해서는 재미에 대한 이해를 활용하기 위한 창작의 차원과 재미 이해를 심화하기 위한 철학적 차원을 추가로 논의할 것이다. 물론 필요에 따라서 재미와 관련한 부가적인 차원들을 더 논의할 수 있지만 여기서는 두 측면에만 한정하기로 한다.

이해의 편의를 위해서 재미 분석의 다섯 가지 차원을 〈표 2.1〉로 정리하였다. 관계적 차원을 제외한 각 차원의 논의는 〈표 2.1〉이 보여 주는 바와 같이 이 책의 각 장들에 대응된다. 각각의 분석 차원에 대한 상세한 설명은 곧 뒤따른다.

재미 분석		논의의 기본 전제	논의의 장
개념 분석 차원	심리적 차원	재미는 콘텐츠 사용자의 주관적·심리적 현상이다.	제2, 4장
	관계적 차원	재미는 콘텐츠 사용자와 콘텐츠의 상호 관계에 있다.	사회학
	내용적 차원	재미는 주로 콘텐츠의 속성들에 의해 창출된다.	제3장
기타 차원	창작의 차원	재미 개념의 이해는 재미 창작에 활용될 수 있다.	제5장
	철학적 차원	재미에 대해 의미 있는 순수 이론적 고찰들이 있다.	제6장

표 2.1 재미 분석의 여러 차원과 논의의 틀

재미 개념의 속성과 재미 개념 분석의 차이

본격적으로 분석하기에 앞서 재미 개념의 속성에 대해 논의한 내용과 개념의 분석 차원의 내용이 서로 어떻게 다른지 설명할 필요가 있다. 개념 분석 차원의 내용은 재미의 본질을 설명한다. 이와 달리 개념의 속성은 부가적인 현상을 설명한다.

보통 본질에서 현상이 나온다. 하지만 현상이 같다고 해서 본질도 같다고 할 수는 없다. 예를 들어 무기의 본질은 전쟁의 도구이고 그 현상은 때로 단단하고 무겁다. 하지만 단단하고 무거운 것이 모두 무기는 아니다. 재미는 평가적 개념이지만, 평가적 개념이라고 해서 모두 재미가 아니듯이 말이다. 도덕도 평가적 개념이지만 그 본질은 재미가 아니다.

우리가 1차적으로 원하는 것은 재미의 본질을 파악하는 것이다. 하지만 현상은 우리가 직접 느끼는 것이라 확인하기 좋은 데 비해, 본질은 추상적이어서 그 내용이 맞는지 틀린지 알기 어렵다. 그래서 현상을 지침으로 삼아 본질에 대한 내용을 개략적으로 판단하는 것이다.

이제 재미 분석의 여러 차원들을 좀 더 본격적으로 살펴보자.

재미의 심리적 차원

첫 번째, 심리적 차원이다. 재미는 최종적으로 재미를 느끼는 사람의 마음에서 결정된다. 모든 사람들이 A가 재미있다고 느낀다면 A는 재미있는 것이고, A가 재미없다고 느낀다면 A는 재미없는 것이다. 이와 같은 이유로, 철수가 "A라는 소설은 재미없어"라고 말하더라도 영수가 "나는 A라는 소설 재미있었어"라고 말할 수도 있다. 따라서 "A를 재미있어하는 사람은 없지만 A가 재미있다"라고 말하는 것은 모순적이다.

이렇게 콘텐츠 사용자의 주관적·심리적 현상의 차원은 재미가 존재하는 영역을 가리킨다. 그러므로 재미는 심리적 차원에서 분석될 수 있고, 또 충분히 분석되어야 한다. 심리적 차원에서의 논의는 재미 개념에 학문적 근거를 좀 더 엄밀하게 마련하고자 할 때 논리적 출발점으로 삼을 만한 내용이다.

따라서 이번 제2장에서는 재미를 느끼는 경험의 단계에 따라 우리의 심리적 현상을 포괄적으로 분석할 예정이다. 그 후 제4장에서는 심리학의 연구 내용들을 근거로 삼아 재미에 대한 인지 과정의 측면을 상세히 논의할 것이다.

그런데 재미가 각 개인의 심리적 차원에서 결정된다는 것은 상대성을 함축한다. 어떤 콘텐츠가 재미있는지는 사람마다 다르기 때문이다. 필자는 세계적인 흥행 영화 「아바타」(2009)를 보고 재미있다고 생각했지만 유명한 드라마 작가 김수현은 재미없다고 논평하였다. 이처럼 다른 사람들이 재미있다고 말하는 영화를 보고도 어떤 사람들은 재미없다고 말할 수도 있다. 게임이나 놀이공원과 같은 다른 종류의 콘텐츠에 대해서도 마찬가지이다.

재미의 관계적 차원

두 번째, 관계적 차원이다. 재미의 심리적 상대성에서 알 수 있듯이 재미는 사용자와 콘텐츠의 상호 관계에서 결정되므로 관계적 차원에서 분석할 수 있다. 예를 들어 "철수는 그 게임이 재미없다고 했지만 나는 재미있었어"라고 말할 때 그 재미는 게임과 철수와의 관계에서는 없지만, 게임과 나와의 관계에서는 있다는 뜻이다.

관계적 차원의 논의는 사람들이 느끼는 재미에 영향을 주는 여러 주변적 요인들이 있음을 의미한다. 콘텐츠는 동일하더라도 사용자가 다르면 그 재미도 달라질 것이다. 실제로 문화적 배경에 따라서 동일한 영화나 게임이 흥행하기도 하고 흥행하지 못하기도 한다. 크리스토퍼 놀란 감독의 「인터스텔라」(2014)가 한국에서는 흥행했지만 미국에서는 흥행하지 못한 것이 그 예가 될 것이다. 또 계절에 따라서도 사람들에게 재미있을 만한 소재가 달라질 수 있다. 여름이면 공포 영화가 인기를 끌고 겨울이면 크리스마스를 소재로 한 영화가 인기를 끄는 것처럼 말이다.

이와 같이 재미를 느끼는 콘텐츠 사용자는 그 사회적 환경이나 역사적 조건, 때로는 개인적인 경험의 유무에 따라서 어떤 것에 흥미를 더 느끼기도 하고 덜 느끼기도 한다. 그리하여 결과적으로 재미도 다르게 느낀다.

그러나 재미의 관계적 차원에 대한 세부 내용은 재미 자체에 대한 논의에서 한 걸음 떨어져 있는 것으로 보여 이 책에서는 다루지 않을 것이다. 재미가 관계에 따라 달라질 때 주로 그 관계에 영향을 미치는 사회적인 요인들은 재미와 조금 무관하다고 볼 수 있기 때문이다.

이 차원에서의 재미 분석은 사회학적 지식을 활용해서 이루어져야 할 것이다. 특히 콘텐츠 마케팅에서는 이러한 차원에 초점을 맞추고 있다.

재미의 내용적 차원

세 번째, 재미의 내용적 차원이다. 우리가 '재미있다'라는 말을 쓸 때 그 말의 주어는 주로 콘텐츠이다. 즉 '영화가 재미있고' 혹은 '게임이 재미있다'라고 쓴다. 그래서 재미를 이해하려면 재미있는 콘텐츠의 속성을 들여다볼 필요가 있다.

앞에서 언급한 상대성에 초점을 맞출 경우 어떤 콘텐츠는 '어떤 사람'에게 항상 상대적으로 재미있지만, 우리는 항상 '어떤 것'에 대해 재미를 느낀다는 점에서 객관성의 단초를 찾을 수 있다. 왜냐하면 객관적으로 재미있다고 생각하는 콘텐츠는 사실상 '모든 사람들'에게 혹은 '매우 많은 사람들'에게 재미있기 때문이다. 이런 대중적 재미의 관점에서 재미는 콘텐츠의 속성이다. 이때 우리는 재미에서 콘텐츠의 내용적 차원에 관심을 가지게 된다.

물론 이미 말했듯이 재미는 궁극적으로 사용자의 심리 현상에 의해서 결정되고, 이에 따라 재미의 상대성을 완전히 없앨 수는 없다. 따라서 모든 사람들에게 필연적으로 재미있기 위해 콘텐츠가 갖춰야 하는 절대적 속성을 결정하는 것은 불가능할 것이다.

하지만 우리가 그런 엄밀한 관점(아마도 논리적 관점)에서 벗어나 실용적 관점, 즉 콘텐츠학의 관점을 취한다면 우리는 모든 사람들은 아닐지라도 매우 많은 사람들에게 재미있는 콘텐츠의 속성을 객관적으로 논의할 수 있다. 대개의 경우 사람들이 재미있다고 느끼는 콘텐츠의 속성들이 같기 때문이다. 물론 재미에 대해 특이한 취향을 가진 사람들도 있다. 하지만 그런 사람들은 소수에 불과하다. 그러므로 그것을 확률적으로 더 많이 창출해 내는 콘텐츠의 속성에 초점을 맞추어 재미를 분석한다면 그 내용은 객관적일 것이다.

이런 분석이 가능하기 때문에 영화나 드라마에 대한 아리스토텔레스의 『시학』이나 시나리오에 대한 웰스 루터와 닐 D. 힉스 등의 논의는 의미가 있다. 또한 게임에 대해서는 로제 카이와나 마크 살츠만이 논의한 내용이 의미가 있다. 만약 재미에 대한 내용적 차원의 분석이 불가능하다면 그런 논의들은 무의미하고 가치가 없는 것으로 간주해야 할 것이다. 이는 사람들에 따라 옳고 그름이 완전히 달라질 것이기 때문이다. 이렇게 인정받는 학자들의 연구가 모두 전적으로 상대적이라고 생각하는 것은 불합리하다. 따라서 앞으로 이 책의 제3장에서 재미의 내용적 차원을 더 상세히 고찰할 것이다.

이상의 세 가지 차원의 분석이 이루어지면 재미의 본질에 대한 우리의 이해도 결정된다고 필자는 생각한다. 이러한 필자의 분석과 유사하게 김선진은 재미의 여러 측면을 내적 요소와 외적 측면으로 구분하였다. 김선진에 따르면, "재미는 대상이나 활동이 갖고 있는 내적 요소일 뿐 아니라 그에 대한 주체의 주관적인 심리 반응이라는 외적 측면이 있다."[10] 이런 김선진의 분석은 관계적 차원을 포함한 재미의 여러 측면들을 날카롭게 구분하지 못한 한계를 안고 있지만, 재미의 가장 중요한 두 측면을 지적했다는 점에서는 의의가 있다.

재미의 본질에 대한 이해를 실용적으로나 이론적으로 더 의미 있게 만들기 위해서 추가적으로 논의할 만한 차원들이 있다. 기타의 차원으로 분류한 재미의 창작 차원과 철학적 차원이다.

재미의 창작 차원

네 번째, 재미의 창작 차원이다. 이 차원은 내용적 차원에서 이해된 재미가, 재미있는 콘텐츠 창작에 직접적으로 활용될 수 있다고 전제한다.

10　김선진, 『재미의 본질』, (경성대학교 출판부, 2013), p. 43.

하지만 "A가 활용될 수 있다"라는 표현은 A가 어떻게 활용되는지를 설명하지 않는다. 재미의 개념을 잘 이해했고, 이것이 유용하다는 것을 보여 주려면 재미가 어떻게 창작에 활용되는지를 설명할 수 있어야 한다. 재미있는 콘텐츠 창작을 위해서 창작자가 고려해야 하는 추가적인 요소들을 논의할 필요가 있는 것이다.

이 차원의 논의에서 그러한 요소들을 다룰 텐데, 여기서는 '표현'이나 '연출'과 같은 좀 더 포괄적인 개념들을 논의할 것이다. 이런 개념들은 사실 재미에만 적용되는 것이 아니라 순수 예술이나 학술 등 모든 종류의 창작에 적용된다. 그래서 창작 차원에서의 재미 논의는 정확한 재미론의 범위를 약간 넘어선다고도 볼 수 있다. 이 논의는 제5장에서 이루어질 것이다.

재미의 철학적 차원

끝으로 재미의 철학적 차원이다. 이는 곧 재미에 대한 순수 이론적 차원에 대한 다양한 논의로 이어지며, 그 논의 내용이 실질적으로 어떻게 유용할지를 따지지 않고 오직 재미론 자체의 여러 의미나 혹은 재미론과 다른 연구 분야가 연결될 수 있는 측면들을 탐구하는 것이다. 간단히 말해서 이론적 발전을 위한 논의라 할 수 있다. 이 논의는 단지 창작을 위해서만이 아니라 여러 관점에서 재미를 이해하는 것을 기본 전제로 한다.

이러한 내용의 활용 가치를 아직 구체적으로 말할 수는 없지만 그 잠재성은 짐작할 수 있다. 유클리드 기하학의 발전으로 생겨난 수학과 그에 기초한 현대 문명의 발전사에서 보듯이, 혹은 플라톤과 아리스토텔레스의 철학이나 성리학의 발전 사례에서 보듯이 순수 이론이 당장 어디에 쓰일지 결정할 수 없을지라도 시간이 흐름에 따라서 그 가치가 확인되는 경우가 많다. 재미론에서도 그럴 수 있다.

아마도 이런 논의로 재미에 대한 창작자의 이해가 더욱 깊어질 것임에는 틀림없다. 필자는 이 책에서 제시한 재미 개념에 기초하여 철학, 미학, 수학 등의 측면에서 재미 개념에 대해 논의할 것이다.

전체 논의의 구조 정리

이상의 내용을 그림으로 정리하면 다음의 〈그림 1〉과 같다.

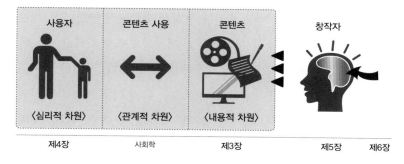

그림 1 재미 분석의 여러 차원과 논의의 틀

이와 같이 여러 접근법에 따라서 재미 분석이 달라질 수 있으므로, 재미와 콘텐츠에 대한 생산적 논의를 위해서 이 부분을 혼동하지 않고 논의하는 것이 중요하다.

불필요한 혼동의 예는 쉽게 생각할 수 있다. 철수가 "이 영화는 스토리가 진부해서 재미가 없어"라고 말하자 영수가 "영화 주인공과 비슷한 경험을 해 봤다면 재미있을 수 있어"라고 철수를 비판한다고 가정해 보자. 그러면 철수의 내용적 차원의 관심과 영수의 관계적 차원의 관심이 교차하는 것이다. 이때 두 사람의 논의는 초점이 어긋나 있어 영수의 지적은 철수의 생각에 대한 정확한 비판이 되지 못한다. 만약 철수와 영수가 이러한 구분을 하지 못한다면 불필요한 논쟁을 지속하기 쉽다. 하지만 재미 이해의 여러 차원을 구분할 수 있다면 이런 소모적 논쟁을 막을 수 있을 것이다.

재미론을 위한 재미 개념 정의

재미의 일반 개념

재미론이 무엇인가를 다른 학문들과 같은 수준에서 말한다면, 그것은 재미를 학술적인 수준에서 논리적이고 체계적으로 논의하고 연구하는 것, 그리고 그 논의 및 연구된 결과물이라 할 수 있다. 이러한 재미론을 위해서는 재미라는 핵심 개념과 그에 따르는 여러 기초 개념들을 적절하게 정의해야 한다. 따라서 필자가 생각할 때 재미에 대한 적절한 정의는 다음과 같다.

재미란 새로운 체험을 통해서 얻는 정서적 쾌감이다.

필자는 이후의 논의에서 재미의 개념에 대한 이 정의를 많이 언급할 것이고, 또한 여기서 파생된 재미에 대한 다른 정의도 제시할 것이므로 간단히 줄여서 '제1정의'라고 부르겠다. 재미에 대한 제1정의는 필자가 이전에 제시했던 정의를 조금 수정한 것이다. "재미란 새로운 체험을 통해서 얻어지는 감정적 흥분이다"[11] 라는 이 정의에서 '감정적 흥분'을 '정서적 쾌감'으로 수정함으로써 제1정의를 얻을 수 있다. 지금부터 이 정의가 의미하는 바를 살펴보자.

---

11 이현비, 앞의 책, p. 78.

재미는 체험에서 얻는다

먼저 제1정의에서 재미는 체험에서 얻는다는 말은 앞[12]에서 본 바와 같이 재미가 경험의 속성이라는 점과 일치한다. 왜냐하면 체험은 경험을 포함하기 때문이다.[13] 경험 없는 체험은 없지 않은가.

영화를 볼 때는 스크린 속의 인물들이 만들어 내는 사건들의 연쇄를 인식한다. 그동안 이 분야를 연구한 사람들은 영화 관객이 영화 속 인물을 통해서 '대리 경험'을 한다고 말해 왔다. 이런 설명은 매우 설득력이 있다. 실제로 우리는 영화 속 인물 누군가와 자신을 동일시함으로써 영화를 즐기게 된다. 재미는 거기서부터 출발한다.

게임을 할 때는 콘텐츠 사용자들이 직접 활동을 한다.[14] 그리고 활동에서는 항상 체험을 얻는다. 사람들이 게임을 할 때 어떤 체험을 얻는다는 것은 굳이 어떤 권위자의 말을 빌릴 필요가 없을 만큼 직시적인 사실이지만, 마크 살츠만이 보고한 게임 개발자들의 설명에서 이 당연한 사실의 중요성을 엿볼 수 있다.

일렉트로닉 아츠Electronic Arts사의 개발 책임자인 스티브 콜리어Steve Coallier는 스포츠 게임을 구성할 때 경기를 뛰고 있는 실제 선수처럼 느끼게 해야 한다고 말한다.[15] 실제 선수처럼 느끼는 것, 그것이 체험이다. 게임 콘텐츠 사용자는 이 체험 없이는 재미를 느낄 수 없다.

갭 뉴웰은 「하프 라이프Half-Life」라는 게임으로 세계의 찬탄을 받은 밸브 소프트웨어Valve Software사의 경영 이사인데, 그는 게임 개발이 "어떤

---

12 이 책의 제2장 51쪽 '재미 개념의 세 가지 속성'을 참조하기 바란다.

13 체험과 경험의 개념적 차이와 연관 관계는 제2장 75쪽 '체험의 구조와 두 측면'에서 설명한다.

14 마크 살츠만, 『Game Design: 이것이 게임 기획이다』, 박상호 옮김, (민커뮤니케이션, 2001), p. 74. 마크 살츠만은 게임은 상호 작용 능력을 표현한다고 말한다. 상호 작용하도록 되어 있는 게임을 한다는 것은 곧 활동을 한다는 것을 의미한다.

15 같은 책, p. 1, 51, 73.

게임 경험을 구축할 것인가를 규정하는 것으로부터 시작한다"라고 말한다. 갭 뉴웰에 따르면, 자신들은 "플레이어가 「하프 라이프」를 실행할 때 어떻게 느끼도록 해야 할지를 알고 있었으며 그로부터 모든 것을 결정"[16] 했다. 이러한 갭 뉴웰의 설명은 콘텐츠를 생산하는 창작자에게 체험이라는 것이 얼마나 중요하게 고려해야 할 개념인지를 보여 준다. 체험은 경험을 포함한다.

체험은 새로워야 한다

한편, 제1정의에 따르면 재미있기 위해서는 체험이 새로워야 한다. 헵 Hebb과 벌린Berlyne은 서로 다른 저작에서 자극이 즐거운 것이 되려면 새로운 요소를 포함해야 한다고 주장하였다.[17] 이때 자극은 체험을 촉발하는 것을 뜻한다.

이들에 따르면, 주어진 환경에서 일상적으로 흔하지 않은 새로운 자극의 패턴을 제공할 경우에 사람들은 그 활동을 즐기게 된다. 새로운 자극은 반복적인 정보로 부담스러워진 신경계에 즐거운 흥분을 제공한다.[18] 이러한 헵과 벌린의 주장은 체험의 새로움이 재미(즐거움)를 위한 필요조건임을 함축한다.[19] 실제로 우리의 일상 경험에 비추어 볼 때 어떤 것이 재미있기 위해서는 그와 관련된 체험이 새로워야 함은 분명하다. '지루하다'는 말은 거의 '재미있다'의 반대말로 쓰이며 '새롭지 않음'을

---

16 마크 살츠만, 앞의 책, p. 14.

17 D. O. Hebb, "Drives and the CNS", *Psychological Review, 62,* (1955), pp. 243-254. 그리고 D. E. Berlyne, *Conflict, Arousal and Curiosity,* (McGraw-Hill, 1960).

18 칙센트미하이, 『몰입의 기술』, 이삼출 옮김, (더불어책, 2008), p. 74.

19 헵과 벌린의 주장에서 자극은 사실상 경험을 의미한다. 왜냐하면 하나의 경험은 인지적으로 어떤 자극에 의해 시작되고 이때 이 자극이 경험의 정체성을 결정하므로, 새로운 자극으로 새로운 경험을 생산할 수 있기 때문이다. 또한 문맥을 봤을 때 즐거움은 실제로 재미를 의미한다.

의미한다.

우리가 어떤 재미있는 일을 생각할 때 머릿속에 쉽게 떠올리는 놀이공원의 롤러코스터를 예로 들어 보자. 놀이공원에서 롤러코스터를 타는 것은 재미있는 일이다. 그 까닭은 일상적으로 흔히 경험하지 못하는 '새로운 체험'이기 때문이다. 만약 롤러코스터를 매일 여러 번씩 타는 사람이 있다면 그 사람에게는 롤러코스터가 별로 재미있지 않을 것이다. 이처럼 여러 사례들을 고찰해 볼 때, 재미있으려면 그 체험이 새로워야 한다는 것은 틀림이 없다.

게임이나 영화도 마찬가지이다. 영화를 살펴보면, 일상적으로 접할 수 있는 소재보다는 전혀 새로운 소재와 장면이 더 쉽게 재미를 유발한다. 이를테면 야구 경기를 다룬 영화 「퍼펙트게임」(2011)보다는 로봇들이 변신하며 싸우는 영화인 「트랜스포머」(2007)가 더 재미있을 것이다. 왜 그럴까? 변신하는 로봇들의 전투를 보는 것이 훨씬 더 새로운 체험이기 때문이다.

영화나 만화뿐만 아니라 인기 있는 게임들도 새로운 체험을 제공하는 것에 초점을 맞춘다. 예를 들어 게임 「디아블로」를 살펴보자. 전작 출시 후 무려 12년 만에 3편을 출시해 전야제까지 펼쳤던 2012년 5월 14일 왕십리역 광장에서는 전날 저녁부터 500여 명이 텐트를 치고 밤을 샐 정도로 「디아블로」의 인기는 대단하였다. 그만큼 재미있다는 뜻이다. 도대체 얼마나 재미있기에 사람들이 그리도 열광할까? 「디아블로」는 일상생활 속에서는 전혀 접할 수 없는 새로운 체험인 악마와의 전투 체험을 제공한다.

정서적 쾌감을 얻어야 한다

새로운 체험을 통해서 재미를 느끼면 우리는 기분이 좋아진다. 정서적 쾌감을 얻게 되는 것이다. 슬픈 영화를 보거나 무서운 소설을 읽고 난 뒤에도 재미있다고 느꼈다면 역시 기분이 좋아진다. 슬픈 영화에서도 쾌감을 얻은 것이다. 물론 슬픈 영화를 보는 중에는 슬프다. 하지만 다 보고 나서는 재미있었기 때문에 기분이 좋아진다.

반면, 재미가 없을 경우에는 기분이 나빠진다. 기대했던 놀이공원에서 막상 지루함과 심심함을 느꼈다면 그 각각의 재미없는 과정에서 우리는 즐거움을 얻지 못한다. 이것은 개념적으로 그럴 수밖에 없다.

이러한 사실들에서 재미는 쾌감을 함축한다는 것을 알 수 있다. 그 쾌감은 주로 기쁜 체험, 무서운 체험, 슬픈 체험 등을 통해서 얻는다. 즉 재미는 정서적 체험을 통해서 얻는 것이다. 그리고 이 정서적 체험의 끝에서 얻은 쾌감을 '정서적 쾌감'이라고 부를 수 있다.[20] 정리하자면 재미에 대한 필자의 제1정의는 '재미있다'라고 표현하는 우리의 직관을 함축적으로 잘 규정하고 있다.

재미 개념의 적절성

제1정의는 다음과 같은 두 가지 이유로 적절한 개념이라 할 수 있다.

여러 분야의 재미를 일관된 이론으로 통합할 수 있다

첫째, 필자의 제1정의는 거의 모든 분야에 유용하게 적용할 수 있다. 필자가 보기에는 우리가 재미있다고 하는 모든 것에 대해 이 정의가 유효하며, 특히 현재 콘텐츠학에서 다루는 여러 논의들을 고려할 때 적절한 재미 개념을 제공한다.

단순히 만화, 영화, 소설과 같은 것을 감상하면서 느끼는 재미와 더불

---

20 이와 유사한 분석으로서 재미 경험의 심리적 과정을 4단계로 나누어서 살펴볼 것이다. 이 책의 제2장 132쪽 '재미 경험의 구조'를 참조하기 바란다.

어서 놀이공원에서 롤러코스터를 타거나 컴퓨터 게임을 하면서 얻는 재미를 설명하는 데에도 이 개념은 적절히 적용될 수 있다. 이렇게 어떤 개념이 모든 분야에 적용될 수 있는 것을 '개념적 일반성'이라 하자.

제1정의의 개념적 일반성은 매우 이질적으로 보이는 다양한 콘텐츠의 재미를 일관성 있게 포괄적으로 설명하는 데에 매우 중요하다. 현재 콘텐츠학에 게임과 영화, 만화, 교육 콘텐츠 등이 포함되어 있지만 이 각각의 콘텐츠에 대한 실질적인 연구 내용 속에서 그것들이 하나의 학문적 관심 아래에 놓일 만큼의 상호 연관성을 찾기는 어렵다. 이는 마치 좌표 평면이라는 개념 없이 기하학과 대수학을 '수학'이라는 하나의 학문 영역 안에 묶어 놓은 것과 유사하다.[21]

구체적으로 지적하면, 우리는 서사가 재미라는 속성을 지닌 실체라고 간주하기 쉽지만, 그렇게 본다면 게임이나 놀이공원의 시설도 재미의 실체이다. 그런데 두 부류는 매우 달라 보인다. 이럴 경우 똑같이 재미있다는 말을 하더라도 그 재미는 서로 다른 종류의 재미로 여기기 쉽다. 그러나 체험을 강조하는 제1정의를 기반으로 하여 여러 분야에 접근한다면 이처럼 이질적인 종류의 재미들을 일관되게 통합해서 이해할 수 있다. 또한 통합적 이해를 바탕으로 한 콘텐츠의 재미를 이해하면서 다른 콘텐츠의 재미에 대한 이해를 심화할 수도 있을 것이다.

그렇다면 이때 '체험' 개념에 밀려 부차적으로 된 '이야기' 개념은 어떻게 될까? 필자는 체험 개념을 기초로 이야기 개념을 합리적으로 재정

---

21 도형의 속성을 다루는 기하학과 숫자의 계산을 다루는 대수학은 모두 수학이라는 하나의 학문에 포함되어 있다. 하지만 곰곰이 생각해 보면 삼각형, 사각형 등을 다루는 기하학과 2+3=5와 같은 계산을 다루는 대수학은 매우 이질적임을 알 수 있다. 이러한 이질적인 분야에(고등학교 수학에서 배운 것처럼) 좌표 평면을 도입하면 같은 것의 다른 속성을 표현하는 분야가 되어 버린다.

의하고 통합적인 재미론의 핵심 개념으로 자리매김 할 것이다.[22] 이에 따라 극작 연구의 성과와 같은 기존의 재미에 대한 이론들을 포괄적인 재미론에 모두 반영할 수 있음을 증명해 보일 것이다. 반대로, 만약 우리가 지금처럼 체험 개념을 중심에 두지 않고 재미를 이해한다면 재미와 연관된 많은 부분들을 일관적이고 통합적으로 이해하는 것이 매우 어려워진다.

재미 이해의 여러 측면들을 일관되게 설명할 수 있다

둘째, 필자의 제1정의는 재미 이해의 여러 측면이 서로 어떻게 연관되는지를 보여 주는 데에도 적합하다. 제1정의의 중심에 있는 '체험'은, 그 내적인 측면에서 주관적이고 외적인 측면에서는 객관적이다. 영화나 게임의 사용자가 각각 어떤 체험을 하는지가 체험의 내적·주관적 측면이라면, 그런 체험이 모든 사람에게 공통된 심리적 기제에 따라 작동하는 것이 체험의 외적·객관적 측면이다.

제1정의에 따르면, 재미는 정서적 쾌감이며 비슷한 대상이나 조건에서 어떤 사람들은 기쁜 정서를 느낄 수도 있고 또 어떤 사람들은 그렇지 않을 수도 있다. 쾌감을 느끼는가, 얼마나 큰 쾌감을 느끼는가 하는 것도 이와 같다. 이것이 체험의 내적·주관적 측면이다.

한편, 모든 사람들이 자신 혹은 자신과 동일시하는 타인의 불행에 대해 슬퍼하고 그와 대립하는 인물에 대해 적대감을 느끼는 정서적 반응을 하는 것은 외적·객관적 측면이다. 이 객관적 측면의 토대에는 감정 흐름의 논리와 콘텐츠의 구성 논리 등이 존재한다. 즉 콘텐츠의 구성에 따라서 감정 흐름이 결정되고, 그 안의 논리에 따라 각자가 나름의 정서적 반응을 하는 것이다.

---

22 이 책의 제2장 93쪽 '재미와 이야기', 제3장 '재미의 창출 조건' 전체를 참조하기 바란다.

개념을 판단할 개략적 지침에 알맞다

그 밖에 앞에서 논의하여 확인한 재미 개념의 속성들에 잘 맞는다. 제1정의에서 말하는 재미는 최종적으로 쾌감을 얻는 새로운 체험 과정인데, 이러한 쾌감은 대체로 포괄적 평가의 원인이 된다. 누구나 어떤 경험에서 쾌감을 얻을 경우에는 항상 좋은 평가를 내리기 때문이다. 이에 따라 제1정의에서 직접적으로 재미가 경험의 속성이자 쾌감을 함축한다는 것이 도출된다.

앞에서 우리는 재미에 대한 우리의 정교한 이해가 올바른지 그른지에 대한 개략적인 판단 지침으로 재미 개념의 속성들을 설정하였다. 이런 지침에 비추어 볼 때 제1정의가 재미를 잘 규정한다는 결론이 나왔다. 물론 이것이 제1정의를 받아들일 만큼의 가장 중요한 이유가 되지는 못한다. 왜냐하면 재미 개념의 속성들은 개략적인 지침이지, 최종적인 판단 기준은 아니기 때문이다. 하지만 제1정의가 적절하다고 볼 이유가 늘어난 것은 분명하다.

재미에 대한 다른 정의들

한편, 재미의 개념에 대해서 김선진은 ⓐ 재미 주체와 객체의 지속적 상호 작용, ⓑ 재미의 목적성, ⓒ 자유로운 의식 상태, ⓓ 자발적 즐김, ⓔ 긍정적 심리 반응과 유쾌한 정서 변화라는 다섯 가지 핵심 개념으로 정의하였다.[23] 그런데 이 내용은 개념적으로 혼란스럽고 중첩적이며 조건이 많음에 비해 재미를 포괄적이면서도 상세하게 정의하지 못한다는 문제가 있다. 좀 더 구체적으로 살펴보자.

첫째, 김선진의 정의 내용은 혼란스럽다. 예를 들어 ⓑ 재미의 목적성

23　김선진, 앞의 책, pp. 112-117.

은 재미가 목적을 가진 의식 상태이거나 활동이라는 것을 의미하는 것이 아니고, 반대로 "재미 활동이 특별한 목적의식 없이 재미 활동 자체에 집중한다는 점을 의미한다."[24]

둘째, 김선진의 정의 내용은 중첩적이다. ⓒ 자유로운 의식 상태와 ⓓ 자발적 즐김은 사실상 서로 중첩적인 조건을 표현한 것과 같다. 의식 상태가 자유롭다면 그때 즐기는 것은 자발적이지 않겠는가. ⓔ 긍정적 심리 반응과 유쾌한 정서 변화는 너무 복합적인 조건이며, 이 중에서 긍정적 심리 반응은 ⓒ와 ⓓ의 내용과 중첩되는 듯하다.

셋째, 다섯 가지나 되는 재미 개념의 조건을 너무 많이 부과하여 재미를 협소하게 정의한 것도 문제이다. 이를테면 김선진은 ⓐ 개념으로 '지속적이지 않은(단편적) 재미'를 배제하고 있다.

정리하자면 재미에 대한 김선진의 정의는 학술적 개념으로서 정교하지 못하다. 정교한 학술적 개념이 되기 위해서는 김선진이 "재미의 포괄적 정의"라는 말로 의도하듯이, 그 내용이 제시된 다섯 가지 개념들을 결합했을 때 재미를 포괄적으로 기술하고 또한 적절히 한정해야 하지만 그렇지 못한 한계가 있다. 그런데 김선진의 논의 외에는 제1정의와 비교할 수 있을 정도로 정리된 재미의 개념을 찾기도 어렵다.

재미 분석을 위한 부수 개념

이상과 같은 재미의 제1정의를 분석하면 체험과 관련한 부속 개념으로 이야기, 체험, 자각, 경험이 〈표 2.2〉와 같이 재미에 뒤따라 나온다.

왜 그런지 생각해 보자. 순서에 상관없이 개략적으로 설명하면 재미 개념은 우선적으로 경험 과정을 전제한다. 시간적으로 지속된 경험 과정

---

24 김선진, 앞의 책, pp. 113-114.

기초 개념	정의
재미	새로운 체험을 통해서 얻는 정서적 쾌감
이야기	일련의 사건(경험)들을 특정한 방식으로 이해하는 것, 즉 체험 과정
체험	자각된 경험
자각	경험 자체에 대한 재인식, 의식 속의 경험의 자기 지각
경험	인간의 내적·외적 활동의 총체(사건)

표 2.2 재미 분석의 기초 개념

이 없는 체험이란 있을 수 없기 때문이다. 이렇게 재미는 체험을 전제하므로 사실상 경험 과정을 전제하는 것이다.

경험 과정은 인간의 내적·외적 활동의 전체이다. 활동은 주관적인 심리 과정이 아니라 객관적인 조건에서 결정되는 사건이다. 따라서 경험은 그 경험의 주체나 타인 등에 의해서 인식되고 이해될 수 있다. 물론 어떤 경험 과정은 아무런 이해 없이 지나칠 수도 있다. 예를 들어 우리는 매일 반복적으로 하는 경험 가운데 많은 부분에 관심을 기울이지도 못하고 기억하지도 못해 자연히 잊는다.

그런데 어떤 경험은 다르다. 우리는 어떤 경험의 과정에 대해서는 특별히 주의를 기울이고 특별한 방식으로 이해(오해도 포함)하고 또 기억한다. 이렇게 이해된 경험을 필자는 '이야기'라고 부른다. 곧 이야기에 대한 필자의 고유한 정의이다.[25]

한편, 경험이 이해되려면 먼저 자신에게 자각되어야 한다. 이렇게 자

---

25 '이야기'에 대한 이러한 개념 정의는 일상적인 의미에서 크게 벗어나는 것으로 보일지 모르지만 가만히 생각해 보면 그렇지 않다. 그에 대한 구체적인 논의는 이 책의 제2장 93쪽 '재미와 이야기'에서 이루어질 것이다.

각된 경험을 '체험'이라고 부른다. 이때 자각이란 경험을 인식하고 반성하고 음미하는 것, 즉 경험 자체에 대한 재인식이다. 따라서 체험은 경험에 자각이 더해진 것이라고 할 수 있다.

이상에서 언급한 체험, 경험, 이야기, 자각을 필자는 재미 분석의 기초 개념들로 간주할 것이다. 이에 대한 상세한 설명들은 다음 절에서 펼쳐진다. 이 밖에도 정서와 쾌감 등에 대한 설명도 추가해야 하지만, 먼저 체험과 관련한 개념들을 상세히 논의하고 정서와 쾌감에 대해서는 이 책의 다른 장에서 논의하도록 하겠다.

2. 체험과 경험, 그리고 이야기

체험의 구조와 두 측면

재미란 새로운 체험을 통해서 얻는 정서적 쾌감이다. 그런데 이러한 재미 개념의 중심에 있는 체험은 경험과 어떻게 다를까? 필자는 단순한 경험과 구별되는 체험을 다음과 같이 정의한다.

체험은 자각된 경험이다.

이 정의를 받아들인다면 체험은 경험과 자각으로 분석된다. 이에 따라 체험은 객관적 측면과 주관적 측면으로 나누어서 이해할 수 있다. 체험의 객관적 측면은 객관적 사건으로서의 경험의 구조를 분석함으로써 탐구할 수 있고, 체험의 주관적 측면은 그 경험을 자각하는 인식 내용의 변화 과정을 분석함으로써 탐구할 수 있다. 다음의 〈표 2.3〉을 참조하기 바란다.

체험의 측면	접근 방법
객관적 측면: 경험	객관적 사건으로서의 경험의 구조를 분석
주관적 측면: 자각	인식으로서의 자각의 내용적 변화를 분석

표 2.3 체험의 두 가지 측면

경험이란 무엇인가?

체험의 객관적 측면을 이해하기에 앞서 좀 더 명확하고 일관된 논의를 위해서 먼저 경험이 무엇인지를 정의할 필요가 있다. 경험에 대한 개념적 정의를 기존의 연구에서 차용하는 것도 한 방법이겠지만, 조금 어려워 보인다. 경험이라는 말이 너무나 일상적으로 쉽게 쓰이고 있어서 학문적으로 특별히 정의하는 경우를 찾을 수가 없기 때문이다. 심리학에서도 경험 자체를 정의하는 경우는 드물다. 다만 철학에서는 경험주의와 같은 주의나 주장들을 볼 수 있지만, 이 역시 주로 인식 활동에 초점을 맞추고 있을 뿐이다. 따라서 재미론을 위해 경험에 대한 정의를 필자는 다음과 같이 간결하게 내린다.

경험은 인간의 내적·외적 활동의 전체이다.

이 정의는 그 어떤 학문적 맥락이든 되도록 고려하지 않고 우리의 일상적 직관만을 동원해서 시도했다. 그런 점에서 이 정의를 사용해 재미에 대한 논의를 한다면 그 재미론은 자기 기반을 가지게 되어 다른 연구 분야에 의존하지 않을 수 있을 것이다.

경험이 인간의 내적·외적 활동의 전체라면 경험을 내적인 측면과 외적인 측면으로 나누어서 분석할 수 있다. 이 중에서 내적 활동은 경험자 자신이 의도하고 느끼는 심리적 사건들이며, 외적 활동은 타인이 관찰할 수 있는 경험자(주체)의 사건들이다.

경험에 대한 필자의 개념 정의가 간결하면서도 직관적으로 타당하다 할지라도, 그 반대로 나타나는 문제점 역시 고려해야 한다. 예를 들어 경험에 대한 이 개념은 재미있는 콘텐츠를 어떻게 만들 수 있는가라는 물음에 대해 실용적인 관점에 걸맞은 답을 하기에는 지나치게 막연하고 포괄적이다. 하지만 필자는 그런 문제들은 잠시 후에 경험의 여러 차원들을 분석함으로써 해결할 것이다.[26] 여기서는 다만 그러한 분석을 위한 구체적인 출발점을 마련하면서, 경험이라고 할 만한 모든 것을 포괄할 수 있는 적절한 범위를 설정하는 것에 만족하기로 하자.

자각이란 무엇인가?

이어서 체험의 주관적 측면을 논의하기 위해 정의해야 할 개념은 자각이다. 자각은 근본적으로 의식 현상이고 심리 현상이며, 그 핵심은 경험이 스스로를 인식한 내용이다. 필자는 이를 종합하여 자각은 '의식적 주의attention 과정 속에서 이루어지는 경험의 자기 지각'이라고 정의하고자 한다.

자각의 본질은 자기 지각이다. 곧 인식하는 사람이 내적으로 자기 자신을 지각하는 것이다. 그런데 자기 지각에서는 지각 대상이 감각적으로 쉽게 주어지는 것이 아니므로 주의를 기울여야만 가능하다. 따라서 자각은 의식적 주의 과정 속에서만 이루어진다.

주의는 자각의 선결 요건이다. 많은 경우 기억도 필요하긴 하지만 필자가 보기에 자각에 기억이 필수 불가결한 것은 아니다. 기억은 경험이 자기 자신을 내적으로 지각할 수 있도록 대상화하는 데 필요한 수단일

---

26 이 책의 제2장 81쪽 '경험 구성의 네 가지 차원'을 참조하기 바란다.

뿐이다.

자각에 대한 필자의 정의는 임의로 지어낸 내용이 아니다. 우리가 직접 체험 속에서 확인하는 것, 혹은 뒤에서 제시하는 것처럼 여러 학자들[27]의 주장을 추상화하면서 그 의미를 짧게 압축한 것이다.[28]

한편, 경험의 내적 사건인 자각은 심리적 현상들과 구별해야 한다. 먼저 경험의 내적 활동은 경험 속에서 경험자가 추구하는 목적을 성취하려는 의식 활동이다. 이에 비해 자각은 그러한 자신의 의식 활동 자체를 다시 생각하고 인식하는 의식 활동이다.[29]

경험의 심리적 현상은 눈에 보이지 않지만 경험의 심리적인 차원에서 기계적으로 일어나는 사건(심리 현상)인 데 비해, 자각은 그런 경험 과정에 대한 관조 혹은 재인식(인식 내용)을 말한다. 예를 들어 어떤 사람이 물건을 파는 상황을 생각해 보자. 이때 물건을 많이 팔고자 하는 마음의 활동은 심리 현상이고, 이에 대해 그 사람이 '내가 물건을 파는 데 소질이 있구나'라고 자신에 대해 생각하는 것은 그 사람의 자각이다. 심리 현상으로서의 경험과 자각의 차이를 〈그림 2〉로 표현하면 다음과 같다.

이와 같이 체험은 스스로를 인식하는 것이고, 스스로를 인식하는 것은 곧 반성이므로 재미는 근본적으로 반성적이다. 즉 재미라는 것은 단순히 하나의 경험에 몰입해서 주어진 역할과 임무를 수행하여 그 결과나 보상을 얻는 것에서 생기는 것이 아니라, 필연적으로 이 과정 전체를 관

---

27 예를 들어 다음 책을 참조하기 바란다. 리처드 라우스 3세, 『게임 디자인: 이론과 실제』, 최현호 옮김, (정보문화사, 2001).

28 자각에 대한 상세한 논의는 자연스럽게 심리적인 분석을 포함할 텐데, 이 책의 제4장 295쪽 '체험과 자각'에서 제시할 것이다.

29 경험의 내적 활동과 체험에서의 자각은 다음과 같이 개념적으로 구별할 수도 있다. 하나의 경험이 있다면 그 내적 활동으로서의 의식 활동은 반드시 있다. 하지만 그에 대한 자각이 반드시 뒤따르는 것은 아니다.

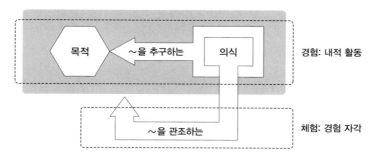

그림 2 경험과 자각의 구조

조적으로 재인식해야만 얻을 수 있다.[30]

영화나 소설과 같은 콘텐츠에서 재미를 얻는 것이 자각적이고 반성적이라는 점은 이해하기 쉽다. 영화 속의 주인공은 공룡에게 쫓기는 것과 같은 매우 위험한 활동을 한다. 이런 장면에 재미를 느낄 수 있는 이유는 그것이 단지 긴장감 넘치는 활동이기 때문이 아니라 그런 활동에 대한 음미와 재인식이 있기 때문이다. 만약 그렇지 않고 영화 속의 주인공처럼 관객이 실제로 공룡에게 쫓기는 경험을 한다고 가정해 보자. 더불어 거기에 자기 경험에 대한 반성적 자각('이것이 내가 원하는 것이었어'라는 생각)이 없다고 설정해 보자. 그러면 대부분의 사람들은 그 경험에 대해서 결코 재미있다고 느끼지 않을 것이다. 그때 느끼는 것은 '도망가야 한다'는 절박감뿐임이 틀림없다.

체험의 특징과 초점

자각에는 중요한 특징이 있다. 곧 자각이 초점을 가지고 있다는 점이다. 그리고 자각이란 의식적 주의 과정 속에서 이루어지므로 초점이란

30　이에 대해서는 이 책의 제6장 464쪽 '재미와 관조'에서 좀 더 상세히 논의할 것이다.

주의의 활동 범위라고 할 수 있다. 따라서 자각된 경험은 일정한 초점에 따라서 이해된 경험이다.

바꿔 말하면 자각되지 않은 경험에는 초점이 없다.『얼터너티브 시나리오』의 공저자인 켄 댄시거와 제프 러시 Ken Dancyger & Jeff Rush[31]는 이를 다음과 같이 지적하였다.

> 현실의 경험을 이해하는 데 가장 근본적인 문제 중의 하나는 거기에 본질적으로 초점이 존재하지 않는다는 사실이다. 현실 속에서는 각양각색의 것들이 우리의 관심을 끌기 위해 경쟁한다.[32]

곧 초점이 달라짐에 따라서 자각이 달라진다. 이에 따라 동일한 경험을 하더라도 체험이 달라질 수 있다. 세계적인 흥행 영화인「트랜스포머」(2007)를 보면서 그 속의 단순한 선악 구도와 진부한 대사에 초점을 맞춘다면 재미가 없을 수도 있다. 영화를 보는 경험은 유사하지만 체험이 달라지는 것이다. 이렇게 반성적인 자각 속에 초점이 있고 그것이 일정하게 유지된다는 점이 체험의 특징이기도 하다.

이 초점으로 모든 개인의 경험은, 비록 눈에 보이는 측면에서는 매우 유사할지라도 그 나름대로는 모두 독특하고 창조적이다. 유사한 경험에 대해서도 개인마다 관심의 초점이 다르고, 결국 자각이 다르기 때문이다. 따라서 모든 재미는 어떤 의미에서 창조적이다.

---

31 이들의 영화 시나리오에 대한 연구에서 재미론에 포함할 수 있는 많은 주장들을 찾을 수 있다.

32 켄 댄시거·제프 러시,『얼터너티브 시나리오』, 안병규 옮김, (커뮤니케이션북스, 2006), pp. 54-55.

경험 구성의 네 가지 차원

경험이 달라지면 재미도 달라진다. 재미는 새로운 체험에서 생겨나고 체험은 자각된 경험이기 때문이다. 이때 재미가 달라진다는 것은 어떤 것이 더 재미있거나 덜 재미있는 것을 뜻한다.

경험이 어떻게 달라질 수 있는지를 알고자 한다면 우리는 경험을 구성하는 좀 더 세부적인 요소들을 탐구하지 않을 수 없다. 필자는 '인간의 내적·외적 활동의 전체'인 경험을 다음의 〈표 2.4〉와 같이 경험 구성의 네 가지 차원으로 분석할 수 있으며, 거기에서 경험을 다르게 만드는 요소들을 찾아낼 수 있다고 본다.

네 가지 차원	내용	관점
경험의 세 가지 중심	주체, 대상, 배경	외적 활동 관점
감각적 내용	모양, 소리, 진동 등과 같은 감각적 내용의 차이	
내적 경험의 네 가지 요소	시도(목적+수단)와 성취(결과+평가)의 차이	내적 활동 관점
사건의 결합 구조	사건들의 인과적 결합 구조의 차이	

표 2.4 경험 구성의 네 가지 차원

경험 구성의 네 가지 차원은 어떤 경험이 다른 경험과 구별되는 차이가 발생하는 요소들을 빠짐없이 범주화하는 틀이다. 달리 말해 이것은 각 경험의 정체성을 결정하는 여러 요소들의 차원들이라 할 수 있겠다. 〈표 2.4〉에서 알 수 있듯이, 경험 구성의 네 가지 차원은 크게 내적 활동의 관점과 외적 활동의 관점으로 구분한다. 이러한 구분은 경험이 인간의 내적·외적 활동의 전체라는 점에서 자연스럽다.

한편, 논의 순서에서는 외적 활동의 관점을 먼저 다루고자 앞에 두었다. 그 까닭은 경험 구성의 요소들을 다룬 후에 자각에 대한 분석 내용이 뒤따를 것이기 때문이다. 경험에서 내적 활동의 측면이 자각과 유사하므로 이 요소들을 다룬 후에 곧바로 자각의 요소들을 논의하는 것이 섬세한 요소들의 차이를 보여 주기에도 좋고, 논의의 연속성을 살리기에도 좋을 것이다.

경험의 세 가지 중심

경험 구성의 네 가지 차원에서 첫 번째는 경험의 세 가지 중심이다. 경험은 주체와 대상, 그리고 배경으로 이루어진다. 경험이란 특정한 배경에서의 주체와 대상의 상호 작용의 전체라고 직관적으로 말할 수 있기 때문이다.

예를 들어 우리가 말을 타는 경험을 한다고 해 보자. 이 말타기의 경험은 승마장이나 경마장과 같은 배경에서 이루어지며, 또한 내(주체)가 말(대상)을 타고 달리는 행위 과정(상호 작용의 전체)으로 구성된다. 그러므로 주체, 대상, 배경 중의 한 요소가 달라지면 경험도 달라진다. 이 세 요소를 경험의 세 가지 중심이라고 부르자.

경험의 세 가지 중심에서 각각의 요소가 달라지면 유사한 경험은 어떻게 달라질까? 동일한 주체가 똑같이 말을 타고 달리더라도 해변에서 달리는 것과 숲 속에서 달리는 것은 다른 경험이다. 즉 배경이 달라지면 경험도 달라진다.

배경이 같더라도 대상이 달라지면 역시 다른 경험이 된다. 이를테면 동일한 주체가 동일한 배경에서 말을 타는 것이 아니라 소를 타고 달린다면 이 역시 매우 다른 경험이 된다. 주체가 달라지는 경우는 더 말할 것도 없다. 어린아이로서 말을 타는 것과 성인으로서, 더 나아가 숙달된 카우보이로서 말을 타는 것은 무척이나 다른 경험일 것이다.

이런 분석은 콘텐츠 제작의 입장에서 유용한 지침이 될 수 있다. 콘텐츠가 재미있기 위해서는 새로운 체험이 필요한데, 사용자에게 제공하는 경험을 새롭게 하려면 경험의 세 가지 중심들 중 하나 이상을 새롭게 하는 데에서 그 해답을 찾을 수 있기 때문이다.

감각적 내용

경험의 정체성을 결정하는 요소의 두 번째 차원은 감각적 내용이다. 경험의 모든 것이 비슷하거나 동일하더라도 감각적인 부분이 다르면 경험은 매우 달라질 수 있다. 기술적으로 말해서 주체나 대상, 배경의 감각적 형태가 달라지면 경험 전체가 달라진다.

예를 들어 똑같은 카페에서 똑같은 커피를 마시고 똑같은 말을 하며 누군가와 함께 있다고 생각해 보자. 이렇게 모든 것이 동일하지만 단 하나, 내 앞에 앉아 있는 상대방의 외모가 호감형이거나 반대로 비호감형이라면 그 경험은 180도 달라진다.

이때 어떤 사람을 만나는 두 경험을 다르게 만드는 것은 무엇인가? 정확히 말해서 그것은 상대방의 외모이고, 곧 나의 경험 대상의 감각적 차이이다. 마찬가지로 경험의 주체나 배경의 감각적 차이에 대해서도 동일한 논리가 성립된다.

같은 이유로 게임에서 괴물과 싸울 때의 타격감, 혹은 미사일로 적의 요새를 타격했을 때의 음향과 같은 감각적인 내용이 달라지면 그 게임 콘텐츠의 재미가 달라진다.

영화에서도 주인공의 외모 차이는 경험을 새롭게 할 수 있다. 그래서 올리비아 핫세가 줄리엣 역을 맡은 영화 「로미오와 줄리엣」(1968)과 클레어 데인즈가 줄리엣 역을 맡은 영화 「로미오와 줄리엣」(1996)은 관객에게 상당히 다른 경험을 제공한다.

내적 경험의 네 가지 요소

경험 구성의 세 번째 차원인 내적 경험의 네 가지 요소는 경험을 시도와 성취의 연쇄로 이해함으로써 이끌어낼 수 있다.[33] 이 관점에서 인간의 경험은, 무엇인가를 하려 하고(시도) 그에 따른 결과를 얻는 것(성취)의 연속이다. 다시 말해 인간의 경험은 시도와 성취가 달라짐에 따라서 달라진다. 그런데 시도는 다시 목적과 수단으로 구성되고 성취는 결과와 평가로 구성된다. 따라서 다음과 같이 말할 수 있다.

경험은 시도(목적＋수단)와 성취(결과＋평가)의 연쇄이다.

먼저 시도를 분석해 보자. 어떤 것을 시도한다는 것은 어떤 목적에 어떤 수단을 동원하느냐에 따라 결정된다. 여동생을 구할 것인가 아니면 내 목숨을 보전하기 위해 달아날 것인가 하는 것은 전혀 다른 목적이다. 이러한 각각의 목적은 서로 다른 경험을 결정한다. 한편, 여동생을 구하기 위해서 혼자서 활과 화살로 상대와 싸울 것인가 아니면 사람들을 규합하여 돌을 던져 싸울 것인가는 동일한 목적에 대해 서로 다른 수단을 선택하는 경우이다. 즉 목적이 동일하더라도 수단이 달라짐에 따라 경험이 달라지는 것이다.

여동생을 구하려다 실패한 경우와 성공한 경우는 성취의 결과가 다른 예이며, 여동생을 구한 후에 함께 행복해하는 것과, 여동생이 배신자임을 알고 구한 것을 후회하는 것은 평가가 다른 경우이다. 이 모든 경우가

---

33 실제로 모든 인간의 경험이란 '시도와 성취'의 연쇄로 이해할 수 있다. 이것은 모든 생각이 질문과 대답의 연쇄로 이해될 수 있는 것과 같다(이창후, 『나를 성장시키는 생각의 기술』, 소울메이트, 2011, p. 70). 경험은 생각으로 이해되고, 생각은 경험의 내면적 속성이므로 양자의 구조적 일치는 우연이 결코 아니다. 즉 질문이 주어지면 이것의 답을 찾고자 하는 시도가 생겨나고 답을 찾으면 이 시도가 성취된다.

서로 다른 경험을 만든다. 그러므로 경험의 구성 요소인 목적, 수단, 결과, 평가 중에서 적어도 하나 이상을 새롭게 설정하면 새로운 경험을 만들 수 있다.

앨런과 브레클러 Allen & Breckler는 컴퓨터 게임의 요소를 분석하면서 이와 비슷한 주장을 제시하였다. 이들에 따르면, 재미에 대한 기본적인 속성을 도전, 상상, 호기심 및 무작위성과 유머로 분류할 때 도전에 대한 속성은 목표와 결과이다. 목표는 명확해야 하고 복잡해야 하며 수행자가 목표에 근접하고 있는지를 말할 수 있어야 한다.[34]

앨런과 브레클러의 이러한 주장은 재미의 중심에 경험이 있으며 그 경험의 기본 단위가 시도와 성취로 구성됨을 의미한다. 다만 이들의 분석은 재미와, 재미의 구성 요소인 도전을 혼동하고 있어 그 내용을 액면 그대로 받아들이면 혼란이 생길 수 있다.[35]

사건의 결합 구조

경험 구성의 마지막 차원은 경험을 구성하는 단위 사건들의 결합 구조이다. 단위 사건이란 주체가 단순한 배경에서 하나의 대상과 이루는 단순한 상호 작용을 의미하는데, 이때의 단순성은 상대적인 단순성이다. 어떤 인물의 사랑 경험에 초점을 맞춘다면 그 인물이 연인을 만나는 것, 데

---

34 R. B. Allen, and S. J. Breckler, "Human Factors of Telephone-Mediated Interactive Electronic Games", *Association for computing machinery*, (1983), pp. 200-205.

35 앨런과 브레클러는 더 나아가 컴퓨터 게임이라는 특정한 장르의 콘텐츠 제작에 대한 상세한 조언을 다음과 같이 제시한다. "재미를 위한 불확실한 결과Uncertain Outcome는 다양한 난이도Variable Difficulty Level와 다양한 수준의 목표Various Level Goals, 무작위성Randomness, 숨겨진 정보Hidden Information로 만족된다"(앨런과 브레클러, 같은 글). 그 밖에도 상상Fantasy과 호기심Curiosity, 그리고 상호 작용에서 지연Delay과 의사소통Communication 등의 재미의 요소에 대한 언급이 더 있다. 하지만 이러한 언급들은 도전이 아닌 재미의 요소들로 언급된다. 한편, 앨런과 브레클러는 도전을 재미의 요소로 구분하고 있는데, 이러한 구분은 범주의 혼란을 초래한다. 목표와 결과로 구성되는 도전이란 재미의 한 요소가 아니라 근본 요소이므로 다른 요소들과 같은 차원의 개념으로 분류하는 것은 엄격한 의미에서 옳지 않기 때문이다.

이트를 하는 모든 과정, 다툼 등이 사랑 경험을 구성하는 단위 사건들이다.[36] 경험이 여러 단위 사건들의 연쇄로 구성된다면 그 사건들이 인과적으로 어떻게 연관되는지에 따라서 경험의 결합 구조가 생겨난다. 예를 들어 어떤 사람에게 선물을 주는 사건과 받는 사건이 있다고 할 때, 선물을 주고 나서 받는 경험과 선물을 먼저 받고 그 답례로 선물을 주는 경험은 매우 다르다. 사건의 선후 관계가 인과 관계를 바꿈으로써 경험을 다르게 만드는 것이다.

따라서 경험의 결합 구조가 새롭다면 역시 전체적으로 새로운 경험이 된다. 이것은 주로 영화나 드라마의 시나리오 구성에 따라 결정되며 느슨한 의미에서의 '이야기 구성의 새로움'이라고 할 수 있다.[37]

그 대표적인 예가 영화 「러브 레터」(1995)나 드라마 「미안하다 사랑한다」(2004) 등이다. 「미안하다 사랑한다」의 경우를 살펴보면 주인공이 자기를 버린 엄마를 찾아서 복수하고자 하는 부분까지는 그동안 익히 본 드라마들과 크게 다르지 않다. 하지만 드라마의 최종 결말 부분에 이르면 드라마 전체를 구성하는 사건들이 전혀 새롭게 결합되어 있음을 알 수 있다. 충격적이고도 강력한 반전이 있는 것이다.

이러한 이야기 구성의 새로움은 경험을 구성하는 원초적 요소들인 목적, 수단, 결과, 평가들이 상호 작용하면서 인과적으로나 상징적으로 달리 결합함으로써 이루어진다. 그 상세한 결합 조건에 대해서는 뒤에서 '현비 구조'의 개념으로 설명할 것이다.[38]

---

36 이러한 상대성이 철학적 논의와 같은 아주 정밀한 논의에서 이론적인 문제를 낳을 수도 있겠지만 현재의 재미론을 확립하는 목적에서는 문제되지 않으리라고 필자는 생각한다. 이 책의 「이 책을 읽기 전에」에서 이미 언급했듯이 우리의 주제에 맞는 적절한 논의의 정확성이 필요함을 상기하자.

37 느슨한 의미가 아닌 엄밀한 의미에서의 '이야기 구성의 새로움'이란 이 책에서 설명하는 바와 같이 자각된 경험의 전체로서의 이야기의 새로움을 의미한다.

38 이 책의 제3장 216쪽 '재미 요소의 결합 구조 2: 현비 구조'를 참조하기 바란다.

자각의 구조와 재미

자각의 세 가지 측면

자각이란 자신의 경험을 관조하고 음미하는 과정이다. 즉 어떤 사람 (사용자)이 특정한 경험을 인식하고 그것을 자기 경험으로 느끼는 과정 이 자각이다. 비록 자각의 과정은 매우 순식간에 이루어져 단순해 보이 지만, 우리는 자각에서 세 가지 측면을 분석해 볼 수 있다. 이는 경험을 네 가지 차원에서 여러 요소들로 분석하는 것과 유사하다.

자각의 세 가지 측면은 다음의 〈표 2.5〉와 같이 동일시와 대리 경험, 자기 목적화이다.

세 가지 측면	내용
동일시	등장인물의 경험이 사용자의 경험이 되는 계기
대리 경험	콘텐츠의 등장인물은 사용자의 '대리자'이다.
자기 목적화	사용자가 주인공의 목적을 자기화한다.

표 2.5 자각의 세 가지 측면

동일시

경험의 자각에는 일반적으로 어떤 주체와 나를 동일시하는 과정이 포 함된다. 영화의 주인공이나 게임 속의 인물을 '나'라고 간주하는 것이 동 일시이다. 이 가정 위에서 모든 것을 보고 듣고 느끼며 생각하는 활동이 영화나 게임 같은 콘텐츠에서 얻는 재미 경험의 본질이다.

때때로 놀이공원이나 테마파크처럼 콘텐츠 속에서 활동하는 인물과 자기 자신이 이미 같은 사람으로 여기는 경우가 있는데, 이때는 자각이 불필요해 보일지 모른다. 하지만 그렇게 현재나 과거 기억 속의 자기 경험을 자각할 때에도 그것이 자각인 한에서는 의식 속에서 재인식되는 경험의 주체(주인공)가 자기 자신(현재의 사용자)이라고 하는 내면적 확인(동일시)이 뒤따라야 한다. 이러한 동일시가 없다면 앞에서도 언급했듯이, 자기 경험의 많은 부분이 인식되지 않아 잊어버린다. 그러면 재미도 존재하지 않게 된다.

대리 경험

대부분의 재미 경험에는 대리 경험이라는 속성이 있다. 콘텐츠에서 제시하는 재미의 많은 부분은 대리 경험을 통해서 주어진다. 영화나 드라마와 같은 콘텐츠에는 주인공이 있고, 그 주인공은 사용자가 아닌 다른 주체이다. 분명히 실제의 사용자와 다르다.

그럼에도 그것이 재미있으려면 주인공의 경험이 곧 나의 경험이 되어야 한다. 재미는 재미를 느끼는 주체, 즉 사용자인 내가 새로운 체험을 통해서 얻는 정서적 쾌감이기 때문이다. 동일시가 대리 경험의 심리적 조건인 셈이다.

대리 경험은 자각에서 동일시가 의미하는 것과 다른 측면이기도 하다. 동일시는 다른 두 인물의 경험을 일치시키고 그리하여 등장인물의 경험이 사용자의 경험이 되도록 만든다. 동일시가 대리 경험을 만드는 것이다. 한편, 이 동일시의 반대 측면은 콘텐츠 속의 등장인물과 실제의 내가 다른 인물이라는 사실이다. 그런데 다른 인물이기 때문에 동일시된다. 같은 인물이라면 동일시는 무의미하다.

어떤 경험은 대리 경험이 아니어야 더 재미있을 수 있겠지만, 반대로 어떤 경험은 오로지 대리 경험이기 때문에 재미있을 수 있다. 예를 들어서 리처드 라우스 3세Richard Rouse III가 말하는 다음의 내용에서처럼 범죄나 비윤리적인 행위를 하는 경험의 재미가 그러하다.

컴퓨터 게임에 담긴 공상적인 면 중의 하나는 안전한 환경에서, 사회적으로 받아들여질 수 없는 행동을 할 수 있다는 것이다. 즉 범죄나 살상과 같은 행동이 게임 사용자에게 허용된다는 의미이다. 「드라이버」가 대표적인 예로, 기반이 되는 스토리는 비밀 첩보 활동을 벌이는 경찰이지만, 실제로 사용자는 경찰관에 대응하는 범죄를 저지르게 된다. 경찰차를 피해 달아나는 스릴은 이런 게임이 아니면 느끼기 힘든 기분일 것이다. 즉 컴퓨터 게임은 사용자가 일상적인 삶에서 벗어나 전혀 색다른 경험을 할 수 있도록 하는 좋은 매개체가 된다.[39]

자기 목적화

자각에는 자기 목적화의 속성이 있다. 동일시를 통해 주인공의 경험은 사용자의 대리 경험이 되고, 이러한 경험의 전이를 거쳐 사용자는 주인공의 경험을 자기 목적화한다. 주인공이 느끼는 것을 사용자도 같이 느끼고 주인공이 원하는 것을 사용자도 같이 원하게 되는 것이다.

게임의 경우에는 이러한 자기 목적화가 직접적으로 일어난다. 아주 간단한 게임인 「테트리스」에서조차 각 줄을 도형으로 가득 채워서 사라지게 하고 점수를 올리는 것을 사용자가 원해야만 게임을 즐길 수 있다. 그런데 그 게임에서 벗어나면 사실상 아무런 의미가 없는 목적이다. 그럼에도 그 게임을 한다는 것은 곧 자기 목적화한다는 것을 의미한다.

또한 자기 목적화는 게임의 재미에서도 자각적인 요소가 중요하다는 것을 보여 주는 것이기도 하다. 영화나 소설과 같은 콘텐츠에서 사용자가 주인공의 경험을 자기 목적화해야 한다는 점에서는 별다른 논의가 필요치 않다. 그만큼 쉽게 이해할 수 있을 것이다.

---

39 리처드 라우스 3세, 『게임 디자인: 이론과 실제』, 최현호 옮김, (정보문화사, 2001), p. 23.

체험과 긴장의 변화

체험은 자각된 경험이므로 또 다른 특성을 얻는다. 그중 중요한 부분은 다음 절에서 논의할 이야기로서의 체험의 속성들이다. 이를 위해 먼저 그러한 자각적 속성의 기초가 되는 내적 긴장의 변화에 대해서 설명하겠다.

체험의 내면적 흐름은 긴장의 축적과 해소로 분석할 수 있다. 이러한 긴장의 변화는 경험의 진행에 수반되는 내면적 차원의 현상이며, 따라서 자각 내용의 변화이다. 특히 재미의 관점에서 자각된 내용의 구조를 긴장의 변화로 분석할 수 있기 때문에 긴장이 축적되었다가 해소되는 것을 체험의 구성단위로 삼을 수 있다. 따라서 다음과 같이 말할 수 있다.

체험의 구성단위는 긴장이 축적되었다가 해소되는 것이다.

예를 들어 축구 경기를 하는 선수의 체험을 생각해 보자. 축구 선수로서의 체험은 그 경기 과정을 통해서 승부를 내는 데에 초점을 맞춘다. 두 팀이 서로 막상막하의 실력으로 문전을 위협하는 경우가 늘어날수록 긴장은 고조된다. 이것이 긴장의 축적이다. 그러다가 승부가 결정되고 경기가 끝나면 긴장은 해소된다. 하나의 재미 경험이 끝나는 것이다.

이처럼 하나의 체험이 완성되어야 그것이 재미있는지 그렇지 않은지를 따질 수 있다. 축구 경기의 예에서처럼 이기든 지든 무승부이든, 하나의 긴장이 해소된다는 것이 체험의 조건이자 구성단위가 된다. 물론 경기를 이기면 더 재미있을 것이고 지거나 무승부라면 재미가 없을지도 모른다. 그러나 그런 재미의 여부를 따질 수 있으려면 먼저 체험이 완성되어야 한다. 긴장의 축적과 해소가 바로 그 조건이다.

축구 경기가 무승부로 끝나는 것은 하나의 체험 단위가 되지만, 경기 결과가 아예 없거나 결과를 알 수 없는 것은 축구 경기의 체험이 완성되지 못한 예가 된다. 이때 하나의 체험이 미완성으로 끝났다고 할 수 있는 까닭은 그 긴장의 해소가 이루어지지 않았기 때문이다.

게임도 마찬가지이다. 게임에서도 목표가 주어지고, 사용자는 그 목표에 도달하기 위해 노력한다. 이때 긴장이 축적된다. 특히 게임이 끝나기 직전이나 승부에서 패배하기 직전, 또는 원하는 점수에 도달하기 직전에 긴장은 최고조에 다다른다. 그리고 목표에 도달했을 때 긴장은 극적으로 해소된다. 만약 목표 달성에 실패했다면 긴장은 부정적으로 해소된다.[40] 영화나 만화에서도 주인공이 갈등과 위기에 직면하고 고조됨에 따라서 긴장이 축적된다. 그러다가 긴장이 해소되었을 때 전체적인 체험 과정이 완성된다.

체험의 단위와 경험의 단위

경험의 자각으로 체험이 이루어지므로 경험의 단위와 체험의 단위는 밀접하게 관련되어 있다. 대개의 경우 어떤 시도와 성취의 과정에서 긴장이 축적되고 해소된다. 따라서 다음의 〈표 2.6〉과 같이 체험의 단위인 긴장의 축적과 해소는 내적 경험의 단위인 시도, 성취와 쉽게 대응한다.

하지만 이 둘이 항상 같은 것은 아니다. 경험의 단위인 시도와 성취는 객관적인 활동에 따라서 형성되지만 체험은 자각된 경험이고, 자각이 없으면 긴장이 생성되지 않기 때문이다.

예를 들어 직장에서 일을 하여 돈을 버는 경우를 생각 해 보자. 10년 이상 일을 해 온 사람은 특별한 자각 없이 이런 경험을 할 수 있기 때문에 시도와 성취는 있지만 긴장의 축적과 해소는 없다. 따라서 이 경험은

---

40 그 대신 긴장이 축적되어 다음 게임을 시작하는 계기가 되는 경우가 많다.

구분	경험의 단위 요소	체험의 단위 요소
시작	시도	긴장의 축적
끝	성취	긴장의 해소

표 2.6 경험과 체험의 단위 요소

체험이 아니다. 그러나 간신히 취업에 성공한 신입 사원이라면 달라진다. 신입 사원은 직장에서 일을 하여 돈을 벌었을 때 그 과정을 강렬하게 자각할 것이다. 이때 그 신입 사원의 의식 속에는 긴장의 축적과 해소가 이루어진다. 이 경험은 체험이다.

체험과 경험의 단위 활용하기

게임이 사용자에게 어떻게 재미를 제공하는지는 체험과 경험의 단위를 활용하면 분명하게 이해할 수 있다. 게임의 규칙과 과제, 혹은 경쟁 상대의 설정 등이 제공되면 긴장이 축적된다. 긴장 축적과 해소를 위한 경험의 조건, 즉 시도와 성취의 조건이 구성되는 것이다.

하지만 이것이 전부는 아니다. 적절한 방식으로 이것을 사용자가 자각하도록 도와야 한다. 그리하여 게임에서는 단순히 콘텐츠 사용자가 해결해야 할 과제만을 알리는 것이 아니라 그것을 자각하도록 전후 이야기를 구성하여 알려 주고, 적절한 배경 음악을 깔며, 과제를 해결하거나 실패했을 때 그 성공과 실패를 자각하도록 돕는 시청각적인 자극을 제공한다.

영화나 만화와 같은 콘텐츠의 경우에는 사용자가 콘텐츠를 감상하고 동일시를 통해 대리 경험을 구성하기 때문에 그 속에서는 체험과 경험이 거의 항상 일치한다. 하지만 이 경우에도 경험과 체험의 단위 요소에 대한 이해가 필요하다. 시나리오 작가나 연출자는 주인공에게 일어나는 사건과 주인공의 활동을 설정하고, 그 속에서 무엇을 시도와 성취로 부각시킬 것인지를 결정해야 한다. 그 후에 이러한 부분을 자각시키기 위한 배경 음악이나 시각적 연출, 혹은 전후 이야기의 전개를 적절히 구성하고 강화해야 한다.

다시 말해 축적된 긴장의 해소는 하나의 체험이 구성되는 단위를 정의한다. 그리고 재미있게 하기 위해 체험을 새롭게 하고자 한다면 긴장의 축적과 해소가 특별해야 한다. 그러기 위해서는 긴장의 축적과 해소 과정 중에서 적어도 어느 한 부분이 지금까지와는 달라야 한다. 이와 관련해서는 많은 고려 사항들이 뒤따른다. 이에 대한 상세한 논의는 뒤[41]에서 살펴보도록 하자.

재미와 이야기

자각된 경험으로서의 이야기

재미는 이야기를 통해서 형성된다. 세계 어느 곳에도 이야기를 가지지 않은 민족은 존재하지 않을 만큼[42] 이야기는 인간의 원초적인 활동이자 결과물이다. 그렇다면 이야기란 무엇인가? 필자는 이야기를 다음과 같이 정의한다.[43]

> 이야기는 일련의 사건들을 특정한 방식으로 이해하는 것(자각)이다.

41　이 책의 제3장 216쪽 '재미 요소의 결합 구조 2: 현비 구조'를 참조하기 바란다.

42　Roland Barthes, "Intoruduction to the Structural Analysis of Narratives", *Image-Music-Text,* selected and trans, Stephen Heath, (Fontana/Collins, 1977), p. 79.

43　이야기에 대한 이러한 정의는 이 책의 제2장 122쪽 '이야기 구조의 기본 요소'에서 다시 상세하게 논의할 것이다.

이 정의에 대해서는 설명이 조금 필요하다.

이야기에 대한 필자의 정의는 얼핏 상식과 달라 보인다. 이러한 오해는 상식적인 이야기 개념이 사건 혹은 경험들의 결합에 초점을 맞추는 경향이 있기 때문이다. 필자의 정의는 사건들의 결합을 배제하는 것이 아니라 포함하는 것이다. 이때 덧붙는 것은 이해와 자각이다. 그러므로 기존의 이해 방식과 결코 다르지 않다. 다만 더 정확히 정의했을 뿐이다.

사건들의 결합은 대체로 경험과 같고, 여기에 자각과 이해가 덧붙었으므로 이것은 곧 체험과 같다. 그렇다. 이야기는 체험과 동일하다. 거꾸로 모든 체험은 이야기로 전달되고 공유된다. 여기에서 우리는 왜 모든 민족이 이야기를 가질 수밖에 없는가에 대한 해답을 찾을 수 있다. 어느 민족이든 고유의 체험을 형성하게 마련이고 체험은 곧 이야기이므로, 이 체험은 이야기로 보존된다. 체험이 없는 민족이 없다면 이야기가 없는 민족도 없다. 민족뿐만 아니라 개인에게도 그러하다.

사례를 통해 이야기 개념 이해하기

이야기가 경험을 특정한 방식으로 이해한 것이라는 점을 온라인 게임에 대입해 보자. 「월드 오브 워크래프트」라는 게임을 한다고 할 때 다음의 a는 이야기가 아니라 단순한 행위일 뿐이고, b는 이야기라고 할 수 있다. 이것이 우리의 직관이다.

a. 내가 무언가를 휘둘러 어떤 것을 죽였다.
b. 내가 사냥의 여신 헌트리스huntress가 되어 나이트 엘프 족의 정찰을 하다가 적을 만나 달의 대검인 문 글레이브Moon Glaive로 간신히 적을 죽였다.

a의 주어에 '사냥의 여신 헌트리스'를 넣고 무기에 '문 글레이브'를 넣

으며 적과 싸우게 된 앞뒤 상황을 설정하면 b가 된다. 따라서 a와 b는 정확히 동일한 활동을 표현하는 것일 수 있다. 그럼에도 일반적으로 a 는 이야기가 아니고 b만이 이야기라고 한다. 그 까닭은 a가 단순한 사건 을 가리키는 것임에 비해 b는 그 경험에 대한 자각이 더해져 있기 때문 이다. 이때 경험에 대한 자각이란 그 경험이 무슨 의미인지, 왜 그런 일 이 일어났고, 그 일의 전후 사정은 어떻게 되는지 등을 정확히 아는 것이 다. b에서는 자신이 게임 속에서 여신 헌트리스라는 것, 자신이 죽인 것 이 적이라는 것, 나이트 엘프 족의 정찰을 하다가 적을 만났다는 것 등을 인지하고 이해한다.

스튜어트 브라운과 크리스토퍼 본도 "이야기는 별개의 정보 조각들을 통일된 맥락으로 합치는 것"[44]이라고 말한다. 이들 역시 이야기를 자각된 경험, 즉 체험으로 이해하는 것이다. 그 밖의 다른 학자들은 이야기의 개 념에 대해서 엄밀하게 분석하지 않았다.[45]

이해를 통해 자각이 더해졌을 때 우리의 경험은 아주 단순한 것일지 라도 매우 풍부한 의미를 지니게 되며, 그 의미들은 또 다른 경험들과 연 결되어 복잡한 구조를 가지게 된다. 이것이 우리의 일상 언어 속에서 이

---

44 스튜어트 브라운·크리스토퍼 본, 『플레이, 즐거움의 발견』, 윤미나 옮김, (흐름출판, 2010), p. 139.

45 류수열 등은 '이야기'의 의미가 다양하긴 하지만 다음의 몇 가지 사실이 분명하다고 주장하였다.
① 이야기는 '처음-중간-끝'이라는 구조를 가진다.
② 이야기는 그 내용의 사실성과 허구성을 막론하고 성립된다.
③ 이야기는 재미의 요소를 자아내기 위해 여러 가지 정보가 임의적으로 재구성된다.
④ 좁은 의미에서 이야기는 구체적인 인물의 행위를 그려낸 말을 뜻하고, 넓은 의미에서는 추상적이고 논리적인 내용을 포함한 인간의 모든 언어 구조물을 가리킨다.〔류수열 외 5 인, 『스토리텔링의 이해』, (글누림, 2007), p. 16.〕
이런 내용들은 그럴듯해 보이지만, 사실상 논점이 매우 불명확하다. ①은 아리스토텔레스의 『시학』에 나온 주장을 반복하는 것으로 보이고, ④의 후반부 내용은 이야기를 모든 언어적 표현으로 넓혀서 학문적 이론까지 포함하는 내용이다. 이야기에 대한 다양한 개념을 겨우 네 가지 목록으로 배열하여 그 내용 전체가 정확히 어떤 논점에 적합할지 알기 어렵다.

야기라고 하는 것의 의미이다. 이야기의 가치도 여기에서 생겨난다.

이야기의 부수 개념

재미는 새로운 체험에서 얻는 정서적 쾌감이며, 이야기는 곧 체험과 같은 것으로 그것을 풀어낸 것일 뿐이다. 이런 개념 체계에 따른다면 재미에서 이야기의 중요성은 체험의 중요성과 같다. 그리고 실제로 그러하다. 체험이 사람의 마음속에 있는 것이라면 그것을 그대로 꺼내어 객체화한 것을 이야기라 할 수 있다.

이에 따라 이야기는 체험만큼이나 기술적인 관점에서 추가적으로 분석해야 하는 복합 개념임이 드러난다.

필자는 이야기를 창작하는 데에 기술적으로 도움이 되는 부수 개념들을 다음의 〈표 2.7〉과 같이 나열하고 재정의하여 이후 논의의 기초로 삼을 것이다.

〈표 2.7〉에서 개념들을 나열한 순서는 이야기라는 핵심 개념과 가장 유사한 개념에서 출발하여 비교적 구체적이고 창작 기술적인 개념들로 나아간다.

개념	내용
이야기	일련의 사건(경험)들을 특정한 방식으로 이해하는 것. 체험의 서술
작품	매체에 적합하게 연출한 스토리
스토리텔링	스토리를 특정한 방식으로 체험화하도록 제시하는 과정(연출)
시나리오	작품 제작에 필요한 상세한 내용을 구체적으로 설계한 것
스토리	여러 사건들이 시간적으로 인과 관계에 따라 결합된 체계
플롯	이야기의 뼈대. 개략적인 이야기 흐름

표 2.7 이야기 부수 개념의 재정의

그리고 개념적 유사성과 연관성의 비교를 쉽게 하기 위해 앞서 정의한 이야기 개념을 추가하였다. 이러한 개념들을 재정의할 때 다음과 같은 기본 원칙들을 고려하였다.

- 재미론에서 중요한 기초 용어들이 될 것이므로 그 뜻을 정의할 때 서로 중복되지 않도록 한다.
- 이야기 혹은 더 나아가 재미를 이해하기 위한 개념이므로 서로 연관되어 있다. 이 개념적 연관성을 선명하게 알 수 있게 정의해야 한다.
- 우리의 일상생활이나 다른 분야에서 많이 사용하는 중요 단어들이다. 따라서 그 뜻을 재정의할 때도 기존 통념에 되도록 잘 맞게 정의해야 한다.

위에서 나열한 개념들은 학술적 고려에 따른 순서대로 배치하였다. 하지만 각 개념들에 대한 재정의 내용을 이해하는 과정은 이해의 편의에 따르는 것이 좋겠다. 그러므로 대체로 이야기와 가장 유사해 보이는 스토리부터 출발해 보자.

스토리란 무엇인가?

필자는 이야기의 영어 번역 단어로 이해하는 '스토리'를 이야기와 구별한다. 필자의 정의에서 스토리란 여러 사건들이 시간적으로 인과 관계에 따라 결합된 체계이다. 이 정의에 따르면, 스토리는 자각되는지 여부를 묻지 않고 사건들이 결합된 관계로 구성된다. 그런 점에서 스토리는 매우 객관적인 대상을 가리킨다. 이에 비해 이야기는 이해를 포함하므로 내면적 자각을 통해 재구성된 스토리라고 할 수 있다. 이것이 스토리와 이야기의 논리적 관계이다.

여러 단편적인 사건들이 결합되어 하나의 스토리가 되려면 그 사건들이 연관되어야 한다. 이 연관되는 방식이 인과 관계이다. 인과 관계는 시간 순서에 따라서 이루어지며, 인간의 욕망과 욕구 등의 의도에 따라서 결합된다.[46]

예를 들어 백설공주가 예쁘다는 사건과 계모로 들어온 왕비가 마법 거울을 가지고 있다는 사건은 세상에서 가장 아름답고자 하는 왕비의 욕망에 따라 결합되고, 나아가 왕비가 백설공주를 죽이려고 하는 사건의 원인이 된다. 원인은 항상 결과에 시간적으로 앞선다. 그러므로 위의 정의에서처럼 스토리를 정의할 수 있으며 이 정의는 적절하다고 하겠다.

스토리와 이야기는 다르지만 사실상 동시적으로 존재한다. 스토리는 자각 여부를 떠나서 정의되지만, 스토리가 주인공들을 중심으로 하는 사건들(즉 경험)의 결합이 될 때 비로소 감정적인 애착을 일으키고 자각하도록 자극한다. 다른 한편으로 이야기를 자각하는 방식은 또한 사건들의 전후 인과 관계의 인식이기도 하다. 내가 어떤 것을 미는 행위를 자각한다는 것, 그래서 그 의미를 안다는 것은 내가 낯선 사람의 등을 미는지 우리 집 대문을 미는지 등을 아는 것이고, 이것은 다시 그 행위의 전후 관계에서 원인과 결과를 아는 것이다.

스토리 개념의 비교 고찰

이와 같이 이야기와 스토리의 개념 구분은 최근의 콘텐츠 연구 추세를 반영한 것이다. 즉 최근에 전문 용어로 쓰이고 있는 '스토리텔링'의

---

46 논리적으로 엄격한 자연 과학에서의 인과 관계는 인간의 의도를 포함하지 않는다. 하지만 이 책의 「이 책을 읽기 전에」에서 언급했듯이 재미론에서 요구하는 이론적 정확성은 자연 과학과 다르다. 일상적으로 이해된 세계관에서 인과 관계의 핵심은 '의도'이다. 백설공주가 사과를 먹고 죽음에 이르게 된 원인은 '사과 안에 든 독' 때문이라고 말할 수도 있겠지만, 우리는 흔히 '왕비가 사과에 독을 넣었기' 때문이라고 말한다. 즉 의도를 주요 원인으로 파악하는 것이다. 특히 대부분의 이야기에서 원인을 이렇게 이해한다.

스토리 개념에서는 추상적인 내용이나 논리적인 구조를 가진 말이나 글은 포함하지 않는다. 최근 연구의 한 예를 살펴보자.

류수열 등의 저자들도 이야기, 스토리, 스토리텔링 등의 콘텐츠론 핵심 개념들에 애매함과 모호함이 많음을 이해하고 있었던 것 같다. 그래서 저자들은 넓은 개념의 이야기와 좁은 개념의 이야기로 구분하였다. 넓은 개념의 이야기는 필자의 정의와 같이 체험으로서의 이야기이며 좁은 개념의 이야기는 필자의 스토리와 유사하다. 류수열 등은 지식이나 정보와 대비되는 좁은 의미의 이야기 개념, 즉 가장 일반적인 뜻의 이야기(필자의 개념에서는 스토리)가 지닌 특성을 다음과 같이 다시 정리할 수 있다고 주장한다.

a. 시간적 질서를 바탕으로 두 가지 이상의 정보나 사건이 연속적으로 결합하여 '처음 – 중간 – 끝'의 구조를 형성한다.

b. '처음 – 중간 – 끝'의 구조는 정보나 사건을 청자나 독자의 관심과 흥미를 염두에 두고 재조직한 결과이다.

c. 추상적·논리적 지식이 아닌 구체적인 사실이나 경험을 주된 내용으로 삼는다.[47]

다만 여기서 b의 내용은 주어진 사건을 다른 순서로 이해하는 것일 수 있는데, 그런 점에서 류수열 등이 말하는 스토리는 순수 사건들을 의미하는 것이 아니다. 즉 류수열 등이 말하는 스토리는 필자의 스토리 개념과 이야기 개념의 중간쯤의 어떤 것을 의미한다.[48]

---

47 류수열 외 5인, 앞의 책, p. 19.

48 정확히 무엇을 의미하는지는 불분명하다.

스토리의 중요성

스토리와 이야기는 서로 다르지만 창작 기술적인 측면에서는 스토리의 여러 부분들에서 이해(혹은 자각)하고자 하는 욕구가 생기므로 재미에서 이야기의 중요성은 스토리의 중요성으로 이어진다. 참신한 내용의 스토리는 사용자들의 호기심과 관심을 더 많이 이끌어내는데, 그 호기심과 관심이 자각을 충동질하는 것이다.

콘텐츠 분야에서의 스토리의 중요성은 여러 예에서 볼 수 있지만 「월드 오브 워크래프트」의 성공 사례가 대표적이다. 김정남과 김정현은 온라인 게임의 최강국은 한국이었으나 한국의 온라인 게임들이 시나리오를 소홀히 하고 있는 와중에, 이를 강화한 「월드 오브 워크래프트」가 등장하여 전 세계 온라인 게임 시장을 50퍼센트 이상의 점유율로 석권하면서 한국의 자존심을 하루아침에 떨어뜨렸다고 지적한다. 「월드 오브 워크래프트」가 재미있는 이유는 한국 온라인 게임의 빈곤한 시나리오와 크게 대비될 정도로 매우 치밀한 세계관과 정교한 시나리오를 바탕으로 게임을 설계했다는 데에 있다.[49]

이전의 컴퓨터 게임들은 이야기의 적극적인 활용을 무시하기 일쑤였다. 예를 들어 액션 게임의 경우에는 박진감 속에서 일종의 흥분을 경험하는 게임이기 때문에 콘텐츠 제작에서 이야기를 부각시키는 시나리오가 거의 불필요할 수 있다. 특히 게임 제작을 위한 시나리오는 영화 시나리오와 달리 사건의 연쇄를 직접 결정하는 것이 아니며, 「테트리스」와 같은 단순한 게임은 전후 사건의 맥락 설정이 필요치 않게 느껴진다. 이에 따라 게임에서는 스토리를 무시하는 경향이 있었다.

---

49 김정남·김정현, 『For Fun 게임 시나리오』, (사이텍미디어, 2007), pp. 108-109.

그러나 앞[50]에서 놀이 연구를 통한 재미 연구의 한계를 논의하면서 지적했듯이 게임에 참여하도록 만드는 유인 요소는 결코 간과해서는 안 되는 매우 중요한 요소이다. 다행히 오늘날에는 게임 업계에서도 이야기의 중요성을 평가절하하는 잘못을 저지르는 경향이 사라졌다.

스토리텔링

스토리텔링이란 무엇인가? 필자는 '스토리를 특정한 방식으로 체험하여 이야기가 되도록 제시하는 것'이라고 정의한다. 이런 점에서 스토리텔링은 연출의 개념과 가장 유사하므로 스토리텔링과 연출이 개념적으로 같다고 생각한다.

이 역시 필자가 통용되는 이해 방식을 무시하고 스토리텔링의 개념을 독단적으로 사용하는 것이 결코 아니다. 다른 연구자들도 실제로 스토리텔링을 이와 같은 의미로 사용하기 때문이다. 다만 대부분의 연구자들은 스토리와 스토리텔링을 구분하지 않고, 또 연출과 스토리텔링을 구분하지 않으며, 이야기나 시나리오 등과도 구분하지 않을 뿐이다. 대부분의 연구자들은 때로는 매우 포괄적으로, 때로는 특별히 다른 개념인 것처럼 임의적으로 사용한다.

이를테면 마이클 티어노가 논의하는 스토리텔링은 대체로 '영화에서의 이야기 구성'을 의미한다.[51] 이것은 시나리오 작성과 같은 의미일 수도 있고 연출을 의미하는 것일 수도 있다. 전후 문맥이 애매하여 그 의미를 분명히 인지하기 어렵다.

김정진 역시 스토리텔링을 연출의 의미와 유사하게 본다. 김정진에

---

50 이 책의 제1장 41쪽 '놀이 연구를 통한 재미 연구의 한계'를 참조하기 바란다.

51 마이클 티어노, 『스토리텔링의 비밀』, 김윤철 옮김, (아우라, 2008).

따르면, 스토리텔링 개념은 "서사 이론 혹은 서사에 매체적 특징과 담론적 특징이 어우러진" 것이며 다양한 매체의 서사 구조를 이해하고 분석하기 위한 것이다. 이러한 "스토리텔링은 문학 전공자가 익숙한 틀로 영화나 만화, 게임을 이해하기에 유용하며 새로운 매체를 이해하는 기본"[52]이라고 주장한다. 여기서 서사에 매체적 특징과 담론적 특징이 어우러졌다는 것은 연출에 가까운 의미이다.

류수열 등은 스토리텔링이 일종의 의사소통 행위이며, 따라서 스토리텔링의 역사를 살피기 위해서는 의사소통의 도구가 어떻게 변모해 왔는가에 주목해야 한다고 주장한다. 물감의 화학적 성분이 그림의 형식과 내용에 영향을 미치듯이, 의사소통의 도구가 무엇이냐에 따라 그 의사소통의 내용과 형식이 달라질 수밖에 없기 때문이다. 다만 여기에서 도구란 매우 포괄적인 의미이므로, 저자들은 의사소통의 도구를 미디어media, 즉 매체라는 말로 대체한다.[53] 이런 입장 역시 스토리텔링을 연출, 혹은 스토리와 연출의 결합을 의미하는 것으로 본다.[54]

작품이란?

스토리가 연출되어서 많은 사람들이 체험할 수 있도록 세부적인 완성을 끝마친 것이 작품이다. 달리 말하면, 작품이란 '매체를 통해 연출된 구체적인 스토리'라고 정의할 수 있다. 이때 스토리를 사람들이 체험할 수 있도록 연출하려면 매체와 결합해야 한다. 영화라면 화면과 음향, 곧 시청각 매체와 결합해야 하고, 소설이라면 문자 매체와 적절히 결합해야 한다.

---

52 김정진, 『미디어콘텐츠 창작론』, (박이정, 2009), pp. 196-197.

53 류수열 외 5인, 앞의 책, p. 20.

54 연출의 일반 개념에 대해서는 제5장, 383쪽 '매체와 연출'에서 좀 더 상세히 논의할 것이다.

이러한 작품은 각 개인에게 내면화하기 직전의 구체적인 사물로 존재한다. 모든 작품이 개인에게 내면화하기 직전의 사물로 존재하는 까닭은 작품과 그 작품을 이해하여 내면화한 체험 사이에는 반드시 얼마간의 간극이 존재할 수밖에 없기 때문이다. 또한 작품은 구체적인 콘텐츠의 완성체이기도 하다. 그래서 적어도 필자의 입장에서는 작품과 콘텐츠의 의미는 동일하다.[55]

시나리오란?

스토리가 확정되었다 하더라도 이러한 작품을 구체적으로 제작하고 완성하려면 또 다른 복잡한 작업을 거쳐야 한다. 이러한 작업을 위한 준비를 상세히 설계한 것이 시나리오이다. 즉 시나리오란 '이야기 제작에 필요한 상세한 내용을 문자로써 구체적으로 설계한 것'이다. 예를 들어 로봇들이 싸우는 이야기를 영화라는 작품으로 표현하려면 로봇들의 전투를 연출하기 위한 다양한 그래픽 작업과 음향 효과 등이 필요하다. 시나리오는 이런 작업을 준비하는 과정이자 작업의 설계이다.

시나리오와 스토리, 스토리텔링, 그리고 작품의 관계는 다음과 같이 말할 수 있다. 먼저 스토리가 있다면 이 스토리로 작품을 만드는 것이 스토리텔링이며, 이 스토리텔링을 위한 작업 과정의 설계 문서가 시나리오이다. 그 시나리오로 작품을 완성하였다면 사람들이 그 작품을 즐김으로써 간접 체험과 함께 이야기를 얻는다. 그 끝에서 이루어지는 평가는 재미의 유무이다.

---

[55] 콘텐츠에 대한 별도의 정의는 이 책의 제2장 112쪽 '콘텐츠와 재미'를 참조하기 바란다.

플롯이란?

플롯은 '이야기의 뼈대이자 개략적인 이야기 흐름'을 말한다.[56] 여기서 플롯을 스토리의 뼈대이자 스토리의 흐름이라고 정의하지 않고, 이야기의 뼈대이자 이야기의 흐름이라고 정의한다는 점에 주의하자. 플롯은 사건의 구조가 아니라 사건이 어떻게 보일지, 그리하여 사람들이 사건들을 어떻게 체험할지에 대한 틀이자 구성이다. 그렇기 때문에 플롯은 작품의 뼈대이자 구조라고 할 수 있고, 또 이야기의 구조라고 할 수도 있다. 하지만 스토리의 구조라고 할 수는 없다. 왜냐하면 스토리의 구조라는 것은 이야기 속 사건의 구조라는 뜻인데, 사건의 구조는 시간 순서 관계와 인과 관계로 결정되기 때문이다. 이는 일반적으로 플롯이 의미하는 것이 아니다.

한 예로 '발단-전개-갈등-절정-대단원'의 플롯을 생각해 볼 수 있다. 이런 개략적인 플롯에서는 그것이 이야기에 관한 것이든 스토리에 관한 것이든 별 차이를 보여 주지 못한다. 하지만 좀 더 세부적으로 플롯을 논의하면 선명한 차이가 드러난다.

크리스토퍼 놀란 감독의 영화 「메멘토」(2000)는 주인공의 기억을 거슬러 올라가면서 이야기가 전개된다. 즉 이야기가 과거로 흘러가는 것이고 플롯은 여기에 있다. 만약 플롯이 스토리, 즉 사건들의 연결 구조라면 「메멘토」에서는 영화의 후반부에서 전반부로 흘러가는 것이어야 한다. 이것은 플롯의 의미일 수 없다. 그러므로 플롯은 스토리의 구조가 아니라 그 스토리를 보고 내면화하는 체험(혹은 작품)의 구조임을 알 수 있다.

---

56 이 책의 제2장 127쪽 '이야기의 흐름 구조와 사건의 시간 구조'를 참조하기 바란다.

이야기 관련 개념들의 자의성 비판

이야기 및 스토리, 스토리텔링, 시나리오 등의 개념은 연구자들마다 조금씩 다르게 사용한다. 그리고 많은 사람들은 이런 유사 개념들 및 관련 개념들을 정확히 구별하여 사용하지 않는다. 때로는 어떤 용어들을 마구잡이로 사용하는 경우도 있다.

이재홍의 사례

이재홍은 스토리텔링이라는 용어를 무차별적으로 사용한다. 이재홍은 스토리텔링의 사전적 의미는 '이야기하기'라고 말하고, 오늘날에는 모든 이야기의 형식을 지칭하는 광범위한 단어로 사용된다고 말한다.[57] 그러면서 '세계관 스토리텔링', '사건 스토리텔링', '캐릭터 스토리텔링', '매개체 요소 스토리텔링', '대사 스토리텔링'이라는 용어를 사용하기도 한다. 이 용어들은 그의 용어법에 어긋나고 통념에도 일치하지 않는다.

더 구체적인 예는 이재홍이 캐릭터 스토리텔링에 대해 "게임의 얼굴은 캐릭터이다. 캐릭터를 창조해 내고 성격을 묘사하는 작업은 게임 스토리텔링의 출발점이다"[58]라고 말하는 데서 찾을 수 있다. 이에 따르면 게임 스토리텔링 속에 캐릭터 스토리텔링이 있는 셈이다. 여기에서 논리적 모순이 명백한 것은 아니지만 스토리텔링이라는 용어를 마구 사용한다는 점은 명백하다.

이인화의 사례

이인화는 스토리텔링이라는 개념을 자의적으로 사용하는 예에 속한

---

57   이재홍, 『게임 스토리텔링』, (생각의나무, 2011), p. 17.

58   같은 책, p. 167.

다. 이인화는 "스토리란 어떤 사건을 겪은 사람의 경험을 중심으로 한 번 걸러진 지식, 알기 쉽고 느끼기 쉬운 지식이다"[59]라고 정의한다. 하지만 곧 "스토리텔링이란 '이야기'와 '이야기하기'를 함께 지칭하는 개념이다"[60]라고 말한다.

또한 앞부분에서는 디지털 스토리텔링이란 "네트워크화된 컴퓨터 환경에서 디지털 미디어를 통해 이루어지는 스토리텔링"[61]이라고 말한다. 그리고 뒷부분에서는 컴퓨터 기술로 가능해진 디지털 스토리텔링의 세 가지 사회적 조건을 다음과 같이 규정한다.

① 디지털 스토리텔링은 이야기 예술을 넘어 콘텐츠 산업 전체에 적용된다.
② 디지털 스토리텔링은 집합 지능에 의해 창작된다.
③ 디지털 스토리텔링은 디지털 사회의 인간화와 민주화를 추구한다.[62]

이 중에서 ②의 내용은 디지털 스토리텔링이 여러 사람들의 상호 작용에 따라 만들어진 집단 경험담을 가리키는 것으로 보인다. "디지털 스토리텔링은 주어지는 이야기부터 여러 명의 개발자들에 의해 개발되며 무수히 많은 사용자들의 참여로 완성"[63]되는 것이기 때문이다. 이것은 이인화가 스토리텔링의 의미라고 말한 '이야기'와 '이야기하기'도 아닌, '이야기 만들기'이다.

게다가 ①의 내용에서처럼 이런 이야기 만들기가 콘텐츠 산업 전체에

---

59 이인화, 『한국형 디지털 스토리텔링: 「리니지 2」 바츠 해방 전쟁 이야기』, (살림출판사, 2005), p. 8.
60 같은 책, 같은 곳.
61 같은 책, p. 4.
62 같은 책, pp. 12-15.
63 같은 책, p. 15.

적용된다면 사실상 모든 인간사에 적용될 수 있다. 즉 ①은 너무 의미가 넓어서 무의미하다. 한편, ③의 내용처럼 이야기 만들기로서의 스토리텔링이 인간화와 민주화를 추구한다면 이는 정치 활동으로서의 이야기 만들기에 한정되기 쉽고, 너무 의미가 좁아 스토리텔링의 의미에서 벗어난다.

김정진의 사례

스토리텔링이나 스토리, 혹은 이야기의 개념 구별의 문제는 김정진에게도 볼 수 있다. 김정진 역시 스토리텔링과 스토리를 분명하게 구별하지 못하고 있으며, 동시에 스토리를 이야기와 동일시하고 있다. 그러면서도 결국 우리말인 이야기보다 외국어인 스토리를 사용하는데, 거기에 적절한 설명이나 개념 구별을 제시하지 않는다.

구체적으로 살펴보면 김정진은 스토리텔링이란 '이야기'와 '이야기하기'를 지칭하지만, 단순히 이야기하기가 아니라, 지식 기반 산업에 언어적 생명력을 고취하여 새로운 문화 체계를 수립하는 것이 스토리텔링이라고 말한다. 즉 "현대의 다양한 대중 매체인 영화, 애니메이션, 광고, 방송, 캐릭터, 모바일, 인터넷, 예술과 공연, 게임과 엔터테인먼트 등의 문화 콘텐츠를 언어 체계로써 활성화하는 것이 바로 스토리텔링"[64]이라는 것이다. 이와 같은 김정진의 설명은 정확한 개념 정의라기보다는 스토리텔링에 다양한 의미를 부여하는 작업일 뿐이다.

이처럼 이야기와 스토리, 스토리텔링 등의 개념들이 여러 연구자들 사이에서 막연하게 방치되거나 자의적으로 사용되고 있다.

---

64 김정진, 앞의 책, p. 197.

능력의 확대와 복지감, 그리고 인식적 대조

재미는 체험의 속성이고 체험은 이야기이다. 이렇게 체험으로서의 이야기가 재미있으려면 많은 경우(항상은 아니다) 능력의 확대와 복지감이 필요하다. 즉 재미 경험 자체에 인식적 대조가 필요하기 때문이다

능력의 확대

첫째, 새로운 체험이 재미있으려면 거기에 능력의 확대가 필요할 때가 많다. 이는 부분적으로, 현실에서 얻지 못한 능력의 확대가 곧 새로운 체험이기 때문으로 보인다. 재미있는 모든 경험은 여러 부분에서 이러한 능력의 확대를 포함한다.

게임의 경우에서 보듯이 자신이 어떤 과업을 점점 잘 수행할 수 있음을 확인할 때 더 재미있게 느껴진다. 어떤 재미있는 체험의 경우, 예를 들어 유머를 듣고 재미있다고 느낄 때는 체험자의 어떤 능력이 확대된다고 느끼지 않는다. 하지만 유머에는 공격성이 내재되어 있으며, 이러한 공격성 이면에는 상대보다 강한 나의 능력에 대한 자각이 있다.

능력의 확대 중 일부는 이해의 확대로 나타난다. 놀이에 대해서 연구한 스튜어트 브라운과 크리스토퍼 본이 이 점을 지적하였다. 이들은 이야기가 자신과 세상에 대한 이해를 확대시킨다고 말한다. 이들에 따르면, "이야기는 이해력의 단위로 알려져 있다. 이야기는 인간의 초기 발달과 세상 및 자신에 대한 이해, 또 세상에서 자신의 위치를 파악하는 데 핵심적인 역할을 한다."[65]

---

[65] 스튜어트 브라운·크리스토퍼 본, 앞의 책, p. 139.

복지감

재미있는 체험에는 복지감이 수반된다. 필자가 볼 때 이것은 재미있는 모든 경험의 속성이다. 여기서 복지감이란 자신의 안전이 확보되었다는 자각을 의미한다. 복지감은 곧 안정감을 유발한다.

이자드C. E. Izard는 이야기에 안정감과 복지감이 수반된다는 것, 그리하여 재미에 안정감과 복지감이 수반되는 특징이 있다는 것을 지적하여 다음과 같이 말하였다.

재미에는 심리적 안정감과 복지감이 포함된다. 이때는 몸과 마음이 편안해지고 즐거움을 느낄 수 있는 준비 상태에 있다. 또한 정신적, 신체적 스트레스가 없어진다. 그 느낌은 매우 가벼우며, 이러한 느낌은 몸 전체와 마음으로 확산된다. 움직임이 쉽게 느껴지며, 그 자체로 즐거워진다.[66]

권창현과 최정운은 유아들이 문화 콘텐츠에서 재미를 느끼기 위한 전제 조건을 탐구하면서 이자드가 지적한 것처럼 심리적 안정감과 복지감이 필요하다고 주장하였다. 즉 유아들은 "자신이 충분히 돌봄을 받고 있으며 위험이나 불안으로부터 보호되고 있다는 느낌을 가져야 심리적으로 안정되어 새로운 것에 대해 다가설 수 있는 힘을 가지게 된다. 심리적으로 불안하거나 자신이 없으면 선뜻 새로운 상황이나 새로운 놀이에 다가가려 하지 않고 숨거나 외면하므로 그만큼 새로운 콘텐츠를 접하기 어려워진다."[67]

실제로 이러한 점이 유아들에게 중요하다는 것은 경험적으로 확인할

66　C. E. Izard, The *psychology of emotions*, (Plenum Press, 1991).

67　권창현·최정운, 「유아 문화콘텐츠 제작을 위한 재미에 관한 연구」, 『정보디자인학연구』, Vol.15 (2010), (한국정보디자인학회, 2010), pp. 29-43.

수 있다. 예를 들면 일반적으로 아이들이 좋아하는 새롭고 재미있는 놀이 기구나 공룡이 나오는 만화 영화라 해도 겁 많은 어린아이는 무서워서 접근하기가 힘들다. 재미있을 수가 없다.

아울러 서로 비슷한 경험이라도 복지감이 없다면 재미를 느끼기 어렵다. 게임 사용자는 게임 속에서 각종 무기들로 적을 죽이지만 그것이 실제로 사람들을 살상하는 것이고 자신도 그 상황에서 죽을 수 있다고 생각한다면, 그 게임이 마냥 즐거울 수 없음은 분명하다. 즉 재미를 느낄 수가 없게 된다.

영화의 재미있는 장면도 마찬가지이다. 영화 「라이언 일병 구하기」(1998)에서 주인공이 상륙작전에서 독일군과 총격전을 벌이는 장면은 재미있는 장면 중의 하나이다. 하지만 이 장면이 재미있을 수 있는 까닭은 주인공과 동일시되는 관객 자신은 결코 위험하지 않다는 자각이 결합되어 있기 때문이다. 특히 대리 경험으로 남의 이야기를 듣는 경우에 이러한 안정감과 복지감은 확연하다. 이 때문에 사람들은 이야기를 좋아하고 즐긴다.

인식적 대조

재미있는 체험에는 모순으로 보일 정도의 뚜렷한 대조가 포함된다. 능력의 확대는 무능력하거나 능력이 부족한 상태에서 능력이 커지는 것을 의미한다. 또 체험이 재미있다고 느끼는 것은 무능력하던 때와 능력이 강해진 때의 분명한 대조를 자각할 때이다.

예를 들면 「로보캅」(1987)이라는 영화를 보면서 재미있게 느낀 장면을 고른다면 주인공인 형사 머피가 범죄자들에게 공격을 당한 후 로보캅으로 다시 태어나 강력한 힘으로 악당들을 응징할 때이다. 왜 재미있는지를 정확히 말하자면, 무능력과 능력 확대라는 두 경우에 대한 대조가 확연하게 드러나기 때문이다.

그런데 재미있는 체험(이야기)에 안정감과 복지감이 수반된다는 데에도 강력한 대조를 넘어설 정도로 모순적인 측면이 있다. 앞에서 체험의 구성단위가 긴장의 축적이고 이를 위해서는 갈등과 위기에 직면해야 한다고 말한 바 있다.[68] 하지만 재미있기 위해서는 여기에 안정감과 복지감이 함께 수반되어야 한다. 이 상반된 요구는 모순적이다. 이러한 모순 위에 생겨나는 강렬한 대조에서 사람들은 큰 만족감과 쾌감을 얻는다.

그럼에도 강렬한 대조는 엄밀한 의미에서 모순이 될 수 없다. 재미의 본질에 자리 잡고 있는 진정한 모순은 이 책의 후반부에서 살펴보게 될 것이다.[69]

68　이 부분은 이후 제3장 전체에서 많이 강조될 것이다.

69　이 책의 제6장 435~468쪽 '재미의 철학적 고찰'을 참조하기 바란다.

3. 사용자와 체험 종류

콘텐츠와 재미

이제부터 재미 분석의 여러 차원 가운데 두 번째인 관계적 차원에서 재미에 접근해 보자. 이 경우 재미는 콘텐츠와 그것을 즐기는 사용자의 상호 관계에 존재한다. 그런데 콘텐츠란 정확히 무엇일까? 이에 대한 필자의 정의는 다음과 같다.

> 콘텐츠란 인간의 경험에 영향을 주는 모든 대상이다.

이는 콘텐츠에 대한 가장 포괄적인 정의라고 할 수 있다. 앞에서 콘텐츠와 작품의 의미는 동일하다[70]고 했으므로, 작품 역시 인간의 경험에 영향을 주는 모든 대상이라 할 수 있다.[71] 얼핏 보면 우리의 직관과 달라 보

---

70 이 책의 제2장 96쪽 '이야기의 부수 개념'을 참조하기 바란다.

71 그런데 만약 일상 문맥의 일부에 따라서 굳이 콘텐츠와 작품을 구분하고자 한다면 필자는 콘텐츠 중에서 인간의 노력이 많이 들어가고, 훌륭하게 만들어진 콘텐츠를 작품이라고 구분

이는 이 정의 역시 콘텐츠에 대한 우리의 상식적인 이해에서 벗어난 것은 아니다.

콘텐츠에 대한 상세한 논의는 김진영·곽동해,[72] 김만식[73] 등이 제시한 내용을 참조하면 된다. 간단한 논의는 김만수의 저서[74]에서도 볼 수 있다. 그중 여러 연구자들이 자주 언급하는 정의는 "부호, 문자, 도형, 색채, 음성, 음향, 이미지 및 영상 등(이들의 복합체를 포함한다)의 자료 또는 정보"로, 이는 문화산업진흥법 개정법령(2010년 12월 11일 시행)을 반영한 정의이다. 김정배[75]나 변민주[76]를 포함해서 위에서 언급한 저자들의 정의도 이와 유사하다.

그런데 이와 같이 외연적인 정의에서는 콘텐츠의 범위(외연)를 확정할 수는 있어도 본질적인 의미(내포)를 확정할 수는 없다. 오늘날 중요한 콘텐츠에 해당하는 관광 콘텐츠나 테마파크 같은 것조차도 포함할 수 없으며, 더 나아가 더욱더 기술이 발전하고 사회가 변화하여 나타난 새로운 종류의 콘텐츠를 콘텐츠의 범위에 적절히 포함할 수 없다.

'인간의 경험에 영향을 주는 모든 대상'이라는 콘텐츠의 정의는 이런 문제를 해결하는 시도로, 콘텐츠의 본질에 대한 내포적 정의라 할 수 있다. 이 정의는 콘텐츠에 대한 우리의 상식을 잘 반영하며, 특히 콘텐츠학에서 관심을 기울이는 콘텐츠 일반에 대해서도 적절히 적용할 수 있다.

해서 부를 수도 있겠다.

72 김진영·곽동해, 『문화재 콘텐츠 연구와 미술사소설 신공사녀가』, (한국학술정보, 2012).

73 김만식, 『문화콘텐츠 개발전략』, (학연사, 2009).

74 김만수, 『문화콘텐츠 유형론』, (글누림, 2006), pp. 20-21.

75 김정배, 『마음을 움직이는 콘텐츠 디자인』, (디자인네트, 2002).

76 변민주, 『콘텐츠 디자인』, (커뮤니케이션북스, 2011).

콘텐츠에 대한 정의의 적절성

콘텐츠의 예를 살펴보자. 영화, 소설, 만화, TV 드라마, 게임, 테마파크, 놀이공원, 교육용 강의 동영상, 연극, 뮤지컬, 관광 상품 등이다. 이런 콘텐츠들은 우리가 보고 듣고 느끼며 체험하는 대상이거나 그러한 체험을 제공해 준다. 그 공통점을 살펴보면 우리의 경험에 어떠한 영향을 준다는 것이다.

한편, 콘텐츠가 될 수 없는 것들은 길거리의 돌멩이, 눈에 띄지 않는 가로수, 상인들, 지나가는 자동차 등이다. 그 공통점은 우리의 경험에 아무런 영향을 주지 않는다는 점이다. 그러나 이 중 어느 것이라도 우리의 경험에 크게 영향을 줄 수 있는 방식으로 제공된다면 콘텐츠가 될 수 있다.

예를 들어 도시의 가로수를 은행나무로 모두 바꾸고, 가을이 되어 거리가 온통 노랗게 보일 정도가 된다면 이는 콘텐츠가 될 수 있다. 도로를 지나가는 자동차 한 대는 콘텐츠가 아니지만 특이한 모양의 자동차들이 여러 대 줄지어 지나가는 것은 콘텐츠가 될 수 있다. 목소리 높여 호객 행위를 하는 상인은 콘텐츠가 아니지만, 어릿광대 복장으로 죽마를 타고 춤을 추면서 호객 행위를 하는 상인의 모습은 콘텐츠가 될 수 있다.

그러므로 우리의 경험에 큰 영향을 미칠 때에 우리는 콘텐츠라고 한다. 음악은 콘텐츠이지만 길거리에서 들리는 레코드 가게의 음악 소리는 콘텐츠가 아니며, 그림은 콘텐츠이지만 동일한 그림일지라도 저 멀리 화랑 안내판에 보이는 그림은 콘텐츠가 아니다. 이런 방식으로 들리는 음악과 보이는 그림은 우리의 경험에 별다른 영향을 주지 못하기 때문이다.

재미의 관계적 차원에서 콘텐츠의 반대쪽에 사용자가 있다. 콘텐츠 사용자는 재미를 경험하는 주체로 영화에서의 관객, 게임에서의 사용자,

놀이에서의 참여자, 소설과 만화에서의 독자, 라디오 프로그램에서의 청자, TV 프로그램에서의 시청자, 연극이나 공연에서의 관객이 모두 콘텐츠 사용자의 예들이다.

재미를 얻으려면 콘텐츠와 사용자의 관계에서 사용자가 특정한 콘텐츠로 차별적인 경험을 해야 한다. 이를 위해서는 콘텐츠가 주어진 방식보다 사용자의 접근 태도가 원칙적으로는 더 중요하다. 그 까닭은 재미자체가 사용자의 주관적인 경험의 속성이기 때문이다. 아주 평범한 일상의 곳곳에서 새로운 것을 발견하는 예술가의 시선처럼 우리의 접근 태도가 달라지면 모든 것이 경험에 영향을 미칠 수 있다. 하지만 이것은 개념적인 원칙에 한정된다.

통계적으로 높은 확률을 보인다는 의미에서 말한다면, 많은 사람들이 특정한 조건에서만 새로운 경험을 얻으며, 특정한 조건에서만 재미에 적절한 접근 태도를 취한다. 그래서 많은 사람들에게 콘텐츠를 통해 재미를 주기 위해서는 사람들이 일반적인 재미를 경험할 수 있도록 콘텐츠 제공 방식을 차별화해야 한다. 여기에 재미론과 콘텐츠학의 지식이 집중된다. 그래야만 재미론과 콘텐츠학이 다른 사회 과학이나 인문 과학 분야와 구별되는 독자성을 확보할 수 있다.

직접 체험과 간접 체험

직접 체험과 간접 체험의 특징과 핵심

체험을 구성하는 두 요소인 자각과 경험 중 어느 것이 더 비중 있는가에 따라서 체험은 두 가지로 나뉜다. 하나는 직접 체험이고 다른 하나는 간접 체험이다.

직접 체험에서는 콘텐츠 사용자가 몸소 경험하면서 자신의 경험에 대한 자각을 통해 재미를 얻는다. 이에 비해 간접 체험에서는 콘텐츠 사용자가 별로 움직이지 않고 콘텐츠를 감상만 할 뿐이다. 대신 거기서 얻는 인식 내용을 이해하고 주관적으로 재구성하여 자신의 경험과 동일시함으로써 재미를 얻는다.

그러므로 다음의 〈표 2.8〉에서 보여 주듯이, 재미를 얻기 위한 직접 체험의 핵심은 실질적인 경험 자체에 더 큰 비중이 있고, 간접 체험의 핵심은 인식 내용의 이해와 자각에 더 큰 비중이 있다.

체험의 종류	비중	내용
직접 체험	경험	실제로 경험하면서 거기에 자각이 뒤따른다.
간접 체험	자각	자각적 인식에 의해서 경험이 내적으로 구성된다.

표 2.8 직접 체험과 간접 체험

직접 체험의 종류와 본질

직접 체험을 제공하는 콘텐츠에는 컴퓨터 게임, 테마파크, 놀이공원 등이 대표적이다. 스튜어트 브라운과 크리스토퍼 본은 개인 놀이의 유형을 여덟 가지로 구분하였는데, 직접 체험에서 재미를 얻는 여러 가지 방식들을 살펴보려면 이것으로도 충분할 것이다.

- **익살꾼** joker : 이 유형의 놀이는 항상 일종의 농담이나 허튼짓을 바탕으로 한다. 이 놀이는 인간의 놀이 중 가장 일차원적인 유형이다.
- **활동가** kinesthete : 몸을 움직이기를 좋아하는 유형이다. 운동선수가 대표적이지만 춤을 추거나 수영 또는 산책을 좋아하는 사람들도 포함된다.

- **탐험가** explorer : 이들은 주변 세계를 탐험한다. 탐험은 그들의 창의력을 유지하고 상상력을 자극하는 길이다. 여기에는 정서적이거나 정신적인 탐험도 포함된다. 연구나 발견이 그것이다.
- **경쟁자** competitor : 구체적인 규칙이 있는 경쟁 게임을 즐기면서 놀이의 행복과 창의력을 얻는 유형이다. 이들은 이기기 위해 놀이를 즐긴다.
- **감독** director : 이 유형은 계획을 즐기고 그럴듯한 장면을 연출하거나 이벤트를 벌이는 것을 좋아한다. 대부분 권력을 사랑하는 경향이 있고 기획하는 재능을 타고 났다.
- **수집가** collector : 잡다한 물건을 모으는 유형이다. 물건뿐만 아니라 경험을 수집하는 사람도 이 유형에 속한다.
- **예술가 혹은 창조자** artist / creator : 무언가를 만드는 것이 행복인 유형이다. 자기가 만든 것을 세상에 보여 주거나 사람들에게 팔기도 한다.
- **이야기꾼** storyteller : 소설가, 극작가, 만화가, 시나리오 작가 혹은 영화나 소설이 인생의 낙인 사람들, 자신을 이야기의 일부로 만드는 사람들이다.[77]

이런 놀이들의 중심에는 모두 사람들의 직접적인 행위가 있다. 익살꾼은 농담이나 허튼짓으로 다른 사람들의 반응을 이끌어내려고 시도하고 거기에서 성공이나 실패를 얻는다. 수집가는 어떤 물건을 모으려고 시도하고 원하는 것을 수집하거나 실패한다. 그들은 이 활동에서 긴장이 축적되고 또 해소된다.

이러한 활동에서의 재미는 행위자들이 그 활동을 즐긴다는 것에 있다. 이때 즐긴다는 것과 단순히 행위를 한다는 것과의 차이는 자각에 있다. 저자들의 설명에서 이러한 점을 간접적으로 알 수 있다. 이 설명에서

---

77 스튜어트 브라운·크리스토퍼 본, 앞의 책, pp. 108-115.

활동가는 몸을 움직이기를 좋아하는 유형이며, 경쟁자는 경쟁 게임을 즐기고 예술가는 창조에서 행복을 느낀다. 이러한 즐김과 행복이 없다면 이 활동들 중 그 어떤 것도 '놀이'가 될 수 없고 그리하여 재미있을 수 없을 것이다.

간접 체험의 종류와 본질

간접 체험을 제공하는 콘텐츠에는 영화, 만화, 뮤지컬 등이 있다. 반복해서 지적하지만 얼핏 보면 이런 간접 체험에서는 사람들의 적극적인 활동이 없어서 경험과 체험 없이 오직 인식만 있는 것으로 보인다. 그러나 켄 댄시거와 제프 러시는 영화와 같은 간접 체험에서의 핵심은 경험이라고 말한다.

> 관객은 주로 영화 주인공을 통해 이야기를 경험한다. 관객은 영화 속 주인공과 동질감을 느끼고 주인공의 딜레마를 자신의 것으로 여기며 이야기 속으로 빠져든다. 얼핏 보아도 주인공은 육체적 또는 행위적으로 두드러져 쉽게 눈에 띈다. 하지만 내밀한 폭로의 순간 또는 주인공 스스로 어리석거나 허약한 존재임을 인정하는 순간, 바로 그때 주인공에 대한 우리의 감정 이입은 실현되고 우리는 주인공과 동일시하는 감정을 갖게 된다.[78]

영화 감상자들이 주인공과 동질감을 느끼고 이야기 속으로 빠져든다는 것은 무엇을 의미하는가? 그것은 감상자들의 마음속에서 그들 각각이 주인공이 된다는 것, 그리하여 주인공의 경험을 자신의 경험으로 받아들인다는 것을 의미한다. 거기에 뒤따르는 성공과 실패, 그리고 긴장

---

78 켄 댄시거·제프 러시, 앞의 책, p. 7.

의 축적과 해소는 영화 속 스토리가 결정한다. 이는 대체로 일상보다 매우 강력하고 극단적이다.

지금까지 살펴본 것을 종합해 보면, 직접 체험에서는 실제적인 경험 자체에 비중을 두고 거기에 자각이 뒤따르도록 하는 것이 콘텐츠 구성에서 고려해야 할 핵심이다. 반면에 간접 체험에서는 자각에 비중을 두고 그 자각을 통해서 콘텐츠 사용자가 자신의 경험을 내면적으로 구성하도록 하는 것이 콘텐츠 구성에서 고려해야 할 핵심이라고 할 수 있다.

이야기의 두 가지 방식

직접 체험과 간접 체험의 두 방식은 곧 이야기를 제공하는 두 방식이기도 하다. 이야기(체험)의 단위는 긴장의 축적과 해소이므로 직접 체험과 간접 체험은 긴장의 축적과 해소의 방식에서 〈표 2.9〉의 내용과 같은 차이를 보인다.

체험의 종류	내용
직접 체험	사용자 자신의 성공과 실패에 따른 긴장
간접 체험	타인의 성공과 실패의 인식에서 오는 긴장

표 2.9 체험에 따른 긴장

직접 체험 방식에서는 콘텐츠 사용자 자신의 성공과 실패에 따라서 긴장이 축적되고 해소된다. 이때 긴장의 축적은 사용자의 목표와 목표를 달성하지 못한 현재 상태의 대비에서 생겨나고 축적된다. 긴장의 해소는 목표를 달성하거나 포기할 때 이루어진다. 당연히 목표 달성이 성공이고 목표 포기가 실패이다.

간접 체험 방식은 '추체험追體驗 방식'이라고도 하는 만큼, 이 경우에는 타인의 성공과 실패의 인식에서 긴장이 축적되고 해소된다.

이야기 제공 방식과 스토리

이야기 제공의 두 방식을 앞에서 정의한 스토리의 개념을 사용하여 정의해 보자.

직접 체험 방식이란, 사용자가 스스로 스토리의 일부가 되면서 이야기를 직접적으로 체험하게 하는 방식이다. 이때 사람들은 자신들이 선택하여 사건들, 즉 스토리를 구성한다. 한편, 간접 체험 방식이란, 정해진 스토리를 제공하고 사람들이 그 스토리를 관람함으로써 이야기를 대리 체험하게 하는 방식이다.

직접 체험 방식은 주로 게임의 이야기 방식이며 간접 체험 방식은 영화나 연극 등의 이야기 방식이다. 이를 그림으로 표현하면 다음의 〈그림 3〉과 같다.

사람들이 직접 체험 방식으로 재미를 경험할 수 있는 대표적인 예는

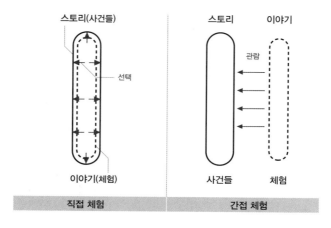

그림 3 직접 체험과 간접 체험에서 스토리와 이야기의 관계

게임이다. 그 밖에도 테마파크, 여행 등이 여기에 포함된다. 게임과 같은 직접 체험 방식에서 사람들은 사건(경험)들을 스스로 선택하고, 스스로 선택한 사건들의 연쇄를 직접 체험한다. 그러므로 그림에서 보듯이 체험한 이야기는 사건들의 연쇄인 스토리 안에 놓인다. 그리고 체험은 구성된 스토리보다 작다.

구성된 스토리의 어떤 부분은 지각되지 않고 제거되며, 그 속에서 얻는 감동이나 쾌감도 스토리에서 의도한 것보다 분명히 작을 수밖에 없다. 예를 들어 전투 게임을 한다면 전투라는 사건(스토리)에서 나타나는 실제적인 긴장의 축적과 해소보다 그 게임에서 느끼는 긴장의 축적과 해소가 상대적으로 작을 것이다. 그래서 그림 속에서 이야기(점선으로 그려진 둥근 막대)는 스토리(실선으로 그려진 둥근 막대)보다 작다.

간접 체험 방식의 이야기는 스토리의 바깥에 놓인다. 콘텐츠 사용자는 이때 사건(경험)들의 연쇄인 스토리 바깥에 있게 되는데, 이는 경험자들이 스토리의 구성에 대해서 아무것도 결정할 수 없음을 의미한다. 다만 옆에서 지켜볼 수 있을 뿐이다. 즉 콘텐츠 사용자들은 스토리를 관람하는 것이다. 이 관람을 통해서 사용자들은 자신들의 내면에 체험을 구성한다. 마치 자신이 영화 속의 주인공인 듯 주인공의 성공에 안도하거나 실패에 아쉬워하며, 위기에 처했을 때 손에 땀을 쥐게 된다.

간접 체험 방식의 콘텐츠에는 영화, 연극, 만화, 소설 등이 포함된다. 이때도 사용자의 체험은 실제 스토리에서 의도하는 것보다 당연히 작기 마련이다. 영화에서 주인공이 탄 비행기가 추락하는 장면을 보는 관객이 실제로 추락하는 비행기 속의 사람보다 더 큰 긴장을 느끼지는 않을 테니까 말이다.

재미에 대한 기술적 정의

콘텐츠 작품에서 재미의 개념은 이 두 가지 방식의 이야기를 기초로 한 기술적인 관점에서 다음과 같이 재정의할 수 있다.[79]

재미란 축적된 긴장의 해소를 이해함에 따르는 정서적 쾌감이다.

이것을 재미에 대한 제2정의라 부르자. 제2정의는 재미의 결과인 정서적 쾌감을 어떻게 생성할 수 있는지에 대한 기술적인 요인, 다시 말해 긴장의 축적과 해소를 명시한다.

이야기 구조의 기본 요소

경험, 경험 주체, 흐름 구조

이제 재미의 토대인 체험, 즉 이야기 창작의 관점에서 분석해 보자. 이 분석은 재미를 생산하려는 관점에서 하는 것이다. 분석 내용은 이야기의 세 가지 기저인데, 이때 기저란 좌표축과 같은 것으로 다양한 요소들이 들어 있는 측면을 의미한다. 이야기의 기저들을 구별하는 것은 긴장의 축적과 해소를 유발할 수 있는 이야기의 다양한 변인들을 찾기 위함이다.

자각된 경험으로서의 이야기를 결정하는 세 가지 기저는 다음의 〈표 2.10〉에서 보듯이 경험, 경험 주체, 그리고 흐름 구조이다.

79　이현비, 『재미의 경계』, (지성사, 2004), p. 79.

세 가지 기저	내용
경험	물리적으로 이루어지는 활동 혹은 사건
경험 주체	이야기 속에서 각 경험과 활동의 주체로 간주되는 인물
흐름 구조	콘텐츠가 어떤 내용을 제공하는 순서

표 2.10 이야기의 세 가지 기저

경험

이야기의 첫째 기저인 경험이 무엇인지는 앞[80]에서 상세히 설명하였다. 그것은 콘텐츠 속에서 물리적으로 이루어지는 활동 혹은 사건을 가리킨다. 경험으로서의 사건은 갈등 구조를 따라 이루어진다. 많은 영화나 게임 속 이야기들이 모두 다른 것은 바로 이 경험들이 다르기 때문이다. 경험을 다르게 만드는 여러 요소들은 앞[81]에서 설명한 경험 구성의 네 가지 차원 요소들의 변화이다.[82]

경험 주체

이야기의 둘째 기저인 경험 주체는 이야기 속에서 어떤 활동의 주체, 곧 경험자라고 간주되는 인물이다. 비유적으로 말하면 어떤 행위에 대한 피의자 혹은 용의자라 할 수 있겠다. 이때 경험 주체(피의자)가 실제 경

---

80 이 책의 제2장 75쪽 '체험과 경험, 그리고 이야기'를 참조하기 바란다.

81 이 책의 제2장 81쪽 '경험 구성의 네 가지 차원'을 참조하기 바란다.

82 하지만 이야기의 한 기저가 경험일지라도 이야기 구조는 갈등의 구조와 구별해야 한다. 왜냐하면 사건 속의 당사자들 간의 갈등 구조와 다른 긴장 구조가 얼마든지 있을 수 있기 때문이다. 갈등은 갈등 당사자들 간의 관계와 배경에 의해서 결정되고 이것은 경험 혹은 사건의 일부이다. 이에 비해 이야기를 구성하는 긴장 구조는 이러한 경험을 이해하는 방식이기 때문에 사용자가 동일한 경험을 다른 방식으로 자각하고 이해하면 이야기도 달라진다. 예를 들어 철수와 영수가 다투는 사건을 중심으로 하는 이야기는 철수의 내면적 긴장을 드러내는 것일 수도 있고, 두 친구의 도덕성의 문제를 긴장감 있게 보여 주는 것일 수도 있다.

험자(범인)인가 아닌가는 문제되지 않는다. 즉 경험 주체와 경험자는 다를 수 있다.

예를 들어 교실에서 도난 사건이 발생하는 이야기를 가정해 보자. 만약 이야기에서 철수를 범인으로 간주한다면 철수는 도둑질이라는 활동의 경험 주체가 된다. 이야기 속에서 실제로 도둑질을 한 범인이 철수가 아닌 영수라도 상관없다. 이때 영수는 도둑질의 행위자이고 철수는 도둑질에 초점을 맞춘 이야기의 경험 주체인 것이다.

다소 혼란의 여지가 있음에도 직관적으로 이해하기 쉬운 '피의자(혹은 용의자)'라는 말을 쓰지 않고 '경험 주체'라는 이름을 붙인 까닭은 무엇인가? 피의자는 실제로 누가 그 행위를 했는지에 대해 물음표를 달면서 특정인(철수)이 그 행위를 했다고 여길 때 쓰는 말이다. 하지만 이야기에서 경험 주체가 의미하는 것은 특정인이 그 행위의 주체라고 간주하면서 그렇지 않을 가능성을 의도적으로 배제한다. 이런 점을 부각하기 위해서 경험 주체라는 말을 쓰는 것이다.

따라서 피의자와 경험 주체는 다음과 같이 구별할 수 있다. 이야기 속에서 콘텐츠 사용자가 어떤 범죄의 범인이 철수일 것이라고 의심한다면 이때 철수는 피의자이다. 하지만 사용자가 그 행위는 당연히 철수가 한 짓이라고 믿고 그 점에 의심하지 않고 이야기의 다른 부분을 이해한다면, 이때 철수는 그 콘텐츠 사용자에게 경험 주체가 된다. 사용자는 철수를 통해서 이야기 속의 사건을 경험하고 있는 것이다.

때때로 영화나 소설에서 사건의 경험 주체가 바뀜으로써 이야기가 급진적으로 바뀔 수도 있다. 이런 방식으로 이야기가 급격히 반전되는 경우는 영화 「엑스텐션」(2003)에서 찾아볼 수 있다. 주인공은 알렉스의 집에 놀러 온 메리로, 메리는 친구 알렉스의 가족들이 무참히 살해당하는 것을 목격하고 알렉스 역시 살인마에게 잡혀 어디론가 끌려간다. 그러다가 마지막에는 극적 반전이 드러나는데, 이때 극적 반전의 핵심은 영화 속 행위의 주인공이 바뀌는 것이다. 하지만 영화 속 이야기의 다른 많은 것들은 극적 반전 이후에 거의 변하지 않는다. 이처럼 경험 주체가 바뀜으로써 이야기가 극단적으로 달라지는 유사한 예가 「장화홍련」(2003)에서도 나타난다.

그러나 「엑스텐션」이나 「장화홍련」의 예는 특수한 경우라는 점, 그리하여 대부분의 이야기에서 경험 주체는 곧 행위 주체와 일치한다는 점도 기억해야 한다. 더 나아가 경험 주체와 이야기 속의 행위자가 일치하지 않는다면 그 이야기는 이해할 수 없는 이야기, 즉 혼란스러운 이야기가 될 것이라는 점도 간과해서는 안 된다.

영화나 소설과 달리 역할을 선택할 수 있는 1인칭 시점의 게임에서는 경험 주체의 문제가 더 자주 발생할 수 있다. 어떤 과제를 기껏 열심히 수행했는데 게임 속의 행위자가 자신이 생각한 인물이 아닐 수도 있다는 것이다. 경험 주체는 이야기가 경험의 자각이기 때문에 생겨나는 체험의 요소이다. 경험 주체라는 요소에 따라 체험과 이야기는 다양하게 변할 수 있고 이야기와 그 재미가 달라질 수 있다. 재미론에서 경험 주체를 개념적으로 이해해야 하는 까닭도 여기에 있다.

그렇다면 왜 경험의 자각 구조에 따라 경험 주체의 개념이 나타나는가? 앞[83]에서 보았듯이 자각은 인물들 중의 누군가와 자신을 동일시하는 과정을 포함하는데 이 동일시는 결국 자기 목적화로 이어진다. 자기 목적화에 도달하면 체험자는 자신이 동일시한 인물의 입장에서 사건들을 이해한다. 그러므로 동일시하는 인물이 달라지면 사건의 이해가 달라질 수 있고, 이야기 전체도 달라질 수 있다.

---

83 이 책의 제2장 87쪽 '자각의 세 가지 측면'을 참조하기 바란다.

흐름 구조

이야기의 셋째 기저인 흐름 구조는 자각의 시간 구조를 가리킨다. 경험 주체가 경험을 자각하는 틀은 일정하다. 그것은 경험의 부분들을 한 방향으로 흐르도록 한 줄로 배열하고, 어떤 것은 길게 또 어떤 것은 짧게 배열하는 것이다. 그 이상의 방식은 없다. 하지만 이 흐름은 이야기 속의 사건이 진행되는 시간이 아니라 이야기 자체가 진행되는 시간에 근거한다. 예를 들어 현재에서 과거로 회상하는 이야기라면 이때 이야기가 진행되는 시간은 사건이 진행되는 시간의 과거를 향해서 흘러가게 된다. 이렇게 이야기의 흐름 역시 특정한 시간적 배열을 가진다.

또 사람들이 자각하는 경험은, 실제로 존재하거나 누군가가 수행한 활동 중의 부분이기도 하지만, 때로는 실제와 다른 모습으로 각색된다. 이것이 자각의 특징이고 곧 이야기의 특징이다. 그래서 이야기 속의 경험은 특별하고, 때로는 비현실적이다. 자각적으로 중요한 경험이라면, 그래서 그것이 의식 속에서 강하게 존재한다면, 그 경험의 실체인 사건의 물리적 시간이 비록 짧더라도 경험 주체의 자각 속에서는 매우 길게 존재하게 된다. 극적인 장면을 느린 화면으로 처리하는 것은 바로 이 때문이다. 이는 곧 흐름 구조에서 이야기 길이의 변화로 나타난다.

따라서 이야기 흐름으로서의 이야기의 시간은 각 부분의 길이와 순서가 물리적 시간과 다르다. 이야기 속의 경험은 물리적으로 동일한 시간에 따라 얻은 경험일지라도 이야기 자체에서는 특별한 순서에 따라서 재배열된다. 예를 들어 영화 「올드 보이」(2003)의 이야기 흐름은 이야기가 시작된 후에 15년을 간단히 압축하여 지나가고, 마지막 단계에서 이야기가 과거로 돌아가 진실을 발견한 후에 다시 현재로 되돌아온다. 영화 「인셉션」(2010)의 경우에는 후반부에서 승합차가 다리 위에서 강 속으로 떨어지는 시간이 매우 길게 이어진다. 이 같은 이야기의 흐름 구조에 대해서는 좀 더 상세하게 논의할 가치가 있으므로 곧이어서 논의하기로 한다.

세 가지 기저의 중요성

이상에서 이야기의 세 가지 기저를 논의한 까닭은 경험, 경험 주체, 그리고 흐름 구조가 긴장의 축적과 해소를 유발할 수 있는 이야기의 중요한 변인들이기 때문이다. 이는 곧 이 요소들이 이야기에서 별도의 인과관계를 설정하거나 긴장 관계를 만들어 내는 자원이 됨을 의미한다. 그만큼 재미의 창작에서 매우 중요하다.

이야기의 흐름 구조와 사건의 시간 구조

이야기의 흐름 구조와 사건의 시간 구조는 다르다. 다시 말해 이야기 흐름 구조란 이야기가 진행되는 시간의 순서와 길이의 구조를 말한다. 이야기가 제공될 때 A와 B 중에서 어느 것을 먼저 제시하는지, 혹은 어느 것을 더 오랫동안 표현하는지 등의 세부 사항이 흐름 구조이다. 이와 대조적으로 사건의 시간 구조는 이야기 속의 세계에서 사건 A와 B의 물리적 순서와 길이를 의미한다.

어떤 경험에서 사건 A와 사건 B 사이에 수십 년의 시간 차이가 있을 수 있다. 하지만 이는 사건의 구조일 뿐이다. A와 B 두 사건의 사이에 있는 수십 년의 긴 물리적 시간이 자각된 경험 속에서 중요하지 않다면 이야기에서 이 물리적 시간은 간단히 생략되거나 압축된다. 그리하여 사건 A가 끝난 후에 '수십 년이 지난 후'라는 간단한 자막 처리로 사건 B가 시작될 수 있다. 이때 수십 년의 시간이 흘렀음을 알리는 자막의 물리적 시간은 단지 몇 초에 지나지 않는다.

소설이나 영화, 혹은 게임 속에서 나타나는 이러한 흐름 구조의 바탕은 우리의 의식적 체험의 속성이다. 우리가 과거 경험을 회상할 때 우리의 의식 속에서는 이러한 이야기의 흐름 구조가 동일하게 나타난다.

사례 1

당신이 10년 전에 연인과 1년 동안 사랑을 했고, 그 후 4년이 지난 뒤에 다른 연인과 3년 동안 사랑을 했다고 가정해 보자. 이 경험을 회상할 때 당신의 의식 속에는 10년 전 연인과의 1년 동안의 사랑 경험 다음에 4년간의 공백이 있었음에도 이것이 생략되면서 5년 전 3년간의 사랑 경험이 즉시 이어진다. 그런데 10년 전 연인과의 사랑 경험이 첫사랑이었기에 더 큰 안타까움과 그리움이 있어 두 번째 3년간의 사랑 경험보다 10년 전 1년의 사랑 경험이 더 길고 강하게 뇌리에 떠오를 수도 있다. 이 회상은 자각이기도 하다. 이 경우를 그림으로 표시해 보면 〈그림 4〉와 같다.

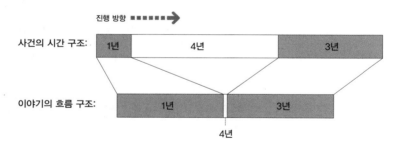

그림 4 사건의 시간 구조와 이야기의 흐름 구조의 비교 예

이렇게 이야기의 흐름 구조는 일련의 사건들 속에서 체험하고 자각하는 내면적 경험의 시간 구조이다. 이는 사건의 물리적 특징과 다르게 자각 속에서 재구성된다. 콘텐츠에서도 그러하고, 실제 우리의 기억이나 의식 속에서도 그러하다. 재미는 이와 같이 의식 속에서 재구성된 경험

의 자각 구조다.

사례 2

사건의 시간 구조나 갈등의 시간 구조와 특이하게 다른 이야기의 흐름 구조를 가진 극단적인 예로 크리스토퍼 놀란 감독의 영화「메멘토」(2000)를 들 수 있다. 이 영화에서 이야기는 현재에서 출발하여 점차 과거로 거슬러 올라간다. 그러면서 이야기의 기저인 이야기의 흐름 구조가 다른 기저들과 마찬가지로 별도의 인과 관계를 설정하거나 긴장 관계를 만들어 내는 힘이 있음을 뚜렷하게 보여 준다.

「메멘토」에서는 이야기 흐름 구조가 이야기 속 사건의 시간 흐름과 반대가 되기 때문에 순간순간 관객에게 인지적 긴장감을 제공한다. 다시 말해 지금 현재 발생하는 일에 대해서 도대체 그 원인이나 이유를 알 수가 없어 그에 대해 큰 호기심을 갖게 해「메멘토」특유의 중요한 긴장 구조를 형성한다. 그리고 최종적인 극적 반전 역시 이러한 독특한 이야기의 흐름 구조에 의존한다.

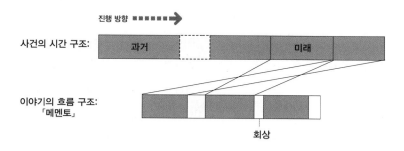

그림 5 영화「메멘토」에서 사건의 시간 구조와 이야기의 흐름 구조

인지적 충격과 감정의 폭발

우리의 의식에서 주의는 주로 외부를 향하고 있다. 그렇기 때문에 체험의 중요한 부분인 자각은 의식 활동 중에서 특별한 활동에 속한다. 다시 말해 자각은 심리적으로 빈발하는 현상이 아니라는 것, 그리하여 자각을 유발하기 위해서는 많은 노력이 필요하다는 것을 의미한다. 이것은 재미에서도 마찬가지이다.

재미는 경험의 자각에서 비롯된다. 하지만 자각이라는 의식 활동은 잘 이루어지지 않기 때문에 많은 경험들을 한 번의 자각으로 한 묶음의 재미 안에 포섭해야 한다. 이 때문에 재미있는 경험은, 자각되지 않은 많은 경험들이 하나의 강렬한 자각 경험을 중심으로 결합하는 구조를 가지고 있다. 또한 자각은 쉽지 않은 의식 활동이므로, 이 자각을 위해 강력한 자극, 즉 충격이 필요하다. 이 충격은 주로 인지적인 충격이다.

따라서 어떤 인지적 충격으로 우리는 특정한 경험들을 새롭게 자각하게 되는데, 이것이 재미의 필요조건이다. 재미는 새로운 체험에서 생겨나는 정서적 쾌감이므로, 재미 경험에서 인지적 충격은 정서적 쾌감을 유발한다. 아주 재미있다면 그 쾌감 역시 강력하다. 이런 경우를 '감정적 폭발'이라고 부를 수 있다.

예를 들어 축구 경기에서 우리 팀이 강력한 상대 팀을 만나 접전을 펼치다가 아까운 득점 기회를 놓치고 오히려 상대 팀에게 선제골을 허용함으로써 열세에 놓이게 되었다고 가정해 보자. 그러나 후반전이 끝나기 몇 분 전에 가까스로 역전골을 성공시켜 동점이 되고 연장전으로 접어들어 팽팽한 접전 끝에 골든 골을 터뜨려 우리 팀이 이겼다면, 이때 우리는 강렬한 재미를 느끼게 된다. 이 이야기는 2002년 월드컵 본선에서 대한민국과 이탈리아의 경기 상황을 묘사한 것이다.

골든 골이 터졌을 때 우리는 관객으로서 혹은 선수로서 우리가 이겼음을 자각한다. 이 자각은 어떤 인지 내용에서 비롯된다. 공이 골대를 흔드는 모습 말이다. 이런 인지 내용은 우리의 강렬한 기대와 긴장으로 우리의 의식에 충격을 준다. 그리고 이 인지적 충격이 강력한 자각을 유발하고 이 자각에 감정의 폭발이 뒤따른다. 눈물을 흘리거나 고함을 지르는 등의 행위가 그에 대한 표현이다.

이 인지적 충격으로 촉발되는 자각은 전반전부터 연장전에 이르기까지 모든 경험과 결합되어 있다. 이것, 즉 긴장의 축적 과정이 재미를 만들어 내는 이야기 구조의 중요한 측면이다.

4. 재미 경험의 구조

재미 경험의 4단계

흥미, 몰입, 쾌감, 동경

체험에 기초하는 재미란 자각하는 것이고 의식적으로 인식하는 것이다. 그리하여 재미는 근본적으로 심리적인 현상이기도 하다. 따라서 이러한 차원(재미 분석의 심리적 차원)에서 재미의 기초가 되는 심리적 경험을 적절히 분석하고 이해할 필요가 있다. 이때 분석의 대상이 되는 경험, 즉 재미를 경험하는 사람들의 주관적이고 심리적인 측면에서의 경험을 '재미 경험'이라고 하자.

필자는 재미 경험을 4단계로 분석할 수 있다고 본다. 그 분석의 핵심은 다음의 〈표 2.11〉과 같다. 여기서 세 가지 사항을 지적할 필요가 있다.

첫째, 재미 경험에 대한 4단계 분석은 재미에 대한 콘텐츠학의 관점에 기초한 것이다. 특히 이 분석은 영화나 소설, 게임 등과 같은 콘텐츠 창작자의 입장에서 고려해야 할 재미 경험의 분석이다.

분석 내용에서 4단계에 '동경'이 포함된 가장 중요한 이유가 바로 여

재미 경험의 4단계		내용
1단계: 흥미	과정	어떤 것에 대한 자발적 관심
2단계: 몰입		주의의 집중으로 인한 의사소통의 체험적 자기 목적화
3단계: 쾌감	결과	몰입의 끝에서 얻고자 하는 결과. 즐거움
4단계: 동경		재미 경험에 대한 그리움. 추가적 부가 가치의 힘

표 2.11 재미 경험의 4단계

기에 있다. 콘텐츠 창작자가 아니라면 재미 경험은 쾌감에서 끝난다. 하지만 콘텐츠 창작자의 입장에서는 하나의 재미 경험이 어떻게 다른 재미 경험으로 이어지는가에 매우 큰 관심을 가질 것이다. 4단계인 '동경'을 분석에 포함한 것은 이것을 설명하기 위함이다.

둘째, 표에서 보듯이 재미 경험의 4단계는 재미 경험의 '과정'과 '결과'의 두 부분으로 크게 나눌 수 있다. 즉 흥미와 몰입의 단계가 사실상의 재미 경험이고, 쾌감과 동경은 이 과정에 뒤따르는 결과이다. 일반적으로 흥미와 몰입 단계에서의 체험들은 긴장을 유발하고 이 긴장이 쾌감단계에서 주어지는 인지적 자극을 '충격'이 되도록 강화한다. 그리고 쾌감은 그러한 인지적 충격에 따른 자각에서 생겨난다.

재미 경험의 과정과 결과는 인과적으로 구분되지만, 때로는 거꾸로 작용하는 경우도 있다. 쾌감 자체가 흥미와 몰입의 원인이 될 수 있기 때문이다. 재미를 느끼기 위해서 어려운 게임에 집중하거나, 재미있다는 다른 사람의 평가를 듣고 별로 흥미가 없던 영화를 감상하는 경우가 그런 예이다.

그러나 이는 어디까지나 이례적인 사례로 취급하는 것이 바람직하며,[84]

---

84 사실상 이런 사례는 다시 흥미의 원인이 되는 재미에 대한 분석이 필요하다는 점에서 선결 문제를 가정한다고 볼 수 있다.

기본적으로 〈표 2.11〉에서 말하는 순서대로 경험을 이해하는 것이 대부분 적절할 것이다.

셋째, 재미 경험의 4단계는 축차적이고 반복적으로 작용한다. 오래 지속되는 하나의 재미 경험이 있다면 그 시작 단계에서는 흥미를 느끼고 그에 뒤따라 몰입이 이어져 동경에까지 도달한다. 그리고 대부분의 경우 그 몰입이 길게 이어지는 것은 몰입의 과정 자체가 순간순간 새로운 요소들에 따라 흥미를 느끼고 새로운 인식이나 활동에 몰입 및 쾌감을 경험하는 짧은 과정이 연속으로 구성되기 때문이다. 한편, 재미 경험의 과정에 해당되는 '흥미'와 '몰입'의 단계는 개념적으로만 구별되고 실제적으로는 구별하기 어려운 경우가 많다.

재미 경험에 대한 기존의 연구는 별로 많지 않은데[85] 재미 경험의 단계와 관련해서 고찰할 만한 연구는 세 가지를 꼽을 수 있다. 첫째는 프로이트의 재미 인지 과정이고, 둘째는 놀이를 통해 재미 경험을 연구한 스코트 에버리의 연구이며, 셋째는 재미 경험에 대해 직접적으로 연구한 심리학자 칙센트미하이의 연구이다. 지금부터 이 내용들을 간단히 고찰해 보자.

기존 이론에서의 재미 경험 분석

프로이트의 재미 경험 단계

먼저 프로이트 S. Freud는 재미의 인지 과정을 다음의 다섯 가지로 설명하였다.

---

85 이 책의 제1장 43쪽 '교육과 심리에 대한 연구'에서 언급했듯이 인지 심리학이나 발달 심리학 등의 연구에서는 주로 실험으로 반복하거나 구체적으로 관찰 가능한 경험들에 대한 연구에 국한하는 경향이 있다.

첫째. 특정 상황 속에서의 부조화를 해소하려는 지적인 활동의 결과

둘째. 예상하지 못한 사건이나 정보를 해소하는 과정

셋째. '이미 알고 있는 것을 재발견'하는 과정

넷째. '심리적 정체'를 만들고 이후 인식 작용을 통해 제거하는 과정

다섯째. 유사하지 않은 것들 사이에서의 유사성, 즉 숨은 유사성의 발견 과정[86]

이러한 프로이트의 주장은 그가 재미 경험에 대해서 일찍이 관심을 가졌다는 데 의의가 있다. 하지만 재미 경험에 대한 충분하고 섬세한 분석을 하지는 못하였다. 특히 재미를 어떻게 만들 수 있는가라는 관점에서 재미 경험에 대한 이해의 단초만 제공할 뿐, 개념들이 중복되고 다소 혼란스럽다. 한 예로 권창현과 최정운은 위의 첫째를 제외한 나머지의 내용이 같은 것을 다른 방식으로 설명하는 것이라고 지적하였는데,[87] 이는 옳다.

스코트 에버리의 재미 경험 단계

스튜어트 브라운과 크리스토퍼 본에 따르면, 스코트 에버리Scott Everle 가 생각하는 놀이의 단계는 다음과 같다.

[1단계] 기대: 예상하며 기다리는 것. 무슨 일이 일어날지 궁금해하는 것. 호기심, 약간의 불안감

[2단계] 놀라움: 예기치 못한 발견, 새로운 감각 또는 아이디어, 발상의 전환

[3단계] 즐거움: 기분 좋은 느낌. 이를테면 다른 별도의 개념들을 종합하는 것. 이

---

86 김유진, 「조형으로부터의 Fun 감성의 발생 메커니즘에 대한 이론적 고찰」, 『디자인학 연구』 제50호, (2002), p. 142.

87 권창현·최정운, 앞의 논문.

전에는 낯설었던 아이디어들의 적용

[4단계] 이해: 새로운 지식의 습득, 명백히 다른 별도의 개념들을 종합하는 것, 이
전에는 낯설었던 아이디어들의 적용

[5단계] 힘: 건설적인 경험과 이해를 통해 얻는 숙달된 상태. 위험하지 않은 두려움
을 경험하고 세상이 돌아가는 원리에 대해 많은 것을 알게 된 후 찾아오는,
전보다 더 강해진 느낌

[6단계] 평형: 우아함, 만족, 평정심, 삶의 균형 감각[88]

이러한 놀이 단계의 구분은 필자의 4단계 구분과 그 내용이 비슷하다.
놀이의 단계를 기대와 놀라움으로 시작한 것은 흥미가 재미 경험의 1단
계라는 필자의 구분과 유사하고, 즐거움과 이해의 단계는 필자의 몰입과
쾌감의 단계와 유사하며, 힘과 평형의 단계 역시 필자의 쾌감과 동경의
단계와 유사하다.

그런데 스코트 에버리의 6단계는 너무 많은 단계로 구성되어 있다. 비
록 의미 있는 단계 구분이라고 할지라도, 순수하게 놀이 참여자(콘텐츠
사용자)의 심리적 구분만을 상세히 분석했기 때문에 재미 창작의 관점에
서 고려해야 할 내용으로는 적절치 않은 부분이 있다.

예를 들어 스코트 에버리는 두 번째 단계에서 '놀라움'을 제시하지만
어떤 게임이나 영화는 특별한 놀라움을 선사하지 않으면서도 재미있다.
만약 이러한 놀라움이 일상적인 것의 재발견과 같은 사소한 것까지 포함
한다면, 그리고 이와 같은 의미 확장이 다른 단계에까지도 일반화된다면
이런 문제를 피할 수는 있을 것이다. 하지만 그럴 경우에는 전반적으로
설명 내용이 극도로 불분명해져서 오히려 설득력을 잃게 된다.

---

88 스튜어트 브라운·크리스토퍼 본, 앞의 책, p. 57에서 재인용하였다.

칙센트미하이의 재미 경험 단계

칙센트미하이M. Csikszentmihalyi의 연구는 '몰입' 개념을 중심으로 재미 경험에 대한 심도 있는 설명을 제공하였으며 그 영향력도 크다. 이러한 몰입 경험의 과정을 칙센트미하이는 다음과 같이 4단계로 분류하였다.[89]

[1단계] **몰입 준비**: 자기 목적적 동기가 필요하다.

[2단계] **몰입 시작**: 자기 목적적 행위가 이루어진다.

[3단계] **몰입 경험**: 자기 목적적 경험이다.

[4단계] **몰입 결과**: 몰입과 초월 상태를 경험한다.

칙센트미하이의 몰입 경험 분석 역시 필자의 재미 경험 분석과 내용적으로 유사하다. 칙센트미하이의 1단계는 필자의 '흥미' 단계에 해당하고 3단계가 필자의 '몰입' 단계에 해당하며 4단계는 '쾌감' 단계이다. 2단계는 흥미와 몰입의 중간 단계라고 볼 수 있다. 그런데 칙센트미하이는 필자의 '동경' 단계에 해당하는, 직접적인 몰입 경험 이후의 상태에 대해서는 언급하지 않았다.

칙센트미하이의 분석에 대한 비판점도 에버리에 대한 비판점과 유사하다. 칙센트미하이의 몰입 경험 단계는 콘텐츠 사용자의 내면적 심리 상태를 이해하는 데에는 도움이 되는 연구이겠지만 어떻게 재미있는 것을 만들 수 있는가라는 재미 창작의 관점(콘텐츠학의 관점)에서는 필자의 분석보다 유용하지 못하다.

또한 콘텐츠에서 고려해야 하는 재미 경험은 칙센트미하이의 2단계를 깊이 고찰할 필요가 없다. 1단계의 동기가 주어지면 2단계는 콘텐츠

---

89 칙센트미하이, 『몰입의 즐거움』, 이희재 옮김, (해냄, 1999), p. 134.

사용자 스스로 수행하게 되기 때문이다. 이 단계가 자동적으로 이루어졌을 때 3단계를 지속하게 하는 것이 더 중요하다. 뿐만 아니라 몰입 결과 이후에 그로부터 파생되는 간접적인 결과도 재미 경험의 일부라고 볼 수 있다. 칙센트미하이의 분석에는 이 부분이 빠져 있고 필자의 '동경' 단계가 이를 보완할 수 있다.

지금까지 살펴본 것을 정리하면 스코트 에버리와 칙센트미하이의 분석 및 필자의 재미 경험의 분석은 내용적으로 대동소이하다. 그러므로 어느 분석이 크게 잘못되었다고 하기는 어렵다. 스코트 에버리와 칙센트미하이의 연구는 그 자체로 훌륭하며, 다른 연구 목적에서는 필자의 분석 내용보다 더 뛰어날 수 있을 것이다. 그러나 이 책에서 논의하는 재미 창작의 관점에서는 필자의 재미 경험 분석이 가장 유용한 개념이라고 생각한다.

재미 경험의 단계적 분석

흥미

재미 경험의 시작은 흥미이다. 어떤 것에 흥미를 가지지 않으면 재미 경험을 시작할 수 없다. 이런 점에서 흥미는 재미 경험의 시작이며 재미의 필요조건이기도 하다. 그런데 흥미가 충분조건이 되지 못하는 까닭은, 어떤 게임이나 영화와 같은 것에 흥미를 가졌지만 막상 즐기고 보니 재미가 없을 수도 있기 때문이다. 그렇다면 흥미란 무엇인가?

흥미란 어떤 대상에 대한 '자발적 주의 집중'이다.

그러므로 흥미는 '자발성'과 '주의 집중'이라는 두 가지 심리적 요소로 구성된다.

흥미의 자발성

흥미는 자발성을 포함한다. 이는 흥미가 재미 경험의 시작 단계이고, 재미가 자발적인 경험이기 때문이다. 자발성이 재미의 필수 요소임은 심리학에 대한 여러 연구를 통해 쉽게 뒷받침된다.

데시E. L. Deci는 인간의 자율성, 이른바 자기 결정self-determining이 허용되는 정도에 따라 내재적 동기가 유발되며, 이 내재적 동기의 크기와 그에 따른 정서 상태로 재미가 결정된다고 보았다.[90] 반대로 다른 사람들이 모두 재미있다고 할지라도 본인이 싫어한다면, 즉 강요에 따라 억지로 하는 거라면 재미있을 수 없을 것이다. 또한 학습 심리에 대한 연구에서 데시와 라이언Deci & Ryan은 외적 강화가 학습에 대한 내재적 흥미를 떨어뜨리고, 오히려 외재적 보상이 부정적 정서 상태를 형성하여 내재적 동기에 영향을 미칠 수 있다고 주장하였다.[91]

이 원리는 재미 일반에 확대 적용할 수 있다. 화이트R. W. White와 드 참스De Charms는 내적 동기화의 근본적인 문제가 스스로 시작한 행동이라고 느끼는가, 아니면 외적 강제에 따라서 할 수밖에 없는 행동이라고 느끼는가에 관한 것이라고 주장하였다.[92] 그들의 설명에서 자발성 여부는 재미의 여부를 의미한다.

---

90 E. L. Deci, *Intrinsic motivation*, (Plenum, 1975).

91 E. Deci & R. Ryan, *Intrinsic motivation and self-determination in human behavior*, (Plenum, 1985).

92 R. W. White, "Motivation Reconsidered: The Concept of Competence", *Psychological Review, 66(4)*, (1959), pp. 297-333. 그리고 R. De Charms, *Personal Causation*, (Academic Press, 1968).

교육 철학자인 존 듀이John Dewey는 교육의 관점에서 흥미에 대해 연구하였다. 존 듀이도 흥미의 특징이 능동적인 상태, 다시 말해 추진력이 있는 상태이고(능동성), 실제적 대상에 근거하며(대상성), 높은 개인적 의미를 갖는 것(주관성)이라고 제안하였다.[93]

흥미와 주의 집중

흥미는 또한 능동적인 인지, 즉 주의 집중이다. 인지적 주의 돌리기가 흥미의 핵심 부분인 까닭은 무엇인가? 그것은 재미가 경험의 자각에서 얻어지고, 그래서 그 경험에 대한 이해 역시 필요하기 때문이다. 이해는 주의를 기울여야 얻을 수 있다. 따라서 재미 경험의 시작 단계에서도 주의를 집중하는 것이 필수적이다.

주의 집중은 인지적인 것이고 흥미의 중요한 부분이므로 흥미는 대상과 주체 사이에서 발생한다. 존 듀이가 이 점을 지적했는데 그에 따르면, 흥미는 유목적적인 경험 안에서 사물이 우리의 마음을 움직이는 힘이다.[94] 그러므로 대상이 없는 흥미는 존재할 수 없고, 또 비록 대상이 존재한다고 하더라도 특별한 관련을 맺을 마음이 없다면 흥미는 발생할 수 없다.[95] 이때의 관계 맺음은 인지적인 것이며, 바로 주의attention이다.

흥미의 요소에 대한 논쟁

교육학의 관점에서 이루어진 흥미에 대한 논의에서는 흥미의 요소에 자발성과 주의 집중이 포함되는지의 여부가 쟁점이 되기도 하였다. 바로

---

93 존 듀이, 『민주주의와 교육』, 이홍우 옮김, (교육과학사, 1996), pp. 122-125.

94 같은 책, p. 205.

95 정기애, 「John Dewey의 흥미이론과 교육」, 경성대학교 교육대학원 석사학위 논문, (2000), p. 6.

존 듀이와 헤르바르트Herbart[96]의 논쟁인데, 이들은 모두 교육학의 관점에서 흥미를 논의했고, 이들의 관점은 흥미를 단지 심리적으로 이해하는 데 그치는 것이 아니라 교육에 응용하고자 하는 데에 있었다. 따라서 이와 비슷하게 흥미를 단지 이해하고자 하는 것이 아니라 창출하고자 하는 재미 창작의 관점에서도 참고할 만하다.

흥미와 관련해서 존 듀이는 흥미를 대상(또는 목적)의 가치를 인식하고 그것을 성취하기 위해 몰두하고 있는 상태로 이해하였다.[97] 이에 반해 헤르바르트는 '무엇이 어떻게 되어 있는가' 하는 것과 관련한 마음의 상태가 흥미이며, '무엇을 하고 싶다'라는 것과 관련한 마음의 상태인 욕망은 흥미의 영역에 속하는 것이 아니라고 말하였다.[98] 두 사람 사이의 쟁점은 욕망으로서의 자발성이 흥미에 포함되는가에 있었고, 주의 집중이라는 인지적 요구의 상태가 흥미의 요소라는 데에는 이견이 없었다.

한편, 흥미에 대한 필자의 분석은 존 듀이와 같은 입장인데 콘텐츠학과 동일한 관심을 기울이는 재미론의 입장에서는 이것이 더 적절하다고 본다. 재미는 그 자체가 즐거움을 주고 콘텐츠 사용자가 성취하고자 하는 대상이며 욕망의 대상이기 때문이다. 반대로 헤르바르트의 입장처럼 욕망을 흥미에서 분리했을 때 재미에 대한 이해에서 어떤 장점을 얻을 수 있는지 알기 어렵다.

몰입

사람들이 어떤 것에 흥미를 느낀 후에 그 경험이 재미로 이어지려면

---

96 헤르바르트Johann Friedrich Herbart는 1776년에 태어나 1841년에 작고한 독일의 철학자이자 교육학자이다.

97 김정국, 「Herbart와 Dewey의 흥미론 비교 분석」, 한국교원대학교 대학원 석사학위 논문, (1998), p. 46.

98 정기애, 앞의 논문, p. 5.

몰입의 단계로 이어져야 한다. 그렇다면 몰입이란 무엇인가?

몰입이란 주의 집중에 따른 '의사소통의 체험적인 자기 목적화'이다.

몰입은 영화 감상이나 게임 참여와 같은 콘텐츠 사용에서 이루어지는 의사소통 과정을 자기 자신의 '실제' 체험으로 자각하는 현상이다. 필자는 몰입이 흥미 다음의 단계라고 하였지만, 이러한 구분 자체가 인위적이어서 사실상 몰입 단계는 흥미 단계와 연속성이 있다. 즉 흥미의 유지 및 강화가 지속되면 여기에서 몰입이 생겨난다.

이러한 몰입 현상은 심리적으로 매우 복합적인 현상인데, 콘텐츠 사용에서의 몰입 현상을 분석하기 위해 영화를 보는 경우를 생각해 보자. 영화가 재미있을 경우에 사람들은 그 영화에 몰입한다. 이 과정을 몰입이라는 말을 사용하지 않고 설명하면 다음과 같다.

사람들은 영화를 보는 과정에서 시간이 지날수록 영화 내용 이외의 다른 것을 생각하지 않고 점점 더 주인공이나 배경, 혹은 사건 등에 주의를 집중한다. 동시에 자신이 마치 그 영화의 한 장면 속에 있는 것처럼 느낀다. 그리하여 사람들은 주인공이 원하는 것을 함께 원한다. 몰입은 바로 이러한 상태를 의미한다.

여기서 자신이 영화의 한 장면 속에 있는 것처럼 느끼는 것이 경험 구성이다. 사용자가 의식 안에서 스스로 경험을 구성한다면 거기에는 자각이 반드시 따르므로 체험이 된다. 주어진 조건과 다르게 경험을 구성할 때 자각이 없을 수 없기 때문이다. 이 체험에서 사람들이 주인공과 같은 것을 원하는 것, 이것이 자기 목적화이다. 만약 어떤 사람이 마치 영화나 게임 속의 주인공처럼 느끼지만(경험 구성) 그러한 경험을 스스로 원하지 않는다면 몰입이 되지 않을 것이다.

이러한 몰입의 과정은 의사소통에서 일어난다. 보고 듣고 반응하는 의사소통 과정에서 주의 집중이 이루어지고, 경험이 구성되며, 그 경험을 스스로 목적화하는 것이다. 하지만 의사소통 과정은 몰입의 조건일 뿐 몰입 자체는 될 수 없다. TV에 한눈을 팔면서 엄마와 이야기를 나누는 아이처럼, 몰입하지 않은 상태에서 의사소통을 하는 경우가 있기 때문이다.

따라서 몰입은 다음의 〈표 2.12〉에서 보여 주듯이 '주의의 집중'과 '의사소통으로 경험 구성', 그리고 '경험의 자기 목적화'의 세 가지 요소로 분석할 수 있다.

〈표 2.12〉에 제시한 몰입의 세 가지 요소는 재미를 창작하기 위한 목적으로 재미 경험을 이해하는 데 최적화된 개념이다. 이때 '최적화된 개념'이란 최대의 설명을 제공할 수 있는 최소의 개념들을 의미한다.

몰입의 요소	내용
주의 집중	의식 좁히기, 주의 영역을 의사소통에 제한하고 강화하기
의사소통으로 경험 구성	지각된 여러 감각 정보들을 의식 안에서 결합하여 정서적 통일성이 있는 활동으로 이해하기
자기 목적화	경험을 원하고, 경험 속에서의 목적을 자발적으로 추구하기

표 2.12 몰입 현상의 심리적 요소

주의 집중

주의 집중은 몰입의 필수 조건이다. 이를 위한 선결 조건은 사용자가 먼저 주의를 기울이고 있어야 한다는 것이다. 몰입이 흥미에 뒤따르는 과정인 이유가 이 때문이다. 매슬로A. Maslow는 주의 집중 과정을 '의식 좁히기narrowing of consciousness', 혹은 '과거와 미래를 포기하기'라고 했는데[99] 이는 적절한 표현이다. 흥미 단계에서 생겨난 주의는 매슬로가 말한 것처럼 의식 좁히기로 그 영역이 제한되고 동시에 강화된다고 볼 수 있다. 의식이 좁혀질 때 좁혀진 의식 속에 남는 것은 특정한 의사소통(즉 자극-반응)이다.

몇몇 연구자들은 몰입에 대한 논의에서 흥미라는 개념을 중심으로 제시했다. 존 듀이와 헤르바르트의 논의가 그러한데 그 까닭은 흥미가 몰입으로 쉽게 이어지고, 더 근본적으로는 흥미와 몰입의 구분 자체가 관점에 의존적이기 때문이다.[100]

몰입에 대한 존 듀이의 설명에 따르면, 흥미라는 용어의 뿌리 개념은 "어떤 활동이 가치 있다고 인정하기 때문에 그 활동에 참여하고 몰두하고 전적으로 흡수되는 것"이며, 또한 "흥미는 사람과 그 재료들, 그리고 자기 행위의 결과들 사이의 거리감을 없애는 것이 특징이다."[101] 이러한 존 듀이의 설명은 사실상 몰입에 대한 필자의 설명과 대동소이하다.

헤르바르트 역시 흥미를 핵심어로 몰입을 설명하였다. 헤르바르트는 흥미의 마음 상태를 주의, 기대, 요구, 행위라는 네 단계로 구분하였다. 그리고 주의와 기대는 흥미의 영역에 속하며, 요구와 행위는 욕망의 영역에 속한다고 규정하였다.[102]

이런 헤르바르트의 이론에서 기대, 요구, 행위의 과정은 흥미가 아니라 필자가 말하는 몰입의 과정과 더 유사하다.

---

99 A. Maslow, *Motivation and personality*, (Harper, 1954), pp. 63-66.

100 개념의 구분이 관점에 의존적이라는 것은 실제로 그 구분이 자의적이라는 뜻이다.

101 존 듀이, 앞의 책, p. 160.

102 보이드, 『서양교육사』, 이홍우·박재문·유한구 옮김, (교육과학사, 1994), p. 516.

의사소통으로 경험 구성

자극-반응의 연쇄인 의사소통 과정은, 주의 집중과 같이 이루어질 때 주변의 다른 자극을 차단하고 독자적으로 별도의 경험을 구성한다. 영화를 보면서 옥의 티를 찾는 데 열중한다거나, 게임을 하면서 다른 게임과의 차이점을 찾는 데 주의를 집중한다면 콘텐츠에 대한 몰입은 이루어지지 않는다. 다시 말해 의사소통의 과정에서 다른 자극을 차단해야 몰입이 이루어진다.

칙센트미하이가 말한 것처럼 "몰입이 유지되려면 의식하는 행위 자체는 반영될 수 없다. 의식이 분열되어 행동과 '외부 세계'를 구분하게 되면 몰입은 중단된다."[103] 스크린에 보이는 영상과 스피커에서 들리는 음향이 결합하여 기계 슈트를 착용한 사람이 하늘을 나는 경험으로 구성될 때 관중은 「아이언맨」(2008)이라는 영화에 몰입할 수 있는 것이다.

이때 큰 관심이 없어 별로 논의되지는 않았지만, 재미론의 관점에서는 중요한 요소가 있다. 바로 '주의 집중의 지속'이다. 즉 의사소통으로 경험이 구성되려면 그 전 단계에서 이루어진 주의 집중이 지속되어야만 한다. 주의 집중은 흥미의 부분이다. 이 때문에 재미 과정 전체에서 지속적으로 흥미를 유발해야 하는 필요성이 생긴다. 주의는 쉽게 피로해져서 산만해지기 때문에 반복적으로 흥미를 유발해야 주의 집중이 지속될 수 있다.

자기 목적화

자기 목적화는 몰입의 가장 중요한 특징이다. 자기 목적화의 의미는 의사소통 속에서 제시되는 경험을 '자기가 원해서 스스로' 구성하고 또

---

103 칙센트미하이, 『몰입의 기술』, 이삼출 옮김, (더불어책, 2008), p. 93.

한 그 경험 속에서 '어떤 목적을 추구한다'는 것이다. 이때 목적 추구 역시 자발적일 수밖에 없다. 정리하면 자기 목적화는 항상 다음의 〈표 2.13〉에서처럼 두 가지 속성을 가진다는 것을 쉽게 알 수 있다.

속성	내용
자발성	자신의 욕구에 따라 자발적으로 경험을 구성한다.
목적 추구	구성된 경험 속에서 특정한 목적을 추구한다.

표 2.13 자기 목적화의 두 가지 속성

몰입의 다른 측면

몰입을 흥미 상태의 유지 및 강화로 이해한다면 곧 흥미의 핵심 요소인 자발성과 주의 집중이 지속되고 강화되는 것을 몰입이라고 할 수 있다. 이런 이해에서는 〈표 2.12〉에서 보여 준 '의사소통으로 경험 구성'과 '경험의 자기 목적화'가 주의 집중의 지속과 강화에 수반되는 현상이다. 즉 자기 목적화의 한 요소인 자발성은 흥미에서부터 이어지고 목적 추구는 주의 집중이 지속될 때 부가되는 심리적 현상이다.

실제든 가상이든 상관없이 어떤 의사소통 속에서 스스로 특정한 목적을 추구하는 것, 그것이 곧 '경험 구성'이다. 이러한 이해에서 몰입 유발의 기술적 초점은 흥미를 지속시키는 것, 혹은 주의 집중을 지속시키는 것임을 알 수 있다.

몰입에 대한 사례들

지금까지 몰입에 대해 설명한 이론을 영화 「타이타닉」(1997)의 경우에 적용하여 이해해 보자. 먼저 이 영화에 몰입한다는 것은, 관객이 주인공과 함께 침몰하는 타이타닉에 타고 있는 것처럼 느끼는 것이다. 다만 관객에게 주어지는 것은 스크린의 영상과 음향 효과들뿐이다. 그래서 영화 「타이타닉」을 볼 때의 몰입은, 영상 신호를 보고 음성 신호를 들으며 해석하는 과정이 곧 의사소통이 되어 침몰하는 타이타닉에 관객 자신이 타고 있는 경험으로 받아들이는 것이다. 이와 더불어 몰입의 자기 목적화로 관객은 주인공의 다양한 감정을 함께 느낀다.

여주인공 로즈가 특권 의식과 아집으로 가득한 상류층 사람들과의 답답하고 지루한 모임에서 벗어나 잭의 친구들과 즐겁게 춤추는 모습에서는 해방감과 즐거움을 느끼고, 로즈와 잭이 뱃머리에서 드넓은 바다를 함께 바라보며 키스하는 장면에서는 사랑의 충만함을 느낀다. 또 온몸이 얼어붙은 잭이 차가운 바닷물 속으로 가라앉는 모습에서는 슬픔과 안타까움을 느끼고, 혼자 남은 로즈가 호루라기를 불어 구조에 나선 승선원들을 부르는 장면에서는 긴장감과 안도감을 느낀다. 즉 관객은 구성된 경험 안에서 특정한 목적을 추구하는 것이다. 그리고 이 목적은 사랑, 슬픔 등과 같은 정서적인 요인들로 강화된다.

게임을 할 때도 몰입하는 것은 마찬가지이다. 사용자는 다른 것은 생각할 겨를도 없이 모든 주의를 게임에 집중한다. 눈은 모니터에 고정되고, 손은 키보드와 마우스 사이에서 부지런히 움직인다. 이때 사용자가 진정 게임에 몰입하고 있다면, 그는 모니터에 보이는 장면과 키보드와 마우스를 통한 신호 입력이 단지 컴퓨터와의 전기 신호라고 생각하지 않는다. 자신이 총을 쏘고 칼을 휘두르며 적을 죽인다고 생각한다. 즉 의사소통의 과정으로 경험을 구성한다. 그리고 그러한 활동, 즉 전투하는 군인의 경험을 매우 중요한 일로 여긴다. 게임 속에서 적을 죽이고 자신의 임무를 완수하는 목적을 추구하는 것이다.

몰입, 자각, 자아실현

재미 경험의 이해에서 몰입의 개념은 매우 중요하다. 이 중요성은 재미에 대한 탐구 결과를 활용하는 실용적인 목적과 연관된다. 결국 어떤 것을 재미있게 한다는 것은 그것을 즐기는 사용자가 그것에 몰입하게 만드는 것을 의미하기 때문이다. 필자가 정의했듯이 몰입을 '주의의 집중에 따른 의사소통의 체험적인 자기 목적화'로 이해할 때, 체험과 자기 목적화를 통해서 몰입이 자각과 자아실현을 포함한다는 것을 이끌어낼 수 있다.

체험은 자기 경험을 자각함으로써 얻어지므로 체험의 자기 목적화는 자각적이다. 또한 자기 목적화라는 것은 하나의 경험을 목적화하는 것, 그리하여 그 경험을 강화하여 자기화하는 것을 의미한다. 따라서 몰입은 자아실현의 한 형태로 간주될 수 있으며 최고 성취의 개념과도 밀접한 관련이 있다.

쾌감

몰입 경험의 끝에서 콘텐츠 사용자가 요구하는 것은 쾌감이다. 그것은 의식 속에서 경험하는 일종의 쾌락이자 즐거움이다. 이를 정리하여 재미론의 관점에서 쾌감을 정의하면 다음과 같다.

쾌감이란 몰입의 끝에서 얻는 쾌락의 자기 인식, 즉 즐거움이다.

필자는 이 정의에서 쾌락은 신체적이고 육체적인 만족이라고 전제한다. 쾌감은 그러한 만족이 의식 속에 전달되는 것이며, 즐거움은 쾌감과 같은 것임을 의미한다.

아리스토텔레스는 『시학』에서 이야기가 하나의 전체적이고 완결된 행위를 다루어 작품이 유기적 통일성을 지니게 되면 "그에 고유한 쾌감을 산출할 수 있다"[104]라고 말하였다. 앞[105]에서 언급했듯이 『시학』의 내용은 콘텐츠 제작이나 평가에 대한 연구라 할 수 있고, 그런 면에서 아리스토텔레스의 주장은 재미있는 콘텐츠 사용의 직접적인 심리적 결과가 쾌감이라는 것을 의미한다.

칙센트미하이 역시 "몰입 활동의 최우선 기능은 '즐거움'을 주는 것"[106]이라고 말하는데, 이는 몰입의 다음 단계에 즐거움이 뒤따라야 한다는 의미이다. 그러므로 몰입이라는 자기 목적적인 활동이 참여자에게 직접적이고 내적인 보상을 극대화하는 행동의 패턴이며,[107] 쾌감 없이는 보상이 불가능하므로 몰입의 단계가 쾌감으로 이어진다는 것은 너무나 당연하다.

이러한 학자들의 주장을 고려하지 않고 일상적 경험에서 고찰해 볼 때에도 콘텐츠 사용자로서 몰입 경험의 끝에 쾌감이 있음은 매우 쉽게 알 수 있다. 흥미진진하고 재미있는 콘텐츠를 접하는 대부분의 사용자들은 쉽게 쾌감을 느끼기 때문이다. 반대로 일련의 활동에서 아무런 쾌감을 얻지 못한다면 그 활동과 경험은 재미가 없음을 뜻한다.

예를 들어 「이블 데드」(1981)와 같은 공포 영화를 보고 어떤 사람들은 재미있다며 즐길 수도 있겠지만 또 어떤 사람들은 무섭다며 고통스러워할 수도 있을 것이다. 이런 반응의 차이는 영화 관객의 성향에 따라 공포스러운 이야기에서 즐거움을 얻는가 혹은 그렇지 못한가로 결정된다. 공포스럽지만 그래서 오히려 즐겁다면 재미있는 것이다. 반면에 공포스러

---

104 아리스토텔레스, 『시학』, 제23장.

105 이 책의 제1장 35쪽 '극작 연구를 통한 재미 연구 개략'을 참조하기 바란다.

106 칙센트미하이, 『몰입, Flow』, 최인수 옮김, (한울림, 2004), p. 142.

107 같은 책, p. 67.

워서 괴롭다면 재미있을 수 없다.

쾌감과 내재적 동기

콘텐츠가 재미있을 때 얻는 결과가 쾌감이라는 것은 재미와 관련한 여러 개념들의 관계에서도 추리할 수 있다. 앞[108]에서 언급했듯이 재미는 평가적 개념이다. 예술품이라면 당연히 아름다워야 하듯이 콘텐츠는 당연히 재미있어야 한다. 어떤 것이 재미있다면 사람들은 자발적으로 그것을 추구한다. 사람들에게 어떤 것을 하게 만드는 것이 동기인데, 일반적으로 사람들의 동기는 내재적 동기와 외재적 동기로 구분할 수 있다.[109] 이 중에서 내재적 동기는 외적인 보상(외재적 동기 부여) 없이 행위 자체에서 오는 즐거움(쾌감)에서 생겨난다. 즉 쾌감이 있으면 내재적 동기가 생겨난다.

한편, 내재적 동기는 좋은 평가의 충분조건이기도 하다. 내재적 동기는 자발성, 곧 스스로 어떤 것을 하려 함을 의미한다. 그런데 사람들이 스스로 좋게 평가하지 않는 것을 자발적으로 하려 한다고 말하는 것은 모순이다. 사람들은 어떤 것이 재미있을 때 스스로 그것을 한다. 따라서 재미는 내재적 동기를 유발하는 중요한 속성인 것이다.

아리스토텔레스가 말한 것처럼 재미로 쾌감이 생긴다면 모든 사실들이 자연스럽게 설명된다. 즉 재미에서 쾌감을 얻지 못하면 재미가 왜 내재적 동기를 유발하는지 설명하기가 무척 어렵지만, 반면에 재미가 쾌감을 유발하고 이 쾌감에서 내재적 동기가 생겨난다면 쉽게 설명할 수 있다.

---

108 이 책의 제2장 49쪽 '재미 개념의 분석성'을 참조하기 바란다.

109 E. L. Deci, *Intrinsic motivation*, (Plenum, 1975).

동경

동경이란 무엇인가? 동경은 특별한 정서적 동인이다. 경험 A에 대한 동경으로서의 정서적 동인은 다른 활동 B를 할 때에 의식 또는 무의식 속에 나타나면서 지속적으로 활동 A로 돌아가게 유도한다. 따라서 그리움으로서의 동경은 어떤 활동 A를 하면서 '현재' 얻는 'A에 대한 직접적인' 재미 경험이 아니다. 동경은 그 재미 경험의 정서적 결과이다.

동경이란 어떤 대상, 혹은 그 대상과의 경험에 대한 그리움(다시 경험하고자 함)이다.

여러 연구자들이 게임, 영화, 만화 등의 콘텐츠에 대한 분석을 하면서 콘텐츠를 사용하는 사람들의 경험들도 분석하였지만, 동경의 요소를 강조한 예는 없었다. 하지만 사람들의 재미 경험에서 동경 또는 지속적으로 좋아한다는 것은 필수 불가결한 본질이다. 이는 우리가 일반적으로 경험하는 사실이다.

사람들은 재미있는 것을 좋아한다. 재미있다는 말은 대체로 그것을 좋아한다는 말과 동의어로 쓰인다. 재미는 평가적인 개념이므로 어떤 것이 정말 재미있다면 사람들은 그것을 좋아하게 된다. 그리고 그것을 기억하며 나중에 다시 접해도 여전히 좋아한다. 그 과정을 이어주는 마음속의 무엇인가가 있다. 그 무엇인가는 인간 내면의 붙박이 속성이면서도 그리움과 비슷한 정서이다. 그런데 그리움이라는 말은 주로 사람들 사이의 애정 관계에서 쓰이므로 필자는 '동경'이라는 말로 구별하고자 한다.

동경과 쾌감

동경의 직접적인 인지적 구조는 쾌감의 기억이라고 필자는 생각한다. 지금까지 강조했듯이 콘텐츠 사용으로 얻는 재미 경험의 직접적인 결과는 쾌감인데, 쾌감이 기억되면 이 쾌감을 불러일으키는 대상과 그렇지 않은 대상이 구별된다. 그런 점에서 동경의 심리 과정은 직접적으로 기억에 의존한다.

쾌감의 기억에 의존하는 동경은 사람들의 지속적인 선택을 창출한다. 다시 말해 사람들은 쾌감을 주는 것을 선택하며, 이는 기억이 지속되는 만큼 그러할 것이다. 이는 콘텐츠 상품에서 이윤을 발생하게 하는 매우 중요한 인과적 요소이다. 영화를 보거나 게임을 한 뒤 그 내용에 대한 동경을 경험해 본 콘텐츠 사용자들(특히 젊은 세대들)은 쉽게 이해하겠지만, 이 동경의 과정은 어떻게 보면 고통스럽게 느껴질 정도로 강력하여 이와 관련한 어떤 것이든 하도록 내모는 강렬한 힘이 있다.

예를 들어 영화 「겨울왕국」(2013)의 경우, 관객은 이 영화의 여러 멋진 장면들에서 쾌감을 느끼고 영화가 끝날 즈음에는 카타르시스를 느낀다. 엘사가 얼음으로 마법을 부릴 때에는 능력의 확대를 대리 체험하고, 안나가 엘사를 구하려고 자신의 몸으로 칼을 막을 때에는 감동을 느낀다. 그리고 영화가 끝나고 나서는 총체적인 만족감으로서의 카타르시스와 함께 특정한 정서를 얻게 된다. 여기까지가 쾌감의 단계이다.

하지만 그뿐인가? 그렇지 않다. 「겨울왕국」이라는 콘텐츠에 매료된 사용자들은 DVD를 사서 반복해서 보며, 영화 주제곡을 들으면서 영화에서 얻은 대리 체험들을 되새긴다. 이것이 동경의 단계이다. 이때 콘텐츠 사용자들은 「겨울왕국」 속의 세상과 경험들에 그리움을 느끼는 것이다. 따라서 동경은 어떤 콘텐츠가 상업적으로 성공했을 때 그 성공의 정도를 가늠하는 데에 중요한 기준이 될 수 있다.

"실제 콘텐츠의 흥행 과정에서도 반복 이용은 중요한 영향 요인이다."[110]

---

110 김대호 외 10인, 『콘텐츠』, '장병희, 「콘텐츠 반복 이용」', (커뮤니케이션북스, 2013).

영화의 예를 들면 영화의 흥행 정도가 영화의 재관람률과 상당한 상관관계가 있다고 장병희는 지적한다. 장병희의 연구에 따르면, 영화 예매 사이트 맥스무비의 분석에서 500만 관객을 모은 영화의 재관람률은 평균 7.1퍼센트였고, 800만 관객을 모은 영화는 7.4퍼센트, 1100만 관객을 동원한 영화「해운대」(2009)의 재관람률은 7.7퍼센트로 나타났다.[111]

반대로 어떤 콘텐츠는 단기적으로는 성공하지만 사용자들의 심리적 그리움을 불러일으키는 데에는 실패한다. 대개 순수 오락 영화로 분류되는 작품에서 관객은 이런 동경을 강하게 느끼지 못한다.「조폭 마누라」(2001) 같은 영화가 대표적인 예이다. 영화를 볼 땐 그저 웃기고 쾌감도 주지만 극장을 떠나고 나면 그 영화 속의 경험이나 내용에 대해 그리움이 남지 않는다. 설사 남는 경우가 있다 해도 약하다.

성공적인 콘텐츠는 사용자들이 그 콘텐츠를 한 번 향유하는 데에 그치지 않고, 일상생활 속에서도 끊임없이 콘텐츠 속의 내용과 경험들에 그리움을 가지도록 만든다. 이러한 예에는「타이타닉」(1997),「스타워즈」시리즈,「아바타」(2009)와 같은 영화,「월드 오브 워크래프트」,「리니지」,「스타크래프트」와 같은 게임이 있다.

동경과 칙센트미하이의 최적 경험

동경이 그 이전의 재미 경험 단계인 몰입과 쾌감의 한 부분은 아니지만, 그 결과물이므로 여기에는 연속성이 있다. 특히 쾌감에는 카타르시스라는 복합적인 쾌감이 있는데, 필자는 이것이 재미 경험 전체에서 얻어지는 쾌감이며, 동경은 이러한 카타르시스의 연장이라고 생각한다.

그런데 카타르시스와 동경 단계의 연속성을 받아들이면, 동경은 칙센

111　장병희, 앞의 글.

트미하이가 말하는 '최적 경험Optimal Experience'과도 유사해 보인다. 하지만 최적 경험의 의미가 카타르시스와 일부 겹칠지는 몰라도 필자가 보기에 동경은 최적 경험이 결코 아니다. 최적 경험은 몰입과 쾌감의 단계를 포괄하는 재미 경험의 직접적인 과정을 가리키는 데 비해서, 동경은 그러한 재미 경험 이후에 남아 있는 정서적 결과를 가리키기 때문이다. 따라서 카타르시스 역시 동경이 아니다.

동경과 최적 경험의 차이점은 칙센트미하이의 주장을 고찰함으로써 확인할 수 있다. 먼저 칙센트미하이의 최적 경험의 범위를 살펴보면 최적 경험은 직접적이고 단순한 의미에서의 재미가 아니라, 삶에서 경험할 수 있는 모든 재미 경험을 포괄한다.

칙센트미하이의 최적 경험에서 "우리의 기분은 마냥 고양되고, 행복함을 맛볼 수 있다. 그리고 이런 경험들은 우리의 뇌리에 오랫동안 남아 있게 되고, 더 나아가 본인이 지향하고 싶은 삶의 이정표가 될 수 있는 것이다."[112] 즉 "최적 경험이란, 주어진 도전을 잘 해결할 수 있는 능력이 있고, 목표가 명확하며, 분명한 규칙과 즉각적인 피드백이 있는 상태를 말한다."[113]

이에 비해 동경은 목표가 명확하지도 않고 피드백도 즉각적이지 않으며 규칙도 불분명하다. 사람들이 흔히 경험하는 동경은 어린 시절에 대한 그리움이므로, 이를 고찰하면 이러한 특징을 쉽게 확인할 수 있다. 이처럼 동경은 최적 경험이 끝나고 나서도 정서적 쾌감이 지속되어 그 재미 경험으로 다시 돌아가고자 하는 욕구를 가리킨다.

물론 최적 경험에 대한 설명 중에서 '기분이 고양된 행복함'에 따라서

---

112 칙센트미하이, 앞의 책, (2004), p. 27.

113 같은 책, p. 140.

'본인이 지향하고 싶은 삶의 이정표가 되는 것'이 동경의 중요한 특징이 기는 하다. 그러나 이것은 최적 경험(즉 몰입과 쾌감)의 부분이며, 활동 후에 이 경험이 남음으로써 동경이 되는 것일 뿐, 동경은 이러한 최적 경험의 특징과는 구별된다. 필자는 오히려 그러한 특징의 정서가 남아서 동경으로 변한다고 본다.

제3장
재미의 창출 조건

1. 재미 조건의 특징

형식과 내용

지금까지 논의한 재미 경험의 단계들을 통합적으로 이해하면 다음과
같이 정리할 수 있다.

재미 경험은 경험자의 흥미가 지속적으로 유지되어 몰입한 활동에서 쾌감을 얻고
이 경험에 대해 동경하게 되는 과정이다.

그렇다면 이러한 재미 경험을 창출하는 조건은 무엇일까? 앞으로 재
미 경험의 창출 조건에 대해서 집중적으로 논의할 것이므로 이를 짧게
'재미의 조건'이라 부르기로 하자. 그렇다면 재미의 조건은 무엇일까?[1]
이 물음은 우리 삶에서 재미가 필요하고, 그래서 많은 것들을 재미있

---

1   일반적으로 어떤 콘텐츠가 재미있다는 평가를 얻는 데에는 많은 요인들이 상호 작용한다. 그
래서 이런 사실들이 막연한 결론을 제시하는 것에 대한 변명으로 지적되곤 한다. 한 예로 코
스터Koster는 "재미를 구성하는 주관인 요인이 대단히 복잡한 상호 작용을 전제로 하고 있
다"라고 말한다. 하지만 이 말은 간단히 말해, 복잡해서 모르겠다는 뜻 이상도 되기 어렵다.

게 만들고자 한다면 반드시 답을 얻어야 하는 물음이다. 그런데 제1정의에 따르면 재미란 새로운 체험에서 얻어지고 체험은 경험의 자각이므로, 재미의 조건의 많은 부분은 곧 경험의 조건이 된다. 그러므로 이 점에서 "재미의 조건은 무엇인가?"라는 물음은 곧 "어떤 경험을 하면 사람들이 재미를 느끼는가?"라는 물음이다.

이에 대한 대답은 조금 복잡하지만 필자는 그 내용을 일관된 방식으로 정리할 수 있다고 생각한다. 단순하고 중요한 조건에서 복잡하고 상세한 조건들로 체계화하여 순서대로 제시하는 방식으로 말이다.

이와 같이 상세함과 복잡함을 기준으로 재미의 조건을 계열화하는 것 역시 재미를 창출하고자 하는 실용적인 목적에 맞춘 대답이다. 그 내용 중 가장 중요하고 단순한 재미의 조건을 최소 조건으로 제시할 것이다. 이 최소 조건은 재미를 창출하는 방법을 간단히 말해 주겠지만 그 의미는 막연할 수 있다. 다음에 제시할 좀 더 상세한 조건은 재미를 창출하는 방법을 더욱더 구체적으로 말해 줄 것이다. 대신 그 내용은 자세하고 복잡하다.

재미의 조건 체계화

재미의 조건을 체계화하기 위해 가장 먼저 형식과 내용으로 조건들을 범주화해야 한다. 무엇을 이해하고자 할 때 그것을 형식과 내용으로 구별하는 것은 진부하게 보일지 모른다. 하지만 이 진부함은 보편적인 합리성의 이면일 뿐이다. 특히 아직 이해가 심화되지 못한 신생 분야에서는 꼭 필요한 기본 이해의 방식이기도 하다. 따라서 경험으로서의 재미에 대해서도 이와 같은 기본적인 이분법적 틀을 적용할 필요가 있다. 이 것이 매우 창의적인 시도는 아닐지라도 반드시 필요한 시도임에는 분명하다.

이제 사람들이 재미를 느끼게 되는 경험들에 대해 그 경험의 대상이 어떤 것인가(내용)와 그 경험의 구조가 어떠한가, 혹은 어떤 방식으로 경험하는가(형식)에 따라 나누어 논의해 보자. 이 논의 역시 개략적으로 재미를 창출하려는 실용적인 관점에 도움이 될 것이다.

형식으로서의 구조

재미의 창출 조건에서 중요한 것은 형식과 내용 중에서 형식이다. 이 점은 일찍이 아리스토텔레스가 지적한 것인데, 『시학』에서 아리스토텔레스는 "사건의 결합, 즉 플롯이 비극의 목적이며, 목적은 모든 것 중에서 가장 중요한 것"[2]이라고 말하였다. 여기서 비극을 오늘날의 콘텐츠에 해당하는 것으로 이해한다면 아리스토텔레스가 말하는 사건의 결합으로서의 플롯은 재미의 가장 중요한 조건이며, 명백하게 형식이자 구조이다.

재미의 조건에서 형식적인 요소에는 플롯뿐만 아니라 구조, 콘셉트 등이 있다.[3] 재미의 조건에서 형식이 보편적으로 중요하다는 점을 이해하려면 다음과 같이 되물을 수 있다. "재미를 창출하기 위해서 내용을 아무렇게나 짜 맞추어서는 곤란하지 않겠는가?"

김정진이 지적하듯이 아무리 많은 일화나 사건도 결국은 한 편의 소설 속에 들어가 각기 제 역할을 해내지 못한다면 별 소용이 없으니까 말

---

2 아리스토텔레스, 『시학』, 제6장.

3 플롯과 구조는 거의 같은 뜻으로 쓰인다. 콘셉트는 개략적인 아이디어 정도를 가리키는 것으로 보인다. 이 용어들은 정확히 정의하지 않고 쓰는 경우가 많아서 각 개념에 대한 기존 통념을 명료한 정의로 표현하기 어렵다.

이다.[4] 그러므로 "비극의 제1원리, 또는 비극의 생명과 영혼은 플롯이고, 성격은 제2위"라는 아리스토텔레스의 말[5]처럼 형식적인 이야기 구조는 재미에서 가장 중요하다.

구조와 플롯 그리고 콘셉트

재미의 조건에서 형식을 말하면 여전히 막연한 느낌이 들어서인지 콘텐츠 창작자들 중 많은 사람들이 구체적인 소재에서 재미를 구하려는 경향을 쉽게 볼 수 있다. 그러므로 몇몇 연구자들의 주장에서 재미의 조건으로 형식의 중요성을 확인해 보자.

영화 시나리오 전문가인 시드 필드Syd Field는 구조라는 개념으로 이야기의 형식이 중요함을 강조한다. 그에 따르면 "구조는…… 모든 것을 하나로 묶어 주는 힘이다."[6] 또한 "좋은 영화는 모두 강하고 견고한 구조적 기초"를 가지며, 이에 따라서 "구조에 대한 철저한 지식과 이해가 시나리오를 쓰는 데 필수적이라고 생각한다."[7] 그리고 시나리오는 영화 콘텐츠를 재미있게 만드는 도구이므로, 시드 필드가 중요하다고 말하는 구조는 곧 영화를 재미있게 만드는 데에 중요한 부분이다.

한편, 켄 댄시거와 제프 러시는 플롯이라는 형식적 요소가 대중이 원하는 재미를 만들어 내는 데에 큰 역할을 했음을 보여 준다. 이들에 따르면, 플롯 중심의 하이 콘셉트 영화가 1980년대에 경제적 이득을 창출하

---

4 김정진, 『미디어콘텐츠 창작론』, (박이정, 2009), p. 45. 동일한 설명을 아리스토텔레스는 매우 직관적인 비유로 다음과 같이 설명하였다. "이와 유사한 예는 그림에서도 볼 수 있다. 아무리 아름다운 색채라도 아무렇게나 칠한 것은 흑백의 초상화만큼도 쾌감을 주지 못할 것이다." 〔아리스토텔레스, 『시학』, 천병희 옮김, (문예출판사, 1993), 제6장.〕

5 아리스토텔레스, 『시학』, 제6장.

6 시드 필드, 『시나리오 워크북』, 박지홍 역, (경당, 2007), p. 37.

7 같은 책, 같은 곳.

였다. 하이 콘셉트hight concept와 로우 콘셉트low concept는 영화 산업의 일부가 된 용어들인데 이 중에서 하이 콘셉트는 플롯 중심으로 구성한 영화의 특징을 의미하며, 로우 콘셉트(또는 소프트 콘셉트soft concept)는 플롯보다 등장인물들의 개성을 활용하여 구성한 영화의 특징을 일컫는다.[8]

게임에서의 플롯

이야기 구조로서의 플롯을 이야기할 때 재미론 연구자들에게 고민을 안겨 줄 수 있는 부분은 게임이다. 게임에서의 플롯은 영화의 플롯에 관한 이론들이 그대로 적용되지 않는 것으로 보이기 때문이다. 그렇게 보이는 가장 큰 이유는 게임 시나리오가 가지는 비선형성에 있다. 선형성이란 이야기가 정해진 하나의 길로 가는 것을 말하고, 비선형성이란 이야기가 여러 갈래로 나뉘어 있어 선택할 수 있는 것을 말한다.

리처드 라우스 3세는 게임에서의 이야기 구성의 최종 목적은 게임 사용자가 자신의 행동이 게임 세계에서 중요한 역할을 한다고 느끼게 하는 것이며, 이를 위해 비선형성이 반드시 필요하다고 강조한다.[9]

그러나 이러한 차이를 구별하고 나면 영화나 만화 같은 콘텐츠의 시나리오와 게임 시나리오의 공통점을 발견할 수 있다. 그리고 이 공통점은 매우 중요하다. 이 둘은 모두 콘텐츠 사용자가 자신과 동일시하는 주체인 경험들의 집합체라는 점에서 공통점을 갖는다. 게임 시나리오는 비선형성을 가지므로 여러 갈래의 경험 중에서 선택을 하게 되지만, 선택

---

8 켄 댄시거·제프 러시, 『얼터너티브 시나리오』, 안병규 옮김, (커뮤니케이션북스, 2006), p. 5. 하이 콘셉트 영화들의 예에는 「인디아나 존스」(1989), 「스타워즈」, 「터미네이터」(1984), 「리셀 웨폰」(1987), 「니키타」(1990), 「매드 맥스 2」(1981) 등이 있고, 로우 콘셉트 영화들의 예에는 「시애틀의 잠 못 이루는 밤」(1993), 「포레스트 검프」(1994) 등이 있다(같은책, p. 22).

9 리처드 라우스 3세, 『게임 디자인: 이론과 실제』, 최현호 옮김, (정보문화사, 2001), p. 234.

한 각각의 경험 속에서 게임 경험자는 자신의 의도와 기억으로써 시간 배열에 따라 수행한 여러 경험들 중의 일부를 결합한다. 다시 말해 선형 성을 갖는 것이다.

결국 게임 시나리오의 비선형성이란 선택 가능한 여러 선형적 경험들의 집합일 뿐이다. 그리하여 게임 사용의 체험이 재미있으려면 하나의 게임 경험을 구성하는 각각의 선형적 경험들이 재미있어야 한다. 그 각각의 선형적 경험들은 영화와 유사한 조건에서 재미있을 수 있다. 이처럼 게임 시나리오에서도 영화 시나리오와 정도는 다르지만, 또한 같은 이유로 형식적 요소들이 재미 조건에서 중요하다.

내용으로서의 소재

내용이란 이야기의 소재를 가리킨다. 소재가 아닌 내용으로서 주제나 부가적인 교훈 등을 고려해야 할 경우도 있을 테지만 이런 것들은 재미의 관점에서는 부차적이다. 그러므로 여기에서는 주제나 교훈과 같은 내용들에 대한 논의는 일단 제외하겠다.

일반적으로 재미 조건에서 내용보다 형식의 중요성을 강조하고 있지만, 콘텐츠를 창작하는 과정, 특히 초기 과정에서는 소재가 절대적으로 중요하다. 그런데도 형식을 내용보다 더 중요하게 고려하는 것은 완성된 콘텐츠를 평가하거나, 적어도 어느 정도 윤곽이 잡힌 콘텐츠를 발전시킬 때이다.

소재가 중요한 세 가지 이유

그렇다면 재미의 조건으로 소재는 구체적으로 어떤 점에서, 어떻게 중요한가?

첫째, 콘텐츠를 재미있게 만들고자 할 때 적절하고 새로운 소재를 찾아내야 새로운 스토리(경험들의 연결체)를 구성할 수 있다. 앞[10]에서 본 바와 같이 경험을 구성하는 네 가지 차원의 요소들을 살펴보면 '경험의 결합 구조'의 차원 이외의 모든 차원에서 경험을 구성하는 요소들은 형식적인 것이 아니라 소재적인 것이기 때문이다.

이를 다시 살펴보면, 먼저 경험의 세 가지 중심인 주체, 대상, 배경은 모두 소재에 해당한다. 이것을 다르게 함으로써 새로운 경험을 결정할 수 있다. 경험의 네 가지 요소인 목적, 수단, 결과, 평가도 모두 소재적인 부분이다. 콘텐츠 속의 주인공이 어떤 목적을 어떤 수단으로 추구할지, 그리고 어떤 결과가 나타나며 그것을 주인공이 어떻게 평가하는지 등은 모두 콘텐츠 사건들이 결합하는 방식인 형식이 아니다. 감각적 내용 역시 소재적인 부분이다. 사실상 이 감각적 내용의 차이는 소재의 차이를 구성하는 부분이므로 콘텐츠의 형식적 요소와 가장 거리가 멀다고 할 수 있다.

이처럼 소재를 달리함으로써 경험을 새롭게 할 수 있고, 그리하여 새로운 체험을 구성할 수 있다. 제1정의에서 말했듯이 재미는 새로운 체험에서 얻는 정서적 쾌감이다.

둘째, 소재는 콘텐츠 창작에 대한 동기를 부여한다. 좀 더 풀어서 설명하면, 창작자가 콘텐츠를 창작하고자 할 때는 열정이 필요한데 이 열정은 소재의 특징과 새로움에서 나온다. 소재의 구체성에서 여러 가지 발상들을 자극하고 이것이 콘텐츠를 창작하는 추진력을 형성하기 때문이다. 반대로 흥미롭지 않은 소재는 콘텐츠 창작으로 이어지지 않고 결국

---

10 이 책의 제2장 81쪽 '경험 구성의 네 가지 차원'을 참조하기 바란다.

사라진다.

실제로 필자가 참여했던 콘텐츠 제작 과정을 볼 때나 여러 관련 전문가들의 경험담을 종합해 볼 때, 콘텐츠 개발 과정에서 소재의 개발은 매우 큰 비중을 차지한다.

그렇다면 소재 개발에 도움이 될 만한 좀 더 구체적인 재미 조건들은 어떤 것일까? 이에 대한 대답을 찾기 위해 다음 절에서 세부적인 재미 조건들을 논의해 보자. 이 논의는 재미 경험의 4단계에 기초해서 이루어질 것이다.[11]

---

11 이처럼 앞에서 제시한 개념들을 논의에 활용하는 것은, 그 개념들이 유용하다는 것을 보여주기 위함이다. 물론 전체적인 논의가 생산적인 결론을 도출할 때 더욱 그러할 것이다.

2. 재미 경험의 단계별 매력 요소

흥미 유발 요소

우리가 흥미를 느끼는 대상은 크게 두 가지로 구분할 수 있다. 하나는 복합적인 흥미 대상이고 다른 하나는 단순 흥미 대상이다. 이때의 흥미 대상은 재미에서 형식과 내용의 요소들을 모두 포괄한다.

복합적인 흥미 대상에는 재미있는 것, 이야기, 게임 등이 포함된다. 하지만 이러한 복합적인 흥미 대상은 지금의 논의에서 "어떤 것에 흥미를 느끼는가?"라는 물음에 대답하기에 적절하지 않다. 큰 맥락에서 그러한 복합적 흥미 대상이 왜 흥미로울 수 있는지를 이해하고자 노력하는 중이기 때문이다. 따라서 우리는 현재의 물음에 대한 대답으로 오직 단순 흥미 대상에만 초점을 맞추어야 한다.

그러므로 "일반적으로 어떤 것에 흥미를 느끼는가?"라는 물음은, 우리가 어떤 것에 흥미를 느끼기 위한 조건으로 그 '어떤 것'에 무슨 단순한 속성이 있는가를 묻는 것이다. 그동안의 경험을 고찰해 보면 이에 대한 대답으로 다음의 〈표 3.1〉에서 보여 주는 멋과 특이함, 친숙함이라는

세 가지 원인	내용
멋	감각적으로 화려하고 매력적임
특이함	기존에 경험하던 것과는 매우 다름
친숙함	이미 알고 있던 것과 유사함

표 3.1 흥미의 세 가지 원인

속성을 찾을 수 있다. 필자는 이 요소들을 '흥미의 세 가지 원인'이라 부르겠다.

흥미의 첫 번째 원인: 멋

멋은 아마도 '멋'이라는 우리말로만 가장 정확히 표현할 수 있는 개념일 것이다. 이는 대체로 아름답다는 것을 의미한다. 그러나 시인 조지훈이 「멋의 연구」라는 논문에서 "멋은 아름다움의 관념만으로는 포괄하기 어려운 그 무엇인 것 같다"[12]라고 말했듯이 때로는 아름답다고 말하기에 적절하지 않은 것들도 포괄한다. 예를 들어 잘생긴 남자나 야성이 번득이는 투사의 모습 등이 그런 것이다.

멋이 쉽게 흥미를 유발한다는 점은 경험적으로 명백하다. "어떤 남자가 있었는데……"로 시작하는 이야기보다는 "너무너무 잘생겨서 한번 보기만 해도 거의 모든 여자들이 반할 정도인 남자가 있었는데……"로 시작하는 이야기가 더 흥미롭다. 사실상 멋이란 것은 감각적인 호사스러움인데, 콘텐츠를 소비하는 사용자 입장에서는 눈과 귀가 즐거운 경험을 하고자 함이 당연하다. 그 까닭은 콘텐츠 소비의 목적이 재미이고 쾌감은 재미의 목적 중 가장 큰 부분이기 때문이다.

---

[12] 한기언, 「멋의 논리: 교육 철학적 의미」, 『교육논보』 Vol.6, (1986), pp. 101-108 재인용.

이런 이유로 재미를 꾀하는 상업적인 드라마나 영화에서는 악역이나 단역을 맡은 배우들조차 사실상 미남, 미녀이다. 게임에서도 마찬가지이다. 라차로Lazzaro는 사람들이 게임을 같이할 때 표출하는 감성과 그 이유를 연구하여 사람들의 흥미를 자극하는 게임의 일곱 가지 조건을 제시하였는데, 그중 두 번째 요소가 시각적 매력Put on a Spectacle이었다.[13] 게임에서도 멋이 있어야 하는 것이다. 이러한 멋은 쉽게 흥미를 유발한다.

흥미의 두 번째 원인: 특이함

특이함도 흥미를 끄는 원인이다. 특이하다는 것은 드물고 새롭다는 것, 그리하여 기존에 경험하던 것과는 매우 다름을 의미한다. 퍼슨Pearson은 신기함novelty을 과거의 경험과 현재의 상황에 대한 인식의 차이라고 정의했는데,[14] 이 또한 특이함의 정의로 이해할 수 있다. 단, 신기함을 특이함과 구별한다면 좋은 특이함을 신기함이라고 정의할 수 있다.

스필버거와 스타Spielberger & Starr에 따르면, 새로운 상황이나 도전적인 과제에 직면하게 되면 자신의 기대와 불일치를 줄이려는 동기가 자연스럽게 발생하며, 이를 해결하고 성취하는 과정에서 기쁨이나 즐거움 같은 긍정적인 정서 상태를 경험한다.[15] 이와 같이 사람들은 어떤 것이 아름답거나 멋있지 않아도 신기하고 특이하면 관심을 갖는다.

---

13 Lazzaro, "Why we play games together: the people factor", *Game Developers Conference,* Symposium conducted at the meeting of GDC 2005, (San Jose, CA, 2005). 라차로가 제시한 나머지 여섯 가지 조건은 상호 작용 지원 환경, 감성적인 커뮤니케이션 환경, 감성적인 NPC 구현, 감성적인 표현 도구, 피드백, 비용 절감이다.

14 P. H. Pearson, "Relationship between global and specified measures of novelty seeking", *Journal of Consulting and Clinical Psychology, 34,* (1970), pp. 199-204.

15 C. Spielberger & L. Starr, "Curiosity and exploratory behavior", In H. O'Neil & M. Drillings (Eds.), *Motivation: Theory and research*, Hillsdale, (NJ: Lawrence Erlbaum Associates, 1994), pp. 221-243.

「해리포터」시리즈의 6탄인 「해리포터와 혼혈 왕자」(2009)는 개봉한 지 5일 만에 북미 시장에서 1억 5,970만 달러의 티켓 판매고를 보이며 박스오피스 1위에 등극했지만, 그 전 달에 개봉하여 5일 만에 2억 100만 달러의 수익을 거둔 「트랜스포머: 패자의 역습」(2009)의 기세를 꺾진 못하였다. 이는 2001년에 1탄을 최초 개봉한 후 그동안 다섯 편의 시리즈로 친숙해진 「해리포터」가 더 새로운 「트랜스포머」2탄에 비해 상대적으로 진부하게 느껴져 콘텐츠 상품 가치에서 열세를 보인 사례이다. 「트랜스포머」의 상대적 특이함이 관객의 흥미를 더 자아낸 것이다.

특이함에서 흥미를 유발할 수 있는 것, 즉 특이하다는 말의 주어가 될 수 있는 것은 주로 대상이거나 사건이다. 대상이란 직접 보고 듣는 것을 오감五感으로 지각할 수 있는 구체적인 것들을 가리킨다. 극단적인 관능미를 지닌 여배우, 괴기스러운 등장인물, 혐오스러운 모습의 괴물, 낯설고 이상한 소리 등이 특이한 대상들의 예가 될 수 있다. 그런 의미에서 영화 「괴물」(2006)의 한강 괴물도 특이함의 한 예이다. 이 영화가 관심을 끈 가장 중요한 힘은 괴물의 특이한 모습이다. 어디서도 본 적이 없는 새로운 괴물인 것이다.

한편, 사건이란 대상의 결합이다. 예를 들어 한여름에 폭설이 쏟아지는 사건, 어제까지 멀쩡하던 백화점이 갑자기 붕괴되는 사건, 혹은 사막이 갑자기 호수로 변하는 사건 등이 사람들의 흥미를 자아낼 수 있다. 그런데 '한여름에 폭설이 쏟아지는 사건'에서 '한여름'과 '폭설'은 어느 것도 특별하지 않다. 하지만 사건이란 대상의 결합이기 때문에 평범한 대상들이 결합된 사건일지라도 얼마든지 특이해질 수 있다.

「데빌메이 크라이 2」라는 게임에서는 주인공 단테가 운영하는 가게 옆에 어느 날 갑자기 정체불명의 거대한 성이 나타나 단테와 몬스터들과의 싸움이 시작된다. 이 게임에서는 갑자기 정체불명의 거대한 성이 나타난다는 것이 특이한 사건이고 이것이 흥미를 자아낸다.

흥미의 세 번째 원인: 친숙함

그러나 특이하기만 해서는 부족하다. 가장 흥미로운 것은 특이하면서
도 친숙한 것이다. 사람들은 친숙한 것에 흥미를 쉽게 갖는다. 따라서 친
숙함이 흥미의 세 번째 원인이다.

브래들리Bradley는 사람들이 어떤 음악에 반복 노출되어 친숙함을 느
끼게 되었을 때 그 음악에 대해 더 호의적인 반응을 보인다는 결과를 보
여 주었다.[16] 이와 유사하게 지스만과 나이마크Zissman & Neimark도 친숙한
음악이 처음 듣는 낯선 음악보다도 호의적으로 평가받았음을 보여 주었
다.[17] 단지 음악만이 아니라 사람의 얼굴에 대해서도 친숙함은 호감으로
작용한다. 자이언츠Zajonc는 피실험자가 여러 번 본 친숙한 얼굴일수록
더 많은 호감을 느낀다는 것을 연구를 통해서 보여 주었다.[18]

만약 유럽을 여행하다가 지붕을 짚으로 인 초가집과 아프리카 특유의
조각상을 보게 된다면 우리는 초가집에 더 큰 관심을 가질 것이다. 우리
에게 친숙하기 때문이다. 물론 초가집이 유럽에 있다는 것은 특이한 점
이다. 하지만 아프리카 조각상이 유럽에 있다는 것도 마찬가지로 특이하
다. 두 가지 특이함 중에서 더 쉽게 흥미를 이끌어내는 것은 친숙한 특이
함이다. 따라서 친숙함도 흥미의 원인임을 알 수 있다.

---

16 L. Bradley, "Repetition as a factor in the development of musical preference", *Journal of Research in Music Education, 19*, (1971), pp. 295-298.

17 A. Zissman and E. Neimark, "The influence of familiarity on evaluations of liking and goodness of several types of music", *The Psychological Record, 40*, (1990), pp. 481-490.

18 R. B. Zajonc, "Attitudinal Effects of Mere Exposure", *Journal of Personality and Social Psychology Monograph Supplement, 9*, (1968), pp. 1-28.

몰입 유발 요소

몰입을 위한 인지 조건

재미있으려면 어떤 경험이 흥미로 시작되고 계속해서 몰입으로 이어져야만 한다. 사용자를 콘텐츠에 몰입시키기 위해 제공해야 하는 인지 조건은 〈표 3.2〉와 같다.

인지 조건	내용
현실감	관련된 감각 내용들이 실제 경험과 충분히 유사함
매혹감	경험의 감각적 내용의 아름다움과 경험자의 욕망 충족을 제공함
제어감	과제 수행에 필요한 능력이 뛰어남을 자각함. 유능감
추동감	어떤 선택과 행위를 하도록 자극 받음

표 3.2 몰입을 위한 인지 조건

첫째, 현실감이란 콘텐츠 사용자가 보고 듣고 감각하는 내용들이 의도하는 실제 경험과 매우 유사한 것을 말한다. 영화나 게임에서 추락하는 비행기 안의 장면을 모사模寫한다고 상상해 보자. 그때 보이는 영상과 음향 효과는 감각 내용들이며, 비행기 추락은 감각 내용들이 의도하는 경험이다.

이 두 가지가 유사하지 않으면 콘텐츠 사용자는 그 상황을 모사한 콘텐츠에 몰입하기 힘들다. 사용자는 자신이 감각하는 내용이 현실이라는 착각이 들어야만 그 경험에 쉽게 몰입한다.

둘째, 매혹감이란 콘텐츠가 제공하는 경험 속에 사용자를 매혹할 요소가 있어야 함을 의미한다. 앞 절에서 논의했듯이 여러 소재들이 감각적으로 멋있거나 아름답거나 사용자가 원하는 욕구와 일치하는 것을 의미한다. 물론 감각적 아름다움과 경험자의 욕망 충족이 모두 가능하다면 더 좋다. 콘텐츠 사용자는 자신이 원하는 경험을 할 수 있기 때문에 콘텐츠 사용에 몰입한다.

셋째, 제어감이란 어떤 중요한 활동, 특히 어려운 과제 수행을 필요에 따라서 정확하고 빠르게, 또는 강력하게 해낼 수 있다는 자각, 즉 유능감이다. 영화를 보면서 자신이 동일시하는 인물이 무능하고, 또 계속 무언가를 못할 것이라고 여기면, 관객은 불평을 하거나 다른 곳에 주의를 돌린다. 영화 속 대리 경험에 몰입하지 못하는 것이다.

게임에서도 마찬가지이다. 게임 조작을 잘할 수 없고, 나아질 낌새가 보이지 않으면 게임을 그만둔다. 반대로 잘하거나 혹은 점점 나아지고 있을 때는 몰입할 수 있다. 제어감이 몰입의 중요한 요소라고 할 수 있는 이유이다.

넷째, 추동감이란 어떤 선택이나 행위를 하도록 자극받는 것이다. 궁금증에서 어떤 것을 꼭 확인해 보고 싶게 만들거나, 아름답거나 불쌍한 주인공을 구하기 위해서 어떤 과제를 수행하게 이끄는 것이 추동감이다. 소설 『해리 포터』의 경우 독자들은 더들리 부부가 그토록 숨기려 애쓰는 비밀이 무엇일까 하는 궁금증에 도입부부터 몰입한다. 온라인 게임의 경우에는 상대에게 내가 패배하면 복수심에 불타 기어이 이겨 보겠다고 게임에 몰입한다. 이것이 추동감의 예들이다.

몰입을 위한 콘텐츠 창작의 지침

그렇다면 이러한 몰입의 인지 조건을 실제로 구현하려면 콘텐트 제작에서 어떤 점에 유의해야 할까? 각 인지 조건별 콘텐츠의 창작 지침을 제시하면 다음과 같다.

인지 조건	창작의 지침	내용
현실감	동일성과 일치	콘텐츠와 실제 경험이 내용과 형식에서 같음
매혹감	미화와 과장	더 멋있게 만들거나 선악, 미추의 차이를 키우는 것
제어감	적절한 과제 난이도	경험의 과제가 적절히 어렵게 하는 것
추동감	정서적 목표 유지	구체적 목표 유지와 이를 위한 정서적 각성

표 3.3 몰입을 위한 콘텐츠 창작의 지침

현실감의 구현

현실감을 위해서는 콘텐츠 제작에서 동일성과 일치에 유의해야 한다. 여기서 동일성이란 콘텐츠의 감각 내용과 실제 경험에서의 감각 내용이 같음을 의미하고, 일치는 콘텐츠 내의 여러 감각 내용들이 서로 맞아떨어지는 것을 의미한다. 달리 말해 동일성은 콘텐츠와 실제 경험이 내용적으로 같음을 의미하고, 일치란 콘텐츠 내의 여러 요소들의 상호 작용이 맞아떨어지는 것을 의미한다.[19]

현실감을 위해서 동일성과 일치가 필요한 이유는 앞에서 정의한 개념에서 알 수 있다. 현실감이란 감각 내용들과 실제 경험의 관계를 말하는데, 이 관계에서 감각 내용들이 서로 결합하여 실제 경험을 모방한다. 그리고 이 모방 관계는 닮은 관계이다. 닮은 관계란 두 대상의 어떤 부분이 같다는 것을 뜻한다. 같은 부분이 많을수록 더 많이 닮는다. 따라서 동일성과 일치가 많으면 콘텐츠가 제공하는 경험은 실제 경험과 더 많이 닮게 되고, 곧 현실감이 강화된다.

---

19 이것은 콘텐츠와 실제 경험이 형식적으로 같음을 의미하기도 한다. 왜냐하면 실제 경험에서는 여러 감각 내용들이 서로 맞아떨어지기 때문이다. 입 모양과 말소리가 일치하듯이 감각 내용들이 맞아떨어진다는 것은 실제 경험의 형식이다. 따라서 이런 형식을 콘텐츠에도 적용하려면 콘텐츠 속의 감각적 내용들이 서로 맞아떨어져야 한다.

그런데 이 두 가지가 정확히 동일한 것이 아니라는 점에서 이 모방은 결코 완전할 수 없다. 게다가 현실적으로는 자본이나 기술의 한계로 이 둘의 동일성이 더 떨어진다. 따라서 콘텐츠 제작에서 현실감을 높이려면 필요한 부분이 같아야 하는데, 대체로 일치가 동일성보다 더 중요하다. 즉 콘텐츠 자체 내에서의 각 감각 내용들의 적절한 일치가, 콘텐츠의 내용과 실제 경험의 감각 내용이 같은 것보다 더 중요하다.

예를 들어 영화나 게임에서 주인공이 노래하는 모습이 진짜 가수가 노래하는 모습과 같고 노래도 똑같다 할지라도 노랫소리와 입 모양이 일치하지 않는다면 현실감은 극도로 떨어진다. 대표적인 예를 뮤지컬 영화 「오페라의 유령」(2004)에서 찾을 수 있다. 이 영화에서는 음악을 덧입혀 주인공의 입 모양과 노랫소리가 살짝 어긋나는데, 그 차이가 그리 크지 않음에도 현실성과 몰입감이 매우 크게 떨어진다. 이에 비해 가수의 노래 영상에서 노랫소리와 입 모양이 맞다면 화질이나 음질이 떨어져도 현실감은 상대적으로 덜 떨어진다. 이때 현실에서는 노랫소리와 입 모양은 언제나 일치하므로, 곧 콘텐츠도 형식적으로 현실과 같아야 한다.

매혹감의 구현

매혹감을 위해서는 미화와 과장을 적절히 덧붙여야 한다. 미화美化란 콘텐츠 속의 어떤 요소를 실제보다 훨씬 더 멋있게 표현하는 것이고, 과장이란 콘텐츠 속의 선악善惡, 미추美醜, 크기, 능력 등의 차이를 확대하는 것이다. 여기서 미화와 과장은 개념적으로 분명히 다르지만, 콘텐츠 창작 과정에서는 기술적으로 결합하는 경우가 많다. 그래서 이야기 속에는 현실보다 '훨씬 예쁜(미화)' 공주가 아닌 '세상에서 가장 아름다운 공주(미화와 과장)'가 주인공으로 등장한다.

앞에서 언급했듯이 몰입이란 어찌 보면 흥미 상태의 지속과 강화이다. 그래서 미화와 과장을 주된 장치로 하는 매혹감은 흥미 요소와 같거나 비슷하다고 이해할 수 있다. 매혹감을 나타내기 위한 장치인 미화는 흥미의 세 가지 원인 중 멋을 강화하는 것이고 과장은 특이함을 강화하는 것이다.

일반적으로 콘텐츠 사용자는 경험 속에서 나타나는 지속적인 자극에 대해 쉽게 피로해지고 무뎌져 재미에 필요한 자각이 약해진다. 이를 방지하기 위해 미화는 흥미 단계에서 주의를 끌어들인 멋과 특이함이 쉽게 사라지지 않게 하고, 과장은 자극의 차이를 자각시키려고 그 차이를 실제보다 확대한다.

또한 경험이 진행됨에 따라 점진적으로 긴장을 축적하려는 목적으로 과장이 이루어지기도 한다. 여기서 긴장의 축적은 모든 체험의 내적 단위이며, 재미 경험의 내적 단위이기도 하다.[20]

제어감의 구현

제어감을 위해서는 사용자의 경험에 대해 적절한 과제 난이도를 유지해야 한다. 이는 과제가 너무 쉽지도 않고 어렵지도 않아야 함을 의미하며, 콘텐츠 속에서 주어진 과제와 콘텐츠 사용자의 능력 간의 조화 또는 적절한 균형을 의미한다. 적절한 균형이란, 성공할 수도 있고 실패할 수도 있는 조건들이 지속되는 것이다.

게임과 같은 직접 체험과 관련하여 이 부분이 창작자들에게 의미하는 것은 명확하다. 다시 말해 게임 수행자의 능력에 따라 적절한 과제를 게임에서 제시해야 한다는 것이다. 칙센트미하이는 이것을 테니스 치는 사

---

20 이 책의 제2장 90쪽 '체험과 긴장의 변화'를 참조하기 바란다.

람의 예로 설명한다.[21] 테니스를 치다가 지루함을 느낀 사람이 다시 몰입 상태로 돌아가고자 할 때 어떻게 해야 하는가? 먼저 그 사람은 자신의 능력을 감안하여 더 어려운 목표를 새로 설정해야 한다. 또한 자기 수준에서 쉽게 할 수 있는 기술에 식상해하지 않고, 반대로 자기 능력의 부족으로 좌절하지 않는 상태에 진입해야 한다. 그 복합성의 수준이 곧 자기 능력과 도전 과제 간의 균형이 적절한 상태이다.[22]

반면, 영화와 같은 간접 체험에서는 제어감을 조금 다르게 이해해야 한다. 다시 말해 영화에서는 주인공의 능력과 과제 난이도가 적절한 균형을 이루어야 한다. 주인공은 영화 스토리 속에서 실패와 성공을 적절히 반복해 나가야 한다는 뜻이다. 이는 주인공의 시도가 적절히 성공과 실패를 거듭하면서 긴장감을 늦출 수 없는 이야기로 구성되어야 한다는 뜻이기도 하다.

또한 영화에서 주인공의 성공과 실패가 단순히 우연의 산물로 비쳐서는 안 된다. 주인공의 능력과 적절한 조화를 보여 주려면 성공과 실패의 과정을 개연성 있게 제시하는 것이 중요하다. 이런 개연성이 확보되지 않으면 주인공의 성공과 실패는 제어감이 아니라 무능감과 그에 대한 변명이라고 느껴지기 때문이다. 가장 흔하면서도 좋은 방법은 주인공이 점진적으로 더욱 어려운 과제에 직면하도록 스토리를 전개하는 것이다.

추동감의 구현

마지막으로, 추동감을 위해서는 정서적 목표를 유지해야 한다. 여기에

---

21 칙센트미하이는 주로 직접 체험에서의 재미와 몰입에 대해 연구하였다. 칙센트미하이의 주장에 대한 개괄적인 비판적 고찰은 이 책의 제4장 299쪽 '심리학적 몰입 이론 고찰'에서 제시할 것이다.

22 칙센트미하이, 『몰입, Flow』, 최인수 옮김, (한울림, 2004), pp. 144-148.

서 정서적 목표 유지는 다시 목표 유지와 정서적 각성으로 분석할 수 있다. 이 둘 역시 다른 요소들처럼 콘텐츠 속에서 별도로 작용할 수도 있고, 결합될 수도 있다.

목표 유지란 막연하고 추상적인 목표가 아니라 구체적인 목표를 유지하는 것이다. 막연한 목표는 모든 경험에서 항상 유지된다고 할 수 있기 때문에 대개 무의미하다. 구체적인 목표를 유지하려면 흥미 단계에서 제시한 목표가 달라지든 유지되든 간에 그 목표를 콘텐츠 사용자에게 적절히 상기시켜야 한다. 한편, 여기서 '목표 제시'와 '목표 유지'는 구별해야 한다. 목표 제시는 주로 몰입이 아니라 흥미 단계에서 필요하며, 목표 유지는 그것을 사용자에게 상기시키는 것이다.

그런데 목표를 상기시키려면 기술적인 어려움이 따른다. 지나치게 인위적으로 상기시키면 재미를 잃기 쉽다. 마치 일을 하는 것처럼 느껴지기 때문이다. 그래서 적절한 대사나 상황 설정, 혹은 감정 이입으로 목표가 상기되어야 한다. 이것이 잘되는 경우는 대개 작품의 완성도가 높다.

한편, 재미론의 관점에서 사용자를 몰입시키고자 할 때 고려해야 할 중요한 요소는 정서적 각성이다. 재미란 새로운 체험에서 얻은 정서적 쾌감이기 때문이다. 어떤 쾌감이 정서적 쾌감이 되려면 그 쾌감의 원인이 되는 경험을 정서적으로 자각해야 한다. 이것이 곧 정서적 각성이며, 특정한 감정들이 자극받는 것을 의미한다.

재미론과 콘텐츠학에서 정서적 각성은 '감정 이입'과 같은 의미이다. 이것은 이야기 속의 논리적 관계가 아니라 정서적인 조건으로 목표를 상기시키는 수단, 즉 구체적인 목표를 유지하는 수단이다. 다마시오 A. Damasio는 "어떤 상황이나 대상이 긍정적 정서를 유발할 것이라는 기대를 갖게 되면 그와 관련된 활동을 하도록 동기가 발생하지만, 부정적 정서를 유발할 것이라고 예상하게 되면 그와 관련된 활동을 피하도록 동기가 발생한다"[23]라는 우리의 상식과 잘 일치하는 주장을 하였다. 사람들은 누구나 기쁨의 감정이 자극받으면 기쁨을 지속하거나 강화하려는 목표를 유지하고, 슬픔을 느끼면 슬픔을 유발한 원인을 제거하기 위해 노력하고 활동한다.

콘텐츠에서 정서적 각성으로 몰입을 유도하는 예는 거의 모든 것에서 쉽게 찾을 수 있다. 미국 드라마 「프리즌 브레이크」(2005)의 경우 주인공 마이클은 긴 이야기 속에서 여주인공과 사랑에 빠지기도 하고 여러 죄수들과의 관계 속에서 수많은 일들을 겪는다. 마피아 두목을 설득시키기도 하고 감방 동료 수크레를 시험하기도 한다. 그럼에도 시청자들이 마이클의 목표를 잊지 않고 기억할 수 있는 가장 큰 이유는 형의 사형을 막아야 한다는 마이클의 목표가 매우 큰 정서적 각성을 불러일으켰기 때문이다. 형제의 죽음을 아무렇지 않게 생각할 사람은 없을 테니까 말이다.

때로는 정서적 각성이 과제 수행을 방해할 수도 있지만, 일반적으로는 행동을 유발하고 조직화하고 유출하게 하는 에너지를 공급한다.[24] 콘텐츠에서 정서적 각성을 위해 주로 사용하는 감정은 기쁨, 슬픔, 증오, 공포이다. 정서적 각성 방법에 대해서는 뒤[25]에서 더 상세히 다루겠다.

쾌감 유발 요소

재미 경험의 세 번째 단계는 쾌감이다. 제1정의를 고려할 때, 재미의

---

23   A. R. Damasio, *The feeling of what happens*, (Harcourt, Inc. 1999).

24   오세진 외 11인, 『인간 행동과 심리학』, (학지사, 1999), pp. 327-328.

25   이 책의 제3장 260쪽 '정서적 요소'를 참조하기 바란다.

구분	쾌감의 원인	내용
체험의 구성 요소	목적 달성	시도했던 목적을 달성하는 것. 성취감
	즐거운 감각	멋있고 아름다운 것을 감각적으로 인지하는 것
	흥미의 실현	평소 관심 있던 흥밋거리를 실현하는 것
	자각적 긴장	금지된 경험의 가상적인 실현 및 그 자각
체험 전체	카타르시스	새로운 체험 전체에서 얻는 만족감

표 3.4 쾌감의 원인

핵심 결과인 쾌감은 '새로운 체험'에서 생겨난다. 그러므로 새로운 체험의 개념을 분석함으로써 쾌감이 발생하는 다양한 원인들을 찾는 근거로 활용할 수 있다

이때 쾌감의 원인들은 새로운 체험의 구성 요소에 있는 것과, 복합적인 새로운 체험 전체에 있는 것으로 크게 구별해서 설명할 수 있다. 그 결론을 먼저 정리하면 위의 〈표 3.4〉와 같다.

지금부터 새로운 체험의 구성 요소별로 쾌감을 일으키는 네 가지 원인을 살펴보자.

목적 달성

쾌감을 일으키는 첫 번째 원인은 목적 달성이다. 앞에서 언급했듯이 모든 경험은 시도와 성취의 연쇄이다. 시도는 원하는 것을 얻기 위한 노력이고, 성취는 그 목적을 달성하는 것이다. 우리의 상식으로도 원하는 것을 얻었을 때 쾌감이 생기는 것은 당연하다. 그러므로 목적 달성에서 쾌감을 얻는 것은 곧 성취에서 얻는 것이기도 하다. 이때 쾌감이 크려면 목적 달성이 어려워야 한다. 다시 말하면 어려운 목적을 달성할수록 그에 따른 쾌감이 커진다.

목적 달성에서 얻는 쾌감을 간단히 '성취감'이라고 한다. 성취감은 달성된 목적이 중요한지 아닌지, 혹은 가상의 것인지 진실된 것인지와 상관없이 단지 목적이 달성되었기 때문에 얻는 쾌감이다. 그런데 달성하고자 한 목적이 사실은 허구이고, 그래서 아무것도 아니라면 어떻게 성취감을 얻을까?

이에 대한 설명은 테일러와 브라운S. E. Taylor, & J. D. Brown의 이론에서 찾을 수 있다. 그들은 많은 사람들이 자신에 대해 긍정적인 환상을 가지고 있으며, 특히 비현실적으로 높은 자기 평가, 과장된 통제의 지각 그리고 비현실적으로 낙관적이라고 주장하였다.[26]

현실적으로 확인하기 어려운 긍정적 환상이 확인된다면 그 방식이 비현실적일지라도 즐겁기 마련이다. 그래서 게임 사용자가 최종적으로 임무를 완수하여 단지 게임 속이지만 큰 영예를 부여받거나 스스로 대단한 능력을 입증했다고 느끼면 거기에서 쾌감을 얻는다.

성취감은 몰입을 강화하는 요소 중 제어감과 관련있는 것으로 보인다. 제어감은 스스로의 능력과 상황을 통제한다는 느낌, 즉 내적인 통제력이다. 마이클 아가일Michael Argyle에 따르면, 내적 통제는 어떤 일이 발생하면 발생한 일을 스스로 통제할 수 있다는 신념이다. 내적 통제가 높은 사람은 스트레스 사건을 도전으로 해석하며, 그에 잘 대처할 수 있다고 생각한다.[27] 이에 따라 내적 통제감은 긍정적인 사고와 긍정적 환상을 유발하며 이 역시 만족감에 큰 영향을 준다.

26 S. E. Taylor, & J. D. Brown, "Illusion and well-being; a social-psychological perspective on mental health", *Psychological Bulletin, 103,* (1988), pp. 193-210.

27 마이클 아가일, 『행복심리학』, 김동기·김은미 옮김, (학지사, 2005), p. 90.

즐거운 감각

쾌감을 일으키는 두 번째 원인은 즐거운 감각이다. 모든 경험은 감각적인 인지와 그에 따른 반응을 포함한다. 이때 감각적으로 인지하는 내용이 보기 좋고 듣기 좋다면 그 자체가 쾌감이다. 어떤 장면이 굉장히 아름답고 환상적이라거나, 어떤 주인공이 매우 멋있다면 그 쾌감은 의외로 크다. 그래서 많은 관객들이 영화나 드라마를 선택할 때 자신이 보고 싶어 하는 배우가 출연하는지를 중요한 기준으로 삼는다. 이는 감각적인 쾌감이 콘텐츠 소비의 동기가 되는 예이다.

게임에서도 감각적인 쾌감은 매우 중요하다. 김정남과 김정현은 액션 게임을 만드는 제작자들이 가장 공들이는 부분은 사용자가 적을 공격할 때 확실하게 상대방을 파괴했다는 쾌감의 기분, 즉 타격감을 느끼게 하는 부분이라고 말한다.[28] 대부분의 게임 제작자들은 적을 공격하는 모습에 화려한 그래픽과 강력한 음향 효과를 입혀서 타격감을 극대화한다.

흥미의 실현

쾌감을 일으키는 세 번째 원인은 흥미의 실현이다. 평소에 관심 있던 어떤 흥미로운 것을 실제로 실현했을 때 우리는 쾌감을 느낀다. 영화라면 주인공이 흥미 있는 경험을 실현했을 때 대리 경험으로 그 흥미로운 경험을 자각하고 쾌감을 느낀다. 제시된 목적을 달성하지 못해도 그 과정에서 흥밋거리를 실현한다면 별도의 쾌감을 얻는다는 점에서 흥밋거리의 실현은 목적 달성과 구별된다

힘세고 커다란 도마뱀 같은 동물을 타고 달리면 기분이 어떨까? 이것만 해도 흥미진진하겠지만, 그런 도마뱀을 타고 달리면서 악당과 쫓고

---

28 김정남·김정현, 『For Fun 게임 시나리오』, (사이텍미디어, 2007), p. 66.

쫓기는 추격전까지 벌인다면 훨씬 더 재미있을 것이다. 이는 영화 「스타워즈: 에피소드 3」(2005)의 한 장면이다. 지금까지 제작된 총 일곱 편의 「스타워즈」 시리즈에서는 이처럼 새로운 탈것을 이용해서 모험을 하는 장면들이 자주 나온다.

관객은 이런 장면을 보면 대리 경험으로 쾌감을 느낀다. 그리고 결과적으로 「스타워즈」가 재미있다고 생각한다. 때로는 주인공이 목적 달성에 실패하더라도 말이다.

이 같은 흥밋거리의 실현이 게임 「월드 오브 워크래프트」에서는 일반화되어 있다. 즉 「월드 오브 워크래프트」에서 나이트 엘프는 밤호랑이를 타고 싸울 수 있고, 드워프는 바라크 트롤 산양을 탈 수 있으며, 노움은 자신들의 뛰어난 기계 공학 기술로 만든 기계 타조를 탈 수 있다. 그 밖에도 종족별로 군마, 늑대, 회색 코도, 메타조, 와이번 등의 탈것이 있다. 이 때문에 「월드 오브 워크래프트」의 사용자들은 자신의 종족이 타는 탈것을 얻기 위해 열심히 게임 속에서 돈을 모으고 레벨을 높이기 위해 활동한다.

앞에서 몰입을 흥미의 유지와 강화로 이해할 수도 있다고 말했는데, 그런 뜻이라면 쾌감은 흥밋거리의 실현에서 얻는다는 것은 쉽게 추론할 수 있는 필연적인 결론이다. 반면에 흥미를 가졌던 것을 실현하지 못하고 끝난다면 거기에는 쾌감이 아닌, 아쉬움이나 미련, 씁쓸함 등이 생겨날 것이다.

자각적 긴장

쾌감을 일으키는 네 번째 원인은 자각적 긴장이다. 자각적 긴장이란 어떤 경험을 하면서 자각을 통해 그 경험이 실제가 아니라는 것을 알 때의 긴장감을 가리킨다. 이를테면 '안전한 위험'이 자각적 긴장의 한 예이다. 쾌감의 이 네 번째 원인은 앞[29]에서 언급했던 재미 경험의 복지감과 직접적으로 연관된다.

콘텐츠를 소비할 때 사용자는 자기가 체험하는 위험이 실제로는 존재하지 않는다는 것, 그리하여 사실은 안전하다는 것을 자각한다. 그 대비에서 오는 묘한 쾌감을 즐기는 것이다. 그렇기 때문에 롤러코스터를 타기 무서워하는 사람들도 롤러코스터의 경험을 대리 만족하는 영화 장면을 보면 쾌감을 느낀다. 게임에서도 괴물을 무차별적으로 죽이거나 사람을 무차별적으로 죽이는 활동에서 쾌감을 느낄 수 있는데, 이때 대개의 경우 자각적 긴장이 개입된다. 그 까닭은 현실에서는 불가능하지만 그것이 게임 속의 행위이기 때문에 허용된다는, 금지와 허용의 긴장 속에서 쾌감을 느끼기 때문이다.

특히 게임의 설정에서는 이런 자각적 긴장을 보완하는 경우가 많다. 예를 들면 게임의 배경이 되는 스토리에서 무차별적으로 상대를 죽일 수밖에 없는 당위성을 제시하여, 현실에서는 허용될 수 없는 활동을 게임에서 허용하는 것이다. 물론 이런 스토리의 작용은 경험을 새롭게 하는 역할을 하고 쾌감은 거기에서 온다고 할 수도 있다. 하지만 그 경험의 새로움이 자각적 긴장에 있다는 점도 분명하다. 즉 '해서는 안 될 짓'을 하는 것이 새로움이다.

카타르시스

끝으로 새로운 체험 전체에서 오는 쾌감을 일으키는 원인이 있는데, 아리스토텔레스가 말한 카타르시스Catharsis라 할 수 있다. 아리스토텔레스는 『시학』에서 비극의 간접적인 결과는 우리로 하여금 더 감정적으로

---

29 이 책의 제2장 108쪽 '능력의 확대와 복지감, 그리고 인식적 대조'를 참조하기 바란다.

만드는 것이 아니고 도리어 감정을 배설, 제거함으로써 쾌감을 일으키게 된다고 말하였다.[30] 이와 같이 비극을 봄으로써 우울, 불안, 긴장감 따위가 해소되는 것을 아리스토텔레스는 '카타르시스' 혹은 '정화 작용'이라고 불렀다.

카타르시스는 칙센트미하이가 말하는 몰입의 경험과도 관련이 매우 깊다. 그는 몰입 상태에서 나타나는 아홉 가지 공통된 특징을 나열하였다.[31] 그중 마지막 특징은 주어진 활동 자체를 목적으로 즐긴다는 것인데, 이는 카타르시스와 같은 체험 전체에서 오는 쾌감을 의미한다. 실제로 칙센트미하이는 인간의 삶에서 최고의 감정, 최상의 즐거운 경험, 행복한 심리 상태 등을 몰입의 경험으로 보았다. 따라서 그의 몰입(즉 재미) 개념에 이와 같은 쾌감이 포함되는 것은 납득할 만하다.

아리스토텔레스의 비극은 간접 체험의 대표적인 예이고 칙센트미하이의 몰입 활동은 직접 체험의 예이다. 이렇게 직접 체험과 간접 체험을 포괄하는 모든 재미 경험에서 경험의 특정 부분에서 얻는 단편적인 쾌감이 아닌, 콘텐츠 전체를 향유했을 때 느끼는 종합적인 쾌감에 대해 말할 수 있다. 그리고 무엇보다도 중요한 것은 실제로 많은 콘텐츠 사용자들이 그러한 쾌감을 경험하고 기대하기 때문에 콘텐츠에 대한 소비 욕구가 생겨난다는 점이다.

이처럼 카타르시스는 앞에서 언급한 〈표 3.4〉의 항목들과는 차원이

---

30 아리스토텔레스, 『시학』, 천병희 옮김, (문예출판사, 1993), p. 5.

31 칙센트미하이(1999, 2004)가 나열한 몰입 상태의 아홉 가지 특징은 다음과 같다.
첫째, 몰입 상태에는 무엇을 해야 하는지 분명히 알고 있다. 둘째, 자신이 얼마나 잘하고 있는지 알고 있다. 셋째, 자신의 능력이 주어진 일을 하기에 적절하다고 느낀다. 넷째, 하고 있는 일에 주의력이 집중된다. 다섯째, 지금 그 자리에서의 일만 의식한다. 여섯째, 무언가에 전념해 있기 때문에 실패를 걱정할 여유가 없다. 일곱째, 자아를 방어하지 않고 자아를 망각하여 역설적으로 자아가 확장된다. 여덟째, 시간을 잊게 한다. 아홉째, 활동 자체를 목적으로 즐긴다.

다른 쾌감이다. 종합적인 쾌감으로서 자아실현의 한 형태로 간주할 수 있다. 반면에 이 카타르시스는 종합적인 것이기 때문에 명료하게 분석적으로 논의하기 어렵다는 단점도 있다.

동경 유발 요소

동경을 유발하는 가장 중요한 요소는 단편적인 인지적 요인들이 아니라 경험의 통합적 구조, 그리고 그 통합적인 경험에 따라서 유발된 인간 자체의 변화이다. 앞에서 재미 경험의 동경 단계를 설명할 때 언급했듯이 동경은 콘텐츠 상품의 부가 가치를 확장하는 데에 중요하다.

미야시타 마코토富下眞는 "디즈니의 '미키마우스', '도널드 덕', '밤비', '백설공주'가 미국에서 일본으로 건너왔을 때 그 꿈과 같은 세계에 매료된 일본인들은 미국에 대한 강한 동경을 가지게 되었다"[32]라고 지적했는데, 이러한 동경심은 일본인들이 미국 문화 전반을 수입하려 하는 이유를 잘 설명해 준다.

소설 『해리포터』 시리즈 역시 매력적인 이야기를 통해서 콘텐츠 사용자들로 하여금 마법의 지팡이가 날아다니는 호그와트라는 환상적인 세계를 동경하게 하여 후속 콘텐츠인 영화 「해리포터」 시리즈의 흥행을 유발할 수 있었음은 명백하다.

그렇다면 어떻게 사용자들의 동경을 유발할 수 있느냐가 제기되는데, 그 대답은 단순하다. 동경은 다시 돌아가고자 하는 욕구이므로, 동경을 유발하는 요소는 성공적인 재미 경험이다. 이는 칙센트미하이가 말한 것

---

32 미야시타 마코토, 『캐릭터 비즈니스, 감성체험을 팔아라』, 정택상 옮김, (넥서스BOOKS, 2002), p. 58.

처럼 최적 경험이라는 말로 표현할 수도 있고 카타르시스라고 말할 수도 있다. 어쨌든 동경을 유발하는 요소는 흥미에서 쾌감으로 이어지는 직접적인 활동 속에서의 전체 재미 경험이다. 이때 동경은 재미 경험에 대한 기억에 의존하므로 기억이 뒷받침되는 한 동경은 지속되며, 기억이 사라질 때 동경도 끝난다.

동경 유발과 작품성, 예술성

재미 경험을 만들어 내는 직접적인 매개체인 콘텐츠에 초점을 맞춘다면 동경 유발 요소에 대한 답은 콘텐츠 자체가 재미있어야 한다는 것이다. 단순히 피상적인 재미가 아니라 인간의 마음속 깊은 곳을 건드릴 수 있는, 한마디로 호소력이 있는 재미를 콘텐츠에서 제공해야 한다. 흔히 말하는 훌륭한 작품성이나 예술성이라는 의미가 바로 호소력 있는 재미라고 필자는 생각한다.

장병희에 따르면, 반복 이용 수준이 높은 유료 콘텐츠의 대표적인 예는 뮤지컬이며, 그 이유를 반복 이용할 수 있는 물리적 여건과 연기자를 직접 만날 수 있다는 친밀감이라고 분석한다.[33] 하지만 반복 이용을 위한 뮤지컬의 물리적 조건이 영화보다 좋지 않은 경우가 많다는 점에서 이런 분석은 받아들이기 어렵다. 필자가 볼 때는 뮤지컬은 음악으로 대사를 표현하는 장르인 만큼 그 제작에 많은 예술적 재능이 필요하고 대체로 작품성도 높아야 사용자들에게 수준 높은 재미를 선사할 수 있기 때문이다. 결론적으로 콘텐츠에서 동경의 유발 요소는 콘텐츠 자체의 뛰어난 작품성이나 예술성이라고 할 수 있다.[34]

---

33 김대호 외 10인, 『콘텐츠』, '장병희, 「콘텐츠 반복 이용」', (커뮤니케이션북스, 2013).

34 동경을 유발하기 위해서는 특히 콘텐츠 속에 독특하고 매력적인 세계관을 구축해야만 한다. 세계관에 대해서는 제5장 420쪽 '세계관'에서 좀 더 상세히 논의할 것이다.

3. 재미 요소의 결합 구조 1: 긴장 구조

　재미 경험의 각 단계에서 흥미나 몰입, 쾌감, 동경을 유발하는 요소들을 살펴보았다. 하지만 강력한 쾌감과 동경을 산출하기 위해서는 재미 경험의 각 단계들이 일관적이고 통합적인 하나의 구조로 결합되어야 한다. 그러한 구조적 통합이 필요한 까닭은 쾌감을 유발하는 여러 요소들이 개별적으로 작용하는 것보다는 체계적으로 결합하여 그 효과가 집중될 때 더 강력할 것이기 때문이다. "사건의 결합, 즉 플롯이 비극의 목적이며, 목적은 모든 것 중에서 가장 중요한 것"[35]이라는 아리스토텔레스의 말도 이런 맥락에서 이해할 수 있다.

　그렇다면 사건들은 어떻게 결합해야 하는가? 이에 대한 답은 약간 복잡하므로 가장 먼저 최소 조건을 설명하고 이 조건에 단계적으로 더 까다로운 조건들을 부가해서 설명하도록 하겠다. 어쨌든 전체적으로는 재미를 창출하기 위해서 재미 요소들을 어떻게 결합해야 하는지를 상세하고 구체적으로 체계화할 것이다.

35　아리스토텔레스, 『시학』, 제6장.

이제부터 설명할 내용은 길고 복잡하므로 지금까지 논의한 재미 경험의 4단계 틀에 따라 미리 개요를 정리해서 제시하는 것이 좋겠다. 그 내용은 다음의 〈표 3.5〉와 같다.

재미 경험	인지 과정		재미 조건		심리적 기제	발달 기제
1단계: 흥미	긴장의 축적과 해소		최소 조건	현 비 구 조	주의	학습
2단계: 몰입						
3단계: 쾌감	해소에서 숨은 이야기의 개입				점화	
	공유 경험에 의한 숨은 이야기 이해				상기, 재인	
4단계: 동경	기억과 경험자의 변화				기억, 동기	기대, 욕구

표 3.5 재미 조건의 개요와 심리적 기제

〈표 3.5〉에 대한 설명

〈표 3.5〉의 내용을 간단히 설명해 보겠다. 이 표의 내용은 왼쪽의 콘텐츠 사용자에 대한 분석(재미 경험)에서 출발하여 오른쪽으로 가면서 재미 창작자의 고려 사항(재미 조건과 심리적 기제)으로 이동한다. 즉 맨 왼쪽 세로 열에는 4단계로 분석한 재미 경험이 나열되어 있고 이것이 출발점이다. 재미의 조건은 이러한 재미 경험을 단계적으로 창출하는 조건이라 할 수 있다. 따라서 재미의 조건은 재미 경험의 분석에 기초한다.

두 번째 세로 열에는 각 재미 경험에 해당하는 인지 과정이 나열되어 있다. 재미가 경험에 대한 자각에서 얻어지고 자각은 인지 과정이므로 재미는 직접적으로 심리적인 인지 과정에 의존한다. 따라서 재미 조건이 재미 경험을 촉발하는 인지 과정을 자극하고 조작함으로써 재미 경험을 유발할 수 있다.

세 번째 세로 열에는 콘텐츠의 내용이 재미있기 위해서 갖추어야 할 구체적인 조건들로, '사건의 결합 구조'로서의 조건들이다. 이 조건들은 왼쪽의 인지 과정을 직접 창출하는 조건이며, 곧 콘텐츠가 갖추어야 하는 조건이다. 그중 최소 조건은 흥미와 몰입 단계만을 보장하며, 현비 구조는 쾌감 단계까지 보장한다. 동경을 위해서는 창의성과 진정성 등이 필요하다.

네 번째 세로 열에는 재미 경험의 각 단계에서 핵심적으로 작용하는 심리적 기제들이 분석되어 있다. 이 심리적 기제는 재미의 인지 과정보다 재미의 조건에 더 직접 관련되므로 재미의 조건 다음에 나열하였다. 그 이유는 무엇인가?

인지 과정은 재미 경험을 촉발하는 원인으로서의 인지 과정이다. 즉 사람들의 인지 과정에서 앞의 〈표 3.5〉에 나열한 내용들이 인지되면 재미 경험이 촉발하기 때문이다. 그런데 심리적 기제는 재미를 창작하는 사람들이 이러한 인지 과정을 조작하고자 할 때 콘텐츠 사용자의 심리적 기제들 중에서 가장 염두에 두어야 하는 부분이다. 따라서 콘텐츠 사용자가 아니라 재미 창작자의 고려 사항이기 때문에 재미 조건 다음에 나열하였다.

맨 마지막 다섯 번째 열에는 이러한 심리적 기제가 일상적인 생활에 어떤 영향을 미치는지를 발달 기제로 설명한다. 이러한 발달 기제는 재미의 창작과 직접적으로 관련이 없고 재미 경험의 각 단계들이 차후에 유발하는 종합적인 효과이다. 따라서 발달 기제의 내용은 재미 조건과 직접 연관되지 않고 제일 왼쪽의 재미 경험과 더 많이 연관된다. 하지만 이 내용은 재미에 대한 본 저술의 초점과는 가장 거리가 멀기 때문에 제일 마지막에 배치하였다.

한편, 재미 경험의 단계들 중에서 '4단계: 동경'에 해당하는 내용은 이 장에서 설명하지 않는다. 기억과 경험자의 변화에 따라 유발되는 동경의 단계는 콘텐츠의 직접적 사용 경험에 포함되는 것이 아니기 때문이다. 이 단계는 콘텐츠 사용에 따른 재미를 얻은 후의 심리적 부산물에 가깝다. 동경은 흥미, 몰입, 쾌감까지의 재미 경험에서 생겨난다. 그러므로 콘텐츠의 이야기 결합 구조는 이 동경 단계와 1차적으로 무관하다.

최소 조건으로서의 긴장 구조

재미의 최소 조건은 긴장의 축적과 해소이다. 다시 말해 "어떤 재미가 생산되기 위해서는 긴장의 축적과 해소가 필수적이라는 사실이다."[36] 우리가 재미에 대한 제2정의를 받아들인다면 거기에서 재미의 최소 조건을 논리적으로 얻을 수 있다. 정리하면 다음과 같다.

재미의 최소 조건인 긴장 구조는 새로운 긴장의 축적과 해소 경험이다.

재미의 최소 조건을 필자는 '긴장 구조'라고 부르는데,[37] 이는 이야기와도 동치이다. 재미는 자각된 경험인 체험의 속성이고 체험의 내적 단위가 긴장이므로[38] 긴장의 변화가 곧 재미 경험의 변화 단위가 된다. 그 변화는 긴장의 생성과 소멸일 뿐이다. 이것은 앞에서 본 '체험의 구성단위는 긴장이 축적되었다가 해소되는 것'이라는 내용과도 일치한다. 재미 조건이 구조와 일치하면 의도된 체험이 더 쉽게 생성될 것이다. 따라서

---

36 이현비,『재미의 경계』, (지성사, 2004), p. 33.

37 『재미의 경계』 33쪽에서 필자는 이것을 '긴장 이론'이라고 이름 붙였다. 하지만 이론이라는 이름이 붙기에는 그 내용이 단순하다. 실제로 긴장의 축적과 해소라는 단순 구조를 의미하는 것일 뿐이므로 구조라고 부르는 것이 더 적절하다고 본다.

38 이 책의 제2장 91쪽 '체험의 단위와 경험의 단위'를 참조하기 바란다.

최소 조건	내용
긴장의 축적	경험자의 주의 집중과 기대 및 욕구를 강화시켜 나가는 것
긴장의 해소	축적된 긴장이 사라지는 것

표 3.6 재미의 최소 조건

당연하게도 재미의 최소 조건인 긴장 구조는 위 〈표 3.6〉의 내용처럼 두 부분으로 나뉜다. 첫째는 긴장의 축적이고, 둘째는 긴장의 해소이다.

긴장의 축적은 콘텐츠 사용자의 주의를 집중시키고 기대나 특정 욕구를 더욱 강하게 자극하는 것을 의미한다. 시드 필드는 영화 시나리오에 대한 설명에서 "좋은 시나리오는 항상 극적 행동의 강한 방향성을 갖는다. 그런 시나리오는 해결을 향해 어디론가 한 걸음 한 걸음씩 전진한다"[39]라고 말했다. 이것 역시 긴장의 축적을 설명하는 것이다. 시드 필드의 설명에서 사건들의 구조가 전진하는 방향이 긴장 축적의 방향이다.

긴장의 해소는 축적된 긴장이 사라지는 것이다. 긴장이 축적되다가 사라지기 때문에 약한 의미에서의 '반전'이라고 할 수도 있다. 필자가 지적했듯이 "만약 이 해소가 없다면 아무리 긴장을 잘 축적시킨 이야기라도 역시 재미있을 수 없다."[40]

최소 조건에 대한 아리스토텔레스의 설명

많은 학자들이 여러 방식으로 재미의 조건인 긴장 구조를 설명하였다. 그중 아리스토텔레스는 『시학』에서 비극은 '분규'와 '해결'로 구성된다고 말하였다.

---

[39] 시드 필드, 앞의 책, p. 37.
[40] 이현비, 앞의 책, p. 36.

모든 비극은 '분규complication'의 부분과 '해결unravelling'의 부분으로 양분된다. 드라마 밖의 사건과 그리고 종종 드라마 안의 사건 가운데 일부가 분규를 구성하고 나머지는 해결을 구성한다. 나는 스토리의 시초부터 주인공의 운명에 전환이 일어나기 직전까지를 분규라고 부르고, 운명의 전환이 시작된 뒤부터 마지막까지를 해결이라고 부른다.[41]

여기서의 분규란 말썽거리나 곤란한 문제가 뒤엉켜 갖가지 긴장을 불러일으키는 상황을 가리킨다. 해결은 이러한 상황이 처리되어 그 긴장이 사라지는 것을 의미한다. 즉 아리스토텔레스의 설명은 필자의 긴장 구조와 실질적인 내용이 같다.

한편, 긴장 구조라는 말에서의 구조는 시간 구조를 의미한다. 이 생각을 추가하여 설명하면 긴장 구조란 '긴장의 시간적 변화 구조'라고 할 수 있다. 재미의 최소 조건으로서의 이러한 시간적 변화 구조는 앞에서 설명했듯이 시간적 순서와 인과 관계에 따라서 결정된다.

또한 경험들의 연관 관계는 그 경험 주체의 의도에 따라 판단된다. 아리스토텔레스가 "모방자는 행동하는 인간을 모방한다"[42]라고 말했듯이 경험은 인간의 행동을 재구성하며, 우리가 이해할 수 있는 인간의 행동은 의도에 따라서 결정되기 때문이다.

최소 조건과 3막 구조

재미의 최소 조건인 긴장 구조는 현대에서도 여전히 강조되고 있다. 이는 기승전결의 소설 구조에서 말하는 것이기도 하다. '기-승-전'의 과

---

41 아리스토텔레스, 『시학』, 제18장.

42 같은 책, 제2장.

정에서 긴장이 축적되었다가 '결'의 단계에서 해소되기 때문이다. 이를 압축한 '드라마'라는 용어는 재미 창출의 최소 조건인 긴장 구조를 극작 연구가들이 지칭할 때 쓴다.

긴장 구조에 대한 연구는 3막 구조에 대한 극작가들의 연구에서 더욱 더 심화되었다. 한 예가 닐 D. 힉스의 연구이다. 3막 구조에 대한 닐 D. 힉스의 설명은 다음과 같이 정리된다.

1막: 시작에서 관객을 유인한다.

　주인공이 곤경에서 어떻게 탈출하는지 보고 싶도록 만든다.

2막: 관객의 기대를 높인다.

　이야기에 긴장감을 주어 관객의 기대를 좀 더 높여 간다.

3막: 관객을 만족시킨다.

　주인공이 장애를 극복하여 외적 문제를 해결하고 가치 있는 목표에 도달한다.[43]

이러한 3막 구조는 긴장의 축적과 해소 외의 어떤 요소를 더 강조하는 것 같지만, 실제로 추가적인 요소를 언급하는 것은 아니다. 그저 긴장의 축적을 두 단계로 나누어서 더 강조할 뿐이다. 이러한 작업은 자연스럽다. 재미 경험에서 긴장의 해소는 일순간에 이루어지는 반면, 긴장의 축적은 지속적으로 이루어지고, 따라서 경험들의 연쇄에서 많은 부분을 차지하기 때문이다.

이와 같이 3막 구조를 포함하는 이야기에 대한 수많은 이론은 사실상 긴장 구조의 두 가지 요소를 좀 더 자세히 설명한 것에 지나지 않는다. 그만큼 이야기의 최소 조건은 보편적이고, 따라서 아주 중요하며 많은

43　닐 D. 힉스, 『헐리우드 영화 각본술』, 이일범 옮김, (신아사, 2002), pp. 22-25.

것을 함축하고 있다.

　이야기의 최소 조건인 긴장 구조는 다른 모든 것을 가능하게 하는 토대이며, 그런 의미에서 중요한 기초이다. 이제 긴장 구조의 각 단계를 개별적으로 상세히 이해해 보자.

긴장의 축적

　긴장 구조의 시작은 긴장의 축적이다. 재미있는 이야기에는 반드시 긴장의 축적이 필요하다. 긴장이 어떤 구조를 가지려면 먼저 긴장이 존재하고 축적되어야 한다. 아무런 긴장이 없다면 긴장은 어떤 구조도 가질 수 없다.

　그렇다면 긴장이란 무엇인가?

긴장이란 사람이 어떤 행위를 유발하는 원인의 존재이다.

　예를 들어 두 사람이 다툴 만한 이유가 있다면 거기에 긴장이 존재한다. 이 긴장은 갈등이다. 또한 어떤 사람이 특정한 내용을 알기 위해 행동할 원인이 있다면 거기에도 긴장이 존재한다. 이 긴장은 호기심이다. 이렇게 긴장은 갈등, 욕구, 기대, 궁금증 등의 요소들을 모두 포괄한다. 이를 일반화하여 '어떤 행위를 유발하는 원인의 존재'라고 말할 수 있다.

긴장과 갈등

　일반적으로 긴장의 대표적인 형태는 갈등이다. 예를 들어 켄 댄시거와 제프 러시가 말하듯이 "갈등은 영화 이야기의 핵심 특징이다. 인간 대 인간, 환경 대 인간, 그리고 자기 자신과의 투쟁은 영화 이야기 속에서 발견되는 갈등의 고전적 형태다."[44]

하지만 재미론에서 필자가 갈등보다는 긴장이라는 용어를 사용하는 까닭은 좀 더 정확한 이론적 일반화를 위해서이다. 필자의 저작 『재미의 경계』에서 볼 수 있듯이 다양한 재미에서 제시되는 긴장들 중에는 갈등이 아닌 것들이 많이 있다.[45]

예를 들어 어떤 비밀을 알기 위해서 조사를 하는 주인공이 있다면 거기에도 재미가 있을 수 있다. 하지만 그때의 긴장은 호기심이지, 갈등이라고 하기는 어렵다. 그럼에도 '비밀을 알아내고자 하는 욕구'라는 긴장이 있다고 말할 수는 있다.

이와 같이 '긴장'이라는 용어를 씀으로써 우리는 재미있는 이야기의 더 많은 예를 일관된 개념으로 설명할 수 있고 동시에 지나친 확장에 도달하지도 않는다. 이는 '정확한 이론적 일반화'라는 뜻이다.

긴장 축적의 어려움과 기술

긴장의 축적은 단순하게 이해할 수 있는 개념이지만, 실제로 재미를 창출해야 하는 많은 조건들에는 지극히 어려운 경우가 많다. 그중 대표적으로 콘텐츠 사용자가 재미에 대해 큰 기대를 가진 경우, 그리고 콘텐츠 사용자에게 지속적으로 긴장을 축적시키고 유지하게 하는 경우 두 가지가 있다.

이 중에서 두 번째의 경우는 거의 모든 재미 창작에서 직면하는 상황이다. 이 어려움을 극복하기 위한 방법을 '긴장 축적을 지속하는 기술'이라고 할 수 있는데, 특히 극작 연구에서 여러 실마리를 발견할 수 있

---

44 켄 댄시거와 제프 러시, 앞의 책, p. 6.

45 이현비, 앞의 책, p. 37.

긴장 축적 지속 기술	내용
감정 이입	정서적 자극을 통해 대리 경험을 자기 목적화하도록 하는 것
사용자 인지의 유보	콘텐츠 사용자의 궁금증을 지속시키는 것
점증하는 반복	경험의 반복을 통해서 기대감을 증대시키는 것

표 3.7 긴장 축적 지속의 세 가지 기술

다. 불행히도 체계적으로 논의한 것은 찾기 어렵지만, 그중 중요한 방법 몇 가지를 나열해 볼 수는 있는데, 위 〈표 3.7〉의 세 가지 기술이다.

감정 이입

감정 이입은 콘텐츠 사용자를 정서적으로 자극함으로써 사용자가 대리 경험을 자기 목적화하도록 하는 것이다. 아리스토텔레스가 "가장 훌륭한 비극(이야기)이 되려면, ……그것은 공포와 연민의 감정을 불러일으키는 행동을 모방하지 않으면 안 된다"[46] 라고 말한 것은 이와 같은 콘텐츠 창작의 기술 중 감정 이입을 의미한다.

감정 이입이 성공적으로 이루어지면 콘텐츠 사용자는 콘텐츠 속 인물의 감정을 자신의 감정으로 느끼고 그에 반응한다. 이와 같은 감정 이입을 위해서는 "이야기가 시작되면 그 이야기 속에 관객이나 청자를 감정 이입시키도록 유도하는 장치의 배열이 있어야 한다."[47]

감정 이입이 이루어지고 나면 그와 관련한 긴장은 지속성이 커진다. 감정은 쉽게 변하지 않고 지속성이 크기 때문이다. 이를테면 슬픔에 빠진 사람이 갑자기 기쁨을 느끼는 것이 어렵고, 사랑하는 마음이 한순간

---

46 아리스토텔레스, 『시학』, 제13장.

47 이현비, 앞의 책, p. 33.

에 증오로 바뀌는 것이 어렵다는 사실에서 쉽게 알 수 있다. 이에 비해 논리적인 생각이나 판단, 추측 등과 같은 이성적인 마음과 그에 따른 긴장은 쉽게 달라질 수 있다.

사용자 인지의 유보

사용자 인지의 유보란 쉽게 말해서 사용자의 궁금증을 지속시키는 것이다. 예를 들어 "그들에게도 비밀이 있었다"라고 말하고는 그 비밀이 무엇인지를 당장 밝히지 않는 방법을 쓰는 것이다. 이것이 소설 『해리포터』의 맨 처음에 나오는 긴장 축적의 기술이다.

이때 유보되는 인지는 콘텐츠 속 인물의 발견이 아니라 콘텐츠 사용자의 인지이다. 『해리포터』에서 더들리 가족은 그들의 비밀을 이미 알고 있다. 따라서 이 소설의 시작 부분의 호기심에 따른 긴장은 더들리 가족과 같은 소설 속 인물의 인지에 기초하는 것이 아님을 알 수 있다. 오직 콘텐츠 사용자인 소설의 독자만이 그것을 인지하지 못할 뿐이다. 이러한 사용자 인지의 유보는 연출의 문제이다.[48]

한편, 이와 구별해야 하는 것은 '발견의 실패'이다. 발견의 실패는 콘텐츠 속 인물이 어떤 것을 발견하지 못해서 긴장이 해소되지 않고 미완으로 남은 것을 뜻한다. 이는 사건의 구조나 스토리의 구조에 의존한다. '사용자 인지의 유보'가 긴장을 축적하여 강화하는 데 비해 '발견의 실패'는 긴장의 해소를 미루어 긴장을 지속시키기는 해도 긴장을 축적하여 더 강화하지는 못한다.

예를 들어서 영화 「라이언 일병 구하기」(1998)의 중간에 주인공 밀러 대위는 라이언이라는 이름의 동료 군인을 찾지만 그 사람은 동명이인의 인

---

48 연출에 대해서는 이 책의 제5장 390쪽 '연출'에서 상세히 논의할 것이다.

물일 뿐, 밀러 대위가 찾는 라이언 일병이 아니다. 그리하여 긴장이 해소되지 않고 지속되지만 그렇다고 긴장이 더 축적되어 강화되지는 않는다.

점증하는 반복

점증하는 반복은 '반복'과 '점증'의 두 요소의 결합으로 얻는다. 특정한 사건이 반복적으로 일어난다거나 혹은 주인공이 어떤 것을 시도하는 일을 반복하면서 긴장을 축적하는 것이 가능하다. 『재미의 경계』에서 필자는 「TOKIC 정기 시험」과 「선생님을 졸도시킨 답안지」, 「컨닝의 여섯 가지 도道」 등 유머들을 예로 들어 설명했다.[49]

더욱 흔한 사례는 게임 사용자가 게임을 하면서 실패하고, 그래서 다시 그 게임을 시도하는 것을 들 수 있다. 아주 단순한 「테트리스」 같은 게임에서도 어떤 레벨에 도달하는 것에 실패하여 반복적으로 게임을 할 때마다 사용자가 느끼는 긴장은 점증한다. 반복에 따라서 긴장이 축적되는 주된 기제는, 매우 단순한 단위 이야기들이 반복될 때마다 기대감이 증가한다는 것이다. 이 기대감은 긴장의 일종이며[50] 자기 경험에 대한 자

---

49 이현비, 앞의 책, pp. 248-252. 그중에서 비교적 간단한 예인 「컨닝의 여섯 가지 도道」를 보면 다음과 같다.

도道란 만물에 뻗어 있어서 그 미치지 않는 바가 없으니 마침내 컨닝에도 그 마땅한 도가 있는 법이다. 그 내용을 살펴보면,

- 감독자의 공갈에 굴하지 않으니 이를 가리켜 '용勇'이라 한다.
- 항상 우등생과 감독자의 위치를 파악하고 있으니 이를 가리켜 '지智'라 한다.
- 컨닝하다 들켜 F를 맞는 학생을 내 일처럼 불쌍히 여기니 이를 가리켜 '인仁'이라 한다.
- 자기는 들켜도 끝내 공범자를 불지 않으니 이를 가리켜 '의義'라 한다.
- 답을 보여 주는 사람의 답이 정답임을 믿으니 이를 가리켜 '신信'이라 한다.
- 답을 보여 주는 사람보다 더 높은 점수를 받지 않으니 이를 가리켜 '예禮'라 한다.

이와 같은 인의예지신용의 도를 얻어 컨닝을 하면, 한때 '신속, 정확, 시치미 뚝'의 3요소에 의지하던 학생들이 높이 우러러보며 배움을 청하기 위하여 신발 벗고 뛰어 오고, 매일을 미팅과 음주로 보내더라도 마침내 얻지 못할 학점이 없다. 다만 졸업 후에 패가망신까지는 막지 못하니 깊이 새겨야 하느니라.

50 같은 책, p. 250.

각을 촉발하고 강화한다.

　반복에 따른 기대감을 증가시키기 위해서 필요한 것이 '점증'이다. 점증의 의미는 어떤 인지적 요소나 감정적 요소가 점진적으로 증가하거나 강화된다는 뜻이다. 이러한 점증이 없다면 그 반복은 단순한 반복이 되어 지루함을 유발한다. 게임「테트리스」를 반복할 때 성공하는 레벨이나 점수가 점차적으로 높아져야만 게임을 반복하더라도 지루하지 않다. 재미는 새로운 체험을 요구하므로 지루함은 곧 재미의 적이라는 것을 기억해야 한다. 콘텐츠 창작에 정교한 기교를 가지고 있어야 점증하는 변화를 만들 수 있다.[51]

직접 체험과 간접 체험의 긴장

　반복해서 설명하면, 사용자 자신과 동일시할 주인공이 어떤 행위를 해야만 하는 원인이 존재하는 것이 긴장이다. 앞[52]에서 살펴보았듯이 이야기가 직접 체험이냐 간접 체험이냐에 따라 사용자가 동일시할 주인공이 달라진다. 이에 따라 이야기의 긴장을 위해 누구의 행위 원인이 존재해야 하는가도 달라진다.

　소설이나 영화와 같은 간접 체험에서의 긴장은 그 콘텐츠 사용자의 행위 원인이 아니라 이야기 속 인물의 행위 원인과 관련 있다. 반면, 게임과 같은 직접 체험에서의 긴장은 바로 그 콘텐츠 사용자의 행위 원인이 존재해야 한다.

　이와는 반대로 게임에 대한 이론을 소설이나 영화에 활용하거나, 소

51　그 밖에도 주인공의 목적이나 과제를 분명하게 제시하기, 악당을 강력하게 만들기 등의 좀 더 기본적이고 원칙적으로 중요한 기술적 방법들을 고려해야 한다. 곧 긴장 축적의 기술에 대한 추가적인 연구가 필요한 까닭이다.

52　이 책의 제2장 115쪽 '직접 체험과 간접 체험'을 참조하기 바란다.

설이나 영화 이론을 게임에 활용할 때에도 이 점을 고려해서 응용할 수 있다. 예를 들어 시드 필드는 "드라마는 갈등이다. 갈등 없이는 행동이, 행동 없이는 등장인물이, 등장인물 없이는 이야기가, 이야기 없이는 시나리오가 없다"[53]라고 했다. 이를 게임 개발에 적용한다면, 게임 사용자가 행동할 과제 혹은 문제 상황이 주어지지 않고서는 행동이 없고, 따라서 결과적으로 이야기와 시나리오가 없다고 말할 수 있다.

긴장의 해소

긴장 구조에서 긴장의 해소는 긴장이 사라짐을 뜻하는데, 이것이 곧 이야기의 결말이다. 그런데 이야기의 결말에서 꼭 긴장이 사라져야만 할까? 몇몇 예외적인 사례가 있겠지만 일반적인 재미 창출을 위한 긴장의 해소는 긴장이 사라짐을 의미한다. 긴장이 사라지지 않고 어떤 경험이 끝나는 경우에는 재미가 생기기 어렵다.

콘텐츠와 예술의 긴장 처리

예술성을 추구하는 작품이나 경험 가운데 긴장의 해소가 이루어지지 않는 경우들이 있다. 이런 경우에는 축적된 긴장이 사라지지 않고 끝남으로써 특별한 경험을 창출하기도 한다.

예술 역시 콘텐츠의 한 부분으로 볼 수 있기는 하다. 하지만 오늘날 콘텐츠라 일컫는 상업적인 표현물을 기존의 통념에 따른 예술과 구분한다면, 이야기의 결말에서 콘텐츠와 예술의 차이를 말할 수 있다. 이때 예술이 가지고 있는 긴장 구조는 축적된 긴장이 '사라지는 것'이 아니라, 남겨지는 것을 포함해서 어떻게든 '처리되는 것'이다. 이러한 내용은

---

53 시드 필드, 앞의 책, p. 54.

구분	결말의 차이
재미	축적된 긴장이 사라짐(해결, 반전 등)
예술	축적된 긴장이 처리됨(해결, 반전, 남겨짐, 관조 등)

표 3.8 재미와 예술의 결말 차이

위의 〈표 3.8〉과 같이 정리할 수 있다.

신경숙의 장편 소설 『엄마를 부탁해』는 예술의 대표적인 이야기 구조를 보여 준다. 이 소설의 첫 문장은 다음과 같다. "엄마를 잃어버린 지 일주일째다." 바로 이 한 문장으로 독자들에게 강력한 긴장을 불러일으킨다. 훌륭하다. 하지만 이렇게 시작된 이야기가 '예술적'인 것이 아니라 특히 상업적으로 '재미있기' 위해서는 결국 엄마를 찾아야 한다. 혹은 엄마를 찾을 뻔하다가 최종적으로 비극적인 결말을 맞는 등의 구성이 필요하다. 이야기를 이끌어 가는 주된 긴장이 어떤 방식으로든 해결되어야 한다.

그러나 『엄마를 부탁해』에서는 엄마를 중심으로 한 가족의 이야기를 병렬적으로 들려줄 뿐이며 긴장 자체는 남아 있다. 그리하여 일종의 관조를 이끌어 낸다. 이런 소설은 재미를 추구하는 것이 아니라 예술로서의 문학 작품이기 때문에 이 자체로도 훌륭한 작품일 수 있다.

극적인 긴장 해소

재미있으려면 긴장 해소가 극적이어야 한다. 긴장 해소는 이야기의 끝이므로 결말이 극적이어야 재미있다고 말할 수도 있다. 여기서 결말이 극적이라는 것은 긴장 해소 전의 상태와 긴장 해소 후의 상태의 차이가 매우 크고, 또한 긴장 해소가 절차적으로 짧게, 즉 재빨리 이루어진다는 것을 의미한다.

이를 가리켜 필자는 비유적인 용어로 '긴장의 폭발'이라고 부르겠다.

다시 말해 긴장의 폭발은, 긴장이 축적되어 해소되지 않은 상태와 긴장이 해소된 상태 사이의 격차가 크며 이것이 급속하게 이루어지는 것을 의미한다. 따라서 극적인 긴장 해소는 긴장의 폭발이다.

긴장 해소의 두 가지 극적인 방식은 다음의 〈표 3.9〉에서 정리한 것과 같이 '해결'과 '반전'이다. 해결과 반전의 구별 기준은, 긴장 해소 전에 긴장 해소 후의 상태를 개연성 있게 추측할 수 있는지 없는지의 여부이다. 해결에서는 결말에서 예상했던 일이 발생하고 반전에서는 예상하지 못했던 일이 발생한다.

결말의 극적 방식	공통점	차이점
해결	긴장 해소 전후의 상태가 매우 다르다.	개연성 있게 기대한 결과가 나타난다.
반전		예상하지 못했던 일이 발생한다.

표 3.9 극적인 결말의 방식

해결과 반전

해결과 반전 중에서 더 극적이고 재미있는 것은 단연코 반전이다. 재미 경험의 특징은 큰 긴장이 급속하게 해소되는 데에 있으며, 반전이 지닌 의미처럼 예상치 못했던 일이 발생한다는 것은 개념적으로 분명하게 급속한 긴장 해소를 의미한다.

이것은 아리스토텔레스가 『시학』에서 '급전reversal'이라고 부르는 것이며, 아리스토텔레스 역시 비극과 같은 모든 진지한 이야기 콘텐츠는 "「오이디푸스」에서와 같이, 급전을 동반할 때 가장 훌륭한 것이다"[54]라고 말하였다.

---

[54] 아리스토텔레스, 『시학』, 제11장.

반전의 예는 쉽게 찾을 수 있다. 충격적인 반전으로 유명한「올드 보이」(2003),「유주얼 서스펙트」(1995),「식스 센스」(1999),「디 아더스」(2001) 등의 영화가 그런 예들이다.

한편, 반전이 아닌 해결의 예를 흥행한 영화들에서 찾자면「실미도」(2003)와「친구」(2001)와 같은 영화를 들 수 있다.「실미도」는 끝에서 실미도 부대원들이 자폭을 하는데, 이것을 반전이라고 보기는 어렵다.「친구」에서도 조폭 두 사람의 갈등 관계가 결국에는 한 사람이 다른 사람을 죽임으로써 끝난다. 이것 역시 반전이라고 보기에는 무리가 있다.[55]

게임과 같은 직접 체험에서도 해결과 반전을 구별할 수 있다. 게임 속에서 이길 만한 적이나 경쟁자를 이길 때 이것은 해결이다. 개연성 있게 기대한 결과가 나타나는 것이기 때문이다. 하지만 이길 수 없을 것 같은 적이나 경쟁자를 마지막에 이긴다면 이것은 반전이다. 예상할 수 없던 일이 발생한 것이기 때문이다.

물론 마찬가지 이유로 강한 상대에게 지거나, 이길 만한 상대에게 예상치 못하게 지는 것도 각각 해결과 반전이 된다. 정리하면 어느 경우든 게임과 같은 직접 체험에서도 해결과 반전은 재미있는 긴장 해소의 방식임을 알 수 있다.

긴장 폭발의 세 가지 조건

훌륭한 긴장 해소(결말)는 긴장의 폭발인데 그 조건에 대해서 아리스토텔레스는 탁월한 견해를 제시하였다. 그것은 다음의 세 가지 조건이 결합하는 것이다.

---

55 이현비, 앞의 책, p. 39.

좋은 결말의 조건	내용	예시
반전	사건이 급격하게 달라짐	이기던 전쟁에서 지게 됨
발견	모르던 것을 알게 됨	친구가 간첩임을 알게 됨
감정적 변화	파토스, 감정적 자극과 동기 유발	배신감과 슬픔을 느끼게 됨

표 3.10 아리스토텔레스가 제시한 좋은 결말의 세 가지 조건

아리스토텔레스는 긴장 폭발의 조건으로 급전과 발견recognition을 이 야기하는데, 여기서 급전과 발견이 한 조건의 서로 다른 두 측면인지, 아 니면 각각의 조건인지 생각해 볼 필요가 있다. 그런데 『시학』의 내용을 음미해 보면 급전과 발견은 한 조건의 두 측면이 아니라, 각각 좋은 결말 의 필요조건임을 알 수 있다. 이와 관련한 아리스토텔레스의 말은 다음 과 같다.

> 플롯의 두 부분, 즉 급전과 발견은 이상과 같은 사항에 관한 것이다. 제3의 부분은 파토스다. 파토스란 무대 위에서의 죽음, 고통, 부상 등과 같이 파괴 또는 고통을 초래하는 행동을 말한다.[56]

이 구절에서 플롯의 제3의 부분으로 파토스πάθος, 즉 감정 변화를 언 급할 때, 파토스는 반전(또는 급전)과 발견에 이어서 좋은 플롯을 구성하 는 세 번째 필요조건임이 드러난다. 실질적으로도 감정 변화는 결코 급 전이나 발견과 대등한 이야기 결말의 한 방식일 수는 없으며, 어떤 사건 이 일어난 정서적 특징일 뿐이다. 또한 반전을 의미하는 급전과 관련해

---

56 아리스토텔레스, 『시학』, 제11장.
더 일반적으로 말해서, '파토스'의 의미를 오늘날의 말로 풀어 쓰면, '사용자의 감성에 호소 하는 것'이라 할 수 있다. 한마디로 '감정'이나 '정서'를 의미한다고 할 수 있다.

서, 발견은 사태의 반전을 유발하는 주된 원인 중의 하나이다.

예를 들면 영화 「올드 보이」(2003)에서 주인공 오대수가 결말에서 중요한 사실을 발견하고, 이로써 사태가 반전된다. 합리적으로 생각해 보면 이야기에서 등장인물의 중요한 발견이, 아무런 사태의 변화가 없고 단지 아는 것만으로 끝난다면 이것은 이야기의 중요한 부분이 되기 어렵다. 이때 '단지 안다'는 것은 감정 변화나 태도 변화 등을 동반하지 않고 인식적으로만 안다는 것을 의미한다.

더 나아가 등장인물이 새로운 내용의 인식을 통해 특별한 행동 없이 감정 변화나 태도 변화만을 얻게 된다면 이를 '단지 아는 것'이라고 말하기가 어렵고, 그저 사태가 심각하게 변했다고 보아야 한다. 「올드 보이」의 결말에서 볼 수 있듯이, 그 결말의 사태 변화는 오대수의 인식 변화와 그에 따른 감정 변화와 태도 변화를 빼면 무엇이 달라지든 그다지 중요하지 않기 때문이다. 영화에서는 최후에 이우진이 죽는 것이 사태 변화의 한 부분이지만, 이우진이 죽지 않는다 하더라도 다른 부분이 모두 같다면 영화의 충격적 반전은 그대로 유지될 수 있다.

이런 이유로 "발견과 반전은 두 가지의 보다 전통적인 스토리텔링 장치들이다"[57]라는 견해도 이와 같은 방식으로 이해해야 한다.

이야기의 구성

최소 조건의 활용성
긴장의 축적과 해소라는 최소 조건은 재미있는 이야기를 위해서 필수

---

57 켄 댄시거·제프 러시, 앞의 책, p. 3.

적이다. 이때 축적되고 해소되는 긴장은, 그 긴장이 현실적으로 얼마나 중요하고 심각한가에 별로 영향을 받지 않는다.

필자가 지적했듯이 "재미있는 이야기는 우리가 일상생활 속에서 아무리 사소하게 느낄 만한 갈등이라도 작품 속에서 극적으로 형상화해낸다." 즉 콘텐츠에서 형상화하는 긴장 구조에서는 영화 「집으로」(2002)에서 볼 수 있는 아이와 외할머니의 갈등이라고 해서 반드시 사소한 것은 아니고, 전쟁 영화 속의 전투와 같은 갈등이나 지구를 지키고자 악의 무리와 싸우는 주인공의 갈등이라고 해서 반드시 심각한 것은 아니다.[58]

이 재미의 최소 조건은 매우 단순하고, 동시에 그것을 구현하는 것도 비교적 쉬운 편이다. 대신에 사람들로 하여금 재미를 경험하도록 하는 데에 한계가 있다. 따라서 최소 조건만으로 재미가 쉽게 창출될 수 있는 것은, 첫째는 콘텐츠 사용자가 복잡한 인지 능력을 가지고 있지 않은 경우이고, 둘째는 콘텐츠 사용자가 인지적으로 지쳐서 복잡한 인지 과정을 회피하는 경우이다.

첫 번째의 경우는 어린아이들에게서 쉽게 찾아볼 수 있다. 어린아이들이 읽는 동화는 단순한 긴장의 축적과 해소 경험을 제공해야 한다. 게임과 같은 직접 체험에서도 마찬가지이다.

다섯 살 아이가 공놀이를 한다고 해 보자. 어린아이는 공을 잘 차기가 어렵다. 그리고 아이의 입장에서 골대는 굉장히 멀게 느껴진다. 주어진 과제가 이 정도로 어렵다는 것만으로 아이에게는 긴장이 될 수 있다. 이때 부모가 도와주더라도 마찬가지이다. 아이는 익숙하지 않은 걸음으로 걷듯 뛰듯 하며 공을 몰고 가서 골대에 차 넣는다. 그러고는 성공한다. 긴장이 효과적으로 해소된 단계이다. 아이의 부모가 박수를 치고 아이는

---

58 이현비, 앞의 책, p. 33.

만족한다. 적절한 긴장과 적절한 해소가 이루어졌으며 이 경우에 대부분 재미있다고 한다.

하지만 이런 활동을 중학생에게 제시한다면 재미없다고 할 것이 분명하다. 이러한 차이는 인지 능력의 차이에서 발견할 수 있다. 다섯 살 어린아이는 인지 능력이 단순하고 미숙하기 때문에 단순한 공놀이에서도 긴장이 축적되고 해소되는 것을 경험할 수 있지만, 중학생은 인지 능력이 복잡하고 고도화되어 있기 때문에 그런 단순한 활동에서는 긴장 축적과 해소를 경험할 수 없다.

마찬가지로 어린아이들을 위한 동화도 유사한 수준을 보여 준다.

어느 마을에 못된 욕심꾸러기가 살았다. 이 욕심꾸러기는 욕심을 부려서 돈을 모았지만 심보가 고약해서 마을 사람들을 괴롭혔다. 어느 날 힘센 사람이 나타나서 욕심꾸러기를 혼내 주었다. 욕심꾸러기는 착한 사람이 되었다.

이 이야기가 재미있는 콘텐츠가 되려면 논리적인 구조보다는 감각적인 참신성이 필요하다. 이를테면 욕심꾸러기 이야기보다는 혹부리 영감 이야기가 아이들에게 더 재미있게 들리는 것처럼 말이다.

두 번째 경우는, 충분한 인지 능력을 가진 사용자가 여러 이유로 단순하게 재미를 경험하고자 하는 데에서 찾을 수 있다. 콘텐츠 상품을 직업적으로 사용하는 사람들은 상대적으로 소수이다. 대부분의 사람들은 여가 활용을 위해서 콘텐츠 상품을 소비하며, 아무리 여가 시간이 짧더라도 마찬가지이다.

그런데 복잡한 인지 능력은 때때로 노동이라고 볼 수 있을 정도로 피로감을 일으킨다. 따라서 많은 콘텐츠 사용자들은 이러한 복잡한 인지 능력이라는 힘든 노동 없이 콘텐츠를 소비하고 싶어 한다. 이런 경우에

는 재미의 최소 조건을 단순하게 강화한 콘텐츠가 적절할 수 있다.[59]

긴장 구조 구성의 어려움

재미있는 콘텐츠를 만들고자 할 때 직면하는 실무적인 어려움 중에서 가장 큰 비중을 차지하는 것은 다음 〈표 3.11〉의 두 가지 문제이다.

긴장 구조의 단계	핵심 난점	내용
긴장의 축적	긴장의 유지	콘텐츠에 대한 경험자의 주의를 지속시키기
긴장의 해소	긴장의 폭발	긴장이 해소되는 방식이 정합적이도록 하기

표 3.11 긴장 구조에서 재미 창출의 어려움

긴장 유지의 어려움

첫 번째 난점인 긴장의 유지는 왜 어려운가? 가장 중요한 이유는 인간의 심리적인 특징에 따라 원래 어떤 것 하나에 주의를 지속하기 어렵기 때문이다.

재미 경험에서의 긴장이란 자각적인 긴장이며 그 중요한 부분이 주의의 집중이다. 뒤[60]에서 상세히 논의하겠지만 주의의 여러 기능 중에는 '경계와 신호 탐지'의 기능이 있다. 여기서 경계vigilance란 '개인이 관심을 갖고 있는 특정한 표적 자극의 출현을 탐지하려는 동안 계속해서 자극이 나올 수 있는 영역에 대해 주의를 기울이는 능력'을 말한다.

스턴버그Robert J. Sternberg에 따르면, 사람들은 "계속되는 경계를 필요로 하는 과제에서는 피로가 수행을 방해하기 때문에 신호 탐지 수행을

---

59 2013년에 논란이 되었던 우리나라 공영방송에서 이른바 '막장 드라마'들의 높은 시청률에 대해 이와 같은 맥락으로 어느 정도 설명할 수 있다는 것이 필자의 생각이다.

60 이 책의 제4장 296쪽 '흥미와 주의'를 참조하기 바란다.

증진시키기 위해서는 자주 휴식 기간을 갖는 것이 최선의 방법일 수 있다."[61] 그만큼 주의 지속이 어렵고 사람들로 하여금 주의 집중이 필요한 긴장의 유지가 어렵다는 뜻이다.

특히 이런 난점이 재미 경험의 4단계 중 흥미에서 몰입으로 연결되는 과정에 핵심으로 작용한다. 경험자의 흥미를 이끌어내는 것은 단편적인 요소들인 경우가 많다. 이 흥미에서 생겨난 주의를 지속적으로 집중시켜야만 경험자로 하여금 그 경험에 몰입하게 할 수 있는데 여기에는 기술적인 어려움이 있다. 예를 들어 긴박하게 쫓고 쫓기는 장면은 쉽게 사람들의 주의를 끌고 긴장감을 불러일으키지만, 두 인물이 잡힐 듯 말 듯 하면서 쫓고 쫓기기를 계속하면 사람들은 금세 지루함을 느낀다.

이와 같이 긴장의 유지와 축적, 그리고 이와 조화를 이루는 해소가 매우 어렵기 때문에 이 문제를 해결하기 위한 여러 재미의 기술들이 연구되었다. 한 예로 영화 시나리오에 대한 논의에서 가와베 가즈토川邊一外는 "여기가 바로 작가의 솜씨와 재능을 발휘할 부분이다"라고 말하면서 몇 가지 고려할 만한 세부적 사항들을 제시한다.[62] 이를 비교 분석을 해 보면 그 내용들은 뒤[63]에서 설명할 3막 형식과 복구적 3장 구조에서 강조하는 것과 거의 동일하다. 또 다른 기술로는 앞에서 설명한 '점증하는 반복'이 있다. 그 밖의 상세한 내용들은 뒤에서 논의하겠다.

---

61 스턴버그, 『인지 심리학』, 김민식 외 옮김, (박학사, 2005), p. 75.

62 가와베 가즈토, 『시나리오 창작연습 12강』, 나윤 옮김, (시나리오친구들, 2002), p. 45.
가와베 가즈토가 제시하는 긴장 유지와 축적의 고려 사항은 다음과 같다.
  – 주인공이 1차 행동에서 실패할 경우에 2차 행동을 지속하기에 충분한 동기가 부여될 것
  – 주인공이 갈등을 극복하기 위해서 1차 행동을 하고, 그것으로 충분해 보이도록 상황을 설정할 것
  – 1차 행동이 성공하면 충분할 것으로 보였으나 1차 행동이 실패할 만한 충분한 이유를 준비해 둘 것

63 이 책의 제3장 233쪽 '현비 구조의 보완 이론'을 참조하기 바란다.

새로운 흥밋거리의 추가

단지 주의 집중을 유지하게 하는 측면에서만 볼 때 쉽게 생각할 수 있는 해결책은 새로운 흥밋거리를 추가하는 것이다. 이는 실제로 재미 창출에서 자주 사용하는 방식이다. 하나의 긴장 관계만으로는 지루해지기 쉽기 때문에 재미 창출에서 창작자는 긴장 관계를 변화시키는 방법을 사용한다. 그 핵심은 '다른' 긴장 관계를 추가하는 것이다.

그런데 여기에서 또 다른 어려움이 발생한다. 여러 긴장 구조를 연결하면 이야기의 구조가 중구난방으로 흩어진다. 산만하게 되고 단일성과 통일성을 잃게 된다. 이에 따라 콘텐츠 사용자도 긴장 관계를 이해하면서 따라가기가 어렵다.

그 대표적인 실패의 유형이 아리스토텔레스가 '삽화적 플롯'이라고 부르는 결과이다. 아리스토텔레스는 『시학』에서 삽화적 플롯에 대해 다음과 같이 말하였다.

> 단순한 플롯과 행동 중에서 최악의 것은 삽화적인epeisodic 것이다. 나는 여러 가지 삽화들이 상호 간에 개연적 또는 필연적 인과 관계도 없이 잇달아 일어날 때 이를 삽화적 플롯이라고 부른다. 이러한 종류의 행동을 졸렬한 시인들은 그들 자신의 무능으로 인하여 구성하고, 우수한 시인들은 배우에 대한 고려에서 구성한다.[64]

이른바 옴니버스omnibus식 구성은 이러한 삽화적 플롯을 오히려 긍정적으로 강조하는 방식으로 볼 수 있다. 의도적으로 삽화적 플롯을 제공하는 것이 옴니버스식 구성이고, 재미의 관점에서는 새롭게 주의를 기울일 다른 흥밋거리를 제시하는 것이다.

---

64   아리스토텔레스, 『시학』, 제9장.

하지만 아리스토텔레스가 비판하듯이 작품 전체의 통일성을 파괴하므로 좋지 않은 방법이다. 콘텐츠 사용자들의 긴장을 유지시키는 것이 기술적으로 어렵기 때문에 작가들이 도피하는 곳이라고 아리스토텔레스는 말한다.

삽화적 플롯이 가진 가장 큰 문제는 긴장의 폭발이 어려워지거나 사실상 불가능해진다는 데에 있다. 주의를 효과적으로 지속시키지 못할 때, 즉 단일하고 통일성 있는 긴장 관계 속에서 긴장을 축적하지 못할 때 좋은 결말인 긴장의 폭발이 불가능해지는 것이다.

그 이유는 무엇일까? 그것은 긴장의 해소가 다음의 두 조건을 모두 만족해야만 긴장의 폭발이 이루어지기 때문이다. 첫째, 긴장의 해소는 뻔히 예상되는 내용이 아니어야 한다. 둘째, 그 과정에 필연성 혹은 강한 개연성이 있어야 한다.

뻔히 예상되는 방식의 결말을 보여 주는 긴장 해소는 대체로 재미가 없다. 그럴 경우에 콘텐츠 사용자들은 진부하다고 생각한다. 물론 긴장 해소의 부분에서 예상을 벗어나는 내용은 실질적으로 적다. 결국에는 주인공이 이길 것이고 대체로 악당들에게는 나쁜 결과가 뒤따른다. 사랑하는 사람들은 사랑을 실현하거나 아니면 애틋한 이별을 할 것이다.

그럼에도 어떻게 그런 일들이 일어나는가 하는 구체적인 부분은 예상을 벗어나야 한다. 콘텐츠 사용자의 자각은 거기에 초점을 모으게 되는데, 예상과 결말의 차이는 이야기의 재미에 매우 큰 영향을 미친다. 앞[65]에서 말했듯이 유사한 경험에 근거하더라도 자각이 달라짐에 따라서 체험이 극단적으로 달라질 수 있음을 기억하자.

---

65 이 책의 제2장 75쪽 '체험의 구조와 두 측면'을 참조하기 바란다.

긴장 해소 방식의 정합성

예상 밖의 긴장 해소 방식은 필연성이나 개연성을 가져야 한다. 반드시 그런 일이 일어날 수밖에 없을 때 '필연적'이라 하고, 반드시는 아닐지라도 충분히 일어날 만한 일이 일어날 때 '개연적'이라고 한다. 필연적이든 개연적이든 모두 사건들의 앞뒤 인과 관계가 서로 꼭 맞는다는 뜻이므로 이를 가리켜 '정합적'이라고 하자.

긴장 해소 방식이 정합적이어야만 사건을 인지하고 체험하는 콘텐츠 사용자들을 설득할 수 있다. 아리스토텔레스 역시 "급전이나 발견은 플롯의 구성 그 자체로부터 발생하여야만 하며, 따라서 선행 사건의 필연적 또는 개연적 결과라야 한다"[66]라고 말하였다.

긴장 해소의 과정이 정합적이어야 할 필요성은 재미 분석의 여러 차원[67] 중 심리적 차원에서도 논증할 수 있다. 재미를 느끼려면 몰입의 끝이자 긴장 해소의 단계에서 쾌감이 일어나야 한다. 아울러 그 쾌감은 그때까지 지속된 흥미와 몰입의 결과이어야 한다. 그래야만 그 쾌감이 일련의 경험에서 나온 쾌감이 되고, 한 인간을 변모시키는 쾌감이 될 수 있다. 또한 통합적인 재미 경험의 일부로서의 쾌감이 되어야 동경을 생산할 수 있다.

다른 방식으로 얻는 쾌감이 있다면 그것은 긴장 해소 이전 단계까지의 콘텐츠와 무관한 쾌감이 될 것이고, 그 쾌감과 무관한 콘텐츠의 부분들은 낭비될 것이다. 이럴 경우 콘텐츠 전체가 재미없게 된다.

이상의 내용을 정리하여 이야기 구성에서 주의를 지속하게 하는 데에 따르는 어려움을 표현하면 다음과 같이 말할 수 있다.

---

66 아리스토텔레스, 『시학』, 제10장.

67 이 책의 제2장 56쪽 '재미 이해의 여러 차원과 논의의 틀'을 참조하기 바란다.

하나의 긴장 구조는 쉽게 지루해지고, 새로운 긴장 구조를 더하면 통일성을 잃기 쉽다.

최소 조건에서 답하지 않은 것

이야기의 최소 조건은 아주 중요하다. 최소 조건이 갖추어지지 않으면 어떤 것도 재미있을 수 없다. 이야기의 최소 조건인 긴장 구조(긴장의 축적과 해소)는 재미의 다른 모든 것을 가능하게 하는 토대이며, 그런 의미에서 기초이다.

그럼에도 긴장 구조만으로 설명되지 않는 재미 조건의 중요한 부분들이 있다. 이는 앞서 분석한 긴장 구조 구성의 어려움을 해결하는 문제로 요약되므로, 다음과 같은 물음들에 대해 우리는 더 상세한 대답을 찾을 필요가 있다.

- 단일하고 통일성 있는 긴장을 어떻게 지속시킬 수 있는가?
- 어떻게 해야 긴장의 해소를 정합적이면서도 예상치 못한 방식으로 만들 수 있는가?
- 긴장 축적의 단계와 긴장 해소의 단계는 어떻게 결합하여야 하는가?

먼저, 긴장의 축적에 따르는 재미 창출의 어려움은 단일하고 통일성 있는 긴장을 지속시키는 것에 초점이 모아지고, 이 어려움은 다음과 같은 명백한 딜레마에서 생겨난다. 즉 주의 집중은 지속하기 어렵고 이를 해결하기 위해서는 새로운 긴장 관계를 도입해야 한다는 것이다. 이때 다른 긴장 관계를 도입할 가능성이 크고, 이럴 경우에 단일성과 통일성은 깨진다. 반대로 단일하고 통일성 있는 긴장 관계를 오래 끌면 지루해지고 주의는 금세 다른 곳으로 쏠리기 쉽다.

그렇다면 이런 딜레마는 해결이 불가능한가? 아니다. 재미있는 콘텐츠들의 경우에서 볼 수 있듯이 이를 해결하는 구체적인 방법들이 있다. 그 상세한 내용은 뒤[68]에서 논의할 것이다.

두 번째 물음 역시 첫 번째 물음처럼 딜레마의 해결책에 관해 묻고 있다. 필연성이나 개연성이 있는 방식으로 긴장을 해소하려면 예상이 가능한 방식이 되기 쉽다. 반대로 긴장의 폭발을 위해서 예상치 못한 반전을 시도하고자 한다면 정합적이지 않은 방식으로 긴장이 폭발되기 쉽다. 역시 이러지도 저러지도 못하는 상황, 즉 딜레마이다. 이상의 두 가지 물음에 대한 구체적인 해결책은 세 번째 물음, 즉 긴장 축적 단계와 긴장 해소 단계의 결합에 대한 대답과 조화를 이루어야 한다. 사실상 결과적으로는 세 물음이 모두 포괄적인 하나의 질문이다.

그럼에도 이렇게 나누어 놓은 이유는 무엇인가? 영화 시나리오 작성이나 게임의 디자인 과정에서 실질적인 창작의 어려움은 단계별로 독자적으로 나타나는 경우가 많기 때문이다. 결말은 잘 만들어 놓았는데 이야기의 중간 진행 과정이 지루하다는 문제점을 보이거나, 다 괜찮은데 결말이 진부하다는 문제가 발견되는 경우가 자주 나타난다.

그러면 구체적으로 어떻게 해야 긴장의 축적과 해소를 훌륭하게 할 수 있을까? 이에 대한 대답은 더 복잡하고 까다롭다. 그 대답의 첫 번째 부분이 곧 논의할 '현비 구조'에서 제시된다.

---

68 이 책의 제3장 233쪽 '현비 구조의 보완 이론'을 참조하기 바란다.

4. 재미 요소의 결합 구조 2: 현비 구조

현비 구조의 개념과 구성 요소

현비 구조와 세 가지 요소

사건들의 결합 구조가 재미있기 위한 조건들 가운데 최소 조건에서 답하지 않은 가장 중요한 것을 설명하는 개념 체계가 곧 현비 구조[69]이

---

69 현비 구조란 1997년과 2004년에 출간한 필자의 저작들에서 '뫼비우스 띠 구조'라고 부르던 것이다. 이 명칭에는 몇 가지 문제점이 있어서 이 용어를 필자의 이름을 따 '현비 구조(모형)'로 대체하고자 한다. '뫼비우스 띠 구조'라는 명칭의 문제점은 다음의 두 가지이다.

첫째, '뫼비우스 띠 구조'라는 이름은 너무 길다. 필요한 논의를 위해서 이 구조를 자주 언급할 때마다 이름이 너무 길어서 부르기에 불편하다. 하지만 '현비 구조'로 하면 불필요하게 이름이 길지 않고, 또한 한국어적인 운율에 어느 정도 잘 어울린다.

둘째, 뫼비우스 띠와 개념적인 혼동이 뒤따른다. 뫼비우스 띠는 널리 알려진 개념이다. 이에 비해 뫼비우스 띠 구조는 새로운 개념이다. 그래서 뫼비우스 띠 구조라는 이름은 사람들이 뫼비우스 띠와 같은 의미로 받아들일 가능성이 크다. 뫼비우스 띠는 현비 구조 안에 들어 있는 추상적 구조로, 현비 구조의 일부분일 뿐 서로 같은 의미일 수 없다. 따라서 이름을 바꿈으로써 이런 혼동을 줄일 수 있다면 더 좋겠다. 아울러, 이름에 '뫼비우스 띠'라는 말을 굳이 쓰는 것이 재미를 이해하는 데에 그다지 실용적이지도 않다. 뫼비우스 띠 구조라는 이름은 뫼비우스 띠를 강조하지만 실제로 의미하는 것은 재미를 설명하고 그것을 창출하는 방법에 지나지 않는다. 여기에서 뫼비우스 띠는 별로 중요하지 않다.

이론적인 개념에 개인의 이름을 붙이는 것이 자신을 드러내지 않는 동양적 연구 풍토에서는 다소 거부감이 들 수도 있다. 하지만 일반적인 학문 연구 풍토에서는 흔하다. '골드 바하의

세 가지 요소	내용
긴장 구조	긴장의 축적과 해소가 이루어짐
두 겹 이야기	드러난 이야기와 숨은 이야기가 결합됨
공유 경험	화자와 청자가 어떤 익숙한 경험 지식을 공유함

표 3.12 현비 구조의 세 가지 요소

다. 현비 구조는 위의 〈표 3.12〉에서처럼 긴장 구조, 두 겹 이야기, 공유 경험으로 요약할 수 있다.

현비 구조 역시 최소 조건처럼 재미 분석의 여러 차원 중 내용적 차원에서 재미를 설명한다. 따라서 현비 구조는 콘텐츠가 갖추어야 하는 재미의 조건이다. 하지만 현비 구조의 이론적 근거는 재미 설명의 심리적 차원에서 이해한 콘텐츠 사용자의 인지 과정이다. 콘텐츠 사용자의 재미 경험에 대한 인지 과정은 다음과 같다.

a. 의식 속에서 긴장이 축적되었다가 해소된다. 해소 순간에 쾌감이 발생한다.

b. 숨은 이야기가 개입되어서 결말이 예상 밖의 설득력 있는 방향으로 진행된다.

c. 공유 경험에 의해서 숨은 이야기가 이해되고 경험의 자각이 강화된다.

이를 앞의 〈표 3.12〉와 비교해 보면, a의 과정은 '긴장 구조'와 대응되고, b의 과정은 '두 겹 이야기'와 대응되며, c의 과정은 '공유 경험'과 대응된다. 이제 현비 구조의 세 가지 요소를 중심으로 이 관계를 좀 더 상세히 이해해 보자.

추측', '플랑크 상수', '러셀의 역설', '괴델 수' 등에서 보듯이 자의나 타의로 연구자의 이름이 이론적 개념에 붙는 경우는 흔하다. 그중 하나를 보면, 괴델은 산술의 공리 체계에 대한 불완전성 정리를 증명할 때 소수들을 활용한 특별한 숫자를 정의하고 그것에 자신의 이름을 붙여서 '괴델 수'라고 불렀다. '뫼비우스 띠' 역시 수학자인 '뫼비우스'의 이름이 붙었다.

현비 구조의 긴장 구조

먼저 현비 구조의 중심축은 긴장 구조이다. 이것은 앞에서 설명한 재미의 최소 조건이기도 한데, 이야기 속에서 어떤 긴장이 축적되었다가 해소된다는 것을 의미한다. 예를 들어 게임에서는 해결해야 하는 어떤 과제가 주어지고 그 과제는 쉽게 해결되지 않아야 한다. 이를 위해서 게임의 난이도를 적절히 높여 점증하는 반복 과정으로 구성할 수 있다.

공주가 주인공인 영화나 소설의 경우에도 공주가 마왕에게 납치됨으로써 이야기에 생명력이 더해진다. 긴장이 시작되는 것이다. 여기서 이야기가 더욱 재미있으려면 긴장이 축적되어야 한다. 대개는 공주가 쉽게 구출될 수 없는 상황으로 긴장을 축적한다. 그러다가 마지막에 공주가 마왕에게서 구출되어 행복하게 잘살았다는 것이 흔한 전개 방식이다. 이 결말이 긴장의 해소이다.

현비 구조의 두 겹 이야기

두 겹 이야기는 이야기 전체가 '드러난 이야기'와 '숨은 이야기'라는 두 개 이상의 맥락으로 구성된다는 뜻이다. 여기서 드러난 이야기는 콘텐츠 사용자들이 직접적으로 경험하는 이야기를 가리킨다. 즉 주인공을 중심으로 생겨나는 긴장과 갈등의 변화가 그 핵심이다. 한편, 숨은 이야기란 누구나 암묵적으로 전제하거나 이해하며 기억하고 있지만, 동시에 주의 집중 과정에서 간과해 문제 해결에 활용하지 못하는 맥락이다.

두 겹 이야기는 필자가 이전의 논의[70]에서 '다중 구조' 혹은 '2중 구조'라고 부르던 것이다. 두 겹 이야기는 논리적으로는 '두 개 이상'의 맥락을 의미하지만 대개 콘텐츠 사용자가 쉽게 이해할 수 있게끔 충분히 단

70　이현비, 앞의 책.

순해야 하므로 두 가지 맥락만으로 구성되는 2중 구조인 경우가 대부분
이다.

두 겹 이야기가 필요한 이유는 긴장이 축적되었다가 해소되는 과정이
재미있어야 하기 때문이다. 달리 말해 재미의 최소 조건이 설명하지 못
하는 물음들 중에서 둘째와 셋째 물음에 대한 답이 두 겹 이야기에 있는
것이다.

그렇다면 긴장은 어떻게 축적되는가? 이야기 속에서 문제가 쉽게 해
결되지 않는 과정을 보여 줌으로써 긴장이 축적된다. 이에 따라 콘텐츠
사용자는 내용에 몰입하게 된다. 이 몰입의 끝에 축적된 긴장이 특정한
방식으로 해결되어야 재미있고 쾌감이 발생한다. 그런데 몰입과 쾌감의
결합에서 모순적인 요소들이 있다. 왜 그럴까?

먼저, 몰입은 긴장을 유지함으로써 얻는다는 점을 기억하자. 긴장의
유지란 목적을 달성하지 못하는 상황, 즐거운 감각을 경험하지 못하는
상황, 흥미의 실현이 방해받는 상황 등을 가리킨다. 그런데 쾌감은 그것
이 성취되는 상황에서 발생한다. 쾌감이 통합적인 재미 경험 전체의 결
과이기 위해서는 이 점에 대한 인지적인 설득이 필요하다. 즉 '어떻게 쉽
게 얻을 수 없던 것을 얻었는가'를 콘텐츠 사용자에게 납득시켜야 한다.

이 문제는 앞[71]에서 재미의 최소 조건이 설명하지 못하는 두 번째 물
음의 딜레마를 다른 방식으로 표현한 것이다. 현비 구조는 이에 대한 표
준적인 해결책을 제시한다. 긴장 축적 과정에서 간과되었던 사태의 다른
측면, 즉 숨은 이야기를 개입시켜 긴장을 해소하는 것이다.

이렇게 마지막 단계에서 이야기 속의 문제가 재미있게 해결되려면 간
과했던 중요한 요인이 존재하고, 그것이 적정한 시점에 작용해야만 한

---

71 이 책의 제3장 214쪽 '최소 조건에서 답하지 않은 것'을 참조하기 바란다.

다. 마왕에게 납치된 공주를 구하기 어려운 까닭은 마왕이 불의 성에 살고 있기 때문이다. 이 때문에 공주를 구하려는 많은 시도들이 뜨거운 열기 때문에 실패한다. 그래야 긴장이 축적된다. 그러다가 뒤따라오는 다른 맥락이 공주를 구출하는 데 중요한 계기가 된다. 예를 들어 모든 열은 위쪽으로 올라가므로 장작이나 석탄이 뜨겁더라도 그 밑은 뜨겁지 않을 수 있고, 그래서 그 밑으로 굴을 파면 열기를 피해 마왕의 성에 들어갈 수 있다.

이것이 현비 구조에서 가장 중요한 부분이다.[72] 이때 존재하지만 간과되었던 요인들, 하지만 결정적인 지점에서 작용하는 요인들은 다른 맥락이며 일종의 '이야기'라고 할 수 있다. 그 이야기는 쉽게 생각할 수 없는 맥락이어야 한다. 숨겨져야 하는 것이다. 그래야만 긴장이 축적되는 것이 억지스럽지 않다. 그러다가 후반부나 이야기의 절정에 해당하는 시점에서 숨겨진 이야기가 부각되어야 긴장의 해소가 납득할 만하게 된다.

다른 학자들도 이를 약간 막연한 표현으로 지적하는데, 예를 들어 톰 스템플Tom Stempel은 평범한 것처럼 보이는 장면에 영화의 핵심을 숨기라고 조언한다.[73] 로널드 B. 토비아스Ronald B. Tobias도 결정적인 것을 사소하게 보이도록 하라고 충고한다.[74]

정리하면, 이야기가 재미있으려면 '두 겹 이야기'의 부분에서 현비 구조가 훌륭하게 이루어져 숨은 이야기를 철저히 숨겨야 하고, 그 이야기가 개입될 때는 쉽게 이해할 수 있어야 한다.

---

72 이것은 사실상 실제 경험의 구조이기도 하다. 우리는 실제 생활에서 도저히 풀리지 않던 매우 어려운 갈등 상황이 예상 밖의 방식으로 해결될 때 재미를 느낀다. 그렇게 상황이 예상 밖의 방식으로 해결될 때 우리가 간과했던 맥락이 갑작스럽게 개입한다.

73 톰 스템플, 『좋은 시나리오의 법칙』, 김병철·이우석 옮김, (시공아트, 2011).

74 로널드 B. 토비아스, 『인간의 마음을 사로잡는 스무 가지 플롯』, 김석만 옮김, (풀빛, 2007), p. 58.

다시 말해 즉시 이해할 수 있어야 한다는 뜻이다. 그래야만 긴장 해소가 재빨리 이루어질 수 있고 긴장의 폭발을 유도할 수 있다. 여기에 많은 창작의 어려움이 생겨난다. 이 어려움을 극복하는 가장 좋은 방법은 뒤[75]에서 설명할 '묘한 일치'에 기반한 형상 전이의 심리 현상을 활용하는 것이다.

현비 구조의 공유 경험

공유 경험은 재미 창작자인 화자와 콘텐츠 사용자인 청자가 공유하는 익숙한 경험을 가리킨다. 이 공유 경험은 유머에 대한 테드 코언Ted Cohen의 분석에서 신념, 성향, 선입견, 기호 등으로 이루어진 공통분모를 가리키는데,[76] 두 겹 이야기에서의 숨은 이야기를 철저히 숨기고 그와 동시에 즉각적으로 이해하기 위한 조건이다.

왜 그래야만 할까? 이야기에서 긴장이 축적될 때에는 충분한 이유가 있다. 그 이유는 곧 긴장이 쉽게 해소되지 못하는 이유이기도 하다. 해소되기 어려운 긴장이 해소될 계기를 만들기 위해 숨은 이야기가 개입한다. 그리고 크게 부각된다. 그렇다면 숨은 이야기가 개입할 때마다 부각되는 이유는 무엇인가? 그것은 그 숨은 이야기가 철저히 숨겨져 있었기 때문이다.

이렇게 숨은 이야기가 철저히 숨겨져 있어야 긴장의 축적과 해소가 어설프지 않다. 즉 "숨은 이야기는 잘 숨겨져 독자들이나 청자들이 어느 시점까지 그 숨은 이야기에 주의를 돌릴 수 없어야 한다."[77] 이를 가리켜 숨은 이야기의 차별 은닉성이라고 표현한다.

---

75 이 책의 제3장 227쪽 '현비 구조와 묘한 일치'를 참조하기 바란다.

76 테드 코언,『농담 따먹기에 대한 철학적 고찰』, 강현석 옮김, (이소출판사, 2001), pp. 38-54.

77 이현비, 앞의 책, p. 43.

그런데 숨은 이야기의 차별 은닉성에는 모순적인 부분이 있다. 숨은 이야기는 관객이 알기 어려운 맥락이어야 하지만, 동시에 긴장의 해소 단계에서 부각될 때 관객이 즉각적으로 이해할 수 있어야 한다. 그렇지 않으면 이해하기 어려운 이야기가 되고, 이해하기가 어려우면 숨은 이야기를 이해하는 데도 시간이 걸린다. 따라서 긴장 해소가 재빨리 이루어지지 못한다. 이럴 경우 긴장의 축적과 해소가 논리적으로 결합된 훌륭한 방식일지라도 긴장의 폭발을 유발하지는 못한다. 쾌감이 줄어들고 재미 역시 줄어든다.

이 역설적인 어려움을 공유 경험이 해결한다. 공유 경험은 콘텐츠 사용자가 이미 겪은 익숙한 경험이지만 긴장의 축적 과정에서 이것을 직접 언급하지 않으므로 잠시 잊는다. 하지만 익숙한 경험의 내용이므로 언제든지 쉽게 상기해서 기억해 내고 이해할 수 있다. 긴장의 해소 단계에서 바로 그러한 상기 작용이 이루어지는 것이다.

필자가 이전의 논의에서 했던 말을 반복하면 "감정적인 차원에서 공유 경험은 우리가 드러난 이야기 속의 긴장에만 몰입할 수 있도록 해 주면서, 동시에 드러난 이야기의 긴장을 해소하기 위해서 숨은 이야기가 개입할 때, 그 개입을 쉽게 이해할 수 있도록 해 준다. 즉 친숙하게 공유되어 있으므로 망각의 위험이 적고 그래서 긴장 해소의 국면에서 쉽게 작용한다."[78]

현비 구조의 시각화

이상과 같은 현비 구조는 세 가지 요소들의 단순 나열이나 결합으로 이루어지는 것이 아니다. 이 세 가지 요소들은 정해진 특정한 방식으로

---

78 이현비, 앞의 책, p. 53.

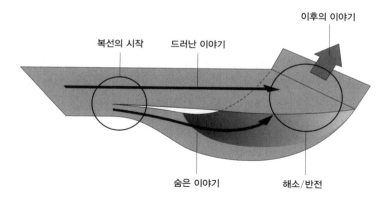

그림 6 현비 구조의 시각적 이해

결합해야만 한다. 다음과 같은 〈그림 6〉이 그 특정한 결합 방식을 직관적으로 보여 준다.[79]

　현비 구조를 보여 주는 이 그림에서 위쪽에 있는 면은 드러난 이야기를 나타낸다. 드러난 이야기에 긴장이 축적되며, 콘텐츠 사용자는 이 이야기의 진행에 주의를 집중하게 된다. 또한 이 드러난 이야기가 진행되는 과정 중에 숨은 이야기가 형성되는데, 현비 구조에서 그늘진 곡면으로 그려져 있다. 드러난 이야기에서 숨은 이야기가 갈라지는 부분을 복선이라 부른다.

　드러난 이야기는 시간의 축을 따라서 전개되다가 긴장이 적절히 축적된 어느 최종 지점에서 숨은 이야기와 만난다. 이 지점이 곧 긴장이 해소되는 지점인데, 이때 반전이 이루어진다. 그리고 그때부터 이야기는 진행되어 오던 것과는 전혀 다른 방향의 결말을 맞는다.[80]

79 이현비, 앞의 책, p. 58.
80 같은 책, pp. 58-59.

이상에서 설명한 현비 구조는 '재미있는 이야기의 기본 구조'이다. 이 것을 재미의 최소 조건과 대비하여 '기본 충분조건'이라고 부르자. 최소 조건이 암암리에 가정하는 재미의 기본 조건을 현비 구조에서 명시적으로 설명하므로 '기본 조건'이라고 하고, 다른 한편으로 현비 구조가 만족 되면 사용자가 반드시 재미를 느끼므로 '충분조건'이라고 하는 것이다.

체험별 현비 구조의 구현

현비 구조는 모든 재미의 기본 조건이므로 직접 체험과 간접 체험에 서 공통적으로 조건화할 수 있다. 이때 두 체험(이야기) 모두 사용자에게 재미를 제공한다.

하지만 재미를 경험하는 콘텐츠 사용자가 현비 구조의 어느 부분에 위치하는지는 체험의 유형에 따라서 달라진다. 직접 체험과 간접 체험의 차이에 따라서 현비 구조가 적용되는 방식을 그림으로 설명하면 다음의 〈그림 7〉과 같다.

직접 체험에서의 현비 구조

〈그림 7〉에서 보여 주듯이 게임과 같은 직접 체험의 경우에 콘텐츠 사용자는 드러난 이야기를 직접 경험한다. 자신의 활동이 드러난 이야기를 구성하는 사건이 되는 것이다. 이때 사용자는 주로 다음과 같은 세 가지 이유로 숨은 이야기를 무시한다.

a. 숨은 이야기의 존재를 인지했지만 기억하지 못하거나 이해하지 못한다.
b. 숨은 이야기의 발생 가능성이 낮다는 이유로 선택하지 않는다.
c. 숨은 이야기를 부정할 수 없는 조건이지만 미처 알지 못한다.

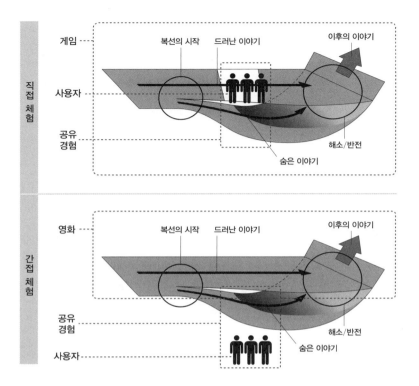

그림 7 체험 유형별 현비 구조의 적용 방식

이러한 이유로 숨은 이야기가 숨겨지는 것이다. 그리고 경험 과정의 끝에서 숨은 이야기를 만날 때 무시했던 사건이 발생한다. 그러고는 상황이 반전된다.

예를 들어 고스톱이라는 게임을 한다고 생각해 보자. 고스톱을 칠 때 철수는 피만 열심히 모으는 반면, 영희는 청단과 홍단을 모아서 예상치 않게 이긴다면 영희의 경험은 매우 재미있게 된다. 이때 철수와 영희는 드러난 이야기에서 청단과 홍단의 발생 가능성이 낮다는 이유로 무시한 것이다(b의 경우).

다른 예로「스타크래프트」게임에서 우리 편이 지고 있었지만 상대편이 어처구니없는 실수를 저지름으로써 우리 편이 이기게 되었다면 이때 게임은 재미있을 수 있다. 이 경우 게임 사용자들은 누군가가 실수를 저질렀다는 사실을 부정하지 않고 그저 받아들일 수밖에 없다(c의 경우). 이런 엉뚱한 결과는 게임 사용자들 간에 오랫동안 이야깃거리가 되는데, 이는 재미있었다는 한 증거이다.

간접 체험에서의 현비 구조

간접 체험은 우리가 영화나 소설, 만화나 유머 등을 감상하고 즐기는 경우이다. 이 부분은 이해하기 쉽다. 재미있는 간접 체험의 콘텐츠에서 현비 구조를 구현하는 사례들에 대해서는 필자의 이전 논의에서 소개한 「우리 회사 미스 박」과 같은 유머나『모텔 탈출기』,『사랑은 오류이다』라는 소설, 「식스 센스」(1999)와 「매트릭스」(1999)와 같은 영화들에서 공통적으로 확인할 수 있다.[81]

이 중 「매트릭스」에서 현비 구조를 구현하는 경우를 좀 더 살펴보자. 이 영화에서 극적 반전은 마지막에 주인공 네오가 문지기 프로그램인 스미스와 싸워 이기는 장면이다. 죽음에 이를 정도로 스미스에게 공격을 당했던 네오가 갑자기 일어난 뒤에서 날아오는 총알까지 멈추게 할 정도로 엄청난 능력을 가진 사람으로 돌변한다.

이러한 반전을 이루는 논리는, 모든 것이 단지 프로그램 코드일 뿐이라는 영화 속 세계의 구조에 있다.[82] 사실 관객은 이 영화를 보면서 지속적으로 그 논리에 대한 힌트를 보고 듣지만 이해하지 못하거나 기억하지 못하고 무시한다. 즉 숨은 이야기인 것이다.

---

81 이현비, 앞의 책, 제3장, 제4장.

82 같은 책, p. 65.

기본적으로 체험의 새로움은 경험의 새로움이나 자각의 새로움으로 결정된다. 이 중에 자각의 새로움에 따른 재미는, 경험은 진부할지라도 그에 대한 자각이 특별하여 얻는 재미이다. 평범한 일상적 경험이 어느 날 갑자기 생경하게 느껴지면서 발견하는 재미 같은 것인데, 수필과 같은 문학 작품에서 이런 체험을 다룬다.[83] 하지만 대중을 상대로 하는 콘텐츠의 관점에서는 경험의 새로움을 통해 새로운 체험을 제공하는 현비 구조나 플롯과 같은 체험의 형식적 구조에 먼저 관심을 두는 것이 합당하다.

현비 구조와 묘한 일치

묘한 일치의 세 가지 요소

재미론에서 현비 구조의 핵심은 이야기에서 긴장 축적과 해소 두 단계의 결합 조건을 설명하는 것이다. 숨은 이야기와 공유 경험은 모두 이 결합 조건을 상세히 규정한다. 콘텐츠 창작의 관점에서 이 결합 조건의 가장 중요한 부분은 숨은 이야기의 차별 은닉성이다. 이 개념을 정식으로 정의하면 다음과 같다.

숨은 이야기의 차별 은닉성이란 숨은 이야기가 명백하게 인지될 수 있었음에도 기대와 맥락의 유인으로 그것을 전적으로 다른 형태로 인식함에 따라서 인지하지 못하는 것이다.

---

83   이와 같은 재미는 단순한 재미의 개념을 넘어서 예술성으로 논의된다.

재미의 층계	재미 분석의 차원	내용
숨은 이야기	창작자의 능력	맥락 속에 숨겨진 이야기. 두 겹 이야기의 부분
묘한 일치	내용적 차원	숨은 이야기를 포함하는 현비 구조의 세부 형식
형상 전이	심리적 차원	현비 구조에 의해서 유발되는 인지적 효과

표 3.13 현비 구조 생성을 위한 재미 분석의 차원별 필요 사항

숨은 이야기의 차별 은닉성은 현비 구조를 만들기 위한 자원인데, 묘한 일치는 창작자가 차별 은닉적으로 숨은 이야기를 구성하는 직접적인 방법이다. 묘한 일치가 이야기 전개에서 효과적으로 긴장 해소에 활용되면 콘텐츠 사용자는 큰 재미를 느낀다. 이 재미 경험에서 현비 구조에 따른 인지 충격은 형상 전이Gestalt Shift라고 알려진 흥미로운 심리적 현상에 기초한다.[84]

형상 전이는 재미 분석의 여러 차원 중 심리적 차원에 속한다. 이 관계를 정리하면 위의 〈표 3.13〉과 같다.

필자가 지적했던 내용을 반복하면 현비 구조에 따라 유발되는 재미의 인지적 속성이 형상 전이이고, 형상 전이를 유발하는 현비 구조의 세부 형식이 묘한 일치이다.[85] 또한 묘한 일치가 구체적인 사례에 잘 적용된 것이 두 겹 이야기이며, 창작자가 현비 구조를 만들려면 이 두 겹 이야기를 먼저 발견해야만 한다. 숨은 이야기는 두 겹 이야기의 한 부분이다.

그렇다면 묘한 일치란 무엇인가? 곧 콘텐츠들이 정교한 '맥락의 일치'를 실현한다는 것이다. 일반적으로 묘한 일치는 대부분의 사람들에게 형상 전이를 분명하게 유발하는 그림이나 글, 혹은 여러 콘텐츠의 특징으

84　이에 대해서는 이 책의 제4장 350쪽. '형상 전이와 묘한 일치'에서 상세히 설명하기로 한다.
85　이현비, 앞의 책, p. 239.

로 존재한다. 한편, 심리적 차원으로서의 형상 전이는 '즉각적 인지'의 단계에서 발생하며, 이때 이야기 속에 숨은 이야기의 '철저한 은닉'을 가능하게 한다. 여기서 맥락의 일치, 즉각적 인지, 철저한 은닉은 형상 전이의 발생 조건이며, 뒤[86]에서 상세하게 논의할 것이다.

심리적 관점에서 묘한 일치는 형상 전이를 유발하는 이야기(체험)의 구조적 속성이다. 이전의 논의[87]에서는 필자가 묘한 일치를 주로 나열식 유머의 사례에서 설명하였다. 하지만 사실상 재미의 창출 조건을 만족시키는 모든 콘텐츠에 묘한 일치가 존재한다.

파울로스의 수학적 유머 해석

파울로스는 유머에 대한 이론적 논의에서 묘한 일치를 수학적인 개념으로 다음과 같이 형식화하였다.

농담꾼: 공리 1, 2, 3은 어떤 모델에서 참이지?

듣는 사람: 모델 M에서.

농담꾼: 아니야, 모델 N이야.[88]

대표적인 예는 다음과 같은 유머이다.

「성교육 시간에」

한 여자고등학교에 엄청 밝히는 남자 선생님이 한 명 있었다. 이 남자 선생님은 툭하면 여학생들에게 이상한(?!) 질문을 하곤 했다.

86　이 책의 제4장 354쪽 '형상 전이의 발생 조건'을 참조하기 바란다.

87　이현비, 앞의 책.

88　파울로스, 『수학 그리고 유머』, 박영훈 옮김, (경문사, 2003), pp. 48-49.

그날도 어김없이 밝히는 선생님이 질문을 했다.

남선생: 넣기 전에 설레지만 넣었을 때는 황홀하고, 이리저리 흔들었을 때 그 소리! …… 뺄 땐 아쉬움이 남아서 더 넣고 싶은 것은 무엇일까? (은근히 야한 질문하는 것을 즐김!)

그때 엄청 순수해 보이는 범생이가 자신 있게 손을 들었다.

범생이: 저 ~~ 욥!!

남선생: 그래! 그것이 무엇이냐??

그러자 범생이가 한참을 고민하다가 말을 했다.

범생이: 혹시……

⋮

저금통이 아닌가요?[89]

여기에서 우리는 묘한 일치를 구성하는 세 가지 요소를 분석할 수 있다. 요소는 문제의 조건, 강요된 해석, 숨겨진 해석이다. 위의 사례들에서 각 요소들의 예를 들면 다음의 〈표 3.14〉와 같다.

세 가지 요소	파울로스의 형식화	「성교육 시간에」
문제의 조건	공리 집합: 공리 1, 2, 3	넣기 전에 설레지만… 무엇일까?
강요된 해석	모델 M	성행위
숨겨진 해석	모델 N	저금통

표 3.14 묘한 일치의 구성 요소

89 이현비, 앞의 책, pp. 247-248.

묘한 일치의 첫째 요소는 문제의 조건이다. 이것은 1차적으로 묘한 일치의 독립적인 요소이다. 하지만 재미론이 관심을 기울이는 대부분의 콘텐츠에서 문제의 조건은 어떤 해석과 무관하게 독립적으로 존재하지 않는다. 단지 재미를 정확히 이해하기 위한 이론적 목적에서 구분하는 것일 뿐이다.

콘텐츠에서 문제의 조건이 해석과 결합되는 예를 들어 보자. 게임 「서든 어택」에서 우리가 마우스를 움직이는 것은 게임 속의 주인공이 고개와 시선을 돌려서 다른 곳을 보는 행위를 의미한다. 이때 마우스를 움직이는 것이 '문제의 조건'이라면, 시선을 돌려 다른 곳을 보는 행위는 일종의 '해석'이다.

영화 「맨 인 블랙」(1997)에서도 주인공인 두 요원이 어떤 사람을 검문할 때, 관객들은 그 사람을 지구인이거나 혹은 외계인일지도 모른다고 생각하면서 보는데, 이는 문제의 조건(어떤 사람처럼 생긴 대상)을 해석(지구인 또는 외계인)과 함께 받아들이는 것이다.

이런 지평에서 재미있는 이야기의 구조를 설명한다면, 재미있는 콘텐츠는 동일한 문제의 조건에 대해서 두 가지 해석을 가정하고 하나의 해석을 콘텐츠 사용자들에게 강요하다가 긴장이 해소되어야 할 지점에 숨겨진 해석을 제시하여 긴장 관계를 뒤집는다고 할 수 있다. 이것이 현비 구조의 핵심이다.

이렇듯 적절한 묘한 일치는 이야기 전체를 구성하는 핵심 자원이다. 그렇다면 이것을 어떻게 찾아낼 수 있을까? 논리적인 추론이나 관심에서 얻기는 어렵다. 그보다는 창작자의 진정성에서 얻을 수 있다. 이 진정성은 삶과 인간에 대한 인식의 진정성이다.[90]

---

90   이에 대해서는 이 책의 제5장 430쪽 '진정성'에서 상세히 논의할 것이다.

인지적·정서적 거리

그렇다면 문제의 조건에 대해서 두 개 이상의 해석이 항상 가능할까? 순수 수학적인 원리를 살펴보면 아무리 길고 복잡한 문제의 조건이 주어지더라도 그 조건들이 무한히 복잡하고 길지 않다면 이 조건을 만족하는 모델들은 항상 존재한다. 이것을 보증하는 수학 명제를 '뢰벤하임-스콜렘Lowenheim-Skolem 정리'[91]라고 한다.

물론 콘텐츠에서의 재미는 이렇듯 엄밀한 수학적 원리보다는 다른 원리에 더 크게 좌우된다. 콘텐츠 제작의 입장에서는 주어진 조건에 맞는 해석들이 얼마나 많은가가 중요한 것이 아니라 그중에서 가장 적절한 두세 가지의 해석들을 어떻게 골라내느냐가 중요하다.

따라서 재미있는 구성을 위해 더 나은 해석들을 선택하는 기준이 필요하다. 즉 이야기를 구성하기 위한 해석들이 서로 어떤 조건을 갖추어야 하는가에 대한 기준이 필요한 것이다. 이는 곧 다음과 같다.

강요된 해석과 숨겨진 해석 간에 인지적 거리와 정서적 거리가 멀어야 한다.

재미있는 이야기에서의 묘한 일치를 구축하려면 먼저 강요된 해석과 숨겨진 해석의 인지적 거리가 멀어야 한다. 인지적 거리가 멀다는 것은 강요된 해석에서 인지되는 내용과 숨겨진 해석에서 인지되는 내용이 매우 다르고 무관하다는 것을 의미한다. 한편, 해석들 간의 정서적 거리가 멀다는 것은 강요된 해석에서 등장인물과 상황에서 느끼는 감정이 숨겨진 해석에서는 크게 달라진다는 것을 의미한다.

---

91 G. S. Boolos & R. C. Jeffrey, *Computability and Logic*, (Cambridge: Cambridge University Press, 1996), 제13장. 좀 더 상세한 논의는 이 책의 제6장 453쪽 '괴델과 재미, 형상 전이'를 참조하기 바란다.

이에 대한 좋은 예를 드라마 「미안하다 사랑한다」(2004)에서 볼 수 있다. 이 드라마에서는 최종적인 반전이 이루어지고 난 뒤에 인지되는 어머니의 모든 행위가 매우 다르게 이해된다. 인지된 내용도 다르고 그에 따라 느끼는 감정도 다르다. 이때 달라지는 감정은 주인공 차무혁의 감정이기도 하지만 관객의 감정이기도 하다. 영화 「세븐 데이즈」(2007)에서도 마찬가지이다. 최종적인 반전이 이루어지고 아이를 납치한 범인이 밝혀질 때 피해자의 어머니와 살인자 등의 등장인물들이 모두 다른 방식으로 이해된다. 더불어 그에 뒤따르는 감정도 극단적으로 달라진다. 관객은 이러한 점 때문에 해당 드라마와 영화를 재미있다고 느낀다.

반면에 영화 「프레스티지」(2006)의 반전에서 이루어지는 형상 전이의 내용은 별로 충격적이지 않다. 그 이유는 강요된 해석과 숨겨진 해석 간의 인지적 거리가 약간 멀다고 인정하더라도(이것도 좀 분명하지 않다) 정서적 거리는 비교적 가깝기 때문이다. 영화 전체에서 주인공인 두 마술사 알프레드 보든과 로버트 엔지어의 애증 관계는 특히 관객에게 일정한 감정을 유발하며, 최종적인 형상 전이가 이루어진 이후에도 그 감정의 변화는 크지 않다.

현비 구조의 보완 이론

이미 말했듯이 현비 구조는 재미있는 이야기(체험)의 기본 충분조건이다. 필자는 이것이 곧 재미의 기본 단위라고 생각한다. 따라서 다양한 측면, 특히 심리적인 측면에서 이 주장이 합당하다는 것을 검토할 것이다.[92]

---

92 이 책의 제4장에서 주로 이 부분을 논의할 것이다.

그러나 이 주장이 옳다고 하더라도 현비 구조는 재미있는 이야기의 모든 측면을 상세히 설명해 주지는 못한다.

필자의 이전 저작들[93]에서 보듯이 현비 구조는 긴 영화의 재미에서도 중요하지만 짧은 유머에서도 구현된다. 현비 구조가 짧은 유머에서도 구현된다는 것은 긴 이야기의 영화에서 재미를 구현하기 위한 충분하고 상세한 기술적 조건을 현비 구조가 모두 설명하지는 못한다는 것을 함축한다.

현비 구조의 핵심은 긴장의 축적과 긴장 해소의 결합 관계를 설명하는 데에 있다. 이때 긴장의 축적보다는 긴장의 해소를 설명하는 것이 더 큰 비중을 차지한다. 긴장 축적의 단계에 필요한 기술에 대한 설명이 상대적으로 적다. 이런 부분에 대한 추가적인 설명을 발견할 수 있는 이론들을 살펴보자.

이제부터 논의하려는 이론들은 재미에 대한 필수적인 요구 사항을 설명하는 것이 아니라, 재미있는 이야기들 중에서도 재미의 수준이 높은 매우 재미있는 이야기의 짜임새를 설명하고자 한다. 여러 재미론들 간의 층위가 혼동되지 않게 그 관계를 정리하면 〈표 3.15〉와 같다.

이론	다양성	추상적인 정도
재미의 보편 형식	현비 구조(유일함)	높음
재미에 대한 보완 이론[94]	2중 현비 구조, 3막 형식 등	중간
사례별 콘텐츠 재미 창작 이론	매우 다양한 콘텐츠들	낮음

표 3.15 재미 이론의 층위[95]

---

93   이현비, 『원리를 알면 공자도 웃길 수 있다.』, (지성사, 1997). 그리고 이현비, 앞의 책, (2004).

94   『재미의 경계』에는 '재미를 구현하는 흔한 방식'이라고 표현하였다.

95   이현비, 같은 책, (2004), p. 314의 표에서 항목의 순서를 바꾸고 용어를 다시 수정하였다.

현비 구조의 중첩: 2중 현비 구조

먼저 '2중 현비 구조'에 대해 설명하겠다. 2중 현비 구조는 재미의 기본 구조(현비 구조)를 중첩적으로 사용함으로써 단일 현비 구조의 단순함을 해결한다. 2중 현비 구조는 추상성이 높은 이론이면서도 긴장의 지속과 축적에 대한 좀 더 상세한 조건을 규정함으로써 잘 짜인 이야기 구조에 대한 이해를 높일 것이다. 이 구조는 필자의 이전 저작에서 '3국면 형식'이라는 명칭으로 논의한 것[96]을 이론적인 수준에서 더욱 발전시킨 것이다.

2중 현비 구조보다 먼저 발전했고 더 많이 논의된 이론들로는 '3막 형식 이론'이나 '복구적 3장 구조론'을 들 수 있다. 3막 형식 이론이나 복구적 3장 구조론은 긴장 축적의 단계에 대한 설명에서 강점을 가지고 있어 2중 현비 구조와 상호 보완적으로 활용할 가치가 있다.

하지만 3막 형식 이론이나 복구적 3장 구조론은 재미있는 이야기의 최종적인 결말인 긴장 해소의 조건을 상세히 규정하지 못하는 단편적인 지침들의 집합이다. 또한 콘텐츠 창작자들이 고려하기에 좋은 구체적인 지침들을 제공하는 장점이 있지만, 그 내용이 너무 구체적이어서 적용 범위가 제한적이다. 다시 말하면 콘텐츠 사례에 따라 적용할 수 없는 경우가 많다는 단점이 있다.

현비 구조와 2중 현비 구조의 관계

2중 현비 구조를 상세히 설명하기에 앞서 먼저 현비 구조와 2중 현비 구조와의 관계를 플롯 구성의 관점에서 설명하겠다. 앞에서 지적한 것처럼 긴장 축적의 단계에 대한 설명이 부족한 현비 구조의 내용을 2중 현

---

96 이현비, 앞의 책, (2004), pp. 313-323.

비 구조의 개념이 보완한다. 이때 2중 현비 구조가 보완하는 것은 긴장 축적 단계에 대한 재미 조건이며, 그 방법은 현비 구조의 핵심 개념을 확장하여 반복 적용하는 것이다. 이에 따라 현비 구조가 가진 이론적 장점, 즉 긴장의 축적과 해소 단계에 대한 통합적인 설명력說明力을 유지할 수 있다.

긴장 축적 단계에서 재미 창출의 어려움은, 전체 이야기가 길면 긴장 축적 단계 역시 길어질 수밖에 없다는 데에서 출발한다. 반면에 긴장 해소 국면이 언제나 짧다는 것은 불가피한 점이다. 앞[97]에서 설명한 것처럼 긴장이 재빨리 해소되어야 긴장의 폭발로 인지적 충격을 유발할 수 있기 때문이다. 따라서 이야기가 길면 긴장의 축적 국면이 길어질 수밖에 없고, 그 속에서 콘텐츠 사용자의 주의를 지속적으로 끌려면 추가적인 이야기의 변화가 필요하다.

이런 문제를 해결하는 가장 기본적이면서도 중요한 방법은 첫째 국면을 긴장의 생성과 긴장의 변화·고조 국면으로 나누는 것이다. 이렇게 하면 최종적인 해결 국면까지 포함하여 전체 이야기는 세 가지 국면으로 구성된다.

또 긴장의 생성과 변화·고조의 연결 부분에는 재미의 기본 단위인 현비 구조를 부여한다. 그러면 전체적으로 현비 구조 두 개가 중첩된다. 필자는 이것을 '2중 현비 구조'라고 이름 붙였다.

이상에서 논의한 현비 구조와 2중 현비 구조의 관계 및 구조적 대응 관계를 도표로 정리하면 〈표 3.16〉과 같다.

---

97 이 책의 제2장 130쪽 '인지적 충격과 감정의 폭발'을 참조하기 바란다.

구분	내용		
현비 구조	긴장의 생성과 고조		긴장 해소
2중 현비 구조	첫째 국면	제1 국면 전환	제2 국면 전환
	긴장의 생성	긴장의 변화·고조	긴장 해소
	제1 현비 구조		제2 현비 구조

표 3.16 현비 구조와 2중 현비 구조

2중 현비 구조의 시각적 이해

현비 구조를 도형으로 시각화했듯이 2중 현비 구조도 도형으로 시각화할 수 있는데, 이 시각적 모형은 〈그림 8〉과 같다.

〈그림 8〉에서 보여 주는 2중 현비 구조의 내용을 하나씩 살펴보자. 필자가 이전의 논의[98]에서 이 형식의 이야기 구조를 3국면 형식이라고 불렀던 것에 알 수 있듯이 2중 현비 구조는 다음과 같이 이야기를 세 가지 국면으로 나눈다.

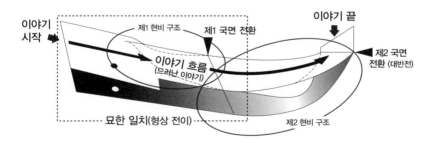

그림 8 2중 현비 구조의 시각적 모형

---

98   이현비, 앞의 책, (2004), p. 313.

세 국면	구분	내용
첫째 국면	이야기 시작~제1 국면 전환	이야기 발단 제시. 복선 생성
둘째 국면	제1 국면 전환~제2 국면 전환	새로운 긴장 구조와 긴장 축적
셋째 국면	제2 국면 전환~이야기 끝	총체적 반전과 긴장의 해소

표 3.17 2중 현비 구조의 세 가지 국면

각 국면을 상세히 설명하면 다음과 같다.

- **첫째 국면**: 이야기의 시작에서부터 제1 국면 전환까지의 부분이다. 사소한 흥밋거리로 이야기를 시작하고 맨 마지막 반전을 위한 숨은 이야기를 생성한다. 이 첫째 국면에서 반전을 위한 모든 장치들을 반드시 다 제시해야 하는 것은 아니다. 하지만 그렇게 될 수 있다면 짜임새의 조밀성을 높일 수 있고, 작품의 구성이 더 탄탄해진다.
- **둘째 국면**: 제1 국면 전환에서부터 제2 국면 전환까지의 부분이다. 첫째 국면에서 파생되지만 첫째 국면과는 전혀 다른 이야기가 전개된다. 이 둘째 국면부터 본격적인 긴장의 생성과 축적이 이루어진다. 이 단계에서 첫째 국면은 둘째 국면을 위한 도입의 장치로만 보인다. 이야기 구성에서 첫째 국면이 없어도 그만인 것으로 보일 수도 있다.
- **셋째 국면**: 제2 국면 전환 이후의 부분으로, 둘째 국면의 반전으로 시작된다. 셋째 국면에서 긴장은 가장 고조되고 축적된다. 즉 절정 국면이 생겨난다. 그 축적된 긴장이 해소되는 것이 셋째 국면의 끝이다. 이 셋째 국면에서 생성된 숨은 이야기가 드러나고 그 이야기는 첫째 국면과 연관되어 있다. 그래서 전체 이야기의 긴장이 해소되며, 작품도 최종적으로 완결된다.

2중 현비 구조의 요소

2중 현비 구조에서 이야기의 각 국면들은 〈표 3.18〉에서 보여 주듯이 두 가지 현비 구조와 묘한 일치로 구성된다.

요소	구분	내용
제1 현비 구조	첫째 국면 → 둘째 국면	긴장을 유지하면서 국면을 전환한다.
제2 현비 구조	둘째 국면 → 셋째 국면	축적되고 고조된 긴장을 단번에 해소한다.
묘한 일치	첫째 국면 + 둘째 국면	제2 현비 구조의 숨은 이야기를 생성한다.

표 3.18 2중 현비 구조의 이야기 결합 요소

제1 현비 구조는 첫째 국면과 둘째 국면을 연결하면서 여기에 비록 사소할지라도 재미를 준다. 제1 현비 구조가 필요한 까닭은 이야기의 시작 단계에 제시된 긴장 구조를 지루하지 않게 일찍 끝내고 새로운 긴장 구조를 시작해야 하는데, 이때 두 가지 긴장 구조가 일관되고 밀접하게 연관되어야 하기 때문이다.

호라티우스는 "한마디로 말해서 그대가 만들고자 하는 것이 무엇이든 그것은 단일성과 통일성을 유지하지 않으면 안 된다"[99]고 말했는데, 제1 현비 구조가 두 국면 사이에서 단일성과 통일성을 유지하는 구조이다.

제2 현비 구조는 직접적으로는 둘째 국면에서 축적된 긴장을 해소하는 이야기 구조이며, 동시에 이야기 전체의 긴장을 해소하는 현비 구조이다. 이 긴장 해소의 논리적 토대가 되는 숨은 이야기는 둘째 국면에서만 오는 것이 아니라 첫째 국면과 둘째 국면 전체에서 지속된다. 이 숨은 이야기는 묘한 일치에 따라 콘텐츠 사용자에게 노출되면서 동시에 숨겨

---

[99] 아리스토텔레스, 『시학』, '호라티우스, 「시학」', 천병희 옮김, (문예출판사, 1993), p. 164.

진다. 이때 묘한 일치는 곧 두 겹 이야기 중의 하나가 맥락적으로 숨겨지는 것이다.

2중 현비 구조에서 묘한 일치를 숨기는 것, 즉 문제의 조건을 강요된 해석으로 몰고 가는 동력은 두 가지이다. 첫째는 긴장 관계이고 둘째는 제1 현비 구조이다. 이 중에서 긴장 관계의 역할이 더 중요하다. 콘텐츠 사용자는 이야기의 시작에서부터 바로 이 긴장 관계에 흥미를 보이며 몰입하기 때문에 이야기 속의 긴장 관계에서 벗어나서 생각하기는 힘들다. 특히 여기에 정서적인 맥락이 일치하면 몰입은 더욱 강화된다.

한편, 제1 현비 구조는 긴장 관계에 몰입해 있는 콘텐츠 사용자에게는 그저 새로운 국면 전환으로만 보인다. 그리고 이러한 국면 전환이 현비 구조에 따른 것이라서 뜻밖으로 보이고, 그래서 사용자로 하여금 그 맥락을 쫓아가기에 인지적으로 바쁘게 만든다. 이것이 제1 현비 구조가 보조적으로 묘한 일치의 숨은 맥락을 가리는 효과이다.

앞[100]에서 현비 구조에서는 묘한 일치가 중요하며 이를 위해서는 콘텐츠 창작자가 좋은 숨은 이야기를 확보해야 한다고 설명했는데, 이는 2중 현비 구조(3국면 형식)의 이야기를 구성하는 데에도 마찬가지이다. 오히려 묘한 일치의 중요성은 2중 현비 구조에서 더욱 커진다고 할 수 있다. 2중 현비 구조에서도 묘한 일치는 이야기를 체험하는 사용자가 인식 과정에서 형상 전이를 경험하도록 하는 핵심 장치이다.[101] 이 부분은 가장 얻기 어렵고, 이것을 얻어 잘 고안하고 숙련된 절차를 거치면 제1 현비 구조와 제2 현비 구조를 생산해 낼 수 있는 자원이 된다.

---

100 이 책의 제3장 227쪽 '현비 구조와 묘한 일치'를 참조하기 바란다.

101 이에 대해서는 제4장 350쪽. '형상 전이와 묘한 일치'에서 상세히 논의할 것이다.

3막 형식과 복구적 3장 구조

긴장의 효과적인 축적과 해소의 어려움을 극복하기 위한 많은 이론들이 있다. 이 중에서 2중 현비 구조가 아닌, 전통적으로 가장 많이 알려진 이야기 이론은 여러 사람들이 설명하는 3막 형식 이론이다.[102] 여기에서 웰스 루트[103]와 닐 D. 힉스[104]가 설명하는 3막 형식의 내용을 살펴보겠다.

3막 형식 이론

3막 형식에 대한 두 저자의 설명은 대체로 유사하지만 세부적인 부분에서 조금 다르다. 비교를 위해서 그 공통점과 차이점을 표로 정리해 보면 〈표 3.19〉와 같다.

3막	웰스 루트	3막	닐 D. 힉스
시작	1. 중심인물들을 소개한다. 2. 주인공은 어떤 문제 혹은 위기에 부딪친다. 3. 주인공과 대립하는 악당이 등장한다. 4. 주인공이 위기를 극복하지 못했을 경우, 그에게 끔찍한 상황이 벌어질 수 있다는 가능성을 제시한다.	유인	주인공이 곤란함에서 어떻게 탈출하는지 보고 싶도록 만든다.
중반	여러 복잡한 문제들을 야기시켜 주인공의 위기 상황을 더 고조시킨다.	기대	스토리에 긴장감을 주어 관객의 기대를 좀 더 높여 간다.
결말	주인공의 문제를 긍정적 또는 비극적으로 해결한다.	만족	주인공이 장애를 극복하여 외적 문제를 해결하고 가치 있는 목표에 도달한다.

표 3.19 3막 형식에 대한 웰스 루트[105]와 닐 D. 힉스의 설명 비교[106]

---

102 3막 형식 이론의 기원은 아리스토텔레스까지 거슬러 올라간다고 주장하는 경우가 있지만 (켄 댄시거·제프 러시, 앞의 책, p. 31), 실제로 아리스토텔레스는 3막 형식을 언급한 적이 전혀 없다. (마이클 티어노, 『스토리텔링의 비밀』, 김윤철 역, (아우라, 2008). p. 29.)

103 웰스 루트, 『시나리오의 구성과 기법』, 윤계정·김태원 옮김, (현대미학사, 1997).

104 닐 D. 힉스, 『헐리우드 영화 각본술』, 이일범 옮김, (신아사, 2002).

105 웰스 루트, 같은 책, p. 23.

106 닐 D. 힉스, 같은 책, pp. 21-25.

두 경우에는 차이점도 많지만 이는 세부적인 사항들을 얼마나 더 많이 언급하느냐에 있을 뿐이고, 중요한 차이점은 별로 없어 보인다. 각 입장에서 상상해 보면, 웰스 루트의 설명에 대해서 닐 D. 힉스가 반론을 제기할 내용은 없을 것이며 반대의 경우도 마찬가지일 것이다.

한편, 3막 형식에 대해 좀 더 상세히 설명한 웰스 루트는 3막 형식의 이야기 구조를 구체적인 예에 비유하는데 그 예는 물에 떠내려가는 보트를 탄 주인공의 이야기이다.

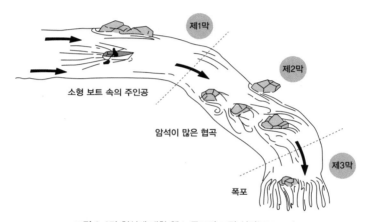

그림 9 3막 형식에 대한 웰스 루트의 그림 설명(1996, p.17)

〈그림 9〉에 암석이 많은 급경사의 계곡이 있다. 1막 단계에서 주인공은 보잘것없는 소형 보트를 탄다. 일단 출발하면 다시는 되돌아갈 수 없다. 참고로 닐 D. 힉스는 1막에 대해 다음과 같이 설명한다.

- 관객의 주의를 끌어당기고 주인공을 확인한다.
- 등장인물에게 문제가 있음을 제시하고 해결의 목적을 명확히 제시한다.
- 등장인물이 처한 사태로 주의를 돌린다.[107]

---

107 닐 D. 힉스, 앞의 책, pp. 23-24.

제2막 단계에서 문제가 생기기 시작한다. 강이 갑자기 급강하고 급류에 휘말릴 위험에 처하게 된다. 하지만 그래도 보트는 무사히 위기를 넘긴다. 제3막 단계에서는 또다시 위기가 발생하는데 결정적인 위기이다. 강이 다시 급강하여 폭포로 연결된다. 주인공은 이 마지막 위기를 끝내 극복하고 기뻐한다.[108]

한편, 2막에 대한 닐 D. 힉스의 설명에는 모호한 부분이 많다. "긴장감을 주어 재미있는 일이 일어날 것이라는 관객의 기대를 높여 간다." 하지만 "그것들은 드라마가 묘사하려고 하는 중요한 변화의 성공이나 실패와 소홀히 할 수 없는 관련을 갖고 있다"[109]라는 등이다.

그렇다면 3막 형식에서 주인공은 마지막 결정적 위기를 어떻게 극복할 수 있는가? 웰스 루트는 직업 작가라면 바로 이 점을 깊이 생각해야 한다고 강조하면서 그에 대한 답을 '생명선life line'이라 한다. 예를 들어 폭포로 휩쓸려 가려는 순간 주인공은 밧줄을 던져서 위기를 극복할 수 있다. "결론적으로 생명선이란 주인공이 처한 문제 상황을 해결하기 위해 당신이 만들어 낼 수 있는 모든 장치물이다. 많은 경우에 근사한 생명선은 느닷없는 놀라움으로 우리를 즐겁게 한다. 관객은 순간 감전당한 사람처럼 짜릿한 충격을 받는다. 그리고 그들은 '그럼 그렇지!'라고 말하는 듯한 시선을 서로 주고받는다."[110]

일찍이 아리스토텔레스는 『시학』에서 웰스 루트가 말하는 생명선과 같은 것을 다음과 같이 지적한 바 있다. "급전이란 위에서 말한 바와 같이 사태가 반대 방향으로 변화하는 것을 의미하는데, 이때 변화는 위에

---

108 웰스 루트, 앞의 책, p. 13.

109 닐 D. 힉스, 앞의 책, p. 24.

110 웰스 루트, 같은 책, pp. 20-22.

서 말했듯이 개연적 또는 필연적 인과 관계 속에서 이루어진다."[111]

웰스 루트는 이 생명선 개념의 의미를 명확히 하기 위해 조건을 추가하려 노력하였다. 그에 따르면, 생명선은 "반드시 이치에 맞는 논리적인 것이어야" 하고 "애매모호하거나 부자연스러운 것은 안 된다."[112] 하지만 개인의 직관에 호소하는 이러한 부연 설명으로는 논리성 있게 생명선을 설명하지 못한다. 필자는 2천 년 전에 아리스토텔레스가 한 지적이 오히려 더 괜찮은 설명으로 보인다. 3막에 대한 닐 D. 힉스의 설명은 훨씬 더 간단하다. "주인공이 내적인 장애를 극복하여 제1막에서 확립된 외적 문제를 해결하고 가치 있는 목표에 도달한다"[113]라는 것이다.

3막 형식 이론과 현비 구조의 비교

이렇게 볼 때, 3막 형식의 이론은 현비 구조에 비해서 다음과 같은 특징을 보여 준다.

첫 번째, 3막 형식은 재미에 대한 현비 구조의 설명을 긴장의 축적 부분에서 더 상세히 보완하였다. 이야기의 시작 단계에서 중심인물을 소개하고 위기에 부딪친다는 등의 설명은 현비 구조보다 상세하다. 하지만 이 상세함 때문에 치르는 대가가 있다. 곧 영화와 같은 간접 체험에만 적용될 수 있는 등 이론의 설명력이 제한된다는 점이다. 이에 비해 현비 구조는 컴퓨터 게임과 같은 직접 체험에도 적용될 수 있는 일반성이 훨씬 크다.

두 번째, 웰스 루트와 닐 D. 힉스의 설명에서도 볼 수 있듯이 이야기의 구조나 재미있는 이야기 구성의 이론적 측면에서 3막 형식 이론은 현비 구조보다 엄밀성이나 완결성이 떨어진다. 엄밀성이 떨어진다는 것은 그

---

111 아리스토텔레스, 『시학』, 제11장.

112 웰스 루트, 앞의 책, p. 22.

113 닐 D. 힉스, 앞의 책, p. 24.

내용이 직관과 비유에 의존할 뿐 정확한 개념을 사용해서 설명하지 못한다는 것을 뜻한다. 또한 완결성이 떨어진다는 것은 설명의 내용이 앞뒤에서 정합적이며 필요하거나 충분한 요소들을 적절히 선별해서 설명하지 못한다는 것을 뜻한다. 단지 유용한 지침들을 아무렇게나 모아 놓은 느낌이다.

이러한 부분은 3막 형식의 세 번째 특징인 전체적으로 이야기 구성이 '직관적이고 개략적'이라는 데에서 생긴다. 이미 언급했지만, 3막 형식 이론에서 긍정적으로 평가할 수 있는 한 가지는 지속적인 긴장 축적의 방식을 좀 더 세부적으로 설명하려 했다는 점이다.

그럼에도 웰스 루트나 닐 D. 힉스의 3막 형식에서 긴장이 재미있게 지속적으로 점증하도록 하는 조건을 충분히 설명했다고 보기는 어렵다. 긴장이 점증함에도 재미가 없는 경우를 종종 확인할 수 있기 때문이다.

예를 들어 「데어데블」(2003), 「짝패」(2006), 「중천」(2006), 「워리어스 웨이」(2010) 등은 결말로 치달을 때 나름대로 긴장이 축적되지만 그다지 재미있다고 보기 어렵다. 그래서인지 이 영화들은 흥행에 참패했다.

복구적 3장 구조 이론

복구적 3장 구조 이론은 3막 형식 이론과 사실상 같지만 조금 더 상세하게 발전된 이론이다. 켄 댄시거와 제프 러시에 따르면 복구적 3장 구조는 1820년대 프랑스 극작가 외젠 스크리브Eugène Scribe가 개발하였는데, '잘 짜인 희곡'이라고 불리는 보수적인 스토리텔링 모형이다. 저자들에 따르면, 복구적 3장 구조는 명확하고 논리적인 대단원을 특징으로 하며[114] 그 내용은 다음과 같다.

---

[114] 켄 댄시거·제프 러시, 『얼터너티브 시나리오』, 안병규 옮김, (커뮤니케이션북스, 2006), pp. 31-32.

- 120쪽의 장편 시나리오는 보통 3장으로 나누어진다. 1장은 50쪽 정도, 2장은 60쪽 정도, 그리고 3장은 30쪽 정도이다.
- 각 장은 위기의 지점, 즉 갈등이 가장 격렬해지는 순간을 향해 상승한다. 보통 그 지점을 '면막 장면act curtain scene' 또는 '플롯 포인트plot point'[115] 라고 부른다. 플롯 포인트의 갈등이 해소되면 이야기는 다음 장으로 나아간다.
- 플롯 포인트는 "액션을 낚아채 이야기를 다른 방향으로 진전시킨다."
- 각각의 장은 갈등을 본격적으로 구축하기 전 앞부분에 일정 시기의 이완을 배치한다. 그리고 각각의 장은 이전 장보다 더 큰 갈등을 구축한다.[116]

복구적 3장 구조 이론은 전체적으로 3막 형식 이론과 크게 다르지 않다. 3막 형식 이론에 기술적 지침들을 세부적으로 더 많이 추가한 것이 복구적 3장 구조 이론이라고 필자는 생각한다.

이 둘을 비교하기 위해 닐 D. 힉스가 설명한 3막 형식의 내용과 켄 댄시거와 제프 러시가 설명한 복구적 3장 구조의 내용을 비교하여 정리하면 다음의 〈표 3.20〉과 같다.

〈표 3.20〉의 비교에서 전체적인 유사성보다 중요한 것은 긴장의 유지 및 축적과 같은 콘텐츠 창작의 기술적 측면에서 유용한 세부 지침들이 얼마나 있는가 하는 점이다.

이 점에서 복구적 3장 구조 이론은 재미론의 관점에서 유용한 내용을 체계화하여 제시하는데, 특히 긴장의 지속과 축적이 그러하다. 그 내용을 표로 체계화해 보면 〈표 3.21〉과 같다.

---

115 플롯 포인트는 전환점과 같은 것을 의미한다.
116 켄 댄시거·제프 러시, 앞의 책, p. 32.

구분		3막 형식 이론		복구적 3장 구조 이론
시작	유인	주인공이 곤경에서 어떻게 탈출하는지 보고 싶도록 만드는 것	설정	갈등 설정. 주인공은 갈등의 해결책을 찾음. 잘못된 해결책
중반	기대	스토리의 긴장감을 주어 관객의 기대를 좀 더 높여 가는 것	대결	관객이 주인공을 앞섬. 관객이 잘못된 해결책의 결과로 주인공이 추락하기를 기다림
결말	만족	주인공이 장애를 극복하여 외적 문제를 해결하고 가치 있는 목표에 도달하는 것	해결	주인공이 해결책의 잘못을 깨달음. 주인공이 스스로를 구원함

표 3.20 3막 형식 이론과 복구적 3장 구조 이론의 비교

구분	특징	내용
1장 (시작)	복귀 불능 지점	1장이 일방통행의 문 역할을 함. 일단 주인공이 그 독특한 상황으로 들어가면 결코 이전의 상황으로 되돌아갈 수 없음
	잘못된 해결	플롯 포인트: 주인공의 딜레마에 대한 하나의 해결책이 제시됨. 이 해결책은 잘못된 것임
2장 (중반)	등장인물보다 앞서 나가기	주인공이 자신의 운명을 전혀 감지하지 못하거나 거부함. 관객은 그 운명을 분명히 인식함
	결과의 장	2장이 절정까지 나아가고, 주인공은 1장의 종결부에서 선택한 잘못된 해결책의 의미와 마주함. 이 때문에 주인공은 3장의 해결과 복구로 나아감
	등장인물의 회복	무관심의 대상이 된 주인공이 스스로의 존재를 증명하는 과정이 됨
3장 (결말)	깨달음과 복구	자신의 실패를 깨달은 주인공은 스스로 일어나 내적 긴장과 이야기의 갈등을 극복함. 내적 갈등을 먼저 해결하고 외적 갈등을 극복함

표 3.21 복구적 3장 구조 이론의 세부 내용[117]

---

117 켄 댄시거·제프 러시, 앞의 책, pp. 39-45.

그 밖에도 저자들이 설명하는 내용 중 다음 사항들은 고려할 만한 가치가 있다.

① 한 명의 주인공을 중심으로 구성된다. 중요 등장인물은 여러 명일 수 있지만 이야기가 끝날 때까지 우리의 관심을 끌고 나가는 인물은 오직 한 명이다.
② 복구적 3장 구조의 핵심 기법은 외부로부터의 응보에 앞서 스스로의 깨달음이 먼저 이루어지도록 플롯을 설계하는 것이다.
③ 복구적 3장 구조에서는 이야기가 진행되는 대부분의 시간 동안 관객인 우리가 주인공보다 사건 진행 인식에서 앞서 나가야 한다.
④ 외적 갈등을 내적 긴장으로 분명하게 연결시키는 줄거리와 그 줄거리를 이끌어 나가는 핵심적이며 공감이 가는 인물이 반드시 있다.
⑤ 각 장은 다음 장을 위한 동력을 제공한다.[118]

이 중에서 ①의 내용은 필자가 '1인 주인공'의 원칙으로 정식화하여 잠시 후에 논의한다. 이것은 모든 성공적인 콘텐츠에서 당연히 따르는 원칙이지만, 실제로 콘텐츠 창작에서는 간과되는 부분이기도 하여 강조할 필요가 있다.[119] ④는 ①을 보조적으로 설명한다. ③의 내용은 콘텐츠 사용자가 주인공보다 이야기의 나중을 먼저 인식한다는 것을 의미한다. ⑤의 내용은 애매모호하여 사실상 구체적인 지침이 될 수 없는 수준이라는 데에 문제가 있다. 각 장이 다른 장을 위한 동력을 제공해야 한다는 것은 재미있는 이야기를 위해서라면 필수적이지만, 문제는 어떻게 그런 이야기를 구성하느냐에 있기 때문이다. 그에 대한 대답은 저자들의 설명

---

118 켄 댄시거·제프 러시, 앞의 책, pp. 7-49.
119 이러한 원칙은 필자가 첫 애니메이션 시나리오를 쓸 때 충분히 준수하지 못했다.

에서 그다지 상세하지 못하다.

전체적으로 복구적 3장 구조에서 말한 많은 내용들, 특히 앞에서 필자가 표로 정리한 내용 체계는 매우 유용하다. 2중 현비 구조에서 설명하지 않은 구체적인 몇 가지 중요한 사항들에서 더욱 그러하다. 물론 그 대가로 직접 체험을 포함하는 모든 콘텐츠에 적용할 수 없다는 한계점을 안게 되지만 말이다.

1인 주인공, 전환점, 복선

2중 현비 구조와 3막 형식, 그리고 복구적 3장 구조 등에는 세부적으로 이해하고 구체적인 활용 요소들을 도출하기 위해 논의할 점들이 있다. 이것은 재미 창작에서 고려해야 할 기술적 요소들로, 실제로는 여기에 제시한 것들보다 훨씬 많은 요소들이 있다.

다만 여기서는 〈표 3.22〉에서 보여 주는 1인 주인공, 전환점, 복선, 세 가지를 중점적으로 살펴보도록 하자. 이 요소들 역시 재미의 최소 조건의 틀에 따라 긴장 축적에 대한 요소와 긴장 해소에 대한 요소로 구분할 수 있다. 1인 주인공과 전환점은 전자에 속하고, 복선은 후자에 속한다.

시간적으로 길게 지속되는 장편 콘텐츠들은 지속적이고 큰 재미를 생산할 수 있어서 상품성이 크다. 하지만 이미 설명했듯이 긴장의 지속과

기술 요소	내용
1인 주인공	이야기가 한 명의 주인공을 중심으로 구성되어야 함
전환점	하나의 긴장 구조에서 다른 긴장 구조로 연결되는 지점
복선	숨은 이야기가 시작되는 부분

표 3.22 재미 창작에서 고려해야 할 기술 요소

축적은 장편 콘텐츠에서 매우 어렵다. 그 이유는 앞[120]에서 보았듯이 분명한 딜레마 형식으로 정리하였고, 마찬가지로 이 문제를 해결하는 기본적인 방법 역시 단순하게 요약할 수 있다. 이것을 문제와 기본 해법으로 정리하면 다음의 〈표 3.23〉과 같다.

긴장 지속과 축적을 위한 기본 해법을 한 구절로 더 단순히 말하면 '긴장 구조에 통일성 있는 변화를 주기'이다. 여기서 변화는 곧 새로운 긴장 구조로 이야기가 이어지는 것을 뜻한다. 이렇게 여러 긴장 구조들이 결합해서 하나의 이야기가 될 때에는 단일성과 통일성을 잃기 쉬우므로 이것을 유지하는 데에 초점을 맞추어야 한다.

긴장 축적	내용		
문제	하나의 긴장 구조는 쉽게 지루해진다. 그렇다고 새로운 긴장 구조를 더하면 통일성을 잃기 쉽다.		
기본 해법	여러 긴장 구조들을 일관적이고 통일성 있게 결합한다.	구체적 방법들	1인 주인공
			전환점

표 3.23 긴장 축적의 어려움과 해결을 위한 방법

1인 주인공

한편, 각각의 긴장 구조는 단편적인 이야기이며 이 단편적인 여러 이야기들을 결합할 때 그 속에서 전체적으로 통일성을 꾀하기 위해 고려해야 하는 것이 초점화이다. 김정진은 "플롯의 기법을 거칠게 요약하면 첫째로는 초점화이다"[121]라고 말했는데 유용한 지적이다.[122]

초점화에는 실질적으로 1인 주인공의 원칙이 따른다. 이는 모든 콘텐

---

120 이 책의 제3장 209쪽 '긴장 구조 구성의 어려움'을 참조하기 바란다.

121 김정진, 『미디어콘텐츠 창작론』, (박이정, 2009), p. 46.

122 초점화는 재미 창작에서 중요한 고려 요소이므로 이 책의 제5장 375쪽 '초점화와 초점의 유지'에서 다시 상세히 논의할 것이다.

츠가 재미있으려면 반드시 한 명의 주인공에 초점을 맞추어 이야기를 통합해야 한다는 뜻이다. 이미 여러 저자들이 이 점을 직·간접적으로 강조하였다. 예를 들어 켄 댄시거와 제프 러시는 복구적 3장 구조의 첫 번째 특징에 대해 "한 명의 주인공을 중심으로 구성된다. 중요 등장인물은 여러 명일 수 있지만 이야기가 끝날 때까지 우리의 관심을 끌고 나가는 인물은 오직 한 명이다"[123] 라고 말하였다.

어떤 사건이나 경험의 주인공이 반드시 한 명이어야 한다는 1인 주인공의 원칙은 불필요한 제약으로 보일지도 모른다. 하지만 재미의 토대인 체험은 자각된 경험이며, 이 자각은 개인(사용자) 한 명의 자각이므로 개인 한 명의 의식 속에서 이루어지는 경험의 이해와 통합은 반드시 자기 자신을 중심으로 이루어질 수밖에 없다. 따라서 이러한 1인 주인공 개념은 재미에서 필수 불가결하다.

1인 주인공의 원칙은 영화나 소설에서만 요구하는 것이 아니다. 게임에서도 마찬가지로 1인 주인공의 원칙을 요구한다. 게임에서 콘텐츠 사용자가 맡은 역할이 마법사이기도 하고 동시에 검투사이기도 해서는 곤란하다. 주인공이 변신을 할 수는 있지만 사용자가 맡은 역할이 한 시점에 여러 개로 동시에 존재할 수 없다는 뜻이다. 예를 들어 사용자의 역할이 마법사이기도 하고, 동시에 그 마법사와 나란히 활동하는 검투사이기도 하다면 1인 주인공의 원칙에 위배된다.

아울러 주인공의 역할이 변하더라도 일관성 있게 변해야 한다. 주인공이 마법사 역할이다가 마법을 부려서 잠시 검투사가 될 수는 있겠지만 역할이 완전히 검투사로 바뀌어 버린다면, 그리고 이런 일관성 없는 변화가 자주 일어난다면 재미있는 게임이 되기 어렵다. 이것은 비극에서

---

123 켄 댄시거·제프 러시, 앞의 책, p. 37.

아리스토텔레스가 비판한 '삽화적 플롯'과 유사한, 게임에서의 삽화적 설정이라 할 수 있겠다.

전환점

전환점turning point이 나타나는 이유는 이야기의 큰 부분이든 작은 부분 이든 모두 긴장의 축적과 해소가 하나의 단위로 구성되기 때문이다. 하 나의 긴장 구조 속에서 축적된 긴장이 해소의 단계로 바뀌는 지점이 전 환점이다. 체계적이지는 않지만 전환점에 대해서도 역시 켄 댄시거와 제 프 러시가 잘 설명하고 있다. 내용을 요약하면 다음과 같다

- 전환점은 놀람, 기대, 긴장을 자아낸다.
- 전환점은 주요한 것과 부차적인 것으로 나뉜다. 반전은 주요한 전환점이다. 부차 적 전환점들은 영화 이야기 전편에 걸쳐 빈번하게 등장한다.
- 초반부의 주요한 전환점들은 이야기를 열고 주인공이 선택할 수 있는 좀 더 광범 위한 옵션을 제공한다.
- 후반부의 주요한 전환점들은 주인공에게 위기를 해소할 수 있는 방법을 지시함 으로써 이야기의 초점을 명확히 하는 데 도움을 준다.[124]

이 전환점은 시드 필드의 시나리오 이론에도 많이 강조된다. 그만큼 기 술적으로 중요하다. 시드 필드는 설명에서 아리스토텔레스의 플롯과 유사 한 '패러다임(또는 극적 구조)'을 강조한다. 시드 필드의 패러다임은 시나 리오를 쓰는 과정의 도구, 지침, 지도이자 모형, 견본, 개념적 설계이다.[125]

---

124 켄 댄시거·제프 러시, 앞의 책, p. 12.

125 시드 필드, 『시나리오 워크북』, 박지홍 옮김, (경당, 2007), p. 47.

즉 재미 조건 중 형식적 구조에 해당한다. 패러다임의 목적은 당연하게도 영화를 재미있게 만드는 것이며, 따라서 영화에서 재미 조건의 일부라 할 수 있다. 시드 필드는 〈그림 10〉과 같은 패러다임의 개념 체계를 보여 준다.

그 내용을 자세히 들여다보면 전체 구조는 세 가지 행동Act들을 중심으로 구성된다. 첫 번째 행동은 시작의 핵심으로 30쪽 분량의 극적(또는 희극적) 행동의 단위나 토막이며, '설정'이라는 국면으로 이루어진다.

두 번째 행동은 첫 번째 행동 끝의 전환점[126]에서 두 번째 행동 끝의 전환점까지이다. 30~90쪽까지 지속되는 극적(또는 희극적) 행동의 단위나 토막이며, '대립'이라는 국면으로 이루어진다.

세 번째 행동은 두 번째 행동 끝의 전환점에서 시나리오의 결말까지로, 90~120쪽까지 지속되는 극적 행동의 단위이다. 이는 30쪽 분량의 '해결'이라는 국면으로 이루어진다.[127]

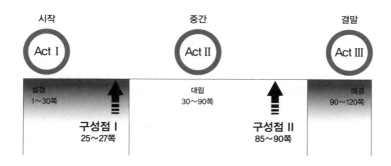

그림 10 시드 필드의 패러다임

---

126 시드 필드는 '구성점'이라는 용어를 사용하고 있다. 전환점과 같은 개념이다. 이 책에서는 용어의 혼란을 방지하기 위해서 '전환점'으로 통일하였다.

127 시드 필드, 앞의 책, p. 50.

시드 필드의 논의에서 도출할 수 있는 전환점에 대한 중요한 결론 중 하나는 간과되기 쉽다. 곧 전환점의 수를 제한해야 한다는 점이다. 만약 전환점을 마구 사용하면 극의 구성에서 전환점이 제 역할을 할 수 없을 것이다. 잦은 국면의 전환이 평범하게 느껴지고 결국 국면이 전환된다는 느낌이 없어지기 때문이다. 시드 필드는 패러다임에서 두 가지 전환점을 권장한다.

복선

세 번째로 논의할 복선은 긴장의 축적과 긴장 해소의 결합을 위한 장치이다. 어떤 경험이 재미있으려면 참신한 결말이 필요한데, 이는 예측 밖의 결말, 즉 예측할 수 없는 결말을 가리킨다. 결말이 참신하지 않으면 그 콘텐츠는 진부한 이야기가 되어 곧 재미없게 된다. 복선은 이런 예측할 수 없는 결말이 앞부분의 내용과 잘 결합되도록 만든다.

현비 구조에서 복선이란 이야기 속에서 숨은 이야기가 시작되는 부분을 가리킨다. 이러한 복선들은 콘텐츠 창작 기술의 관점에서 다음의 〈표 3.24〉처럼 세 가지로 분류할 수 있다.

첫 번째 기술인 '섞어 놓기'는 이야기의 중간에 결말을 위한 중요한 계기와 사소한 다른 계기들을 섞어 놓는 것이다. 이 경우에 콘텐츠 사용

복선의 유형	내용	난이도
섞어 놓기	결말의 중요한 계기와 다른 계기들을 섞어 놓기	하
상식의 개입	상황에서 함축될 수 있는 상식적 내용을 결합시키기	중
묘한 일치	상황이나 사건을 다른 관점에서 해석하기	상

표 3.24 복선의 세 가지 기본 유형

자는 이 모든 계기들에 대해서 주의를 기울일 수 없다. 기본적으로 주의 집중은 어느 것 하나에 주목하는 것이기 때문이다. 그래서 그중 어느 것이 나중에 숨은 이야기의 맥락으로 부각되더라도 그 전까지는 인지할 수 없다. 숨은 이야기가 숨겨지는 것이다. 이러한 복선의 기법은 단순한 만큼 많은 부분에 쉽게 적용할 수 있다. 대신에 긴장 해소의 단계에서 얻는 재미는 약하다.

두 번째 기술은 '상식의 개입'이다. 이것은 긴장 해소의 단계에서 숨은 이야기가 상식에 의존해 나타난다. 「유주얼 서스펙트」(1995)는 충격적인 반전을 보여 주는 영화로 유명하지만 여기서의 긴장 해소는 상식의 개입을 복선으로 한다. 이는 곧 범인 카이저 소제가 누구인지를 보여 주는 분명한 복선이 영화 전반부에는 거의 나타나지 않기 때문이다.

「미안하다 사랑한다」(2004)는 그렇지 않은 예이다. 최윤과 엄마가 단둘이 찍은 사진 앞에서 주인공 차무혁이 실망감에 젖은 모습이 크게 부각되기도 하고, 아기를 잃은 엄마가 울부짖는 모습도 반복적으로 나온다. 즉 충분한 복선이 있었다. 반대로 이런 장면들이 없었더라면 「미안하다 사랑한다」의 결말도 상식의 개입으로 이루어진다고 할 수 있다.

세 번째 기술은 '묘한 일치'인데, 가장 좋은 복선의 형태이다. 묘한 일치를 복선으로 사용하는 이야기의 경우에는 이야기 속의 한 부분이 아니라 이야기 전체의 한 측면이 복선이 된다. 이런 경우에는 콘텐츠 속의 이야기에 주의하면서 아무리 복선을 찾으려고 애써도 찾을 수가 없다. 이미 복선을 보면서 다른 것으로 간주하고 있기 때문이다. 이때 복선을 찾을 수 없는 것은 지적 판단 능력의 부족 때문이 아니라 인간의 근본적인 인지 능력의 속성 때문이다. 뒤[128]에서 상세히 논의하겠지만 인간은 형

---

128 이 책의 제4장 352쪽 '형상 전이의 개념과 특징'을 참조하기 바란다.

상 전이를 유발하는 다수의 형태 재인들을 동시에 수행할 수 없기 때문에 묘한 일치의 다른 맥락을 결코 동시에 볼 수 없다. 「식스 센스」(1999), 「올드 보이」(2003), 「디 아더스」(2001) 등이 모두 이런 형태의 복선을 사용한 영화들이다.

이상의 세 가지 요소들, 다시 말해 1인 주인공, 전환점, 복선은 긴장의 지속과 축적을 위해 고려해야 할 중요한 개념이지만 그렇다고 전부는 아니다. 예를 들어 가와베 가즈토가 언급한 주인공의 초목표와 소목표의 관계, 제1 착수 행동과 제2 착수 행동의 체계 등도 고려할 만하며[129] 그 밖에 인물, 대사, 전제 등의 개념들도 유용하다.[130] 하지만 재미 조건 중 형식적 요소로는 지금까지 논의한 것들이 가장 중요하다.

현비 구조의 이론적 의의

지금까지 재미의 창출 조건에 대해서 상세히 논의해 보았다. 여러 이

---

129 가와베 가즈토, 앞의 책, pp. 43-45.

130 켄 댄시거와 제프 러시는 다음과 같은 개념들을 사용하여 영화에 대하여 설명한다. 영화에 대해서 설명하는 다른 저자들도 비슷한 개념들을 사용한다. 단, 개념이 통일되어 있지는 않다.(켄 댄시거·제프 러시, 앞의 책, pp. 3 - 12.)
- 구조: 1장(등장인물과 전제), 2장(대결과 투쟁), 3장(위기의 해소) 의미
- 전제: 때때로 개념, 핵심 개념, 또는 핵심 아이디어
- 갈등의 역할: 영화 이야기의 핵심 특징
- 인물: 관객은 주로 영화 주인공을 통해 이야기를 경험함
- 대사: 대사는 영화 속에서 세 가지 역할을 함
- 분위기: 대본 속에 만들어 내는 단일하고 일관된 세계라는 환영
- 액션 라인: 스토리 라인 혹은 플롯
- 상승하는 액션: 주인공의 갈등이 이야기 속에서 점점 더 강해짐
- 서브 텍스트: 주인공의 내적 투쟁
- 발견: 우리의 관심을 유지시켜 줌. 후반부의 발견(폭로)은 초반부보다 더 중요해야 함
- 반전: 플롯의 뒤틀림
- 전환점: 우리가 계속 영화 이야기에 몰두할 수 있도록 도와줌

론들이 있지만 그 모든 것을 체계적으로 통합할 수 있는 것은 현비 구조뿐이다. 따라서 현비 구조는 재미에 대한 발전적 이해를 위해 중요하다고 할 수 있겠다. 이에 대한 구체적인 이유는 무엇인가?

첫째, 현비 구조는 재미의 창출 조건을 합리적이고 명확하게 설명하며, 동시에 그 설명 대상과 내용을 명확히 한정하여 설명에 변별력을 갖추고 있다. 현비 구조는 잘 짜인 이야기 구조에 필요한 기본적인 충분조건을 설명한다. 앞에서 필자는 재미 형식의 최소 조건을 '새로운 긴장의 축적과 해소'라고 했는데, 현비 구조는 최소 조건에 더하여 하나의 긴장이 축적과 해소로 결합할 때 가장 재미있게 결합하기 위한 필요충분조건을 보여 준다. 앞에서도 말했듯이 '재미의 기본 조건'인 것이다.

둘째, 현비 구조는 기존의 재미론들을 통합하면서도 해명한다는 점에서 재미론을 발전시켰다. 어찌 보면 현비 구조의 내용은 그다지 새롭고 특별한 것이 결코 아니다. 현비 구조와 유사한 설명은 이전에도 많이 있었다. 그래서 현비 구조는 이야기 구성에 대해서 설명한 기존의 학자들의 주장과 잘 일치한다. 최초로 유사한 생각을 제시한 사람은 『시학』에서 볼 수 있듯이 2천 년 전의 철학자 아리스토텔레스이다.

이 때문에 현비 구조에 새로운 것이 전혀 없다는 인상을 받을지도 모른다. 그러나 그렇지 않다. 현비 구조는 아리스토텔레스 이론이나 3막 형식 이론을 단순히 종합한 것이 아니라, 두 이론에서 상세하게 설명하지 못한 것을 명쾌하게 해명한다. 발전된 이론이란 원래 그런 것이다. 기존의 상식이 틀렸다고 뒤엎는 것이 아니다. 기존의 상식 속에 들어 있는 통찰을 논리적, 개념적으로 더욱 정교하게 설명하는 것이다.

한 예로, 플롯을 강조하는 아리스토텔레스는 좋은 이야기의 핵심이 사건의 결합 관계에 있다고 말한다. 그렇다면 사건이 어떻게 결합되어야 그 이야기가 재미있게 되는가에 대한 답이 필요하다. 현비 구조는 이에 대해 분명한 답을 제시한다. 현비 구조의 이론적 의의에 대해서 필자가 이전의 논의에서 강조했듯이, 현비 구조가 재미 창출의 조건을 분석적이면서도 종합적으로 이해하도록 돕는다는 점이다.[131] 여기서 분석적이고 종합적인 이해의 뜻은 다음과 같다.

- 분석적 이해: 이해 대상의 각 부분을 분명하게 이해한다는 것. 이해가 분석적이지 못하면 그것은 상세하고 분명하지 못한 채 두루뭉술하게 된다.
- 종합적 이해: 이해 대상의 각 부분에 대한 상세한 이해가 전체적으로 짜 맞춰져야 한다는 것. 이해가 종합적이지 못하면 각각의 지식들이 파편화되어서 통일되지 못해 이해의 길을 잃는다.

셋째, 현비 구조는 재미론으로 막연한 개념만을 제시하는 것에 그치지 않고 경험적인 검증을 거쳤다. 필자는 현비 구조의 이론적·실용적 검증을 전작『재미의 경계』제3장의 '중심 개념들에 대한 검증'에서 1차적으로 검증하였다. 이 검증 과정은 실패 사례 분석과 성공 사례 분석, 그리고 개념적 변형 분석과 유용성 검토로 구성된다. 이 검증은 짧은 유머들을 통해서 귀납적으로 이루어진다. 짧은 유머들을 예시로 사용한 까닭은 유머의 중요한 본질을 재미라고 가정했기 때문이며, 또한 길이가 짧기 때문이다. 이는 생물학에서 유전에 대한 연구를 할 때 세대 주기가 짧은 초파리로 연구하는 것과 같은 맥락이다.

이 중에서 실패 사례 분석이란 재미없는 사례들에 대한 분석에서 현비 구조의 3요소 중 최소한 하나 이상이 결여되었음을 확인하는 것이다. 반대로 성공 사례 분석은 재미있지만 이론의 틀에 정확히 들어맞지 않는

---

131 이현비, 앞의 책, (2004). p. 57.

것으로 보이는 사례들을 분석하는 것이다. 이 분석을 통해서 성공적으로 재미있는 사례들 속에는 모두 현비 구조의 세 가지 요소가 실질적으로 분명히 구현되어 있음을 확인하였다. 개념적 변형 분석은 재미있는 사례들을 변형하여 현비 구조의 요소들을 하나라도 제거하면 재미가 없음을 확인하는 것이고, 유용성 검토는 현비 구조의 개념 체계가 재미를 생산하는 데 유용한지를 고찰하는 것이다.[132]

넷째, 현비 구조가 완전히 새롭다고 할 수 있는 부분은 재미에 대한 이론의 설명력과 일반성을 다 같이 높였다는 점에서 의의가 있다. 이는 현비 구조가 그 전 이론들의 애매함과 모호함을 극복하여 이론적으로 정교하게 개념들을 정리하고 체계화함으로써 얻은 부수적인 결과이다. 이에 따라서 재미의 창출 조건을 하나의 모형으로 결합하여 수학적 개념과 연관시킬 수 있게 되었다.[133]

---

132 이현비, 앞의 책, (2004). p. 115.

133 이 책의 제6장 442쪽 '재미의 추상적 구조'를 참조하기 바란다.

5. 재미 요소의 결합 구조 3: 확장 조건

정서적 요소

재미는 새로운 체험에서 오는 정서적 쾌감이므로 재미를 유발하기 위해서는 정서적 자극이 반드시 필요하다. 일찍이 아리스토텔레스는 『시학』에서 역시 이 점을 강조하여 비극은 파토스적이어야 한다고 말하였다.[134]

현비 구조의 중심축인 긴장 구조에서 긴장의 축적과 해소가 강렬하게 이루어지려면 콘텐츠 사용자의 정서를 자극하지 않으면 안 된다. 아리스토텔레스가 『시학』에서 "비극은 완결된 행동의 모방일 뿐 아니라, 공포와 연민의 감정을 불러일으키는 사건의 모방이다"[135]라거나 혹은 "가장 훌륭한 비극이 되려면, 플롯이…… 공포와 연민의 감정을 불러일으키는 행동을 모방하지 않으면 안 된다"[136]라고 말했을 때 의미하는 것이 바로

---

134 아리스토텔레스, 『시학』, 제24장.
135 같은 책, 제9장.
136 같은 책, 제13장.

정서적 자극이다.

　그러나 아리스토텔레스가 선구적으로 강조했음에도 콘텐츠와 관련한 많은 후대의 연구자들이 이 점을 간과했다는 것이 유머 연구자인 마틴의 지적이다. 그에 따르면, 유머에 대한 우리의 반응이 지적知的인 것만은 아니다. 정도의 차이는 있을지언정 유머를 지각하면 언제나 즐거운 정서 반응이 촉발된다. 그러나 아주 최근까지도 많은 연구자들은 유머가 본질적으로 정서적 특성을 가지고 있다는 사실을 인식하지 못하였다.[137]

　앞의 몰입에 대한 설명[138]에서 언급했듯이, 콘텐츠 사용자를 몰입시키는 중요한 요소는 정서적 각성이다. 정서적 각성에서 주로 자극하는 감정에는 기쁨, 슬픔, 증오, 공포 등이 있다. 대표적으로 이 네 가지 감정에 각각의 감정이 각성되는 인지 조건과 그 창출 방법은 〈표 3.25〉와 같다.

　먼저, 기쁨의 인지 조건은 원하는 것을 성취했다고 자각하는 것이다. 이때의 성취는 작고 사소한 것이라도 괜찮다. 영화 「아이 엠 샘」(2001)의 결말에서 주인공 도슨이 딸 루시에 대한 양육권을 얻는 장면은 관객들에게 기쁨을 제공한다. 「트랜스포머」(2007)의 결말에서도 주인공과

자극적 감정	인지 조건	창출 방법
기쁨	원하는 성취에 대한 자각	욕구를 강력하고 갑작스럽게 만족시킴
슬픔	소중한 것의 상실	상실 전후의 상황을 대비시킴
증오	부당한 손해	비도덕적인 방식으로 큰 손해를 끼침
공포	예측할 수 없는 위험	위험을 가리면서 그 존재를 알림

표 3.25 감정의 종류와 정서적 각성의 조건 및 방법

137　마틴, 『유머심리학: 통합적 접근』, 신현정 옮김, (박학사, 2008), pp. 9-11.

138　이 책의 제2장 141쪽 '몰입'을 참조하기 바란다.

오토봇 군단이 악당인 디셉티콘 군단을 물리치는 성취가 관객들을 기쁘게 하는 주된 요인이다. 이런 기쁨은 성취에 대한 욕구가 강할수록 커지고, 또 갑작스럽게 만족되었을 때 더욱 크게 느껴진다. 따라서 이 두 요인을 강화하면 사람들로 하여금 더 큰 기쁨을 느끼게 할 수 있다.

때때로 기쁨은 우스꽝스러움과 혼동되기도 한다. 우스꽝스러움에 대한 분석은 대표적으로 앙리 베르그송에서 찾을 수 있는데, 그에 따르면 웃음의 원인은 "융통성과 민첩성이 요구되는 상황에서의 어떤 기계적인 경화硬化"[139]이다. 그런데 우스꽝스러움이 반드시 기쁨을 주지는 않으며, 기쁘다고 반드시 우스꽝스럽지도 않다. 따라서 기쁨과 우스꽝스러움은 구별할 필요가 있다. 「아이 엠 샘」의 이야기 역시 기쁨을 주지만 우스꽝스럽지는 않다.

두 번째로 슬픔의 인지 조건은 소중한 것의 상실이다. 누구든 소중하게 여기는 것을 상실했음을 인지하면 그 사람은 슬픔을 느끼고 눈물을 흘린다. 이를 위해서는 콘텐츠 사용자에게 소중한 것이 있던 때와 없던 때를 대비해 주어야 한다. 『재미의 경계』에서 말했듯이 행복하던 때와 불행하던 때를 감성적으로 비교하고 그 차이를 선명하게 하는 것이다. 그러므로 비극적인 결과가 단순하게 주어지는 것만으로는 슬픔을 자극할 수 없다. 상실이 부각되고, 그리하여 상실한 것이 얼마나 소중한지를 강조해야 슬픔이 생겨난다.[140]

세 번째, 증오의 인지 조건은 부당한 손해이다. 어떤 손해를 당했는데 그 손해가 부당하다면 우리는 증오와 분노를 느낀다. 증오와 분노를 구별하면, 증오는 손해 당했음을 자각할 때의 감정이고, 분노는 특정인에

---

139 앙리 베르그송, 『웃음』, 정연복 옮김, (세계사, 1992), p. 18.

140 이현비, 앞의 책, (2004), pp. 154-156.

대한 증오에 도덕적 평가가 결합된 것이라 할 수 있다. 게임을 하면서 힘들게 얻은 고가의 아이템을 어느 날 해킹으로 잃었다면 누구나 범인에 대해 증오심을 느끼게 될 것이다.

한편, 영화 「아저씨」(2010)에서 악당들은 소미의 엄마를 죽이고 죄 없는 어린 소미까지 납치하였다. 소미가 주인공 차태식의 하나뿐인 친구였으니 주인공이 분노하는 것은 당연하다. 즉 손해가 유발되었고, 또한 도덕적으로 잘못된 방식으로 이루어졌다. 만약 소미가 나쁜 짓을 해서 납치되었다면, 즉 정당한 이유로 손해가 생겼다면 증오는 느낄지라도 분노는 생기지 않는다.

마지막으로, 공포의 인지 조건은 예측할 수 없는 위험이다. 어떤 위험이 감지되지만 정확히 무엇이며, 언제, 어디서, 어떻게 현실화될지 전혀 알 수 없을 때 사람들은 공포를 느낀다. 물론 그 예측이 너무나 갑자기 실현될 때에도 공포감을 느끼지만, 이때 느끼는 공포감의 중요한 부분은 사실상 공포가 아니라 놀람이다. 공포를 유발하기 위해서는 어떤 위험이 존재한다는 것을 알리는 동시에 그 위험이 정확히 무엇인지, 그래서 어떻게 실현되는지는 숨겨야 한다.[141]

한편, 이와 유사하지만 다른 일상적인 두려움이 있다. 보통의 두려움, 즉 공포보다는 강도가 약한 두려움은 실현되지 않은 위험에서 생겨난다. 두려움을 유발하는 이 위험은 예측 가능하다.

이상의 네 가지 감정은 여러 재미 경험과 콘텐츠들에서 많은 부분을 차지하고 있다. 필요하다면 그 밖에도 사랑, 안타까움, 연민 등의 다양하고 복잡 미묘한 감정들에 대해서도 논의할 수 있을 것이다.

---

141 이현비, 앞의 책, (2004), pp. 154-155.

콘텐츠의 이야기 결합 구조

앞에서 지적했듯이 재미있는 콘텐츠를 만들고자 할 때에는 경험자의 긴장을 지속적으로 유지시키기가 어렵다. 이 문제를 해결하는 일반적인 방식은 여러 이야기들을 적절히 결합하여 하나의 큰 콘텐츠를 만드는 것이다. 아리스토텔레스의 삽화적 플롯도 여기에 포함된다.

이야기들을 결합하는 이런 방식들은 다음의 〈표 3.26〉과 같이 '직렬 맥락적 구조'와 '병렬 전시적 구조'로 분류할 수 있다.

직렬 맥락적 구조는 필자가 『재미의 경계』에서 언급했던 차별 은닉적 구조와 유사해 보이지만 같은 개념이 아니다. 그때 필자는 차별 은닉적 구조와 병렬 전시적 구조를 대조하였다.

그런데 "차별 은닉적 이야기 구조는 그 이야기의 여러 측면에서 하나의 이야기만을 다루는 것 같은 성격의 구조를 갖는다. 그 안에는 두 개의 이야기, 혹은 그 이상 다수의 이야기가 있을 수 있지만, 그중 일부는 의도적으로 숨겨진다. 그것이 복선이다. 이러한 이야기 전개 방식에서는 이야기가 의도적으로 차별화되고 어떤 이야기가 직접적으로 제시될 것이며, 어떤 이야기는 그 뒤에 숨겨질 것인지가 분명하다는 점에서 '차별 은닉적 구조'라고 부를 수 있다."[142] 따라서 이때의 차별 은닉적 구조란

이야기 결합 구조	내용
직렬 맥락적 구조	이야기들이 구성적(맥락적)으로 의존적인 구조
병렬 전시적 구조	이야기들이 구성적으로 의존적이지 않은 구조
분류 기준(대체 가능성): 각 단위 이야기가 다른 이야기로 쉽게 대체될 수 있는가?	

표 3.26 이야기 결합 구조의 분류와 기준

---

142 이현비, 앞의 책, (2004), p. 311.

사실상 현비 구조나 2중 현비 구조처럼 매우 잘 짜인 이야기를 가리킬 뿐이다.

그러나 구성적으로 의존적인 이야기 구조는 오직 현비 구조에만 국한된다고 볼 수는 없다. A라는 이야기가 있고 그것이 원인이 되어 B라는 이야기가 있다면 이는 병렬 전시적이지 않으면서도 또한 현비 구조에서 말하는 차별 은닉성도 없다고 할 수 있다. 더 나아가 포괄적으로 모든 콘텐츠의 구조 유형을 분석하려면 병렬 전시적인 이야기 구조 외의 모든 이야기 구조, 즉 이야기들이 구성적으로 서로 의존하는 포괄적인 의미의 이야기 구조를 별도로 구별해야 한다. 이것을 가리켜서 필자는 '직렬 맥락적 구조'라고 부르겠다.

직렬 맥락적 이야기 구조란 이미 언급했듯이 하나의 이야기가 다른 이야기에 맥락적으로 의존하는 이야기 구조이다. '맥락적 의존'이란 '인과적 의존'을 의미한다. 즉 앞의 이야기가 뒤의 이야기의 원인이 된다. 예를 들어 「트랜스포머」(2007)에서 주인공 샘이 할아버지의 안경을 팔려고 인터넷 경매 사이트에 내놓는 이야기는, 나중에 로봇들이 그 안경을 차지하기 위해 샘을 중심에 두고 싸움을 벌이는 이야기의 원인이 된다. 하지만 예외적으로 인과적이지 않은 맥락적 의존 관계도 있다. 「메멘토」(2000)의 이야기는 앞부분과 뒷부분이 인과적으로 연결되어 있지 않고, 오직 관객이 이해하는 이야기의 인지적 맥락에서만 서로 의존하고 있다.

한편, 부분 이야기들이 구성적으로 의존적이지 않은 구조의 이야기를 '병렬 전시적 이야기'라고 부르겠다. "병렬 전시적 이야기 구조는 두 이야기가 동일하게 독자나 청자의 관심을 끌면서 이어지는 것이다."[143] 아

---

143 이현비, 앞의 책, (2004), p. 310.

리스토텔레스의 삽화적 플롯도 여기에 속한다.

　이야기 구조를 말할 때 단순히 '병렬적'이라고 말하지 않고 '병렬 전시적 구조'라고 말하는 까닭은 무엇인가? 그것은 '병렬적'이라고 말하면 이야기들이 위계적으로 동일해야 한다는 오해를 불러일으키기 때문이다. 이야기들이 위계적으로 동일하다는 것은 이야기 A와 B가 서로 대등하게 나열되는 것을 의미한다.

　반면에 A 속에 B가 있으면 위계적으로 동일하지 않다. 순수하게 위계적으로 동일한 병렬 전시적 이야기 구성은 옴니버스식 구성이다. 또 여러 단편적인 이야기를 연결하는 골자가 하나의 이야기로 형성되어 있지 않을 때 옴니버스식 이야기라고 한다.

　영화나 소설처럼 간접 체험을 제공하는 콘텐츠의 경우에는 훌륭한 병렬 전시적 이야기 구조를 만드는 것이 괜찮은 직렬 맥락적 이야기 구조를 만드는 것만큼이나 어렵다. 병렬 전시적 이야기 구조를 따르면서도 콘텐츠 전체가 하나의 단일성과 통일성을 가져야 하기 때문이다. 그렇지 않은 병렬 전시적 이야기 구조는 하나의 콘텐츠가 아니라 여러 콘텐츠들의 모음이 된다.

병렬 전시적 이야기의 구성 방법

　이제 어떻게 하면 병렬 전시적 이야기를 잘 구성할 수 있을지 생각해 보자. 그 방법은 다음의 〈표 3.27〉과 같이 크게 두 가지로 나눌 수 있다.

　안팎 이야기는 하나의 이야기가 다른 이야기를 부분으로 포함하는 방식으로 결합되는 것을 의미한다. 안팎 이야기 구성의 대표적인 예는 『아라비안나이트』이다. 『아라비안나이트』는 바그다드의 지배자인 술탄 샤리야르가 처녀들과 결혼해서 하룻밤을 보내고 죽이는 일을 계속하자, 세헤라자데가 자진해 그의 신부가 되어 1001일 동안 밤마다 교훈적이거

이야기 구성	내용
안팎 이야기	'바깥 이야기'와 '안쪽 이야기'로 구성된다. 액자식 이야기 형식이다.
앞뒤 이야기	옴니버스식 이야기 형식이다. '앞의 이야기'와 '뒤의 이야기'로 구성된다.

표 3.27 병렬 전시적 이야기 구성의 두 가지 방법

나 감동적이고 재미있는 이야기를 들려주다가 마침내 술탄을 교화시키고 행복하게 산다는 이야기이다. 그 밖에도 소설 『데카메론』과 영화 「타이타닉」(1997)도 안팎 이야기 구성의 형태를 가지고 있다. 문학에서는 이를 액자식 구성이라고 한다.

『아라비안나이트』와 『데카메론』에서는 앞뒤 이야기가 병렬 전시적인 경우도 있지만, 영화 「타이타닉」에는 병렬 전시적인 앞뒤 이야기가 없다. 영화 「모텔 선인장」(1997)은 이른바 옴니버스식 구성의 영화이고, 따라서 병렬 전시적인 앞뒤 이야기를 포함한다. 「모텔 선인장」에서 보듯이 병렬 전시적인 앞뒤 이야기의 대표적인 사례는 옴니버스식 구성의 콘텐츠들에서 쉽게 찾을 수 있다.

게임이나 놀이공원과 같은 직접 체험을 제공하는 콘텐츠의 경우에는 병렬 전시적 이야기 구조가 직렬 맥락적 이야기 구조보다 만들기 더 쉽다. 직접 체험의 콘텐츠 구성에서는 콘텐츠 사용자의 자유도를 높이는 것이 중요한데, 하나의 과제 수행이나 놀이기구의 이용이 다른 과제 수행이나 놀이기구의 이용과 인과적으로 밀접하게 관련되면 콘텐츠 사용자의 선택 폭을 제약할 수 있기 때문이다.

어떤 이야기가 직렬 맥락적 구조인지, 병렬 전시적 구조인지를 구별할 수 있는 기준으로 필자가 『재미의 경계』에서 제시한 '대체 가능성'을 우선적으로 고려할 수 있다. 즉 큰 이야기를 이루는 각 부분 이야기들이 다른 이야기로 쉽게 대체될 수 있는가 또는 없는가 하는 것이 대체 가능

성의 의미이다.[144]

예를 들어 대표적인 병렬 전시적 구조의 이야기인 『아라비안나이트』에서 세헤라자데가 밤마다 술탄에게 들려주는 이야기들은 얼마든지 다른 이야기로 대체될 수 있다. 얼핏 보면 액자식 구성 이야기의 바깥 이야기와 안쪽 이야기는 서로 대체 가능성이 낮아 보이지만 일반적으로는 대체 가능성이 높다. 이를테면 『아라비안나이트』의 바깥 이야기를 세헤라자데가 자신의 목숨을 지키기 위해서 술탄에게 이야기를 들려주는 것이 아니라 어떤 부자에게 돈을 빌리기 위해서, 또는 큰 빚을 갚기 위해서 재미있는 이야기를 들려주는 것으로 바꿀 수도 있다. 이럴 경우에도 안쪽 이야기들은 크게 변형될 필요가 없을 것이다.

물론 사례별로 대체 가능성의 정도에는 차이가 있다. 예를 들어 영화 「타이타닉」은 액자식 구성을 띠지만 다이아몬드 목걸이를 찾기 위한 탐사 과정과 과거의 이야기를 들려주는 할머니의 이야기 구성은 안쪽 이야기와 어느 정도 맥락적인 의존성을 보여 준다. 마찬가지로 병렬 전시적 이야기 구조를 강하게 가질 수밖에 없는 놀이공원의 경우에도 너무 다른 체험들을 제공하는 것은 좋지 않으며, 따라서 어느 정도 일관적인 체험들로 구성해야 한다는 제약이 분명히 따른다. 어떤 놀이공원에서 롤러코스터와 스키 타기를 함께 체험하게 한다면, 두 체험이 한 놀이공원의 체험으로는 잘 어울리지는 않을 것이다.

그럼에도 콘텐츠 제작의 관점에서 대체 가능성은 직렬 맥락적 구성과 병렬 전시적 구성의 이야기를 구별하는 실용적 기준으로 활용성이 크다. 콘텐츠 제작 과정에서는 창작자들이 엄격한 논리적 분석보다는 직관적 구별에 주로 의지해서 사고하기 때문이다. 그리고 대체 가능성은 직렬

---

144 이현비, 앞의 책, (2004), pp. 311-312.

맥락적 구성과 병렬 전시적 구성의 직관적 차이를 충분히 보여 준다.

정교한 짜임새의 조건

정교한 짜임새의 네 가지 차원

현비 구조의 요소들은 단 하나의 목적을 추구한다. 바로 정교한 짜임새이다. 마이클 티어노도 아리스토텔레스의 『시학』 해석에서 정교한 짜임새를 다음과 같이 강조한다. "여러 사건은 긴밀하게 짜여 그중 어느 하나라도 옮기거나 바꾸면 전체가 일그러지거나 망가져야 한다. 어떤 사건이 들어 있든 들어 있지 않든 차이가 나지 않는다면, 그 사건은 전체에 반드시 필요한 부분이 아니다."[145]

이처럼 이야기가 정교한 짜임새를 가져야만 현비 구조를 얻을 수 있다. 하지만 현비 구조는 정교한 짜임새를 갖추기 위한 구성단위에 불과하다. 다시 말해 잘 짜인 이야기를 들려주는 영화는 크고 작은 현비 구조들을 여러 개 포함한다는 뜻이다. 그리고 거기에는 다시 주主와 종從이 있다. 기본적으로 이야기의 큰 흐름은 현비 구조를 가져야 하며 이것이 주이다. 이 큰 흐름의 이야기를 바탕으로 다시 사소한 에피소드들이 현비 구조에 따라서 결합된다. 이것이 종이다.

예를 들어 2중 현비 구조에서는 제2 현비 구조가 주이고 제1 현비 구

---

145 마이클 티어노, 『스토리텔링의 비밀』, 김윤철 옮김, (아우라, 2008), p. 53.
아리스토텔레스 『시학』의 같은 부분을 천병희가 옮긴 내용은 다음과 같다.
"다른 모방 예술에 있어서도 하나의 모방은 한 가지 사물의 모방이듯이, 시에 있어서도 스토리는 행동의 모방이므로 하나의 전체적 행동의 모방이어야 하며, 사건의 여러 부분은 그중 한 부분을 다른 데로 옮겨 놓거나 빼 버리게 되면 전체가 뒤죽박죽이 되게끔 구성되어야 한다. 왜냐하면 있으나마나 두드러지게 차이가 나지 않는 것은 전체의 부분이 아니기 때문이다."(제8장)

조는 종에 속한다. 2중 현비 구조에서도 보듯이 종속적인 작은 현비 구조의 일화들은 주된 이야기의 공유 경험이나 복선 등을 만들어 낸다. 정교한 짜임새란 이렇게 크고 작은 현비 구조들이 중첩되어 하나의 이야기를 일관되게 구성하는 것이다.

하지만 현비 구조는 정교한 짜임새의 구성단위에 지나지 않으므로 큰 하나의 이야기를 정교하게 짜 맞추려면 더 많은 세부적인 요소들을 추가적으로 고려해야 한다. 그 요소들을 정리하면 필자가 『재미의 경계』에서 정리한 정교한 짜임새의 네 가지 차원을 얻게 된다. 그 내용을 정리하면 다음의 〈표 3.28〉과 같다.

구분	네 가지 차원	내용
정교한 짜임새	다중적 연관 관계	작품 속의 갖가지 장치들이 여러 맥락에서 연관되는 것
	조밀한 배열	스토리텔링에서 군더더기가 없는 구성
	분위기의 통일	일관된 정서적 분위기를 창출하고 유지하는 것
	풍부한 상징성	이야기 외적인 것과의 감성적이고 상상에 기초한 연관 관계

표 3.28 정교한 짜임새의 네 가지 차원

정교한 짜임새의 각 차원의 이해

지금부터 이야기가 정교한 짜임새를 갖추기 위해 필요한 네 가지 차원들을 자세히 알아보도록 하자.

다중적 연관 관계

첫째 차원은 다중적 연관 관계이다. 이야기의 각 부분들은 다중적으로 연관되어 있을 때 더욱 정교한 짜임새를 얻는다. "다중적인 연관 관계라는 것은 작품 속의 갖가지 장치들이 단순한 한 가지 맥락에서만 작품의 다른 부분과 연관되는 것이 아니라 여러 맥락에서 연관된다는 것을 말한다. 더 간단히 말하면 작품 속의 한 장치가 거기에 배치되는 까닭에는 하나의 이유가 있는 것이 아니라 여러 이유들이 있다는 것이다."[146]

이야기가 다중적인 연관 관계의 차원에서 훌륭하면, 아리스토텔레스의 지적처럼 어떤 사건을 뺄 경우 전체가 무너지게 된다. 현비 구조에서는 두 겹 이야기가 중요한 다중적인 연관 관계의 방법이다. 사실상 대개 다중적인 연관 관계는 현비 구조의 두 겹 이야기가 크고 작게 이야기의 여러 곳에서 나타나는 것을 통칭한다. 따라서 이 둘의 본질은 같다고 할 수 있다.

그런데 콘텐츠의 재미를 말할 때 두 겹 이야기가 아닌 다중적 연관 관계를 별도 개념으로 설명하는 까닭이 있다. 이는 재미 창작자의 입장에서 콘텐츠 전체를 꿰뚫는 긴장 구조와 부분적이고 사소한 긴장 구조를 분리해서 생각할 필요가 있기 때문이다. 이 중에서 앞의 것을 '중심 갈등'이라고 부르자. 이때 중심 갈등에 두 겹 이야기가 존재하는 것은 필수적이다. 대단한 반전을 이루지는 못하더라도 해소 과정을 관객이 납득할 수 있어야 한다는 이유로 사소한 숨은 이야기라도 긴장 해소에 작용해야 한다. 하지만 콘텐츠 속의 사소한 일화나 장면들에는 약간의 우연이 개입해도 되므로 반드시 숨은 이야기를 설정하지 않아도 된다. 이런 차이가 있음에도 이 구조들이 다중적으로 결합하는 것을 모두 다중적 연관 관계로 지칭할 수 있다.

다중적인 연관 관계의 예는 2015년에 재개봉한 영화 「백 투 더 퓨처」(1985)에서 발견할 수 있다. 이 영화에서 주인공 마티 맥플라이는 에미

---

146 이현비, 앞의 책, (2004), p. 289.

트 브라운 박사가 만든 타임머신을 타고 30년 전의 과거로 간다. 도착한 과거에서 마티는 아빠 조지 맥플라이가 친구이자 악당인 비프 태넌에게 괴롭힘을 당하는 모습을 본다. 그 모습은 30년 후의 현재와 놀라울 정도로 똑같다.

그 한심한 행태에 대해서 충고를 하려고 아빠 조지를 따라간 마티는 조지를 교통사고에서 구하다가 대신 사고를 당하고 만다. 그런데 마티를 차로 받은 사람은 현재 마티의 엄마인 로레인이었다. 물론 이 사실을 알 턱이 없는 로레인은 마티를 자신의 집으로 데려가 조지 맥플라이가 아닌, 미래의 아들 마티 맥플라이를 유혹한다. 이 장면은 영화 앞부분에서 엄마 로레인이 자신은 학생 때 남자에게 관심이 없었다고 시치미를 떼는 장면과 대조된다.

이 이야기의 구조를 분석해 보면, 아빠인 조지 맥플라이가 악당 비프 태넌에게 괴롭힘을 당하는 현재의 상황은 하나의 갈등 요소인데, 30년 전 과거에도 그러했듯이, 여전히 반복되는 상황으로 그 갈등이 심화된다. 그리고 이 갈등은 다른 긴장을 일으킨다. 마티가 아빠인 조지에게 충고하려고 따라갔다가 미래의 자기 엄마인 로레인을 만나 로레인의 유혹을 받는다. 이는 새로운 갈등이며, 동시에 30년 후 요조숙녀인 체하는 엄마의 모습과 대조됨으로써 또 하나의 사소한 이야기(긴장)를 형성한다. 게다가 나약하고 한심한 조지와 자신을 유혹하려는 로레인이 서로 사랑하게 연결하여 미래의 자신이 사라지지 않게 해야 한다는 주인공 마티의 과제를 만들어 낸다.

정리하면 조지의 나약함과 로레인의 유혹 등이 각 부분에서 과거와 현재의 비교를 통해 이야기를 생성하지만 동시에 큰 중심 갈등에도 연결된다는 점에서 다중적인 연관 관계를 보여 준다.

조밀한 배열

이야기가 정교한 짜임새를 갖추기 위해 필요한 둘째 차원은 조밀한 배열이다. "조밀한 배열은 그 표현에 있어서 군더더기가 없는 구성을 말한다. 조밀한 배열이 이루어졌을 때, 각 장면들을 구성하는 여러 사소한 장치들조차도 실제로는 다른 것으로 뒤바뀌기 어려운 고유의 위치를 점한다."[147] 조밀한 배열을 이해하기 위해, 먼저 콘텐츠의 구성이 조밀하게 배열되지 못한 경우에 어떤 일이 벌어질지 생각해 보자. 영화의 경우에 어떤 장면들이 있어도 그만, 없어도 그만인 방식으로 흘러간다면 관객은 어떻게 느끼겠는가? 집중도가 떨어지게 된다.

예를 들어 연쇄 살인범을 쫓는 영화가 시작되었는데, 살인 장소를 관객에게 이해시키려고 등산하는 장면이 1분 정도 나오고, 또 등산로에서 장사하는 사람들도 보이며, 선거 유세를 위해서 등산 대회에 참가한 정치인들, 거기에 우연히 끼어 있는 한 연인도 등장한다고 가정해 보자. 더 나아가 근처 비행장이 보이고 거기에서 비행기가 이륙하는 장면, 이어서 관제소에서 비행 착륙을 유도하는 장면이 나온다고 하자. 그러면 관객 입장에서는 이런 장면들이 무엇을 의미할까 궁금해할 것이다. 다시 말해 긴장 관계의 전개에 이 장면들이 어떻게 작용하는지를 궁금해하는 것이다. 그런데 영화가 끝날 때까지 이 장면들이 왜 나왔는지 알 수 없다면 영화는 재미있을 수가 없다. 그래서 로널드 B. 토비아스는 좋은 플롯의 원칙들 중 다섯 번째 원칙으로 "모든 사건은 중요한 사건이 되게 하라"[148]고 강조한다.

게임에서도 마찬가지이다. 게임을 수행하면서 중요해 보이는 여러 아

---

147 이현비, 앞의 책, (2004), p. 294.

148 로널드 B. 토비아스, 앞의 책, pp. 45-65.

이템과 무기들을 획득하고 레벨을 열심히 높였는데, 그런 것들이 게임의 어느 단계에서도 별로 소용이 없다는 것을 알게 된다면 어떻겠는가? 게임 사용자는 속았다는 느낌이 들 것이고, 갑자기 그 게임이 재미없어질 것이다. 게임을 수행하면서 얻은 체험(이야기)이 재미없어지는 것이다.

조밀한 배열을 위해서는 영화의 이야기에 긴장을 축적하고 해소하는 과정에서 보여 줄 것이 많아야 한다. 그래서 이야기는 적절히 복잡해야 하고 다양한 소재와 결합되어야 한다. 게임에서는 필수적인 단계와 대안이 많아야 하며, 규칙과 레벨 설정이 정교해야 한다. 이때 정교하다는 것은 균형이 잘 잡혀 있다는 뜻이다.

조밀한 배열은 다중적인 연관 관계와 결합될 수 있지만 이 둘이 같은 것은 아니다. 게임이나 영화 속에서 동굴을 통과할 때 어떤 장애물이 나타나야 한다는 점에서 괴물이나 좀비와의 싸움은 필요하다. 이때 콘텐츠 사용자가 동굴 속에 들어간 뒤 오래지 않아 이런 장애물이 나타난다면 조밀한 배열이라 할 수 있다.

하지만 이 장애물이 나중에 다른 상황에서 인과적으로 연관되지 않을 수도 있다. 그때 그 장면은 조밀한 배열을 이루었지만 다중적인 연관 관계에는 포함되지 않은 것이다. 「겨울왕국」(2013)에서 안나와 크리스토프가 엘사를 찾아가다가 늑대들에게 쫓기는 장면이 그러한 예가 되겠다. 이때 늑대들은 조밀한 배열의 요소이기는 하지만 다중적인 연관 관계의 요소는 아니다.

분위기의 통일

이야기가 정교한 짜임새를 갖추기 위해 필요한 셋째 차원은 분위기의 통일이다.

"분위기의 통일은 일정한 정서적 분위기를 창출하고 유지하는 것을 가리킨다."[149] 이때 정서적 분위기의 통일이라는 말의 의미는 설명하기가 약간 애매모호한 부분이 있지만 관객의 입장에서는 이해하기 어렵지 않다. 특히 영화를 보면서 이것이 잘못되었을 때 감지하기가 매우 쉽다.

예를 들어 공포 영화 중간쯤에 개그 콘서트 같은 장면을 섞어 넣는다고 해 보자. 어떻겠는가? 관객은 매우 이질감을 느낄 것이다. 비록 공포 영화 속의 개그 장면은 아니지만 실제 영화에서 이와 비슷한 장면이 연출된 적이 있다.

영화 「성냥팔이 소녀의 재림」(2002)에서 주인공이 중국 음식 배달을 갔다가 거짓 주문으로 장난친 사람에게 분노하여 회사 사무실 안에서 기관총을 난사하는 장면이 그것이다. 이 장면은 주인공의 상상으로 처리된다. 그런데 대부분의 사람들은 이 장면에서 실소를 금치 못한다. 다른 분석도 가능하지만 분위기가 전혀 통일되어 있지 않기 때문이다. 결국 「성냥팔이 소녀의 재림」은 당시 엄청난 제작비를 들인 대작이었음에도 '성냥팔이 소녀의 재앙'이라는 별명이 붙을 정도로 흥행에 참패하였다.

게임에서도 분위기의 통일은 중요하다. 「디아블로」처럼 악마와 싸우는 게임의 중간에 게임 「심시티」처럼 방을 꾸미는 장면이나 설정, 캐릭터들이 배합된다면 게임 사용자들은 "이게 뭐야?"라고 소리칠 것이다. 재미있으려면 이러한 '깨는' 분위기를 없애고 전체 게임의 분위기가 통일되어야 한다.

분위기라는 것은 인간의 체험에서 정서적이고 감정적인 차원의 표현이다. 그러므로 분위기의 통일은 인간의 체험에서 정서적 통일성을 위해 필요한 것으로 보인다. 정신분열증 환자가 아니라면 진정으로 슬픔의 눈물을 흘림과 동시에 진정으로 즐거운 웃음을 터뜨리지는 못할 것이다.

149　이현비, 앞의 책, (2004), p. 300.

콘텐츠가 제공하는 체험이 새롭고 멋지려면 이러한 체험의 기본 성향이 잘 어우러져야 한다. 분위기의 통일은 바로 이러한 점에서 필요하다.

한편, 유사하지만 구별해야 할 다른 개념도 있다. 켄 댄시거와 제프 러시 역시 분위기에 대해서 언급하는데, 이들이 말하는 분위기는 정서적 분위기가 아니라 사실감이나 현장감 같은 것을 말한다. 이들에 따르면, "시나리오에서의 분위기란 세부 묘사의 축적을 통해 창조되는데, 그런 세부 묘사를 통해 대본 속에 단일하고 일관된 세계가 존재한다는 환영幻 影을 만들어 내는 것이다. 대사가 믿을 만하고, 시간과 공간의 묘사가 정말 그럴싸해서 독자가 '나도 저런 사람을 알지, 나도 저런 곳에 가 봤지, 혹은 나도 저런 때가 있었어'라고 말한다면 그때 작가는 공간적, 즉 3차 원적 느낌의 신뢰성을 창조한 것이다."[150]

풍부한 상징성

이야기가 정교한 짜임새를 갖추기 위해 필요한 넷째 차원은 풍부한 상징성이다. 영화 속 이야기 장치들이 다중적인 연관 관계, 조밀한 배열, 분위기의 통일이라는 세 조건이 충족되면 풍부한 상징성이 따라오는 경우가 많다.[151] 하지만 그렇지 않은 경우도 있으므로 분리해서 생각해야 한다.

이야기의 상징성이 재미에 필요하다는 지적은 아리스토텔레스의 『시학』에서도 발견할 수 있다. 아리스토텔레스는 "우연한 사건이라고 하더라도 어떤 의도에 의하여 일어난 것같이 보일 때, 가장 놀랍게 생각되기 때문이다. 아로그스에 있는 미튀스의 조각상이 그 조각상을 구경하고 있

150　켄 댄시거·제프 러시, 앞의 책, p. 9.

151　이현비, 앞의 책, (2004), p. 306.

던 미뤼스의 살해자 위에 떨어져 그를 죽게 한 사건이 그 한 예이다. 이와 같은 사건은 단순한 우연지사로 생각되지 않는다"[152]라고 말하였다.

그렇다면 다중적인 연관 관계와 풍부한 상징성의 차이는 무엇일까? 다중적인 연관 관계는 이야기 내부에서의 논리적이고 인과적인 연관 관계를 뜻하고, 풍부한 상징성은 상상에 기초한, 이야기 외적인 것과의 감성적인 연관 관계를 의미한다. 상징성이 논리적이거나 인과적인 연관 관계가 아니므로 이렇게 말할 수도 있고 저렇게 받아들일 수도 있다. 하지만 많은 경우에 상징성은 기존의 통념이나 상식적인 지식에 기초해서 결정된다.

예를 들어 「매트릭스」(1999)에서 "흰 토끼를 따라가라"는 해커의 지시는 동화 『이상한 나라의 앨리스』와 상징적으로 뚜렷하게 연관되는데, 이 상징적 연관성은 상식에 근거한다. 그 밖에 영화 속의 풍부한 상징성들의 예를 더 살펴보면, 「공동경비구역 JSA」(2000)에서 초코파이와 김광석의 노래가 갖는 상징성, 영화 「엽기적인 그녀」(2001)의 후반부에 나타나는 기차와 언덕 위의 나무가 갖는 상징성 등을 꼽을 수 있다.[153] 대조해서 말하면 이러한 소재들은 다중적인 연관 관계에 따라 풍부한 상징성을 갖는 것이 아니다. 따라서 이러한 소재들을 다른 것으로 대체한다고 해도 영화의 전체적인 이야기 전개에는 거의 무리가 없다.

여기에서 더 나아가 상징성을 이야기 구성의 핵심적 맥락으로 사용하는 예를 영화 「봄 여름 가을 겨울 그리고 봄」(2003)에서 찾을 수 있다. 이 영화는 사건들의 구성에서 상징성을 빼면 남는 것이 별로 없다. 줄거리를 요약하면 다음의 다섯 단계로 이야기가 구성된다.

---

152 아리스토텔레스, 『시학』, 제9장.

153 이현비, 앞의 책, (2004), pp. 307-308.

- 동자승이 개구리의 발에 돌을 매다는 장난을 치다가 개구리를 죽게 한 이야기
- 동자승이 성장하여 절에 들어온 젊은 여인과 연을 맺는 이야기
- 절을 떠난 주인공이 사랑 때문에 살인을 저지르고 돌아온 뒤 경찰에게 잡혀 가는 이야기
- 출소하여 다시 절로 돌아온 주인공에게 얼굴을 가린 한 여인이 찾아와서 어린아이를 맡기고 떠나다 죽는 이야기
- 그 어린아이가 동자승이 되어 뱀에 돌을 매달아 괴롭히는 이야기

이 이야기들에서 사건의 인과적 연관성을 살펴보면 특별히 재미있는 부분이 없다. 그럼에도 이 이야기가 특별한 체험을 제공하는 힘은 이야기의 각 부분들이 가진 상징성에 있다. '봄'에 해당하는 첫 번째 이야기는 아마도 불교적인 업을 짓는 과정을 상징하고, 다섯 번째 이야기는 이러한 업보가 순환하면서 이어지는 것을 상징한다는 것이 이 이야기에 대한 유력한 해석들 중 하나일 것이다.

콘텐츠에 풍부한 상징성을 덧붙이려면 제작자가 충분한 지식을 가져야 하고 나름의 상상력도 가져야 한다. 단, 이때의 충분한 지식은 뒤[154]에서 논의할 특정 분야에 대한 지식이 아니라 일반 교양적 지식을 가리킨다. 그리고 상상력은 서로 다른 것들을 단순한 유사성을 토대로 연관 지을 수 있는 사고력을 의미한다.

---

154 이 책의 제5장 423쪽 '전문 지식'을 참조하기 바란다.

6. 유머와 재미

재미있는 콘텐츠 중에서 유머를 별도로 다루어야 할 이유는 단 하나이다. 우리는 유머에 대해 특별히 관심을 가져왔고 이에 따라서 많은 연구들이 별도로 이루어졌기 때문이다.[155]

하지만 이론적인 관점에서 볼 때 유머는 콘텐츠의 한 부분이므로 유머의 많은 부분은 일반적인 재미론으로 설명할 수 있다. 다만 재미의 핵심 내용인 현비 구조가 유머에서는 매우 압축적으로 포함되어 있어 오히려 포착하기 어려운 점이 차이라고 할 수 있을 뿐이다. 그러므로 콘텐츠에서의 재미론을 설명하는 지금 단계에서 유머를 새롭게 설명할 것은 별로 없다.[156] 단지 기존 연구자들의 관심을 존중하여 유머에 대한 몇 가지 의미 있는 내용들을 추가하기로 한다.

---

155 유머에 대한 많은 연구는 마틴의 연구에서 쉽게 확인할 수 있다.

156 이 절 '유머와 재미'는 전체적으로 필자의 이전 저작인 『원리를 알면 공자도 웃길 수 있다』와 『재미의 경계』를 요약해서 반복하는 내용이 될 것이다.

콘텐츠로서의 유머

유머란 무엇인가?

유머는 재미있고 우스운 짧은 이야기이다.

이 정의에서 '재미있는 이야기'는 콘텐츠 일반의 특징이고 유머도 일종의 콘텐츠이므로, 유머의 차별적인 특징은 '우습다'는 것과 '짧다'는 것에 있음을 알 수 있다. 우스움에 대한 분석으로는 마틴의 분석이 고찰할 가치가 있다. 마틴은 유머를 다음과 같이 세 가지 범주로 나누었다.

- **농담하기**: 사람들이 기억하고 있는 유머러스한 일화들이 다른 사람들에게 전달되는 것
- **자발적 재치**: 대인 관계 과정에서 누군가 의도적으로 만들어 내는 것. 언어적 혹은 비언어적 활동
- **비의도적 유머**: 웃기려는 의도가 없는 말이나 행위에 의해서 기쁨과 웃음이 일어나는 경우[157]

이 중에서 '농담하기'의 내용, 즉 유머러스한 일화가 유머에 해당한다. 마틴은 농담을 "급소 문구punch line로 끝나는 짧고 재미있는 이야기"[158]라고 정의한다. 이는 필자의 유머 정의와 대동소이하다.[159]

---

157 마틴, 앞의 책, p. 14.

158 같은 책, 같은 곳.

159 차이점은 급소 문구를 강조한 점인데, 이것은 재미있기 위한 조건일 뿐이다. 따라서 유머의 정의에서 다룰 게 아니라 유머가 갖추어야 할 조건으로 유머의 정의 밑에 딸려 나오는 속성일 뿐이다.

자발적 재치와 비의도적 유머는 매우 맥락 의존적인 상황에서 발생하는 우스움의 사례들이다. 자발적 재치란 '대인관계 중에 자발적으로 일어나는 우스운 사건으로, 사람들이 말하는 재미있는 언사나 경험하였던 재미있는 일화 및 그에 대한 반응'이며 비의도적 유머는 신체적·언어적 형태로 이루어지는 우스꽝스러운 사태를 가리킨다. 이것은 우스움에 초점을 맞추어서 유머(농담)와 다른 여러 사례들을 함께 범주화함으로써 얻은 분류일 뿐이다. 만약 콘텐츠에 초점을 맞추어서 분류한다면 자발적 재치와 비의도적 유머는 콘텐츠로서의 가치가 없거나 부족하여 유머와 같은 범주로 묶기 어렵다.

짧다는 점은 유머의 또 다른 특징이자 가치 요소이다. 재미의 조건을 고려하여 재미있으려면 긴장이 축적되어야 하는데, 이를 위해 콘텐츠는 길이를 어느 정도 가져야 한다. 그런데 때때로 콘텐츠 사용자는 재빨리 쉽게 재미를 얻기 원한다. 유머는 이러한 문제를 해결할 수 있는 중요한 방법을 보여 준다.

짧은 이야기(체험)에서 긴장을 축적하는 방법으로 유머에서 발견할 수 있는 기술은 두 가지이다.

첫째, 상대의 참여를 유도하여 긴장을 재빨리 축적할 수 있다. 주로 수수께끼 형식의 유머가 예가 될 수 있다. "바다에서 떠오른 달은 왜 크게 보일까? 그건 달이 바닷물에 불어서 그런 거야"와 같은 형식이다. 상대에게 수수께끼를 던지면 상대는 답을 찾으려 노력한다. 아무리 애를 써도 답을 찾지 못하면 긴장이 축적된다. 한마디로 요약하면 '호기심을 자극하는 것'이 기술이다.[160]

---

[160] 마틴은 재미있는 수수께끼를 농담과 구분해서 분류하지만 이러한 분류는 맹목적인 분류라 이해에 도움이 되지 못한다. 필자가 보기에는 마틴이 말하는 수수께끼는 농담이 일방향적으로 이루어지는 것이 아니라 상대와의 대화를 통해서 쌍방향적으로 이루어지는 것일 뿐이므로 재미론의 관점에서는 농담의 한 부류로 보는 것이 더 적당하다.

둘째, 기존 맥락을 활용하여 긴장을 쉽게 축적할 수 있다. 기존 맥락을 이용한다는 것은 주어진 상황 속에서 이미 긴장이 축적되어 있는 것을 활용한다는 뜻이다. 유머에 대한 마틴의 세 분류 가운데 '자발적 재치'가 여기에 해당한다. 마틴에 따르면, 자발적 재치는 매우 맥락 의존적이어서 나중에 다른 사람에게 말해 줄 때는 그렇게 재미있지 않다는 특징을 보여 준다.[161]

마틴의 분석은 여기서 끝나지만, 현비 구조를 활용한 재미론의 입장에서는 왜 당시에는 우스운 것이 나중에 다른 사람에게 얘기해 줄 때는 재미가 없는지를 설명할 수 있다. 그 이유는 유머가 발생한 당시 상황에서는 맥락 속에 축적된 긴장이 있는 데 비해, 나중에는 그 맥락 속의 긴장이 없기 때문이다. 축적된 긴장이 없는 상황에서 긴장을 해소하는 표면적인 말이나 행동은 재미를 유발하지 못한다. 재미는 해소되는 긴장이 얼마나 많이 축적되었는가에 따라 달라지기 때문이다.

유머의 논리적 구조

앞에서 말했듯이 유머는 재미있고 우스운 짧은 이야기이다. 이런 유머의 중심 개념인 '짧음'과 '재미'는 웃음의 원천이 된다. 즉 짧은 이야기 속에서 웃음까지 이끌어 내는 힘이 유머에서의 재미이다. 이것이 가능하려면 유머의 이야기 속에서 축적된 긴장이 해소될 때 특정한 종류의 인지적 효과가 강력하게 발휘되어 일종의 충격을 유발해야 한다. 이 인지적 충격은 긴장의 폭발로 이어진다. 따라서 유머에서의 재미는 인지적

---

161 마틴, 앞의 책, p. 14.

충격에 따른 쾌감의 폭발이라고 특징화할 수 있다.

이상과 같이 유머만의 고유한 특징도 있지만 그럼에도 유머는 근본적으로 재미있는 콘텐츠의 한 종류일 뿐이다. 그러므로 재미의 일반 원리에서 이해해야 유머를 충분히 이해할 수 있다. 이러한 점은 유머를 구성하기 위한 네 가지 조건에서 알 수 있다.

유머의 네 가지 조건

주로 짧은 이야기들이 다음의 네 가지 조건을 갖춤으로써 유머가 된다. 이것을 '유머의 네 가지 조건'이라고 부르자. 유머의 네 가지 조건은 유머의 본질인 재미있는 웃음이 갖추어야 하는 조건을 설명하는 것이며, 곧 인지적 충격에 따라서 유쾌한 감정을 폭발시키기 위한 조건을 설명하는 것이다.

필자의 이전 논의 내용[162]을 요약하여 다음의 〈표 3.28〉로 제시하였는데, 전체적으로 현비 구조의 설명 내용과 중첩된다.

구체적인 예로 설명하는 것이 이해하기 쉬우므로 필자가 선호하는 유

조건	내용
긴장 구조	긴장이 축적되었다가 급작스럽게 해소된다.
두 겹 이야기	드러난 이야기 외에도 숨은 이야기가 포함되어 있다.
공유 경험	공유 경험에 의해서 숨은 이야기가 화자와 청자 사이에 공유된다.
유쾌한 감정	긴장의 급작스러운 해소에 의해서 불쾌해지지 않는다.

표 3.28 유머의 네 가지 조건

---

162 이현비, 『원리를 알면 공자도 웃길 수 있다.』, (지성사, 1997). 그리고 『재미의 경계』, (지성사, 2004).

머의 예를 들어 보겠다. 대부분의 내용은 앞에서 현비 구조를 설명할 때의 내용과 중복되기도 할 것이다.

손오공과 삼장법사가 길을 가다 저만치 앞에 수많은 요괴들의 무리가 있는 것을 발견했다. 손오공은 즉각 머리카락 분신술을 이용해 여러 명의 손오공을 만들어 내 요괴들과 싸우기 시작했다. 그런데 열심히 싸우다 얼핏 보니 웬 나이 드신 할아버지께서 열심히 싸우고 계신 것 아닌가? 눈물이 날 만큼 고마워진 손오공은 성함이라도 알아보려고 그 할아버지께 누구시냐고 여쭤 보았다. 그러자 그 할아버지 하시는 말씀.

"주인님, 저 새치(흰 머리카락)인데요……."[163]

첫째, 어떤 이야기가 재미있는 유머이기 위해서는 긴장이 축적되었다가 급작스럽게 해소되어야 한다. 예로 든 손오공 이야기는 긴장의 축적과 급격한 해소를 보여 준다. 긴장은 언제 축적되는가? 요괴들을 만나는 것? 아니다. 손오공을 위해서 싸우는 할아버지가 누구인가 하는 의문이 생길 때에 긴장이 축적된다. 그리고 이 긴장은 마지막에 급작스럽게 해소된다. "주인님, 저 새치인데요……"라는 짧은 한마디로 말이다. 이것이 마틴이 말한 '급소 문구'이다. 긴장의 축적과 급작스러운 해소가 바로 여기에서 이루어진다.

여느 콘텐츠와 유머의 차이는 긴장 축적과 해소 변화의 차이, 혹은 그 변화가 얼마나 급격하고 강력하게 이루어지는가 하는 정도이다. 긴장의 축적과 해소가 너무 완만하면 그 효과가 약해진다. 위의 손오공 유머에서도 마지막 급소 문구를 짧고 분명하게 말하는 것이 중요하다. 그래야

---

163 이현비, 앞의 책, (2004), p. 41.

인지적 충격이 크고 쾌감의 폭발도 커져 웃음이 터져 나올 수 있다.

둘째, 유머에서도 두 겹 이야기가 필요하다. 두 겹 이야기는 유머의 결정적 부분(결말)이 갖는 두 가지 모순적인 성격을 가능하게 하기 위함이다. 다시 말해 '예상치 못한' 결말이면서도 동시에 '합리적으로 이해되는' 결말이어야 한다. 손오공 이야기가 재미있을 수 있는 까닭은 맨 마지막의 결정적 한마디가 두 가지 모순적인 성격을 가지고 있기 때문이다. 드러난 이야기에서 손오공이 요괴와 머리카락 분신술로 싸우다가 웬 할아버지를 발견하고는 누구인지 궁금해한다. 숨은 이야기에서는 손오공의 머리카락 중의 하나가 새치이고 이것이 분신술로 할아버지가 되어 요괴와 싸운다. 그리고 이 두 이야기가 결말에서 만난다.

셋째, 숨은 이야기의 흐름은 공유 경험에 따라 이어져야 한다. 이 공유 경험은 유머의 화자와 청자가 공유하는 경험이다. 공유 경험이 필요한 까닭은 유머에서 숨은 이야기를 드러내 놓고 말하는 것이 아님에도 갑자기 나타났을 때 사람들이 즉각적으로 이해할 수 있어야 하기 때문이다. 즉각적으로 이해하지 못하면 인지적 충격이 약하고, 결과적으로 웃음이 터지지 않는다. 여기에 모순성이 있다. 화자는 숨은 이야기를 전혀 알지 못하다가 그것이 나타나면 즉시 이해해야 한다. 어떻게 그럴 수 있는가? 이는 사람들이 그 숨은 이야기를 공유하고 있기 때문에 가능하다. 이때 공유 경험의 내용은 이미 알고 있는 것, 혹은 이미 경험하여 익숙한 것이다. 여기서 익숙하다는 점이 중요하다. 익숙해야만 즉각적으로 이해할 수 있다.

넷째, 최종적으로 드러난 결말이 유쾌한 감정이라는 정서와 연관되어야 한다. 때로는 슬픈 감정을 자극할 수도 있고, 때로는 공포심을 자극할 수도 있다. 이럴 경우에 재미있긴 하지만 유머는 아니다. 또 지나치게 야하거나 외설적인 상황을 표현하는 경우도 있다. 이때는 유머가 재미있지 못하고 오히려 큰 결례로 끝나기도 한다. 사회생활을 하면서 유머를 시도하다가 실수를 한다면 거의 이런 경우일 것이다.

유머와 재미의 조건

이상의 논의를 토대로 유머와 재미의 창출 조건들이 서로 어떻게 관련되는지를 정리하면 〈표 3.29〉와 같다.

재미	구성 요소	유머
재미의 조건	긴장 구조	유머의 조건
	두 겹 이야기	
	공유 경험	
	+	
추가 조건: 감정 자극	유쾌한 감정	

표 3.29 유머와 재미의 조건 비교

위의 표를 보면, 재미의 조건은 세 가지이고, 유머의 조건은 재미의 조건에 추가 조건을 더해 네 가지이다. 이는 재미의 개념이 유머의 개념보다 더 추상도가 높고 일반성이 크다는 것을 의미한다. 추상도가 높고 구성 요소가 더 적어 재미의 조건은 영화와 드라마, 게임 등의 다양한 장르에 적용할 수 있다. 이것이 추상적인 개념의 장점인 일반성이다.

다시 〈표 3.29〉로 돌아가, 이 표는 재미의 조건인 현비 구조에 감정 자극이라는 추가 조건을 덧붙여서 유머의 조건을 구성한 것이다. 현비 구조에 감정 방향을 표현하기 위한 하나의 좌표축을 더함으로써 유머의 조건들을 도형으로 시각화할 수 있다. 필자는 이것을 다음 〈그림 11〉과 같

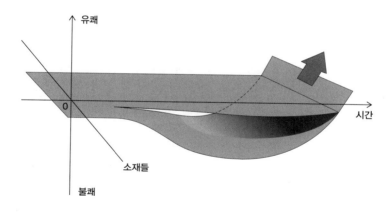

그림 11 유머의 조건에 대한 시각적 모형

이 제시하였다.[164]

〈그림 11〉의 모형을 이해할 때 주의해야 할 점이 있다. 『재미의 경계』에서 지적했듯이 감정의 축(유쾌-불쾌)은 드러난 이야기와 숨은 이야기가 만드는 거리와 별도의 차원으로 이해해야 한다. 달리 말해 숨은 이야기가 드러난 이야기에서 많이 떨어져 있어 철저하게 가려졌음에도 그 숨은 이야기는 불쾌한 것이 아닐 수 있다.[165]

유머의 네 가지 조건과 기존 유머 이론의 비판적 비교

유머에 대한 이론적 논의들 중에서 가장 흔한 것은 '부조리론'이라고 할 수 있다. 부조리론에 따르면 부조리나 모순은 유머에서 가장 중요한 속성, 즉 유머의 본질이다.

예를 들어 채프만과 풋Chapman & Foot은 유머의 본질을 설명하면서 사

---

164 이현비, 앞의 책, (2004), p. 110.

165 같은 책, 같은 곳.

람들을 즐겁게 만드는 사건의 중심적인 특징은 모순이라고 주장한다. 모순은 유머러스하게 이끄는 것에 필수적이라는 것이다. 이들에 따르면, 모순은 기대한 것이나 일반적으로 일어나는 것과 실제로 일어난 것 사이에 있게 된다.[166] 이와 유사한 주장을 베르그송과 코언이 제기하였으며, 필자가 이미 논의했듯이 베아티James Beattie, 하즐릿Hazlitt, 칸트Kant, 쇼펜하우어Schopenhauer, 스펜서Herbert Spencer, 메레디스George Meredith, 이스트만 Max Eastman, 몬로D. H. Monro 등 많은 연구자들도 이와 비슷한 주장을 제기한다.[167]

마틴의 저서에서도 이런 주장들이 여럿 제시되어 있다. 예를 들면 마틴은 유머의 요체가 모순성, 불시성, 놀이성인 것으로 보이며, 진화 이론가인 저비스와 윌슨Gervais & Wilson은 이것을 '심각하지 않은 사회적 불합치nonserious social incongruity'라 부른다고 소개하고 있다.[168]

필자는 이런 부조리론에 대한 구체적인 비판들을 충분히 논의한 바 있다.[169] 그 내용을 간단히 소개하면 부조리론의 함축은 유머 속의 재미가 합리적으로 이해할 수 없는 것이라는 회의론이다. 어떤 것이 불합리하다고 말하는 순간 설명은 더 이상 진척될 수 없다. 모든 설명이란 합리적인 부분을 찾아내는 것이기 때문이다. 이는 기존의 유머 연구에서 얻은 재미 연구의 가장 부정적인 측면이다.

---

166 A. J. Chapman & H. C. Foot (Eds.), *Humour and Laughter: Theory, Research and Applications, Chichester,* (Wiley, 1976), 제1-4장.

167 이현비, 앞의 책, (2004), pp. 210-226.

168 마틴, 앞의 책, p. 8.

169 이현비, 같은 책의 제4장 5. '그 밖의 유머에 대한 입장'을 참조하기 바란다.

유머에 대한 국내 연구

유머에 대한 국내 연구를 살펴보면 이상근의 논의를 찾을 수 있다. 이상근은 '해학 형성의 12가지 조건'에서 재미있게 웃기기 위한 지침들을 제시하였다.[170] 예를 들어 신선할 것, 청중의 수준에 맞출 것 등이다.

하지만 이런 조건들은 필자가 지적했듯이 첫째, 항목이 너무 많고, 둘째, 각각이 중첩되기도 하고 해학과 갖는 연관성도 너무 약하다. 셋째, 이 조건들이 서로 어떻게 결합되어 해학을 형성하는지 알기 어렵다.[171] 또한 이상근이 설명하는 해학 형성의 기법[172]도 사실상 유머(재미)에 대해 충분한 설명을 하지도 못하고 유머가 아닌 것을 충분히 배제하지도 못한 문제점을 가지고 있다.[173]

이와 같이 기존의 유머 이론들은 유머에 대한 논리적 분석을 사실상 포기하거나(부조리론) 그 타당성을 검증하기 어려운 설명을 제시한다(이상근의 해석 형성 조건들). 이에 비해 필자가 제시한 유머의 네 가지 조건의 타당성은 다양한 검증이 가능하다. 그 기본적인 검증은 앞에서 살펴본 실패 사례 분석, 성공 사례 분석, 개념적 변형 분석, 유용성 검토라는 네 가지 방법의 검증이다.

그 상세한 내용은 앞[174]에서 정리한 '현비 구조의 이론적 의의'에 논의한 내용과 대체로 중복되므로, 유머의 네 가지 조건에 대한 유용성 검토의 결과를 정리하여 살펴보면 다음과 같다.

첫째, 유머의 네 가지 조건은 유머를 만들어 내는 데 직접 도움은 되

---

170 이상근,『해학 형성의 이론』'해학 형성의 12가지 조건', (경인문화사, 2002), pp. 227-254.
171 이현비, 앞의 책, pp. 190-192.
172 이상근, 같은 책, pp. 254-375.
173 이현비, 같은 책, pp. 203-209.
174 이 책의 제3장 256쪽 '현비 구조의 이론적 의의'를 참조하기 바란다.

지 못하더라도 최소한 유머가 재미있는지를 검증하고 부족한 부분을 보완하는 데에는 실질적 도움이 된다.

둘째, 유머의 네 가지 조건은 상대방에게 어떤 유머가 작용할지 판단하는 데에 분명한 지침을 제공한다. 예를 들어 외국인과 이야기할 때, 자신이 들려줄 유머에서 필요한 공유 경험을 미리 확인해야 한다.

셋째, 유머의 네 가지 조건은 유머를 다른 사람들에게 들려줄 때나 혹은 다른 방식으로 대화의 상대를 웃기고자 할 때 어떻게 표현해야 하는지에 대한 지침을 제공한다.[175]

그 밖에도 유머에 대해 연구한 다른 학자들의 연구와 현비 구조에 기초한 유머 해석이 일치한다는 것도 유머의 네 가지 조건을 정당화하는 간접적인 근거가 될 수 있다. 예를 들어 마틴은 다음과 같이 유머(농담)를 설명한다.

> 농담은 상황 설정과 급소 문구punch line로 구성된다. 상황 설정에는 마지막 문장을 제외한 모든 문장들이 포함되는데, 듣는 사람으로 하여금 그 상황을 어떻게 해석해야 할 것인지에 대한 특정한 기대를 만들어 준다. 급소 문구가 갑자기 의미를 예상치 못한 놀이적인 방식으로 변경시킴으로써 유머에 필요한 심각하지 않은 부조화를 만들어 내는 것이다.[176]

마틴의 상황 설정이라는 말은 현비 구조에서의 긴장 구조를 일컫는다. 급소 문구는 숨은 이야기의 개입으로 긴장이 급작스럽게 해소되는 장치를 가리킨다. 이렇게 마틴의 설명을 현비 구조와 대응해 봄으로써

---

175 이현비, 앞의 책, (2004), pp. 139-143.
176 마틴, 앞의 책, p. 15.

우리는 또한 마틴의 분석에서 어떤 점이 부족한지도 알 수 있다. 즉 공유 경험에 대한 언급이 없다. 이는 곧 마틴이 급소 문구가 갖추어야 할 조건을 설명에서 사실상 빠뜨렸음을 의미한다. 아무 결말이나 급소 문구로 한다고 유머가 성립되지는 않을 테니까 말이다.

제4장
재미의 심리적 기제

1. 재미 경험의 심리학적 이해

체험과 자각

이 장에서는 재미 경험의 각 요소와 단계를 심리학적으로 이해해 보자. 제일 먼저 이해해야 할 것은 체험과 자각이며, 특히 자각이 더 중요한 이해 대상이다. 제1정의에 따를 때 재미는 새로운 체험에서 오는 정서적 쾌감이다. 이때 체험은 자각된 경험이며, 자각은 정신적인 활동으로서 심리적 현상이다. 인지 심리학자들의 설명에 따르면 자각awareness과 관련한 주요 심리학적 개념은 주의attention와 의식consciousness이다. 즉 자각이란 '의식 속의 주의 과정'이라 할 수 있다.

던컨J. Duncan에 따르면 "주의는, 우리의 감각과 저장된 기억, 그리고 다른 인지적 과정들을 통해 이용 가능한 엄청난 양의 정보로부터 제한된 양의 정보를 집중적으로 처리해 주는 심리적 수단"[1]이다. 주의는 의식적 과정과 무의식적 과정을 모두 포함한다.

---

1 J. Duncan, "Attention", In R. A. Wilson & F. C. Keil (Eds.), *The MIT encyclopedia of the cognitive sciences,* (MIT Press, 1999), pp. 39-41.

재미와 관련하여 주로 의식적 과정에서의 주의가 중요하다. 이런 점에서 "의식은 자각과 좀 더 직접적으로 연관되어 있다. 이것은 자각의 느낌과 자각하는 내용 모두를 포함하며, 이 중 어떤 것들은 주의의 초점 아래에 있을 수도 있다."[2] 따라서 "주의와 의식은 두 개의 부분적으로 중복된 집합을 형성한다."[3]

흥미와 주의

흥미는 사람들의 주의를 끌어들이는 것이다. 또 흥미와 그 뒤에 이어지는 몰입 경험을 창출하려면 사용자의 주의를 유발하고 지속시켜야 하므로 이를 위해서 주의의 특징을 이해해야만 한다. 주의의 핵심 특징은 정보 처리의 순차성serial processing인데, 이는 정보 처리를 할 때 하나씩 순서대로 한다는 것을 뜻한다.[4]

이런 주의에는 여러 기능이 포함된다. 예를 들어 유기체가 정보를 받아들이려는 최적의 준비 상태에 있는 경계 기능vigilance function, 받아들인 수많은 감각 정보들 중 대부분은 무시하고 그중 몇몇을 택하여 의미를 처리한 후 적절한 반응을 정하는 선택 기능selection function 등이다.[5]

스턴버그는 이러한 주의의 심리적 특징을 분할 주의, 경계와 신호 탐지, 탐색, 선택적 주의로 나누어서 설명하였다. 스턴버그가 설명한 주의

2   M. Velmans, (Ed.) *Science of consciousness: Psychological, neuropsychological, and clinical reviews,* (Routledge, 1996).

3   스턴버그, 『인지 심리학』, 김민식 외 2인 옮김, (박학사, 2005), p. 61.

4   이정모 외 17인, 『인지 심리학』, (학지사, 1999), p. 124.

5   같은 책, p. 109.

의 심리적 특징들을 요약하면 다음과 같다.

- **분할 주의**: 주의 자원을 이동하여 두 개 이상의 과제에 주의를 필요한 만큼 할당하는 것

    ㉾ 운전 경험이 많은 사람이 운전하면서 대화하는 것. 위기가 발생하면 분할 주의가 멈추고 주의는 대화에서 운전으로 돌아가 운전에 집중하는 경우
- **경계와 신호 탐지**: 관심이 될 만한 표적 자극(즉 어떤 신호)을 감지했는지 여부를 결정하기 위해 경계를 유지하는 것

    ㉾ 잠수함에서 수중 음파 탐지기에 특별한 징후가 나타나는지 지켜보는 상황
- **탐색**: 특정한 자극에 대한 능동적 탐색

    ㉾ 연기가 발생했는데, 그 연기가 어디에서 나오는지 탐색하는 경우
- **선택적 주의**: 주의를 기울일 자극과 무시할 자극에 대한 끊임없는 선택

    ㉾ 근처 라디오나 TV 소리를 무시하면서 교재를 읽거나 강의를 듣는 경우[6]

이 내용을 이해하면 앞[7]에서 보았듯이 사람들이 왜 특이하면서도 친숙한 것에 흥미를 느끼는지를 심리학적으로 이해할 수 있다.

앞에서 언급한 주의에 대한 던컨의 정의를 머릿속에 떠올리면 주의의 네 가지 특징을 쉽게 납득할 수 있다. 엄청난 양의 정보 가운데 제한된 양의 정보를 집중적으로 처리하려면 선택적 주의를 하지 않을 수 없다. 그러기 위해서는 주의 자원을 이동하여 할당할 과제를 탐색해야만 하고, 이 탐색에는 곧 경계와 신호 탐지가 필요하다. 또한 하나의 과제에서 신호 탐지에 따라 다른 과제로 주의 자원을 이동하려면 여러 과제에 적절

---

6 스턴버그, 앞의 책, p. 73.
7 이 책의 제3장 167쪽 '흥미 유발 요소'를 참조하기 바란다.

히 주의를 기울이고 있어야 한다. 이것은 분할 주의이다.

앞[8]에서 우리는 흥미의 세 가지 원인으로 멋, 특이함, 친숙함을 살펴보았는데, 이 중에서 대상의 특이성은 주의를 구성하는 경계와 신호 탐지 기능을 자극하여 흥미를 촉발하는 특성으로 이해할 수 있다. 흥미의 촉발로 의식이 그 대상에 주의를 기울이고 이어서 주의를 유지해야 흥미가 지속된다. 주의 유지는 탐색 기능이 수행되면서 이루어진다고 볼 수 있으며, 이때 탐색 기능은 선택적 주의 기능에 의존한다.

만약 선택적으로 주의를 기울이지 않고 모든 것에 주의를 기울인다면, 탐색은 너무 힘들고 어려운 인지 기능이 된다. 이럴 경우에는 고통이 따르고, 흥미도 방해받는다. 따라서 흥미의 세 원인 중 친숙함도 필요하다.

선택적 주의의 이면은 분할 주의 기능이라고 이해할 수 있다. 주의 자원을 여러 과제에 할당하는 것이 분할 주의인데, 분할 주의가 효율적으로 이루어지려면 선택적 주의로 특정한 과제에 많은 자원을 할당해야 한다. 그때 주의 자원이 많이 할당되는 과제가 곧 경계와 신호 탐지, 그리고 탐색이다. 선택적 주의가 이루어지려면 주의 자원을 분할하여 할당된 많은 과제들이 쉬워야 한다. 친숙한 대상에 주의를 기울일 때 그 주의 과제가 쉬워진다.

이처럼 우리는 특이함과 친숙함이 결합되어야 흥미를 끌 수 있음을 이해할 수 있다. 하지만 특이함과 친숙함은 양날의 칼이다. 친숙함이 전혀 없이 지나치게 특이하기만 하다면 사용자에게 외면받을 수 있다. 다시 말해 사람들은 새롭거나 신기한 자극을 처음 접하면 일정 수준의 적의감, 불확실성, 긴장을 느낀다.[9] 반대로 친숙함이 지나치게 강하면 곧

---

8 이 책의 제3장 167쪽 '흥미 유발 요소'를 참조하기 바란다.

9 D. E. Berlyne, "Novelty, Complexity, and Hedonic Value", *Perception and Psychophysics, 8,* (1970), pp. 279-286. 그리고 D. Vakratsa, & T. Ambler, "How Advertising

진부함이 된다.

이소 아홀라S. E. Iso-Ahola는 헵D. O. Hebb의 최적 각성 이론optimal arousal theory[10]을 기초로 한 여가 동기 이론에서, 사람들은 감당하기 힘든 수준의 과도 자극(새로움)뿐 아니라 과소 자극(친숙함) 또한 피하는 경향이 있다고 주장하였다.[11] 따라서 필자가 지적했듯이 특이함과 친숙함 간에는 모종의 상충 관계가 있다고 정리할 수 있다.

재미를 경험하려면 감정 이입과 공유 경험 확보가 필요한데 이때는 경험자에게 친숙한 이야기가 제시되어야 한다. 반면에 새로운 체험을 위해서는 경험자에게 낯선 이야기가 제시되어야 한다. 이 상충 관계의 해소는 작가의 창의성으로 해결해야만 한다.[12]

심리학적 몰입 이론 고찰

몰입은 인간의 마음이 복합적으로 작용하는 현상이다. 따라서 설명할 현상의 범위를 정확히 한정하고 그와 관련한 인과 관계들을 실험적으로 검증하기 어렵다. 그런 만큼 과학적으로 검증된 이론 역시 제한적이다. 과학적으로 검증된 이론은 아니지만 최근에 많이 논의되고 있는 칙센트미하이의 연구를 살펴보기로 하자.

Works: What Do We Really Know?", *Journal of Marketing, 63*(January), (1999), pp. 26-43.

10 D. O. Hebb, "Drives and the CNS", *Psychological Review, 62,* (1955), pp. 243-254.

11 S. E. Iso-Ahola, *The Social Psychology of Leisure and Recreation,* William, Dubuque, (C. Brown Company, 1980).

12 이현비, 『재미의 경계』, 지성사, (2004), p. 80.

앞[13]에서 지적했듯이 칙센트미하이의 몰입에 대한 연구는 행복을 성취하는 방법을 제시하는 데에 목적이 있어 그 연구는 사실상 재미 경험에 대한 연구로 보아야 적절하다. 이는 그 연구의 근본 취지를 확인함으로써 분명히 알 수 있다.

칙센트미하이에 따르면, 몰입은 개인의 발전을 넘어 사회 전반에 걸쳐 긍정적 영향을 미친다. 그가 몰입을 이해하려 하는 이유는 이러한 몰입의 긍정적인 효과를 적용하고자 함에 있다. 사람들은 삶에 몰입하지 못했을 때 자신에게 주어진 상황과 환경에 끌려다닐 수밖에 없다. 따라서 삶에 몰입하는 것은 매우 중요한 문제로, 스스로가 인생의 주인이 되어 불안과 공포, 사회적 통제로부터 자유로워질 수 있는 방법이라는 것이 칙센트미하이의 중요 주장이다.[14]

이상의 연구 목적을 고려한다면 칙센트미하이의 몰입 이론은 결국 재미론이라는 사실이 자연스러워 보인다. 현대 사회에서 행복한 삶은 재미있는 것이어야 하기 때문이다. 실제로 그의 몰입 이론을 상세히 들여다보면 그러한 부분을 확인할 수 있다. 더불어 필자가 제시한 재미 경험의 단계와 많은 부분이 일치함도 함께 확인할 수 있다.[15]

칙센트미하이와 필자의 분석 비교

칙센트미하이는 몰입 경험의 과정을 다음과 같이 네 단계로 분석하였다.

---

13 이 책의 제1장 43쪽 '교육과 심리에 대한 연구'를 참조하기 바란다.

14 칙센트미하이, 『몰입, Flow』, 최인수 옮김, (한울림, 2004), p. 87.

15 필자의 재미 경험에 대한 분석 중에서 몰입 단계에 대한 세부 분석은 칙센트미하이의 연구를 참고하였다. 그러나 흥미, 몰입, 쾌감, 동경이라는 4단계 틀의 기본 내용은 칙센트미하이의 연구와 무관하게 독자적으로 분석한 것이다.

- **몰입 준비**: 자기 목적적 동기
- **몰입 시작**: 자기 목적적 행위
- **몰입 경험**: 자기 목적적 경험
- **몰입 결과**: 몰입과 초월 상태

　여기서 1단계인 '자기 목적적 동기'는 필자의 재미 경험의 1단계인 흥미와 거의 정확히 대응된다. 그리고 2단계와 3단계의 과정은 실질적으로 필자가 의미하는 몰입 단계이다. 끝으로 4단계인 '몰입과 초월 상태'는 거기에서 얻는 즐거움을 의미하며, 이것은 필자의 분석에서 쾌감 단계에 해당한다.

　그런데 칙센트미하이의 이론은 필자의 이론과 달리, 재미 경험을 몰입이라는 용어로 통칭함에 따라서 그 속에 있는 몰입 단계를 다시 설명해야 하는 부담을 스스로 떠안는다. 실제로 칙센트미하이는 몰입 경험의 부분인 몰입을 정의하는데, 그에 따르면 몰입은 "내면의 질서를 유지하면서 사람, 사물, 자연에 대한 관심과 집중을 확대시키는 진정한 즐거움 enjoyment을 만나는 과정"[16]이라고 설명한다.

　칙센트미하이는 우리가 몰입이라고 지칭하는 경험을 설명하기 위해 '플로우flow'라는 용어를 사용한다. 그는 "플로우는 사람들이 다른 어떤 일에도 관심이 없을 정도로 지금 하고 있는 일에 푹 빠져 있는 상태를 말한다. 이때의 경험은 그 자체가 매우 즐겁기 때문에 이를 위해서는 어지간한 고생도 감내하면서 그 행위를 하게 되는 상태이다"[17]라고 말한다.

　이렇게 볼 때 칙센트미하이의 플로우는 필자가 말하는 몰입과 거의

16　칙센트미하이, 『몰입의 즐거움』, 이희재 옮김, (해냄, 1999), p. 24.
17　칙센트미하이, 앞의 책, (2004), p. 29.

일치함을 알 수 있다. 마이클 아가일의 설명처럼 이는 사람들이 과제를 수행할 수 있을 만큼의 충분한 기술을 가지고 과제에 도전하거나 열심히 할 때 심오한 만족감을 주는 흐름이나 열중의 상태[18] 이다. 이와 같이 이해된 몰입의 심리 현상과 관련하여, 칙센트미하이가 설명하는 몰입의 심리적 특징 및 몰입 상태에 도달하기 위한 조건을 좀 더 살펴보자.

먼저, 몰입 상태의 특징에 대한 칙센트미하이의 설명을 정리하면 여섯 가지로 요약할 수 있다. 그는 행동에 대해 의식하지만 그 의식은 자각되지 않는 것, 행동과 의식이 통합되는 것, 몰아의 상태로 자신을 잊는 것, 자신의 행동과 환경에 대한 제어를 확신하는 것, 모호함 없는 분명한 피드백을 산출하는 것, 그 행위 자체가 자기 목적적이라는 것[19]이라고 몰입의 특징을 정의했다.

다음은 그가 주장한 몰입에 도달하기 위한 일곱 가지 조건이다.

① 구체적인 목표

② 정확한 피드백

③ 과제 난이도와 개인 능력 간의 조화

④ 행위와 인식의 통합

⑤ 방해 요소의 통제

⑥ 자기 자신, 시간, 주변에 대한 망각 및 초월

⑦ 자기 목적성[20]

---

18 마이클 아가일, 『행복심리학』, 김동기·김은미 옮김, (학지사, 2005), p. 51.

19 칙센트미하이, 앞의 책, (2004). 그리고 칙센트미하이, 『몰입의 기술』, 이삼출, (더불어책, 2008).

20 칙센트미하이, 같은 책, (2004). 그리고 칙센트미하이, 앞의 책, (1999).

이러한 칙센트미하이의 몰입 이론은 몰입에 대한 중요한 통찰들을 포함하고 있어 많은 점에서 참고할 만하다. 칙센트미하이가 이해하는 몰입의 구성 요소를 최대한 압축해 보면, 첫째 '내면의 질서 유지,' 둘째 '사람, 사물, 자연에 대한 관심의 집중과 확대,' 셋째 '진정한 즐거움의 만남'이라는 세 요소로 구성되어 있다.

여기서 첫째 요소인 내면의 질서란 의사소통이 잘 이루어지는 것이라고 할 수 있다. 사람의 내면, 즉 마음이란 인간의 모든 의식적·무의식적 정보 처리 과정이라고 볼 수 있으며, 이러한 인간의 마음으로서의 정보 처리는 곧 의사소통으로 표현된다. 칙센트미하이는 강력한 몰입이 발생하는 조건으로 의식 상태가 본인의 능동적인 선택에 따라 목표에 집중할 것, 목적을 이루기 위해 자신의 기술과 능력 및 도전과 난이도 간의 균형이 필요하다고 설명하였다.[21] 이는 곧 몰입이 근본적으로 마음과 외부와의 교류, 즉 의사소통의 한 상태임을 의미한다. 필자 역시 칙센트미하이가 '내면의 질서'라고 표현했듯이 의사소통이 가장 질서 있게 이루어지는 상태가 몰입이라고 생각한다.

둘째 요소는 주의의 집중에 대응된다. 셋째 요소인 진정한 즐거움에서 '즐거움'은 두 가지 방식으로 해석될 수 있다. 먼저, 즐거움을 쾌감과 같은 것으로 보는 것이다. 그럴 경우 칙센트미하이는 몰입의 상태에 대한 설명에 쾌감을 포함하여 이해하고 있는 셈이다. 다음으로, 즐거움을 체험의 자기 목적화로 설명할 수도 있다. 우리가 즐겁다고 말할 때 우리는 우리의 경험을 자각하고 있고 자각을 통하여 그 경험을 스스로 원하기 때문이다. 곧 자기 목적화하는 것이다.

---

21 칙센트미하이, 앞의 책, (2004), pp. 144-148.

재미론에서의 칙센트미하이의 한계점

앞[22]에서 제시한 필자의 몰입 단계에 대한 설명은 이와 같은 칙센트미하이의 연구 내용을 고찰하여 반영한 것이다. 따라서 전체적으로 몰입 상태에 대한 필자의 설명과 칙센트미하이의 설명은 유사하다. 하지만 재미론의 관점에서 그의 연구를 전적으로 수용하기에는 곤란한 점들도 있다.

첫째, 칙센트미하이의 몰입 연구는 기본적으로 평가적이고 목적적이다. 즉 삶의 목적으로서의 행복, 그리고 행복의 수단이자 과정으로서의 몰입을 연구한 것이다. 이는 그의 몰입 개념이 진정한 즐거움이라는 요소를 포함한다는 점에서도 알 수 있다. 칙센트미하이의 몰입 개념은 필자가 분석한 몰입과 쾌감의 복합 개념이며, 이때의 쾌감은 현상으로서의 성격과 목적으로서의 가치를 함께 지닌 개념이다. "몰입은 좋은 것이다"라고 말하는 것과 같은 평가적이고 목적적인 몰입 이론은 칙센트미하이자신의 행복론의 목적에는 적합할지 몰라도, 필자의 재미론의 입장에서는 부분적으로만 도움이 된다.

둘째, 칙센트미하이의 몰입 이론에는 개념의 중복과 혼동이 포함되어 있다. 앞에서 말한 몰입의 일곱 가지 조건에서 ④ 행위와 인식의 통합, ⑤ 방해 요소의 통제, ⑥ 자기 자신, 시간, 주변에 대한 망각 및 초월, ⑦ 자기 목적성은 모두 몰입이 이루어지기 위한 조건이 아니라, 몰입이 이루어졌을 때의 결과라고 보아야 한다. 예를 들어 ⑥ 자기 자신, 시간, 주변에 대한 망각 및 초월이 이루어진다면 그때 비로소 몰입이 가능해지는 것이 아니라, 이미 몰입 상태에 도달해 있는 것이다.

한편, 칙센트미하이가 별로 고려하지 않은 요소이지만 재미론의 관점에서 중요한 몰입의 요소는 '정서'이다. 재미를 창작하는 입장에서는 몰

---

22 이 책의 제2장 141쪽 '몰입'을 참조하기 바란다.

입을 유도하는 정서적인 요소를 잘 다루어야 한다. 정서적 각성이 이루어지면 몰입의 지속은 훨씬 더 쉬워지기 때문이다.

영화 속의 주인공과 같이 악당에 대해 분노하거나 사랑하는 사람의 죽음을 슬퍼할 때, 혹은 게임의 시작 단계에서 상황 설명을 읽고 위기에서 탈출해야 하는 주인공의 절박함에 공감할 때 우리는 그 영화나 게임에 더욱 더 몰입하게 된다. 이는 생물학적으로 "정서는 인간의 생존과 생식을 증진시킬 가능성이 높은 반응을 선택하도록 돕기"[23] 때문인 것으로 보인다. 하지만 정서와 몰입의 연관성에 대한 연구 및 이론은 매우 제한적이라 재미론에서 참고할 내용은 별로 없다.

재미에서의 심리학적 쾌감

재미 경험의 직접적인 결과는 내재적 쾌감이다. 재미가 쾌감을 산출한다는 것은 재미 경험에서 욕구가 충족되고, 욕구 충족에서 쾌감이 생겨난다는 사실에서 추론할 수 있다.[24] 이 점을 하나씩 살펴보자.

먼저 재미는 특정한 욕구를 충족시킨다. 재미는 새로운 체험에서 얻으며 체험은 자각된 경험이다. 경험은 시도와 성취의 연쇄로, 주로 흥미로운 어떤 시도가 성취됨을 뜻하며, 이는 곧 욕구의 충족을 의미한다. 물론 모든 이야기에서 시도한 것이 성취되지 못할지라도 앞[25]에서 지적했

---

23 M. S. Gazzaniga & T. F. Heatherton, *Psychological science*, (W.W.Norton, & Company, 2003).

24 일반적으로 욕구의 충족은 생물학적 쾌락을 동반한다. 따라서 모든 동기는 바로 욕구 충족의 동기이며, 곧 쾌락을 목적으로 하는 행동의 원인이 된다. 쾌락이 내적으로 인지되었을 때 이를 '쾌감'이라 부른다.

25 이 책의 제3장 201쪽 '긴장의 해소'를 참조하기 바란다.

듯이 성취되지 못한 시도는 주로 예술의 영역에 포함될 뿐 재미의 영역
에는 포함되지 않는다.

시도의 성취에 따른 욕구 충족과 그 자각은 쾌감을 산출한다. 카터R.
Carter에 따르면 애정, 성, 오락, 성취 등의 어떤 욕구를 실현하는 과정에
서 도파민dopamine과 같은 뇌 화학 물질이 분비되는데, 이 도파민이 일종
의 쾌감을 일으켜 이전에 하던 행동을 반복하게 만든다.[26] 재미 경험의
선택에서도 마찬가지이다.

그런데 재미의 쾌감은 자각적이고, 곧 내적인 쾌감이기 때문에 인간
의 모든 욕구가 재미와 관련한 쾌감을 일으키는 것은 아니다. 잘 알려
진 매슬로A. Maslow의 욕구 위계론hierarchy of needs에 따르면, 인간은 생리
적 욕구physiological needs, 안전 욕구safety needs, 애정과 소속의 욕구love and
belongingness needs, 자기 존중의 욕구self-esteem needs, 그리고 자아실현의
욕구self-actualization needs라는 다섯 가지의 기본적인 욕구를 가지고 있다.
이러한 인간의 욕구는 하위 단계에서 상위 단계를 향하여 계층적으로 작
용하므로 하위 단계의 욕구가 먼저 충족되어야 상위 단계의 욕구가 발생
한다.[27]

그런데 이 중에서 생리적 욕구와 안전 욕구는 재미있는 이야기 속에
서 충족되어야 하는 등장인물의 욕구이며, 애정과 소속의 욕구, 자기 존
중의 욕구, 그리고 자아실현의 욕구는 체험에서 충족되어야 할 사용자의
욕구이다. 따라서 생리적 욕구와 안전 욕구는 등장인물의 행동을 쉽게
설명하고 이야기에 강렬한 긴장을 도입한다. 애정과 소속의 욕구, 자기
존중의 욕구, 그리고 자아실현의 욕구는 이야기의 목적을 구성하고 이후

---

26 R. Carter, *Mapping the mind,* (University of California Press, 1999).

27 A. Maslow, *Motivation and personality*, (Harper, 1954), pp. 80-106.

에 충족되었을 때에 내적인 쾌감을 일으킨다.

이야기 속의 주인공은 주로 살인자에게 쫓기거나 사막에서 물을 찾아 헤매는 등의 극단적인 갈등 상황에 처하고, 이후 갈등 해결에서 사랑을 얻거나 자신을 발견하는 등의 결과에 도달한다. 그런데 사용자가 체험 속에서 얻고 싶은 것은 앞서 말한 것들 중 후자이므로,[28] 콘텐츠를 만들 때는 사용자의 이러한 세 가지 욕구를 충족시키기 위해서 이야기 속 등장인물의 생리적 욕구와 안전 욕구가 어떻게 충족되어야 할지를 고민해야 한다.

쾌락과 즐거움의 구분

지금까지 살펴본 욕구의 구분은 쾌락과 즐거움(쾌감)의 구분과도 연관된다. 칙센트미하이는 쾌락과 즐거움을 다음과 같이 구분하였다. 그의 구분에 따르면 쾌락은 식사, 섹스, 잠, 휴식과 같은 생리·심리학적 기제인 항상성을 이루어낼 때 얻는 좋은 기분, 즉 말초적인 쾌락이다. 이에 비해 즐거움은 독서나 대화, 운동 등에서 새로운 지식이나 신체적 능력이 기대 충족을 넘어서는 기대 이상의 체험을 할 때 얻는 쾌감이다.[29]

이와 유사하게 이자드C. E. Izard 역시 촉감이나 미감과 같은 감각에 기초한 즐거움을 재미와 구별해서 설명한다.[30] 그가 말하는 감각적 즐거움이란 일반적으로 직접적인 자극에 의해 존재하는 쾌락pleasure[31]으로 이해할 수 있다. 이자드에게도 쾌락은 즐거움과는 근본적으로 다르다. 만약

---

28 사용자가 결국 원하는 체험은 살인자에게 쫓기거나 사막에서 물을 찾아 헤매는 것이 아니라 사랑을 얻거나 왕자가 되는 것이다.

29 칙센트미하이, 앞의 책, (2008).

30 C. E. Izard, *The psychology of emotions,* (Plenum Press, 1991).

31 여기서의 'pleasure'는 아리스토텔레스의 즐거움과 이자드의 쾌락에 대한 번역어로서, 같은 단어이지만 실제로 의미는 다르다.

매슬로의 욕구 위계론을 여기에 적용한다면 생리적 욕구와 안전 욕구의 충족은 쾌락을 산출하고, 애정과 소속의 욕구, 자기 존중의 욕구, 그리고 자아실현의 욕구의 충족은 즐거움을 산출한다고 말할 수 있을 것이다.

이러한 구분은 상당히 의미 있게 보일지 모르지만, 필자가 보기에 적어도 재미론의 관점에서는 개념의 중복적 사용일 뿐이다. 칙센트미하이가 쾌락과 즐거움을 비교하고, 이자드가 쾌락과 재미를 비교하는 것은 이 두 가지가 같은 점과 다른 점을 가지고 있기 때문이다. 이때 같은 점은 쾌감이고 다른 점은 쾌감이 생겨나는 과정이다.

그렇다면 말초적인 쾌락에서의 쾌감과, 재미 경험과 같은 복잡한 인지 과정에 따른 쾌감이 같다는 것을 어떻게 알 수 있는가? 이에 대해서는 쾌락 중추pleasure center와 대뇌 변연계limbic system의 해부학적 관계에서 어느 정도 근거를 찾을 수 있다.

올즈 J. Olds는 쥐의 뇌에 전기 자극 실험을 진행하는 과정에서 우연히 쾌락 중추라는 것을 발견하였다.[32] 이후 쾌락 중추가 개, 원숭이, 돌고래 등의 동물을 비롯한 인간에게도 있다는 사실이 발견되면서 뇌 스스로 자기 보상 체계를 갖추고 있다는 사실이 증명되었다.[33]

흥미롭게도 쾌락 중추는 대뇌의 변연계에 밀집되어 있는데,[34] 변연계는 대뇌 중심부에서 편도체, 중격, 해마가 서로 연결된 구조물이며 주로 정서, 동기, 기억, 학습 등의 복합적인 인지 능력을 부여한다.[35] 즉 대뇌의

---

32   J. Olds, "Pleasure centers in the brain", Scientific American, October 1956, Reprinted in S. Coopersmith (ed.), *Frontiers of Psychological Research,* (W.H. Freeman & Company, 1966), pp. 54-59.

33   S. A. Greenfield, *The human brain,* (Basic books, 2000).

34   C. B. Pert, "Molecules of emotion: A chicken-and-egg problem revisited", *Motivation and Emotion, 9,* (1999), pp. 197-200.

35   스턴버그, 앞의 책, p. 45.

변연계가 모든 종류의 쾌락에서 중추이므로 칙센트미하이나 이자드가 구분한 모든 쾌락이 생리적으로 동일한 장소에서 발생하는 것임을 알 수 있다. 그러므로 거기에서 얻는 쾌감도 사실은 같은 것이라고 볼 수 있을 것이다.[36]

결국 쾌감이라는 개념이 생겨나는 과정과 그 이후의 생리·심리적인 결과 차이로 두 종류의 쾌감을 구별한 것인데, 그렇다면 차라리 더 기본적인 요소인 '쾌감'과 그 '과정 및 결과'로 분석해서 이해하는 것이 나을 것이다. 재미 경험의 3단계로서의 쾌감은 바로 이처럼 단순하고 분명한 개념이다.

쾌감과 동기

한편, 쾌감에서 동기, 특히 내재적 동기가 생겨난다는 점도 재미의 심리적 이해에서 중요하다. 내재적-외재적 동기intrinsic-extrinsic motivation 이론을 주장한 데시E. L. Deci에 따르면, 동기는 내재적 동기와 외재적 동기로 나뉜다. 사람들은 내재적 동기와 외재적 동기 모두에 영향을 받는다. 여기서 외재적 동기는 돈과 같은 외적인 보상으로 생겨나고, 내재적 동기는 행위 자체에서 오는 즐거움, 즉 쾌감에서 생겨난다.[37] 다시 말하면 쾌감이 내재적 동기를 유발한다.

데시에 따르면, 외적인 보상이 내재적 동기를 감소시킨다는 사실도 중요한데, 이는 곧 강요된 활동은 쾌감을 감소시킨다는 것을 의미한다. 이는 앞에서 설명한 재미 경험에서의 흥미 단계와 내재적 쾌감이 밀접하

---

36 물론 동일한 대뇌 변연계에서 다른 방식의 작동이 일어나고 그래서 다른 쾌감이 얻어진다고 가정할 수도 있다. 하지만 이런 가정을 확인하려면 변연계에서 분비되는 다른 물질을 발견하거나 혹은 같은 부분에 다른 전기 자극을 가하면 다른 종류의 쾌감이 얻어진다는 것을 확인해야만 할 것이다. 하지만 그런 연구 결과는 아직 찾을 수 없다.

37 E. L. Deci, *Intrinsic motivation*, (Plenum, 1975).

게 관련되어 있음을 설명한 것으로 이해된다. 실용적인 차원에서 데시의 주장을 해석하면, 어떤 외적인 보상이 결부될 경우 콘텐츠가 아무리 재미있다 해도 사용자들이 재미를 느끼지 못할 수 있다는 결론을 얻는다. 이는 콘텐츠 마케팅에서 고려해야 할 요소라 하겠다.

앞[38]에서 지적했듯이 재미는 동기를 유발한다. 재미 경험의 대상이 콘텐츠이므로 이러한 심리적 동력은 콘텐츠 산업의 중요한 근간이기도 하다. 사람들이 자발적으로 콘텐츠를 대량으로 소비하는 것이 재미의 동기 유발 능력인 것이다.

재미 경험의 중요한 단계로서의 쾌감은 긍정적인 정서와도 깊이 연관되어 있다. 영화를 보고 나면 행복하거나 슬프거나 기쁘다. 특별한 정서가 산출되는 것이다. "정서는 동기와 매우 밀접한 관계성을 가지고 있다. 정서는 동기와 같이 행동을 활성화시킬 수도 있으며, 행동의 방향을 결정짓기도 한다."[39]

하지만 정확히 어떤 정서가 쾌감에 해당하는지 딱 잘라 말하기는 매우 어렵다. 다만 그 정서가 쾌감으로 자각되는 경우에 주로 행위 동기가 될 수 있을 것이다.

동경과 성장

「아바타」(2009)와 같은 재미있는 영화를 보면 사람들은 그 경험에서 총체적인 만족감으로써 카타르시스를 느끼고, 그와 함께 특별한 정서 상

---

38   이 책의 제2장 148쪽 '쾌감'을 참조하기 바란다.

39   마이클 아가일, 앞의 책, p. 320.

태에 도달한다. 이때 얻는 정서는 인간의 특수한 행동을 동기 유발한다.[40] 쉽게 말해서 좋아하게 되는 것이다. 이 과정에서 주관적으로 인식되는 심리 상태가 바로 '동경'이다.

동경의 요소를 재미와 관련하여 직접적으로 분석한 경우는 찾아보기 어렵다. 스튜어트 브라운과 크리스토퍼 본의 놀이에 대한 연구에서만 다음과 같이 동경에 해당하는 현상을 언급할 뿐이다.

> 놀이는 '지속하고 싶은 욕구를 불러일으킨다.' 우리는 놀이를 계속하고 싶어한다. 놀이를 통해 얻은 즐거움이 그러한 욕구를 부채질한다. 우리는 놀이를 계속할 방법을 적극적으로 찾는다. 뭔가 재미를 방해할 위험 요소가 등장하면, 새로운 규칙이나 상황을 즉흥적으로 만들어 내서 놀이가 중단되지 않도록 한다. 그리고 놀이가 끝나면 금세 또 하고 싶어진다.[41]

필자가 보기에 위의 내용은 어떤 것을 동경하는 사람이 보여 주는 외적 활동을 기술하고 있다. 재미 경험의 마지막 단계인 동경은 필자의 독단이 아니며, 단지 다른 연구자들이 어렴풋하게 인식하지만 분명하게 개념적으로 설명하지 못할 뿐이다. 동경의 단계를 유발하는 직접적인 심리적 요인은 정서적인 요인이다. 그리고 이에 따른 효과는 거시적으로는 인간의 성장을 좌우하고 미시적으로 특정한 동기들을 유발한다.

동경이 정서적인 요인에 따라서 유발되고 강화된다는 것은 경험적으로 쉽게 납득된다. 게임을 하면서 느낀 흥분과 기쁨 혹은 아쉬움으로 그 게임 속의 활동에 대한 동경이 생겨나며, 영화를 보면서 느낀 감동으로

---

40 J. E. Zull, *The art of changing the brain,* (Stylus, 2002).

41 스튜어트 브라운·크리스토퍼 본, 『플레이, 즐거움의 발견』, (박학사, 2010), p. 56.

영화 속의 세상과 활동에 대해 그리움을 느낀다. 김유미에 따르면, 재미는 정서와 밀접한 관계를 형성하고 있으며, 이것은 생존뿐만 아니라 자아실현을 위한 필수적인 요소로 작용한다.[42]

동경과 인간의 변화

동경에 수반되는 일련의 정서와 그 밖의 심리적 상태들의 밑바탕에는 성장이라는 인간의 변화가 놓여 있다. 스튜어트 브라운과 크리스토퍼 본의 연구에 따르면, "한 비평가는 「아라비아의 로렌스」를 보고 나왔을 때 햇빛이 다르게 보였다고 한다."[43] 재미있는 영화를 본 사람이 사물을 보는 방식이 달라진 것이다.

한편, "텍사스 교도소에 수감된 살인자들의 경우 어린 시절의 놀이 결핍은 그들의 범죄를 예측하는 데 그 어떤 요인 못지않게 중요한 것으로 나타났다. 또한 반사회적인 행동을 저지를 위험이 큰 학대받은 아이들도 놀이를 통해 폭력 성향이 약화될 수 있음을 발견하였다."[44] 즉 영화든 놀이든 상관없이 재미 경험 일반에서 얻는 변화는 인간의 성장에 영향을 미친다. 이렇게 사람을 변화시키는 재미의 힘을 설명할 수 있는 요소가 바로 동경이라고 필자는 생각한다.

동경 단계를 분명히 지적해서 말하지는 않았지만 칙센트미하이 역시 재미 경험이 인간을 성장시킨다고 말하였다. 그에 따르면, "몰입 활동은 한층 더 높은 수준의 수행을 할 수 있도록 도와주고", 이전에 경험해 본 적 없는 인식의 상태를 느끼게 해 준다. 간단하게 말하자면, 자아를 좀 더 복합적으로 만들어서 변형시킨다. 몰입 활동의 핵심은 '자아의 성장'

---

42 김유미, 『두뇌를 알고 가르치자』, (학지사, 2002).

43 스튜어트 브라운·크리스토퍼 본, 앞의 책, p. 103.

44 같은 책, p. 64.

에 있다."[45] 이를 요약하면, 재미는 의식 안에서 쾌감을 산출한 후 장기적으로 학습을 통해 인간을 변화시킨다. 성장을 유발하는 것이다. 이 과정의 내적 현상이 동경이다.

재미 경험이 인간의 성장에 영향을 미친다는 것은 조금만 생각하면 합리적이고 당연한 사실임을 알 수 있다. 재미있으면 사람들이 좋아하게 된다. 이에 따라 사람의 태도가 바뀌고, 그것이 일반화되면 삶이 바뀐다. 재미 경험이 이와 같은 효과를 발휘하는 것이다. 이는 곧 사람을 성장시키는 일인 만큼, 어떤 것을 특별히 사람들이 좋아하게 만든다는 것은 매우 어려운 일이다. 그리고 중요하고 가치 있는 일이기도 하다.

한편, 동경이 유발하는 인간의 변화는 거시적 관점에서 성장이라고 할 수 있지만, 미시적 관점에서는 선택의 변화라고 할 수 있다. 재미는 동기적 측면에서 정서와 인지 및 행동을 연결하는 중요한 작용을 하는데,[46] 이때의 정서는 쾌락에서 나타나는 다양한 만족감과 행복감 등이고, 인지는 이를 상기시키는 콘텐츠 상품을 확인하는 과정이며, 행동은 그 상품의 선택과 구매 등이다.

재미 경험의 단계 중에서 동경의 단계가 가장 오래 지속된다. 그래서 동경은 재미를 활용하는 산업에서 이윤이 발생하는 가장 핵심적인 인과 요소이다. 콘텐츠 사용자들이 자신이 동경하는 경험과 그 경험의 원인인 콘텐츠 관련 상품들을 다시 구매하는 것이다. 이런 효과는 사용자들의 마음속에 동경이 남아 있는 한 지속된다.

45　칙센트미하이, 앞의 책, (2004), p. 144.

46　J. J. Ratey, *A user's guide to the brain*, (Pantheon Books, 2001).

2. 재미와 현비 구조의
인지 심리학적 기초

체험에 기초하는 재미는 자각되는 것이고 의식적으로 인식되는 것이 므로 재미는 근본적으로 인지 심리적인 현상이기도 하다. 필자는 현비 구조가 구현되었을 때에 창출되는 재미 경험을 다음의 〈표 4.1〉과 같은 4단계 인지 과정으로 설명할 수 있다고 생각한다. 이에 기초하여 경험이 현비 구조의 틀에 따라 형성될 때 어떤 인지 심리학적 현상이 발생하는 지를 설명해 보겠다.

재미 경험의 인지 과정	내용	주요 심리 기제
긴장의 축적과 해소	경험자에게 어떤 의식적 긴장이 발생하고 그것이 해소된다.	주의
복선과 숨은 이야기의 생성	예상치 못한 긴장 해소의 과정에 설득력이 부과된다.	지각
해소에서 숨은 이야기의 개입	주의 밖에 있던 요소가 개입해서 긴장 해소가 예상치 못한 방향으로 이루어진다.	점화
공유 경험에 의한 숨은 이야기 이해	주의 밖에 있던 요소가 합리적인 것으로 인식되고 그 결과로 나타난 사태가 정서적 흥분을 일으킨다.	상기, 재인

표 4.1 현비 구조에 기초한 재미 경험의 인지 과정의 이해

지금까지 재미 경험에 수반되는 심리 현상을 여러 차례 언급하였다. 하지만 주로 재미 경험을 중심으로 심리 현상을 결부시킨 내용이었다. 이제는 반대로 심리 현상을 중심으로 재미 경험이 여기에 어떻게 결부되는지를 설명할 것이다.

재미 경험에 대한 이러한 인지 심리학적 설명은 현비 구조를 중심으로 하는 재미의 조건이 옳다는 것을 증명하는 수단이 될 수는 없다. 그 이유는 이후의 인지 심리학적 설명은 기존의 심리학 연구 결과들을 짜 맞추어서 재미 조건에 따른 재미 경험이 가능할 수 있다는 것을 보일 뿐, 반드시 그런 방식으로 재미 경험이 이루어진다는 것을 증명하는 것이 아니기 때문이다.

다만 심리학적 연구 결과들을 세부적으로 살펴보면, 필자가 제시하는 재미 창출의 조건이 부합될 수 있는 개연성을 상세하게 검증한다는 점에서 소극적인 정당화의 의미는 있을 수 있다.

긴장의 축적과 해소의 인지

긴장 구조와 주의

재미있는 이야기로서의 일련의 체험에는 긴장의 축적과 해소가 필요하다. 앞[47]에서 설명했듯이 이 과정에 직접적으로 작용하는 인간의 인지 심리적 기능은 주의이다. 긴장의 축적과 해소 과정에는 재미 경험의 4단계 중 흥미와 몰입 단계가 모두 포함되는데, 흥미와 몰입을 한데 묶어서 콘텐츠 사용자의 주의를 끌어들이고 지속시키는 단계라고 할 수 있다.

---

[47] 이 책의 제4장 296쪽 '흥미와 주의'를 참조하기 바란다.

그 시작은 재미 경험의 1단계인 흥미에 있다. 앞[48]에서 설명했듯이 흥미 단계의 핵심은 콘텐츠 사용자의 주의를 끌어내는 것이다. 주의의 특징 중 하나가 '탐색'이므로 흥미의 단계에서 나타난 탐색은 긴장 구조 속에서 지속된다.

비록 '분할 주의'의 특징에 따라 여러 과제에 주의 자원이 어느 정도 흩어지는 것은 불가피하지만, 탐색은 '경계와 신호 탐지'에 따라 지속적으로 유도되고 피드백은 여기에 신호를 제공한다. 그렇게 되면 '선택적 주의'의 특징에 따라서 주의는 선택되지 않은 자극을 무시하며, 선택된 자극에만 주의 자원을 할당한다. 재미 경험의 흥미 단계를 매우 한정해서 정의하면 바로 이 주의 자원을 할당받는 단계라 할 수 있다.

특정한 대상에 주의가 집중되면 이때부터 "주의는 마음에서 일어나는 다양한 정보 처리의 흐름을 제어하고, 이 흐름에서 심성 부호를 변형시키거나 통합한다.

예를 들어 어떤 한 물체를 제대로 인식하고 그에 대한 어떤 반응을 먼저 하려면 다른 대부분의 물체를 무시해야 하며, 이때 다른 물체에 대한 반응(이것은 그 당시는 불필요한 것)도 억제된다. 뿐만 아니라 그 물체에 대해 여러 가능한 운동 반응 중 먼저 해야 할 반응을 정하고, 어떤 정보 처리의 결과를 자각해야 한다."[49]

주의의 세 가지 기능

주의 자체의 작용에는 이러한 몰입 단계에 도움이 되는 작용과 방해가 되는 작용이 모두 있다. 스턴버그는 주의의 기능을 다음과 같이 세 가

---

48 이 책의 제2장 138쪽 '흥미'를 참조하기 바란다.

49 이정모 외 11인, 『인지과학: 마음, 언어, 계산』, 대우학술총서, (민음사, 1989), p. 109-110.

지로 제시한다.

① 환경과의 상호 작용을 모니터링하면서 우리가 처해 있는 상황에 얼마나 잘 적응하고 있는지에 대한 자각을 유지시켜 준다.
② 경험의 연속감을 갖도록 우리의 과거(기억)와 현재(감각)를 연결시켜 주며, 이는 개인의 정체감의 근거로써도 작용할 수 있다.
③ 과거 기억과 현재의 감각 간의 연결 및 모니터링 정보에 기초하여 우리의 미래 행동을 통제하고 계획한다.[50]

여기서 주의의 기능 ②와 ③은 몰입에 도움이 되는 기능이며, 사실상 몰입이 가능한 콘텐츠 사용자의 심리적 조건이다. 즉 사용자는 과거와 현재의 감각을 연결시켜서 자신의 정체감을 형성해야만 자각된 경험인 체험을 얻을 수 있다. 재미를 경험할 수 있는 것이다. 이러한 체험 획득에 기초해서 미래의 행동을 심리적으로 통제하고 계획해야만 주의 집중을 지속(몰입)할 수 있다. 예를 들어 영화 주인공의 성공과 실패에 긴장하고, 게임의 승부에 환호하거나 좌절할 수 있는 것이다.

한편, 주의의 기능 중 ①에는 양면이 있다. 재미 경험 속에서 사용자는 대리 체험의 주인공이 되어서 주인공이 처한 상황에 대한 자신의 적응 여부를 자각한다. 그럴 경우 ①은 몰입에 도움이 되는 주의의 기능이다. 반면에 사용자는 콘텐츠 바깥의 상황에 대해 자각하는 데 주의를 돌릴 수도 있다. 그럴 경우 ①은 몰입을 방해하는 주의의 기능이다. 이는 곧 콘텐츠 사용자의 상황에 반응하고, 콘텐츠 안 주인공의 상황에 반응하지 않음을 의미하기 때문이다.

50　스턴버그, 앞의책, p. 61.

주의의 지속과 동기

주의를 끌어들이는 것도 어렵지만 주의를 지속시키는 것은 더 어렵다. 노먼 맥워스Norman Mackworth의 연구는 이러한 주의 지속의 어려움을 보여 준다. 그의 연구는 시곗바늘의 이상한 움직임을 관찰하는 실험인데, 여기서 참가자들의 경계vigilance는 30분이 지나면서 약해졌고 시곗바늘의 이상한 움직임을 보고하는 빈도도 급속히 줄어들었다. 그 직접적인 원인은 참가자들이 지각한 관찰 내용에 대해 확신이 줄어들었기 때문이다.[51]

기술적인 관점에서 어떤 대상에 대한 주의를 지속시키기 위해 필요한 것은 인식 내용의 체험화이다. 체험화는 주의의 집중에서 얻은 신호들로, 콘텐츠 사용자가 자기 자신의 경험을 구성하고 그것을 자기 목적화하는 것이다. 체험화가 이루어지면 콘텐츠 바깥의 신호 탐색은 차단되고, 콘텐츠 안의 신호를 강하게 받아들인다. 이 과정에서 사용자의 심리적 긴장이 유발되는 특징이 나타난다.

심리적 긴장이 유발되면 콘텐츠 사용자는 특정 행동을 위한 동기를 갖는다. 동기는 기본적으로 기hunger와 갈thirst로 구분되는데, 동기화된 상태는 음식이나 물의 박탈에서 비롯될 수 있다. 이 밖에도 성sex과 공격성도 기와 갈과 유사하며,[52] 근본적으로는 당연하게도 생물학적 토대와 연관되어 있다.

심리학적인 동기 이론은 크게 본능 이론, 욕구 이론, 학습 이론, 성장-숙달 동기 이론, 인본주의 이론으로 나뉜다.[53] 요즘은 인간 동기의 큰 틀을 본능 이론과 욕구 이론으로 설명하는 것이 추세이다. 본능 이론은 다

---

51 스턴버그, 앞의 책, p. 75.

52 오세진 외 11인, 『인간 행동과 심리학』, (학지사, 1999), p. 302.

53 프랑켄, 『인간의 동기, 제6판』, 강갑원·김정희 옮김, (시그마프레스, 2009), pp. 19-42.

원의 진화론과 프로이트의 정신분석학 이론에 크게 영향을 받았고, 욕구 이론은 매슬로의 욕구 위계론을 포함한다.

이에 비해 학습 이론이나 성장-숙달 동기 이론 등으로 인간 동기의 미세한 부분들을 설명하는 경향이 강하다. 즉 왓슨Watson이나 홀Hull과 같은 학습 이론가들 역시 본능 이론이나 욕구 이론의 주장처럼 생물학적 특성이 행동의 에너지를 제공한다는 점에 대해서는 동의하며, 단지 구체적인 행동의 방향이 주로 학습에 따라 결정된다고 말하는 점에서 특징이 있다.[54]

정서와 동기

정서와 동기가 심리학적으로 매우 밀접하게 연관되어 있다는 점에는 많은 심리학자들이 동의하는 것으로 보인다. 특히 "최근에 와서 연구자들은 동기 없이 정서를 생각할 수 없고, 정서 없이 동기를 생각할 수 없다고 믿고 있다."[55] 벅Buck은 정서를 일차적 동기 유발 체계라고 정의한다.[56]

한편, 앞[57]에서 보았듯이 경험은 시도와 성취의 연쇄이고 시도는 곧 동기가 있음을 의미하므로, 동기 유발의 직접적 원인이자 자각되는 정서는 경험을 의식적으로 자기 목적화하는 동인이다. 다시 말하면 정서는 체험에서 중요한 요인이고, 곧 재미에서 중요한 요인이다. 따라서 심리적 긴장 창출은 동기적이지만 동시에 정서적인 것, 즉 파토스적인 것이어야 한다. 일찍이 아리스토텔레스는 이 점을 강조하여 『시학』에서 다음과 같

---

54 프랑켄, 앞의 책, p. 36.

55 같은 책, p. 103.

56 김경희, 『정서심리학』, (박영사, 2004), p. 140.

57 이 책의 제2장 84쪽 '내적 경험의 네 가지 요소'를 참조하기 바란다.

이 말하였다.

> 서사시의 종류는 비극의 그것과 동일하지 않으면 안 된다. 즉 그것은 단순하든지 복잡하든지, 성격적이든지 파토스적이어야 한다. 또한 그 구성 부분도 노래와 장경(場景)을 제외하고는 비극의 그것과 동일하지 않으면 안 된다. 그 까닭은 서사시에도 급전과 발견과 파토스가 필요하기 때문이다.[58]

정서는 재미 경험의 과정 속에서 구체적으로 주의를 지속시키는 요인이며, 따라서 몰입을 유발하는 매우 강력한 요인이다. 정서가 심리학적으로 얼마나 몰입에 영향을 미치는지에 대한 직접적인 연구는 찾아보기 어렵지만 여러 재미 경험을 돌아보면 이를 쉽게 확인할 수 있다.

정서의 기능

정서가 몰입을 유발하는 중요한 요인이라는 것을 보다 세부적으로 이해하기 위해 정서의 기능들을 살펴보자. 오세진 외 11인에 따르면, 정서의 기능에는 각성, 방향성과 지속성, 경험의 확장, 경험의 조직화, 자기 관련성, 내적 갈등의 인식, 사회적 상호 작용의 조정, 친사회적 행동, 의사 전달 등이 있는데,[59] 많은 부분이 우리가 주의를 기울여 인지한 내용들에 대해 주의를 집중하고 지속하도록 하는 기능임을 알 수 있다.

첫째, 각성은 우리가 경험하고 상상하는 사건을 고려해서 행동하도록 동기화하는 정서의 기능을 말한다. 예를 들어 영화 「스파이더맨」(2002)에서 주인공의 삼촌이 길에서 강도에게 살해당했을 때 관객은 주인공과

---

58 아리스토텔레스, 『시학』, 제24장.

59 오세진 외 11인, 앞의 책, pp. 322-323.

같이 슬픔과 분노를 느끼고, 이 감정 때문에 영웅이 되는 주인공의 활동에 몰입하게 된다. 즉 관객이 주인공의 삼촌이 죽음에 이르게 된 상황을 고려하여 대리 체험으로 주인공과 같은 행동을 하는 동기화가 된다.

둘째, 방향성과 지속성은 우리가 도움이 되는 자극을 추구하며, 해로운 자극을 멀리하는 행동을 하도록 결정하고 유지하는 정서의 기능을 말한다. 예를 들어 자동차 경주 게임을 할 때 자동차가 장애물에 부딪히거나 도로를 이탈하면 마치 자신이 다친 것처럼 고통을 느끼고, 게임에서 졌을 때는 안타까움을 느낀다. 그러면서 게임에 더 몰두하게 된다. 고통과 안타까움의 정서가 게임 수행이라는 활동의 방향성과 지속성을 강화하는 것이다.

셋째, 경험의 확장은 일상의 경험을 확장하고 강화하는 정서의 기능이다. 영화 「국제시장」(2014)에서 주인공 덕수가 가족과 함께 피란을 가다 동생 막순을 잃어버렸을 때, 관객은 그 장면을 단지 바라보기만 하는 것이 아니라 덕수 가족과 함께 안타까워하고 슬퍼한다. 그런데 같은 영화일지라도 정서적인 반응을 하지 않은 다른 장면들에 대해서는 조금만 시간이 지나면 기억조차 나지 않는다.

넷째, 경험의 조직화는 우리의 의도, 자신과 타인의 인식, 다양한 경험의 기억과 해석에 영향을 주고 조직화를 돕는 정서의 기능이다. 영화 「식스 센스」(1999)에서 주인공 말콤 박사의 치료 실패와 그에 따른 좌절의 정서를 관객이 공감할 수 있기 때문에 자폐증 소년 콜과의 만남을 이 감정선을 따라서 해석하고 이해하게 된다.

다섯째, 자기 관련성은 어떤 반응이 적절하다거나 어떤 사건이 자기와 관련성이 있다는 것을 알려주는 정서의 기능이다. 예를 들어 「타이타닉」(1997)의 유명한 주제곡을 들으면 우리는 그 영화에서 느낀 낭만과 슬픔의 정서를 쉽게 되살리면서 그 정서와 유사한 자신의 경험에 주의를

집중하게 된다.[60]

분위기의 통일과 기분

또 다른 요소로는, 필자가 지적한 바 있듯이 '분위기의 통일'이 중요하다. 현비 구조의 이야기 흐름은 결말에서 콘텐츠 사용자의 특정한 감정을 자극함으로써 재미를 유발하는데, 이 감정은 현비 구조의 다른 부분들과 서로 어울려야 한다. 즉 '정서 일치 효과emotion congruence effect' 또는 '기분 일치 효과mood consistency effect'로 설명할 수 있다.

이정모 외 17인에 따르면, 이 감정은 사람이 어떤 특정한 기분 상태에 있을 때 그 기분을 유발하는 관련 값들이 일치하는 재료들을 쉽게 저장하거나 회상하는 경향을 말한다.[61]

일상적 기억에서 정서 요인들이 차지하는 역할이 제한적이긴 하지만[62] 이러한 기분 일치 효과는 긴장을 효과적으로 축적시키는 기능을 하며, 그리하여 재미를 강화한다.[63]

긴장의 축적 단계에서뿐만 아니라 해소 단계에서도 콘텐츠 사용자는 별도의 정서를 경험한다. 해소 단계에서의 정서는 두 가지로 구분된다. 축적되었던 긴장이 재빨리 해소될 때 이루어지는 정서와 긴장이 해소된

---

60 나머지 네 가지 정서의 기능은 다음과 같다. (오세진 외 11인, 앞의 책, pp. 322-323.)
- 내적 갈등의 인식: 정서는 우리 자신이 현재의 상황에서 부적절하거나 비이성적으로 행동하는 것을 관찰할 경우, 내적 갈등을 인식하도록 한다.
- 사회적 상호 작용의 조정: 정서는 타인과의 관계를 조정하며 친사회적 행동을 촉진하고 비언어적 의사 전달 체계의 일부를 구성한다.
- 친사회적 행동: 정서가 친사회적 행동을 자극하는 효과를 가지고 있다고 지적한다. 개인이 좋은 기분을 경험할 경우, 이 경험들이 다양한 도움 행동을 할 가능성이 높아진다.
- 의사 전달: 정서의 의사 전달 기능은 우리가 타인에게 숨기려 하는 느낌이나 의도를 나타내 준다.

61 이정모 외 17인, 『인지 심리학』, (학지사, 1999), pp. 429-430.

62 알랜 파킨, 『기억 연구의 실제와 응용』, 이영애·박희경 옮김, (시그마프레스, 2001), pp. 30-31.

63 이현비, 앞의 책, pp. 86-88.

후에 남는 정서가 그것이다. 물론 두 정서는 연속성을 가지지만, 특히 긴장의 해소가 매우 재빨리 이루어지는 긴장의 폭발 때 느끼는 정서는 그 급작스러움으로 이후에 남는 정서와 느낌이 다른 경우가 많다.

예를 들어 「올드 보이」(2003)의 절정 단계에서 주인공이 미도의 정체를 아는 순간에 느끼는 감정은 당혹감과 충격에 가까운 감정이며, 이후에 뒤따르는 정서는 슬픔이면서도 안타까움과 비장함이 섞인 비극적 정서이다. 전자가 후자의 직접적인 원인이므로 양자의 연속성은 필연적이지만 그럼에도 구분할 수 있다.

한편, 긴장이 해소된 후에 남는 정서는 긴장 폭발 때의 정서와는 달리 이완적인 정서인 동시에 좀 더 영속적이고 정적인 감정의 상태이다. 이것을 기분이라고 말할 수 있는데, 마이클 아가일은 비교적 영속적인 감정의 상태로서의 기분을 논의한다.[64] 그에 따르면, 긍정적인 기분과 감정들은 유쾌함, 기분 전환, 자기 신뢰와 같은 느낌들로 구성된다는 것이 여러 연구에서 발견되었으며, 이런 긍정적인 기분과 감정들이 높은 수준의 기쁨, 약간 높은 수준의 관심 및 약간의 놀라움으로 구성된다고 주장하는 연구도 있다.[65]

물론 반대로 부정적인 기분과 감정들에 대해서도 이와 유사하게 논의할 수 있을 것이다.

---

64 마이클 아가일, 앞의 책, pp. 49-50.
65 같은 책, p. 50.

복선과 숨은 이야기의 생성

인지적 설득의 경험 구조

재미의 쾌감이 전체적이고 통합적인 재미 경험의 결과일 때, 긴장 해소 결과에 대한 인지적인 설득이 필요하다. 현비 구조에서 이 문제는 긴장 축적 과정에서 간과했던 사태의 다른 측면인 숨은 이야기를 개입시켜 해결한다. 그리고 이것은 사실상 실제 경험의 구조이기도 하다. 정리하면, 재미있는 경험을 구성하려면 드러난 이야기가 결말에 이를 때까지 복선에 따라 생성된 숨은 이야기를 철저히 숨겨야 한다. 그리고 숨은 이야기가 개입하여 긴장이 해소될 때 그 상황을 직관적으로 즉각 이해할 수 있어야 한다.

어떻게 이런 일이 가능한가? 결말을 위한 복선이 콘텐츠 사용자에게 분명하게 제시되고 숨은 이야기로 명백하게 이어지지만 사용자가 이것을 인식하지 못하기 때문에 가능하다. 분명하게 제시된 내용을 왜 인식하지 못할까? 그것은 사물을 인식할 때 작동하는 주의와 지각 활동이 맥락에 의존해서 선택적으로 이루어지기 때문이다.

숨은 이야기를 숨기기

먼저 복선 및 복선에 따라 생성된 숨은 이야기가 철저히 숨겨지는 것을 이해해 보자. 드러난 이야기의 진행 과정에서 숨은 이야기가 생성되지만 이것이 인식되지 않는 까닭은 두 가지이다. 첫째는 주의가 무의식적으로 이루어지기 때문이고, 둘째는 지각이 맥락에 따라 동일한 대상을 다르게 인식하기 때문이다. 전자를 '주의의 부분적 무의식성'이라 하고, 후자를 '지각의 맥락 의존성'이라고 부르자.

첫째, 주의의 부분적 무의식성은 주의가 의식과 다른 것임을 의미한다. 주의는 주로 의식적으로 이루어지지만 의식과 주의가 동일한 것은 아니다. 심리학자들은 한때 주의가 의식과 같은 것이라고 믿었다. 하지만 지금은 감각 정보와 기억된 정보, 그리고 인지 정보에 대한 집중적인 주의 과정 중 어떤 것들은 우리의 의식적 자각 없이도 진행될 수 있음을 인정한다.[66] 예를 들어 사람들은 의식적으로 자각하지 않고도 자신의 이름을 쓸 수 있으며,[67] 의식 수준에서 다른 활동을 하면서도 사진에서 동물을 탐지하는 일을 할 수 있다.[68] 물론 의식이 완전히 없는 상태라면 불가능하겠지만 말이다.

둘째, 지각의 맥락 의존성은 의식적으로 이루어지는 지각이 맥락에 의존적임을 의미한다. 지각은 환경 자극에서 받아들인 감각을 재인하고 조직화하며 이해하는 일련의 과정이다. 이 과정에서 경험의 맥락이 형성되며, 또한 지각이 감각을 조직화하는 과정이라 지각 스스로 형성한 맥락에 의존해서 감각을 받아들인다. 따라서 지각은 특별한 맥락이 없을 경우라도 스스로 특정한 맥락을 형성하여 사물을 인지한다. 이 점에서 지각의 맥락 의존성은 특수한 현상이 아니라 매우 보편적인 현상이라고 볼 수 있다.

더 나아가 지각의 맥락 의존성은 인식과 이해를 맥락 의존적이게 하며, 이는 재미의 이해에서 중요하다. 두 겹 이야기의 요소에서 알 수 있듯이 현비 구조가 직접적으로 이 현상에 의존하기 때문이다. 또한 이러한 점을 이해함으로써 효율적으로 재미를 창출할 수 있다.

---

66 M. Tye, *Ten problems of consciousness: A representational theory of the phenomenal mind,* (Cambridge, MIT Press, 1995).

67 스턴버그, 앞의 책, p. 61.

68 크리스토프 코흐, 『의식의 탐구』, 김미선 옮김, (시그마프레스, 2006), pp. 176-178.

복선과 지각의 맥락 의존성

맥락 의존적인 지각은 맥락에 따라서 강요되는 것만을 인지한다. 이 때 지각은 존재하는 것을 인지하지 못하기도 하고, 존재하지 않는 것을 분명하게 인지하기도 한다. 사람은 존재하는 모든 것에 주의를 기울이지 않으며, 이것이 곧 선택적 주의이다. 스턴버그에 따르면 이 심리적 특징에는 이점이 있다. 우리의 정신적 자원은 적어도 어느 정도 한계가 있고, 어느 한 시점에서 우리가 그러한 정신적 자원을 집중해서 처리할 수 있는 정보의 양에도 한계가 있다고 생각한다. 주의의 이런 선택적 특징으로 우리는 한정된 정신적 자원을 슬기롭게 잘 사용할 수 있다.[69]

실제로는 대상이 존재하지만 우리가 지각하지 못하는 경우의 대표적인 사례는 다음 〈그림 12〉에서 쉽게 경험할 수 있다. 〈그림 12〉를 처음 보는 사람들은 대부분 이 그림을 검은 얼룩들의 불규칙한 분포로 지각한다. 하지만 이 그림이 낙엽 지는 골목에서 흙 냄새를 맡는 개의 그림이라는 말을 들으면, 곧바로 그 장면이 눈에 보인다. 즉 처음에는 그저 불규칙한 얼룩들만 보았을 뿐 골목과 개는 보지 못한 것이다.

그림 12 맥락에 따라 지각 내용이 달라지는 예

69 스턴버그, 앞의 책, p. 61.

그림 13 존재하지 않는 사물을 지각하는 예

반대로, 실제로는 존재하지 않는 사물을 분명하게 지각하는 경우도 있다. 위의 〈그림 13〉에서는 각각의 그림을 보면서 보통 역삼각형과 백열전구의 형태를 지각한다. 하지만 이 그림을 자세히 보면 역삼각형과 백열전구의 모양은 존재하지 않음을 알 수 있다.

〈그림 13〉에서 역삼각형과 백열전구 모양의 형태를 지각하는 것은 모두 일종의 착시 현상이며, 실제로는 물리적으로 존재하지 않는 정보를 실제처럼 지각하는 것이다.[70] "이러한 일들은 우리가 외부의 시각적 정보들을 받아들여 어떠한 방식으로든 우리 내부에서 재현represent하고, 그 표상들을 이미 우리 내부에 저장되어 있는 시각적 사물들에 대한 기억이나 기존의 표상들과 대조하는 과정들이 있어야 가능하다."[71] 이것을 가리켜서 '형태 재인'이라고 한다.[72]

70　스턴버그, 앞의 책, p. 99.

71　이정모 외 17인, 앞의 책, p. 81.

72　'형태 재인'을 설명하는 현대 이론에는 공간 주파수 분석 이론, 계산 이론, 신경망 이론의 세 가지가 있다. 현대 이론과 구분되는 고전적인 이론에는 형판 맞추기 모형과 세부 특징 분석 모형이 있다. 이정모 외 17명에 따르면 형판 맞추기template matching 모형은 "형태 재인을 단순하게 설명하는 모형 중 하나로 어떤 모양이나 형태에 대한 장기 기억상의 표상을 외부에 있는 그 모양이나 형태가 망막상에 맺히면서 활성화된 망막 세포들의 전체적인 모양의 복제품인 것으로 생각한다."(이정모 외 17인, 같은 책, p. 82.)

그런데 이러한 형태 재인이 〈그림 13〉에서 보는 것과 같은 단순한 도형의 인식에서뿐만 아니라 영화나 게임에서와 같은 복잡한 이야기의 인식에서도 작용할까? 이와 관련한 연구로 록과 구트만Rock & Gutman의 실험을 참고할 수 있다. 록과 구트만의 실험은 주의에 따라 단순한 지각만 달라지는 것이 아니라 보다 더 복잡한 재인 내용도 달라진다는 것을 보여 주었다.[73] 좀 더 구체적으로 말해 사람들이 어떤 것을 지각할 때 주의를 기울이지 않으면 자신이 본 것을 모두 지각하지는 않음을 이 실험에서 보여 준다.

이 실험은 도형들을 겹쳐서 그린 뒤 각기 다른 색으로 칠한 두 가지 그림을 사람들에게 1초씩 보여 준 뒤, 그중 한 그림을 지정하여 아름다움을 평가하게 했다. 피험자들은 미적 평가를 하라고 지정한 그림은 정확히 지각하여 인식한 반면, 그렇지 않은 그림은 우연 수준으로 지각하고 인식하였다. 즉 "그 아름다움을 평가하기 위해 선택적으로 주의를 기울인 그림은 정확히 재인한 반면, 비슷한 시간에 제시했지만 무관심한 그림은 정확하게 재인하지 못한" 것이다.[74]

기대의 조성과 맥락의 활용

그렇다면 재미론의 관점에서 이와 같은 심리 현상을 어떻게 이용할 수 있을까? 구체적인 방법은 콘텐츠 사용자들에게 어떤 기대를 갖게 하

한편, 초기에 '판데모니엄pandemonium 모형'이라고도 불린 세부 특징 분석 모형은, 입력되는 사물이 가진 여러 세부 특징들 각각에 반응하고 이것들을 탐지하는 세부 특징 탐지자들이 있다고 가정한다. 예를 들어 "세부 특징 분석 모형이 낱자 'ㅈ'을 인식하는 과정을 생각해 보면, 그 낱자를 이루고 있는 수평선과 대각선 탐지자들이 반응을 할 것이며, 반면에 수직선이나 곡선을 맡은 탐지자들은 반응을 거의 하지 않을 것이다."(이정모 외 17인, 앞의 책, p. 84.)

73 I. Rock & D. Gutman, "The effect of inattention on form perception", *Journal of Experimental Psychology: Human Perception and Performance, 7,* (1981), pp. 275-285.

74 이정모 외 17인, 같은 책, pp. 124-125.

고 그에 따른 맥락을 활용하여 숨은 이야기를 숨기는 것이다.

모터B. Motter에 따르면, 신호 탐지에 관여하는 주의 과정은 기대의 영향을 강하게 받고 그 기대에 따라 특정한 영역을 집중하는 것으로 보인다.[75] 다시 말해 우리는 일반적으로 기대했던 것을 찾으려고 노력하며 그렇지 않은 것은 잘 인지하지 못한다. 콘텐츠 사용자가 이야기를 경험할 때도 마찬가지이다. 록과 구트만의 연구도 형태가 지각되려면 그 구조가 기술되어야 하고, 여기에는 선택 주의가 개입함을 시사하는데,[76] 이는 곧 어떤 지각을 위해서는 무엇을 지각할 것인가가 미리 선택되어야 한다는 것, 즉 지각할 내용을 기대해야 한다는 것을 함축한다.

콘텐츠 사용자의 기대를 촉발하여 맥락 의존적인 지각 및 인식 내용을 조작하는 것이 현비 구조가 함축하는 재미 창출의 중요한 부분이다. 하지만 이런 조작이 없더라도 지각은 스스로 특정 맥락을 형성하여 사물을 지각하고 인지한다.

휴 폴리와 마가렛 마틀린Hugh J. Foley & Margaret W. Martlin에 따르면, '좋은 형태 법칙Law of Good Gestalt, Law of Prägnanz'에 따라 우리는 무엇을 지각하고 인지할 때마다 "그 대상을 분리하거나 고립된 부분들로 보기보다는 잘 조직된 전체로 지각한다."[77] 예를 들어 환경을 바라볼 때 우리의 마음속에서는 시지각과 관련하여 〈표 4.2〉와 같은 작용들이 일어난다.

지각은 왜 이렇게 스스로 맥락을 창출할 만큼 맥락 의존성이 강할까? 앞에서 지각이 무엇인지를 설명하면서 기본적인 대답을 얻었지만 피아제Piaget가 제안한 보강 이론도 이 물음에 비슷한 내용으로 답한다. 피아제

---

75 B. Motter, "Attention in the animal brain", In R. A. Wilson & F. C. Keil (Eds.), *The MIT encyclopedia of the cognitive sciences*, (Cambridge, MIT Press, 1999), pp. 41-43.

76 I. Rock & D. Gutman, 앞의 글.

77 휴 폴리·마가렛 마틀린, 『감각과 지각, 제5판』, 민윤기·김보성 옮김, (박학사, 2003), p. 195.

게슈탈트 원리	원리	그림
근접성	잡다한 물체를 지각할 때, 서로 근접한 것들을 한 집단으로 묶어서 보려는 경향이 있다.	〈그림 14〉의 (a)에서 가운데 있는 네 개의 원을 두 개씩 쌍을 이룬 원으로 보려는 경향이 있다.
유사성	유사함에 따라 사물들을 집단으로 묶으려 한다.	〈그림 14〉의 (b)에서 자극을 O와 X를 번갈아 나타나는 네 개의 행으로 보려고 하기보다는 O, X로 동일하게 구성된 네 개의 열로 보려는 경향이 있다.
연속성	차단되고 불연속적인 것으로 보기보다는 부드럽게 흘러가고 이어지는 것으로 지각하려는 경향이 있다.	〈그림 14〉의 (c)에서 나누어진 곡선을 부드러운 두 개의 곡선 혹은 직선으로 인식하려는 경향이 있다.
폐쇄성	실제로는 완전하지 않은 물체를 지각적으로 완전한(메워진) 것으로 지각하려 한다.	〈그림 14〉의 (d)에서 조각을 내어 늘어놓은 선분들을 삼각형과 원으로 보려는 경향이 있다.
대칭성	어떠한 물체든 그 중심축을 기준으로 대칭이 되는 거울상으로 지각하려는 경향이 있다.	〈그림 14〉의 (e)에서 배열된 괄호들을 각각의 독립적인 여덟 개의 대상으로 보기보다는, 네 개의 괄호 세트로 보려는 경향이 있다. 이는 대칭을 이루는 요소들은 하나의 일관된 사물을 나타내는 것으로 인식하기 때문이다.

표 4.2 시지각과 관련한 게슈탈트 원리[78]

에 따르면, "우리의 감각 수용기에 들어오는 자극은 조각나 있고 혼란스럽기 때문에 그것을 이해하려면 덧붙여지고 보강되지 않으면 안 된다."[79]

추측하건대, 실제로 우리가 생활 속에서 주의를 기울이는 대부분의 것들에 대해서 빠짐없는 정보를 얻을 수는 없으므로 근접성과 유사성 등

---

78 스턴버그, 앞의 책, p. 114.

79 장휘숙, 『전 생애 발달심리학』, (박영사, 1987), p. 103.

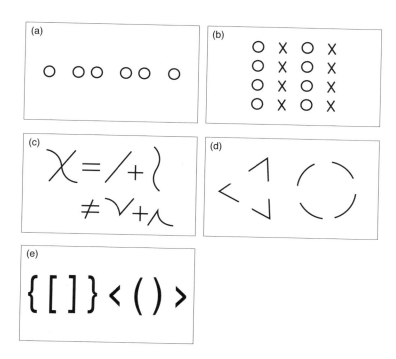

그림 14 시지각의 게슈탈트 원리를 보여 주는 그림[80]

의 특징에 기초해서 부족한 지각 내용을 보충해야 생존이 가능하다. 이 것이 지각의 맥락 의존성의 근원일 것이다.

지각 처리 이론

이와 같은 속성을 보이는 지각은 어떻게 이루어질까? 지각이 이루어 지는 논리적 기제를 설명하려는 이론은 여러 가지가 있는데, 크게 상향 이론bottom-up theory과 하향 이론top-down theory의 두 종류로 나뉜다.

스턴버그에 따르면, 상향 이론은 지각의 하위 단계인 물리적인 자극

---

80 스턴버그, 앞의 책, p. 115.

수준에서 시작해 조직화 원리나 개념과 같은 상위 수준의 인지 과정까지 설명하는 이론이다. 이에 비해 하향 이론은 상위 수준의 인지 처리 과정에 관심을 가지는 접근법으로, 머릿속에 기억하고 있던 지식이나 기대가 지각에 영향을 미치고 곧이어 지각 자극과 같은 하위 감각 정보의 처리까지 이어지는 과정을 강조한다.[81] 이 두 이론적 관점은 모두 경험적으로 입증될 수 있으며, 데이비드 마David Marr는 이 두 접근법을 통합하는 시지각 이론을 제시하였다.[82]

콘텐츠 사용자가 이야기에서 재미를 느낄 때, 특히 이야기 속의 긴장 해소 단계에서 현비 구조적인 해소를 경험할 때 하향 이론에서 말하는 효과가 작용한다고 볼 수 있다. 앞서 살펴본 여러 심리학적 이유로 콘텐츠 사용자는 명백하게 주어지는 많은 대상들을 인지하지 못한다. 우리의 마음은 여러 과제에 주의 자원을 분할하여 병행적으로 처리하지만, 동시에 신호 탐색에 따라서 특정한 과제에 더 주의 자원을 집중한다. 그리하여 이에 영향을 미치는 주의와 지각의 중요한 특징들이 나타난다.

주의 과정이 수행되는 이 과정은 크게 자동 처리와 통제 처리로 구분한다. 물론 자동 처리와 통제 처리의 개념에는 연속성이 있다는 증거들이 있지만 이러한 구분은 재미론의 관점에서 심리적 과정을 이해할 때 직접적으로 도움이 된다.

스턴버그에 따르면, 먼저 자동 처리automatic processes는 어떤 의식적 통제도 포함하지 않는다. 대부분 의식적 자각 없이 수행되며 어떤 노력이나 심지어 의도까지도 거의 필요없이 병렬적으로 수행되며, 상대적으로 빠르게 수행된다. 정리하면 자동 처리는 의식에 나타나지 않으며, 비의

81 스턴버그, 앞의 책, p. 114.

82 D. Marr, *Vision*, (W. H. Freeman, 1982).

도적이고, 주의 자원을 거의 사용하지 않는다는 세 가지 특성이 있다. 이에 비해 통제 처리controlled processes는 의식적 통제에 의존하고, 또 의식적으로 그 과정을 인식한다. 이러한 처리는 순차적으로 수행되며, 실행되는 데 비교적 시간이 오래 걸린다.[83]

현비 구조에서 드러난 이야기의 인식은 통제 처리를 통해서 이루어진다고 생각된다. 그러다가 드러난 이야기의 결말에서 숨은 이야기와 만나면서 엉뚱한 방향으로 사건이 전개될 때, 이것을 이해하는 콘텐츠 사용자의 인지 과정은 자동 처리로 이루어진다. 이때 위에서 언급한 자동 처리의 세 가지 특성에 따라 숨은 이야기에 대한 인지와 이해가 자동 처리로 이루어진다는 점은 좋은 설명이 될 수 있다.

감정과 정서, 그리고 탐색

숨은 이야기의 은닉에 기술적으로 가장 중요한 부분은 주의와 지각이 매우 맥락 의존적으로 이루어진다는 것과 이에 감정과 정서가 크게 영향을 준다는 것이고, 더불어 탐색의 유도와 방해 자극도 부수적으로 언급할 중요한 심리적 요인들이다. 이때 탐색의 유도와 방해 자극은 주의의 탐색 기능의 정正과 부副의 측면이라 볼 수 있다.

먼저 감정 혹은 정서를 고찰해 보자. 감정과 정서는 주의와 지각을 특정한 방향으로 유도하는 기대와 맥락에 가장 크게 영향을 미치는 요인이다. 잠시 후에 설명할 탐색은 주의와 지각의 방향을 직접 결정하지만, 이러한 탐색의 목표를 설정하는 것이 감정과 정서이므로 감정과 정서의 영향력은 매우 강하고 지속적이다. 이 때문에 콘텐츠 사용자의 정서 상태는 복선의 생성, 즉 숨은 이야기를 숨기는 데에 중요하게 작용한다.

---

83 스턴버그, 앞의 책, pp. 63-65.

예를 들어 영화 「올드 보이」(2003)의 관객은 주인공 오대수가 이우진에게 가진 증오심을 이해할 수 있고, 그 증오의 감정으로 오대수가 어떻게 이우진에게 복수하는지를 탐색할 동기를 가진다. 또 다른 한편으로는, 이우진이 오대수를 가둔 행위의 기저에 있는 정서를 이해할 수 없어 오대수와 이우진의 과거를 특정한 방향으로 탐색하고 지각한다.

이와 관련해 필자는 『재미의 경계』에서 기분 일치 효과의 작용을 설명하였다. 「교장 선생님의 질문」[84]이라는 유머에서 설명하듯이 기분 일치 효과는 현비 구조의 세 가지 요소 중 긴장 구조와 두 겹 이야기로 구성할 때, 숨은 이야기보다는 드러난 이야기에 콘텐츠 사용자가 주의를 기울이도록 돕는다. 이러한 기분 일치 효과를 성공적으로 유발하는 주된 관건은 콘텐츠에서 표현하는 섬세한 요소들이 결정하는 것으로 보인다.[85] 이는 곧 콘텐츠 연출의 중요성을 말해 준다.[86]

탐색의 유도

다음으로 탐색의 유도를 고찰해 보자. 콘텐츠 사용자는 숨은 이야기를 탐색한다. 사용자는 반전이 나타나리라는 기대로 신호 탐지에 관여하

---

84 유머 「교장 선생님의 질문」
젊은 여교사가 학교를 빠져나가고 있었다. 퇴근하던 교장은 차를 세우고 여교사를 차에 태웠다.
차 안에서 교장이 물었다.
"마징가?"
여선생이 망설이자 다시 한 번 교장이 물었다.
"마징가?"
여선생은 이번에는 답하지 않으면 안 될 것 같아서 조용히 말했다.
"……제……트!"
고개를 갸우뚱하던 교장.
"그럼, 막낸가?"

85 이현비, 앞의 책, p. 88.

86 연출의 중요성은 이 책의 제5장 383쪽 '매체와 연출'에서 상세히 설명할 것이다.

는 주의 과정을 특정한 영역에 집중하며, 주의는 이러한 기대의 영향을 강하게 받는다.[87] 적절히 연출된 현비 구조의 이야기에서는 긴장의 해소 단계에서 콘텐츠 사용자의 기대를 새로운 이유의 탐색으로 유도한다.

예를 들어 「올드 보이」(2003)에서 이우진은 오대수에게, '왜 15년 동안 가두어 두었는지'가 아니라 '왜 15년 만에 풀어 주었는지'를 물어야 한다고 말해, 이것이 이야기의 반전에 어떤 역할을 할지 기대를 고조시킨다. 또 다른 예로 「유주얼 서스펙트」(1995)에서도 관객이 범인인 카이저 소제가 누구일지 대해서 관심을 기울이는 동안 영화의 결말은 카이저 소제의 몽타주가 완성되는 시점을 향해 이 기대를 끌고 간다.

그럼에도 콘텐츠가 재미있으려면 숨은 이야기가 발견되지 않아야 한다. 이처럼 숨은 이야기를 찾을 수 없도록 탐색을 어렵게 만드는 1차적 요인은 표적과 방해 자극의 수이다. 방해 자극distracters은 표적 자극에서 우리의 주의를 딴 데로 돌리는 비표적 자극이다. 신경학적 연구들에 따르면, 시각 자극에 대한 신호 탐지는 신호가 나타나리라 기대하는 지점에서 가장 좋았는데, 주의가 할당된 위치에서 자극의 출현 위치가 멀어질수록 신호 탐지의 정확성이 급격하게 떨어졌다.[88]

비표적 자극은 신호가 나타나리라 기대하는 지점의 수를 늘림으로써 신호 탐지의 정확성을 떨어뜨리는 기능을 한다고 말할 수 있다. 영화 콘텐츠의 예를 들면, 영화 「12명의 성난 사람들」(1957)에서 최종적으로 극적 반전을 위한 복선은 사람들의 사사로운 대화에 있다. 특히 자기 아들의 사진을 보여 주며 청소년들의 비행에 불만을 토로하는 한 배심원의 이야기가 그러하다. 하지만 이런 복선을 숨기기 위한 비표적 자극들이

---

87 B. Motter, 앞의 글. (1999).

88 D. LaBerge & V. Brown, "Theory of attentional operations in shape identification", *Psychological Review, 96(1)*, (1989), pp. 101-124.

있다. 예를 들어 폭우가 쏟아지는 창밖을 보면서 미식축구 경기를 망친 이야기를 하는 어떤 배심원의 이야기가 대표적이다.

지금까지 지각에 대해 논의한 내용을 정리하면 다음과 같다. 지각은 감각으로 받아들인 자극을 통해서 이루어지지만, 이러한 지각은 지각 표상이 형성된 후에 감각 자극을 형상화하거나 조직화함으로써만 가능하다. 즉 지각이 이루어지려면 지각할 내용들에 대해 적절한 기대를 가지게 해야 하고, 감각으로 받아들인 자극들이 의미 있게 해석되어야 한다. 그리고 받아들인 자극들이 의미 있게 해석되는 방식을 결정하는 것이 기대와 맥락이다. 주로 콘텐츠의 이야기 속 긴장 관계의 구조 및 그에 자극받는 정서가 이러한 기대와 맥락을 강요한다.

해소에서 숨은 이야기 개입의 인지

맥락과 선택 주의

숨은 이야기가 철저히 숨겨질 수 있는 이유를 이해했다면, 긴장이 해소될 때 숨은 이야기를 직관적으로 쉽게 이해할 수 있는 이유도 이해해야 한다. 그 까닭은 현비 구조에서 양자는 동전의 양면처럼 하나의 두 측면이기 때문이다.

숨은 이야기는 어떻게 드러난 이야기에 개입하는가? 이는 재미 분석의 여러 차원 중 내용적 차원과 심리적 차원에서 모두 설명할 수 있는데, 먼저 심리적 차원에서 살펴보자.[89] 한마디로, 숨은 이야기가 철

---

89 내용적 차원에서의 설명은 이 책의 제3장 227쪽 '현비 구조와 묘한 일치'에서 설명하였으며, 제4장 350쪽 '형상 전이와 묘한 일치'에서 내용적 차원과 심리적 차원의 결합 관계를 추가로 설명할 것이다.

저히 숨겨질 수 있었던 것과 같은 이유인 지각의 맥락 의존성 때문이다.

지각과 인지는 맥락에 의존적이라 분명히 존재하는 것을 보지 못하기도 하고 존재하지 않는 것을 명백하게 보기도 한다. 그러므로 맥락을 바꾸면 존재하지만 보지 못하던 것을 보게 하고, 명백하게 보이던 것이 사실은 없었다는 것을 확인시킬 수가 있다. 이야기의 강력한 반전이 이루어지면서 숨은 이야기가 드러난 이야기에 개입할 때 맥락을 바꿈으로써 선택 주의에 영향을 주어 인식 내용을 매우 크게 바꾸는 것이다.

마르셀A. J. Marcel에 따르면, 우리가 의식적으로 지각한 것의 의식적 표상은 감각 자극의 무의식적 표상과는 질적으로 다르다. 의식 속에서 이해한 것이 실제로 보고 들은 것과 다르다는 뜻이다. 우리의 의식이 어떤 것을 인식하고 이해할 때, 우리는 감각을 통해 받아들인 내용에서 감각 정보의 연속적인 흐름을 감지하려 하고, 또한 여러 속성이나 대상들이 어떻게 대응하는지 탐색한다. 이런 활동은 자각되지 않는 무의식적인 과정으로 수행된다.

마르셀에 따르면, 이 무의식적 과정은 특정한 지각적 가설에 기초하여 이루어지는데, 감각 자료와 지각적 가설 간에 적절한 대응이 생기면 그때 확인된 특정 속성이나 대상이 정말 있는 것으로 자각하게 된다.[90] 간단히 말해 우리는 특정한 선입견(지각적 가설)에 따른 요구나 기대로 사물을 인지하고, 그 틀 안에서만 어떤 것을 인식하고 받아들인다고 할 수 있다.

앞에서 이미 지적했듯이 인지 활동의 토대가 되는 지각적 가설은 맥

90　A. J. Marcel, "Conscious and unconscious perception: An approach to the relations between phenomenal experience and perceptual processes", *Cognitive Psychology*, 15(2), (1983), pp. 238-300.

락에 따라 형성된다. 그러므로 맥락이 바뀌면 지각적 가설이 바뀌고, 우리가 보고 듣는 내용도 달라지며 경험도 달라진다. 현비 구조의 해소 단계에서 숨은 이야기가 갑자기 이해되는 현상은 이와 같이 이해할 수 있다. 이 과정을 주의의 관점에서 설명하면 맥락의 변화가 선택 주의에 영향을 주고 이에 따라 인지한 내용도 바뀐다고 말할 수도 있다.

점화 효과

손영숙 외 3인에 따르면, 사람들이 인지 과정에서 맥락의 영향을 받는 기제를 잘 설명하는 한 현상이 점화 효과priming effect이다.[91] 점화란 처음에 제시된 자극이 심적 회로를 활성화하여 그 자극과 관련이 있는 후속 자극 처리 기능을 향상하는 과정을 말한다.[92] 이는 자각하지 못한 채로 정보를 처리하는 '전의식적 수준'의 기제이다.

김정식 외 2인은 점화 효과란 특정 정서나 기억과 관련된 정보들이 그물망처럼 서로 연결되어 있어 한 가지 정보가 활성화하면 관련 정보들이 함께 떠오르는 것이라고 설명한다. 예를 들어 언어 이해에서는 점화 효과에 따라 먼저 제시된 단어가 나중에 제시된 단어의 처리에 영향을 주게 된다.[93]

이정모 외 17인의 예에 따르면, 어휘 점화 효과는 점화 단어와 표적 단어가 연상 관계에 있을 때에 일어나는 문맥 효과이다. 한 예로 동일한 표적 단어 '간호사'를 제시하면서 먼저 제시한 점화 단어가 '의사'인 경우와 '버터'인 경우를 비교해 보면, '간호사'라는 동일한 표적 단어에 대

91 손영숙 외 3인, 「선택적 주의와 관점의 변화가 무의미 도형의 재인에 미치는 영향」, 『한국심리학회지 인지 및 생물』, Vol.15 No.2, (한국심리학회, 2003), pp. 259-274.

92 스턴버그, 앞의 책, p. 410.

93 김정식 외 2인, 「문화점화가 자기평가에 미치는 영향」, 『한국심리학회지: 사회 및 성격』, 22, (한국심리학회, 2008), pp. 177-194.

한 어휘 판단 과제 및 음독 과제에서의 반응이 점화 단어가 '버터'일 때보다 '의사'일 때 모두에서 더 빠르다. '의사'와 '간호사'라는 두 단어 사이에는 강한 연상 관계가 있으나, '버터'와 '간호사' 사이에는 별 연상 관계가 없기 때문이다. 일반적으로 연상 관계가 강하면 강할수록 점화 효과도 크다.[94]

점화 효과는 활성화 확산spreading activation 이론에 따라서 주로 설명된다. 스턴버그에 따르면, 활성화 확산이란 연결망 구조 내의 단위를 흥분시키는 과정을 뜻하는데, 활성화 확산으로 흥분된 단위는 그와 연결된 단위를 활성화한다.[95] 이것은 "현재 주의를 기울이고 있는 항목들이 연상된 기억을 더 쓸 수 있게 만드는 과정을 말할 때 사용된다."[96]

활성화 확산 이론은 어떤 사건에 대한 기억 재생이 의미적인 요소들 간의 연관 관계로 구성된다는 가정에 기초한다. 이에 따르면, 사람의 기억, 인식, 개념, 감정 등은 연상적 통로로 연결되는 연결망의 마디들이 활성화할 때 나타난다. 그래서 한 마디가 활성화하면 그와 인접한 다른 마디들도 쉽게 활성화한다. 이렇게 인접한 마디들이 활성화할 때 의식적 기억이나 지각에 작용한다. 이에 비해 인접하지 않은 마디가 각자 활성화하는 것은 의식적인 기억이나 지각, 이해에는 크게 작용하지 못한다.

점화 효과와 활성화 확산의 개념의 기초는 모두 연결주의 모형connectionist model이라고도 불리는 병렬적 분산 처리 모형이다. 스턴버그에 따르면, 기억에 대한 병렬적 분산 처리 모형은 인간의 기억에 대한 가설이다. 이 가설의 핵심은 "인지 과정을 뉴런과 같은 많은 단위들이 함

---

94 이정모 외 11인, 앞의 책, p. 270.

95 스턴버그, 앞의 책, p. 412.

96 존 로버트 앤더슨, 『인지 심리학과 그 응용』, 이영애 옮김, (이화여자대학교 출판부, 2013), p. 194.

께 연결되어 있는 네트워크로 활성화가 퍼지는 모형으로 나타낼 수 있다"[97]는 것이다. 이 가설은 연결망 안의 마디들이 작업 기억의 용량을 초과하지 않는 범위 안에서 활성화 작용을 확산한다고 설명하는데, 이 설명은 작업 기억을 장기 기억의 활성화된 한 부분으로 파악하는 관점과도 잘 들어맞는다.

"이 모형에서 자신과 연결되어 있는 다른 마디를 활성화하는 마디를 '점화자prime'라 하고, 그 결과 나타나는 활성화 작용을 '점화 효과'라고 한다."[98] 기억에 대한 병렬적 분산 처리 모형에서 핵심 요소들을 정리하면 다음과 같다.

첫째, 점화자는 자신과 연결되어 있는 다른 마디를 활성화하는 마디
둘째, 점화 효과는 점화자의 활성화에 따라서 나타나는 다른 기억의 활성화 작용

이정모 외 17인에 따르면, 이러한 병렬적 분산 처리 모형은 몇몇 심리학 실험들 및 경험에 의해서 뒷받침된다. 예를 들어 "어떤 사건을 회상하거나 재인할 때 그 사건이 발생했던 원래 맥락이 많이 제시될수록 기억이 잘된다. 즉 기억 검사 맥락과 학습 맥락이 유사할수록 기억이 잘되는 것이다. 여기서 맥락이란 학습 대상이 되는 항목 외에 약호화될 수 있는 모든 정보를 말한다."[99]

점화 이론은 언론이 여론의 향방에 미치는 효과를 설명하는 데에도 활용된다. 대표적으로 아이엔가와 킨더Iyengar & Kinder는 대중 매체의 특정한 기사 보도로 의제 설정 효과가 발생하면 대중은 설정된 의제와 관

---

97 마가렛 W. 마틀린, 『인지 심리학, 제6판』, 민윤기 옮김, (박학사, 2007), p. 312.
98 스턴버그, 앞의 책, p. 153.
99 이정모 외 17인, 앞의 책, p. 167.

런한 용어 및 개념들을 주로 사용하여 특정한 방향으로 사태를 인식하게 된다고 주장하였다. 예를 들어 1980년 미국 대통령 선거를 앞두고 미국 언론이 이란 인질 사태를 중점적으로 보도하였는데, 이에 카터 대통령의 외교 능력에 대한 부정적 평가가 점화되고 결국에는 선거에서의 패배를 초래하였다는 것이다.

그 밖에도 코카콜라 회사의 광고 전략도 점화 이론의 활용으로 이해할 수 있다. 뉴스는 주로 좋지 않은 일이나 사회적으로 심각한 사건들에 대한 보도로 가득 차기 마련이므로, 시청자들은 뉴스가 끝났을 때 심각하거나 부정적인 심리 상태에 놓인다. 따라서 이때 즐거움이라는 이미지를 제공하는 코카콜라 광고가 효과적으로 작용하기 힘들다고 보는 것이다.[100]

이연 현상과 시너지

마찬가지로 점화 이론은 재미 경험에서의 쾌감 단계를 설명하는 데에도 효과적으로 적용할 수 있다. 이와 관련하여 케스틀러Arthur Koestler의 이연 현상과 앱터M. M. Apter의 시너지 개념을 살펴볼 가치가 있다.

케스틀러의 이연 현상bisociation은 유머러스한 모순성을 지각하는 데 뒤따르는 심리적 과정을 지칭하는 용어이다. 그에 따르면, 이연 현상은 상황이나 사건 또는 아이디어가 자기 모순적이지는 않지만 정상적으로 무관하거나 심지어 상충되는 두 개의 참조 틀에서 동시에 지각될 때 발생한다.[101] 따라서 단일한 사건이 "서로 다른 두 개의 파장으로 동시에 진동하게 만들어지는"[102] 것이다. 필자가 보기에 케스틀러는 어렴풋이 두 겹

---

100 S. Iyengar & D. Kinder, *News That Matters,* (University of Chicago Press, 1987).

101 A. Koestler, *The act of creation,* (Hutchinson, 1964).

102 마틴, 『유머심리학: 통합적 접근』, 신현정 옮김, (박학사, 2008), p. 35. 간단한 예가 말장난인 펀(pun: 언어유희)이며, 서로 다른 두 가지 의미를 갖는 단어나 어구의 의미를 동시적으로 함께 사용하는 것이다.

이야기(2중 구조)와 긴장 구조(긴장 이론)를 이해한 연구자이다.[103]

앱터의 시너지synergy 역시 케스틀러의 이연 현상과 유사한 개념인데, 동일한 대상에 대해 두 가지 모순되는 생각이나 개념이 동시에 마음에 떠오르는 인지 과정을 가리킨다.[104] 잠시 후에[105] 설명할 필자의 형상 전이와 거의 같은 것을 의미한다. 이에 따라 앱터 역시 유머에 대해 연구했음에도 유머에 대한 일반적인 설명 방식인 부조리론에 동의하지 않고, 유머가 불합치적이거나 모순된 견지를 동시에 인식하는 것을 수반한다고 보았다.

케스틀러와 앱터에 따르면, 이러한 심리적 처리 과정은 모든 유형의 유머에 심리적 기저로 놓여 있다. 필자가 보여 준 바[106] 있듯이 유머의 기저 원리와 재미의 기저 원리는 동일한 부분이 많다. 그만큼 재미 경험을 자각하는 과정도 이연 현상이나 시너지 개념으로 설명할 수 있다.

공유 경험에 따른 숨은 이야기 이해

상기와 재인

점화에 따라 숨은 이야기가 인지되면 곧이어 이해되어야 한다. 이때 상기와 재인의 인지 심리적 기제가 작동한다. 여기서 재인은 지각과 관련되지만 상기는 기억의 기제이다. 숨은 이야기의 이해에는 과거에 기억

---

103 이현비, 앞의 책, p. 216.

104 M. M. Apter, *The experience of motivation: The theory of psychological reversals*, (Academic Press, 1982).

105 이 책의 제4장 350쪽 '형상 전이와 묘한 일치의 관계'를 참조하기 바란다.

106 이현비, 같은 책.

한 내용을 다시 꺼내는 것이 핵심이라 할 수 있다.

앞에서 언급했듯이, 점화 효과는 병렬적 분산 처리 모형이라는 기억 이론의 부분이라는 사실 또한 점화 효과에 따른 숨은 이야기의 인지가 기억 내용에 크게 영향을 받는다는 것을 뒷받침한다. 기억 이론의 관점에서 점화 현상은 어떤 자극이 주어졌을 때 특정 내용을 장기 기억에서 꺼낼 수 있도록 만들어 주는 기제이다. 이때 장기 기억에서 꺼내는 내용이 곧 '공유 경험'이다.

공유 경험은 콘텐츠 사용자가 현비 구조에서 긴장 해소 단계(혹은 재미 경험) 이전에 습득한 기억의 내용을 가리킨다. 공유 경험의 습득은 통제 처리되던 정보들이 자동 처리되는 과정으로 바뀌는 것이라고 추측된다. 그렇다면 통제 처리되던 정보들은 어떻게 자동화가 되는가? 널리 받아들이는 관점은, 운전처럼 처음에는 주의가 필요한 작업이라도 끊임없이 연습하면 주의가 필요 없게 자동 처리되는데, 이것이 곧 자동화automatization라는 것이다.

스턴버그에 따르면, 사람들은 여러 가지 구분 단계들을 자동화 단계에서 주의나 작업 기억과 같은 인지 자원이 거의 필요하지 않은 하나의 단일 조작으로 통합한다. 물론 로건Gordon Logan이 제시한 실례 이론instance theory과 같은 대안들이 없는 것은 아니지만, 자동화에 대한 전통적인 관점이 설득력 있게 보인다.[107] 이정모 외 17인에 따르면, 스트룹stroop 간섭 효과도 반복 연습을 많이 한 형태들이 자동적으로 처리되어 그 지각에 주의가 별로 필요하지 않게 됨을 보여 준다.[108]

공유 경험의 습득은 습관화habituation로도 설명된다. 습관화란 우리가

---

107   스턴버그, 앞의 책, pp. 66-67.

108   이정모 외 17인, 앞의 책, p. 124.

어떤 자극에 익숙해지면서 그것을 주목하는 일이 점차 줄어드는 것을 말한다. 한편, 습관화와 대응하는 탈습관화dishabituation는 친숙한 자극의 어떤 변화로 그 자극에 다시 주목하는 현상이다. 탈습관화에 영향을 주는 요인으로 자극 내적 변동과 주관적 각성, 이 두 가지를 지목한다.[109]

자극 내적 변동이란 특정 자극이 다른 것들보다 더 많은 내적 변동을 가지고 있음을 뜻한다. 예를 들어 어떤 콘텐츠의 배경 음악은 에어컨에서 나오는 단조로운 기계음에 비해 내적 변동을 더 많이 갖고 있다는 것이다. 쉽게 말해 자극이 가지고 있는 신호의 구조적 복잡성을 의미한다고 할 수 있다. 주관적 각성이란 인지를 하는 사람이 주관적으로 각성하는 것, 그리하여 익숙한 신호에 다시 주의를 기울이는 것을 뜻한다.

탈습관화를 유발하는 자극의 내적 변동과 주관적 각성이라는 두 요인이 숨은 이야기에 주의를 기울이는 계기의 한 부분을 차지하리라고 판단할 수 있지만, 그런 기제들 모두 최종적으로는 앞에서 설명한 점화로 연결될 것이라고 필자는 생각한다.

기억 모형

통제 처리되던 정보들이 자동화가 되어 특별한 기억을 형성한다는 가설은 인간의 기억이 여러 부분들로 구성됨을 의미한다. 이와 같이 기억을 구조적으로 이해하려는 시도 가운데 가장 주목할 만한 것은 앳킨슨과 쉬프린Atkinson & Shiffrin이 제시한 다중 기억 모형multiple memory model[110] 일 것이다.

---

109 스턴버그, 앞의 책, p. 70.

110 R. C. Atkinson, & R. M. Shiffrin, "Human memory: A proposed system and its control processes", In K. W. Spence & J. T. Spence (Eds.), *The psychology of learning and motivation: Vol. 2. Advances in research and theory*, (Academic Press, 1968).

그 밖에도 기억을 크게 서술 기억과 비서술 기억으로 구분한 연구 등도 있지만, 다중 기억 모형이 앞에서 언급한 병렬적 분산 처리 모형과 서로 보완하면서 재미 경험을 설명하는 데 가장 적절해 보인다.

　다중 기억 모형은 감각 저장소, 단기 저장소, 장기 저장소로 구성된다. 감각 저장소는 매우 짧은 순간 동안 비교적 한정된 양의 정보를 저장하며, 단기 저장소는 기억 기간은 약간 늘어나지만 기억 가능한 정보의 양은 한정된다. 장기 저장소는 매우 많은 양의 정보를 오랜 시간 혹은 영구적으로 저장이 가능하다.

　다중 기억 모형에 따르면, "외부 정보가 입력되는 순서와 기억의 지속 시간에 따라 세 가지 기억 구조를 제안한다. 먼저 감각 등록기에 들어온 정보는 대체로 1~2초 동안 감각 기억에 상당히 정확하게 저장되고, 이어서 1분 이내의 비교적 짧은 기간 동안 정보를 저장하는 단기 기억STM: short-term memory으로 전이되며, 다음으로 수분에서 수시간, 그리고 일생에 이르는 비교적 영속적인 저장 구조인 장기 기억LTM: long-term memory에 저장된다."[111]

　다중 기억 모형으로 현비 구조의 인지 심리 과정을 설명해 보면 다음과 같은 설명이 가능하다. 다음의 〈그림 15〉를 살펴보자.

　필자는 이전에 두 겹 이야기에서 드러난 이야기는 기억 저장소 가운데 단기 저장소에 주로 저장되고, 이에 비해 장기 저장소에 저장된 내용은 숨은 이야기라는 생각을 제시하였다. 이때 숨은 이야기는 콘텐츠 제공자와 콘텐츠 사용자가 공유하는 경험 내용으로 매우 사실적이거나 정보 가치가 있는 경우가 대부분이다. "그렇기 때문에 특별히 지적하거나 언급하지 않고 숨겨지더라도 마지막 반전에 이르렀을 때 쉽게 기억해 낼

111　서창원, 『현대 심리학: 인간심리의 이해』, (시그마프레스, 2001), p. 128.

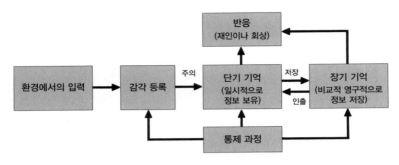

그림 15 다중 기억 모형의 구조[112]

수 있다."[113]

한편, 드러난 이야기에서의 긴장과 갈등은 직접적인 문제 해결 과정으로 이해된다. 즉 콘텐츠가 제공하는 환경에서 입력되는 감각 등록이 콘텐츠 사용자의 주의를 끌고, 이에 사용자는 특정한 반응을 유발하는 것이다. 그런데 장기 기억에 저장된 공유 경험이 새로운 맥락을 설정하는 자극을 통해 점화되고 이 반응에 개입한다.

한편, 다중 기억 모형에 대한 다양한 대안적 입장들이 존재한다. 예를 들어 작업 기억 모형과 처리 수준 모형을 들 수 있다. 작업 기억 모형에서는 보통 장기 기억의 일부분이면서 동시에 단기 기억을 포함하는 '작업 기억'이라는 개념을 사용한다.

이때 작업 기억은 장기 기억에서 가장 최근에 활성화된 부분을 유지하며, "현재 처리하고 있는 재료에 대한 짧은 시간 동안의 즉시적 기억이다."[114] 이 활성화된 요소들을 단기 기억으로 넣거나 단기 기억에서 빼내는 역할을 작업 기억이 담당한다. "기억의 세 저장소 모형이 정보를

112 R. C. Atkinson, & R. M. Shiffrin, 앞의 글.

113 이현비, 앞의 책, pp. 82-83.

114 마가렛 W. 마틀린, 앞의 책, p. 118.

저장하는 구조적 틀을 강조하는 반면, 작업 기억 모형은 정보의 부호화나 통합과 같은 처리 과정을 강조한다."[115]

처리 수준 모형에서는 기억 정보가 입력되는 동안에 정교화된 정도에 따라서 기억 능력 수준이 달라진다고 가정하는데, 이를 뒷받침하는 실험들이 있다.[116] 이 입장에 따르면, 기억 효과는 정보 처리 수준과 자기 준거 효과에 영향을 받는다. 정보 처리 수준은 질문에 따라 "자극으로부터 좀 더 많은 의미를 추출해" 낸다는 의미에서, 활성화된 처리 수준이 깊은 정보일수록 기억이 잘됨을 의미한다. 자기 준거 효과는 기억하는 사람이 자신과 연관하여 판단한 정보가 기억이 잘됨을 의미한다.[117]

이러한 이론들은 다중 기억 모형의 공유 경험에 대한 설명을 보완하면서, 공유 경험이 기억되고 재미의 자각에 작용하는 더 상세한 과정을 설명하는 데에 유효하다. 예를 들어 재미 경험에서 얻은 기억 내용이 공유 경험으로 활용될 때에는 작업 기억 모형의 설명이 유효할 수 있다. 이때 작용하는 공유 경험은 단기 기억을 포함한 장기 기억이기 때문이다.

처리 수준 모형은 하나의 반전을 강렬하게 하는 구체적인 방법에 대한 심리학적 설명을 제공한다. 앞에서 언급한 「올드 보이」(2003)를 다시 예로 들면, 이우진은 극적 반전을 노출하면서 오대수에게 질문을 던진다. 이우진 자신이 왜 15년 만에 오대수를 풀어 주었는지 의도적으로 질문을 던짐으로써 반전은 더 강렬하게 이해된다. 이렇듯 강렬한 이해의 심리적 토대는 정보의 기억 효과가 질문에 따라 활성화되고, 이때 처리 수준이 깊을수록 더 잘 기억된다는 처리 수준 모형의 경우라 할 수 있다.

---

115 스턴버그, 앞의 책, p. 149.

116 존 로버트 앤더슨, 앞의 책, pp. 201-202.

117 마가렛 W. 마틀린, 앞의 책, pp. 153-154.

재미와 의사소통

한편, 공유 경험의 내용이 통제 처리되는 정보의 자동 처리화와 탈습관화 등을 통해 장기 기억에 저장되려면 많은 시간 동안의 반복이 필요하고, 이러한 과정은 사회적으로 주어지는 경우가 대부분이다. 즉 공유 경험은 사회적 맥락과 결합되어 콘텐츠 사용자들에게 제공되는 경우가 많다. 물론 예외도 있다.

이러한 까닭에 사회 심리학적인 관점에서 공유 경험의 특징을 강조한 연구들을 언급할 필요가 있다. 대표적으로 와이어와 콜린스Wyer & Collins 의 연구이다. 유머에 대해 연구한 와이어와 콜린스는 유머의 사회적 맥락을 고려하는 것이 중요하다고 주장하였고, 그리하여 유머가 일차적으로 사회적 의사소통의 한 형식이라고 지적하였다.[118] 이 주장은 필자가 말하는 웃음과 현실의 관계와도 비슷한 내용이다.[119] 따라서 재미에 그대로 확장해서 적용할 수 있다. 즉 재미 역시 많은 경우에 사회적 의사소통의 한 형식이라고 할 수 있다.[120]

독특한 경험에서 오는 쾌감과 동경

흥미와 그에 이어진 몰입의 과정에 기반한 쾌감은 인지적으로 복잡하다. 기본적으로 해피 엔딩과 같은 것이 복잡한 인지 과정의 예가 될 수

---

118   R. S. Wyer & J. E. Collins, "A theory of humor elicitation", *Psychological Review, 99(4)*, (1992), pp. 663-388.

119   이현비, 『원리를 알면 공자도 웃길 수 있다』, (지성사, 1997).

120   그 밖에도 숨은 이야기가 개입되어 반전이 이해되는 단계에서, 공유 경험이 점화 효과에 따라 장기 기억에서 인출된다는 것을 설명하기 위해 지능에 대한 심리학 이론 등을 참조할 수 있다. 여기서는 이 부분에 대한 설명을 생략한다.

있다. 해피 엔딩을 위해서는 목적이 달성되고 즐거운 감각을 함께 얻어야 한다. 재미 경험의 맨 마지막인 동경의 단계는 3단계까지 이루어진 재미 경험에 따라 자연적으로 뒤따르는 상태이다. 이는 재미 경험을 산출하는 활동으로 성취되는 것이 아니라, 재미 경험이 성공적으로 산출되었을 때 저절로 얻는 부수 현상이다.

이 과정에서는 기억, 특히 장기 기억이 작동한다. 그리고 근본적으로는 재미 경험에서 이루어진 학습 효과로 경험자 자신이 변화한다. 다른 사람이 되는 것이다. 그리하여 다른 감정 상태를 얻고 그때까지 갖지 않았던 욕구를 가지며, 특정한 재미 경험을 반복하려는 것과 같은 새로운 행위에 대한 동기가 발생한다.

3. 형상 전이와 묘한 일치

형상 전이와 묘한 일치의 관계

앞[121]에서 보았듯이 현비 구조에 대한 이상의 논의에서 숨은 이야기의
차별 은닉성은 묘한 일치를 통해 형상 전이Gestalt Shift라고 알려진 흥미로
운 인지적 현상을 유발한다. 형상 전이와 묘한 일치의 개념을 비교하여
정리하면 다음의 〈표 4.3〉과 같다.

〈표 4.3〉의 대조에서 분명하게 알 수 있는 것은 형상 전이와 묘한 일치

구분	내용
형상 전이	재미를 체험하는 체험자의 의식 속 심리 현상
묘한 일치	형상 전이를 유발하는 이야기(체험)의 구조적 속성

표 4.3 형상 전이와 묘한 일치의 관계

---

[121] 이 책의 제3장 227쪽 '현비 구조와 묘한 일치'를 참조하기 바란다.

의 관계이다. 형상 전이는 심리 현상이고 묘한 일치는 이야기의 구조적 속성이다.

재미 분석의 여러 차원을 논하면서 언급했듯이 재미는 궁극적으로 사람들이 심리적으로 특수한 종류의 쾌감을 느낀다는 사실에 의존하므로 심리 현상에 존재한다고 할 수 있다. 그러나 재미론의 관점에서 재미를 창출하고자 할 때는 콘텐츠가 어떤 속성을 가져야 하는가에 관심을 기울이지 않을 수 없다. 따라서 현비 구조의 토대인 인지 심리적 기제를 이해하여 그 속의 기술적 핵심을 '형상 전이'로 포착하였다면, 이에 상응하는 체험의 속성인 '묘한 일치'로 다시 초점을 옮기게 될 것이다.

재미와 묘한 일치의 관계는 필자의 논의[122]에 앞서서 파울로스가 먼저 설명하였다.[123] 그런데 아쉽게도 파울로스는 자신이 어느 정도 포착한 유머의 다양한 측면들을 하나로 결합해서 좀 더 완전한 개념적 형태로 조직화하지는 못하였다.

파울로스는 드러난 이야기와 숨은 이야기가 만나는 지점에서 일어나는 형상 전이적 측면을 분명히 이해하고 있었다. 이는 일종의 반전으로 나타나는데, 이에 대해 파울로스는 "이러한 종류의 반전은 우리들에게 익숙한 관계와 익숙하지 않은 관계들을 짧은 순간에 즉각 연속해서 인지할 수 있도록 하기 때문에 종종 유머스럽게 다가온다"[124]라고 말했다.

또한 파울로스는 "관계의 전환은 주어진 상황과 그 반전이 빠르게 연속적으로 우리에게 보이는 일종의 네커의 정육면체로 간주된다. 이 경우에는 서로가 반대로 다른 한편이 가지는 새로운 다른 의미를 매우 대조적으로 강조하고 있다. 이때 서로 다른 의미들이 부조리하고 감정적 분

---

122 이현비, 앞의 책, (2004).

123 파울로스, 『수학 그리고 유머』, 박영훈 옮김, (경문사, 2003).

124 같은 책, p. 97.

위기가 맞아떨어지면 이것이 유머로 귀결된다"[125]라고 지적한다. 여기서 네커Necker의 정육면체는 〈그림 16〉에서 보여 주는 단순한 도형이다. 이 그림에서 점 A와 B 중 어느 부분이 돌출된 것으로 보이는가는 맥락에 따라서 달라진다.

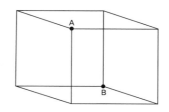

그림 16 형상 전이를 보여 주는 네커의 정육면체

파울로스와 필자의 기존 통찰을 더 발전시키고 개념적으로 세분화한 것이 '형상 전이'와 '묘한 일치'의 켤레 개념이다. 이 켤레 개념에서 우리는 기존의 연구자들이 구분하지 못한 재미 이해의 심리적 차원과 내용적 차원을 구분하여 이해에 정확성을 기함과 동시에 재미 창출의 기술을 발전시킬 토대를 얻는다.

형상 전이와 재미의 조건

형상 전이의 개념과 특징

먼저 형상 전이가 무엇인지 알아보자. 형상 전이는 시지각과 관련한 게슈탈트 원리의 일부로 다음과 같은 전경과 배경의 원리라 할 수 있다.

125 파울로스, 앞의 책, 같은 곳.

게슈탈트 원리	원리	사례
전경과 배경의 원리	시각장에서 어떤 물체, 즉 전경은 두드러져 보이고, 시각장의 다른 면은 뒤, 즉 배경으로 물러나 보인다.	〈그림 17〉의 (b)는 꽃병을 보여 준다. 이 꽃병은 어떻게 보면 꽃병이 앞으로 나와 보이고, 다른 관점에서 보면 두 사람의 옆얼굴이 전경으로 나오면서 이전에 전경으로 보인 대상은 배경으로 밀려난다.

표 4.4 게슈탈트 원리 중 전경과 배경의 원리[126]

(a)

(b)

그림 17 시지각의 형상 전이를 보여 주는 예[127]

〈그림 17〉의 (a)에서 각 글자의 안쪽 흰 여백에 초점을 맞추면 'Figure'라는 글자가 보이지만, 바깥 테두리에 초점을 맞추면 'GROUND'라는 글자가 보인다. 〈그림 17〉의 (b)에서는 꽃병에 초점을 맞추면 살짝 비대칭인 꽃병이 보이지만 배경에 초점을 맞추면 서로 마주보는 두 사람의 옆얼굴이 보인다.

이러한 형상 전이의 예들은 매우 많다. 이미 1900년에 심리학자 자스

---

126 스턴버그, 앞의 책, p. 114.

127 같은 책, p. 113.

트로Joseph Jastrow는 토끼로도 보이고 오리로도 보이는 그림으로 형상 전이를 설명하였다.[128] 또 네덜란드의 화가 에셔M. C. Escher의 그림에서도 많은 예를 찾을 수 있으며, 오세진 외 11인이 언급한 스페인 화가 살바도르 달리Salvador Dali의 그림 「볼테르의 보이지 않는 흉상이 있는 노예 시장」도 형상 전이의 좋은 예이다.[129]

재미론의 관점에서 중요한 형상 전이의 한 가지 특징은, 형상 전이를 유발하는 다수의 형태 재인들이 동시에 일어날 수 없다는 점이다.[130] 예를 들어 〈그림 17〉의 (b)에서 우리는 꽃병과 사람 옆얼굴을 동시에 볼 수는 없다. 꽃병과 사람 옆얼굴 보는 것을 빠르게 반복하거나 혹은 하나의 내용을 기억하면서 다른 것을 볼 수는 있지만 그 둘을 동시에 함께 볼 수 없는 것이다. 시지각의 심리학적 용어로 말하면 전경과 배경을 동시에 지각할 수 없다는 뜻이다.

형상 전이의 이러한 특징으로 우리는 드러난 이야기와 숨은 이야기를 동시에 인지할 수 없다. 이는 현비 구조에 기초한 재미 경험을 이해하는 데 다음 두 가지 사항을 함축한다. 먼저, 인간은 지능이나 노력의 부족 때문이 아니라 선천적인 심리적 특징 때문에 드러난 이야기와 숨은 이야기를 동시에 파악할 수 없다. 그리고 이 덕분에 현비 구조를 잘 구현한 콘텐츠가 모든 사람에게 재미있다는 것을 보장한다.

형상 전이의 발생 조건

형상 전이의 기제는 이야기의 두 겹 구조를 포함하는 것이 현비 구조

---

128   M. Mitchell, Waldrop, *Man-made Minds*, (Walker Publishing, 1987), pp. 88-128.

129   오세진 외 11인, 『인간 행동과 심리학』, (학지사, 1999).

130   스턴버그, 앞의 책, p. 114. 그리고 브루스 골드스타인, 『감각과 지각』, 정찬섭 외 6인 옮김, (시그마프레스, 1999), p. 196.

조건	내용
맥락의 일치	두 개 이상의 맥락이 정교하게 일치하도록 배치한다.
철저한 은닉	명백하게 고안된 하나의 형태 재인이 이루어지지 않는다.
즉각적 인지	하나의 형태 재인에서 다른 형태 재인으로 쉽게 즉각적으로 이동한다.

표 4.5 형상 전이의 발생 조건

의 기술적 핵심임을 보여 준다. 이 점을 확인하기 위해 형상 전이가 이루어지기 위한 조건을 포괄적으로 정리하면 위의 〈표 4.5〉와 같다.

이 세 가지 요소는 앞[131]에서 묘한 일치가 무엇인지 설명하면서 분석한 요소들이다.

첫째, 형상 전이에는 맥락의 일치가 필요하다. 특히 맥락의 일치가 정교할수록 형상 전이가 강력하게 유발된다. 이는 재미를 위한 콘텐츠가 객관적으로 갖추어야 하는 조건이다. 맥락의 일치 덕분에 숨은 이야기의 철저한 은닉과 즉각적 인지가 부분적으로 가능하다.

앞에서 본 형상 전이의 대표적인 예들이 바로 정교한 맥락의 일치를 보여 준다. 물론 그중에서 〈그림 17〉의 (a)는 맥락의 일치가 덜 정교한 사례라 할 수 있다. 이 예에서 형상 전이 경험은 상대적으로 약하다. 반면에 〈그림 17〉의 (b)는 정교한 맥락의 일치를 보여 준다. 만약 여러분이 살바도르 달리의 「볼테르의 보이지 않는 흉상이 있는 노예 시장」이라는 그림을 본다면 더욱 정교한 맥락의 일치를 발견하게 될 것이다. 이런 예들에서 알 수 있듯이 맥락의 일치가 정교할수록 형상 전이 경험도 강력하다. 이때 형상 전이 경험이 강력하다는 것은 두 개 이상의 형태 재인들이 있을 때 각 형태 재인이 분명하게 인지됨을 의미한다. 이에 비해

---

[131] 이 책의 제3장 227쪽 '묘한 일치의 세 가지 요소'를 참조하기 바란다.

〈그림 17〉의 (a)에서는 'GROUND'라는 형태 재인이 상대적으로 분명하지 않다.

둘째, 철저한 은닉은 바로 형상 전이에서 전경과 배경을 동시에 볼 수 없다는 특징에서 비롯된다. 즉 맥락적 일치가 분명하고, 형상 전이 경험이 강력하기 위한 조건이 주어져, 다른 측면의 형태 재인이 분명함에도 전경과 배경을 동시에 볼 수 없다는 인간의 심리적 특성 때문에 다른 측면이 철저하게 숨겨질 수 있다.

셋째, 즉각적 인지는 심리적 현상으로서의 형상 전이 자체를 가리킨다. 맥락이 일치하는 두 측면 사이에서 하나의 형태 재인에서 다른 형태 재인으로 즉각적으로 이동하는 것(즉각적 인지)이 형상 전이이다. 형상 전이의 맥락적 일치가 정교할수록, 그리하여 형상 전이 경험이 강력할수록 각 형태 재인은 모두 수월하고 즉각적이다. 이때 형상 전이에 기초하는 재미의 쾌감은 더 커진다.

기존의 콘텐츠에서 이런 사례들을 찾기는 어렵지 않다. 영화 「식스 센스」(1999)와 드라마 「미안하다 사랑한다」(2004)에서의 맥락의 일치는 매우 정교하다. 「식스 센스」는 죽은 사람과 산 사람이 만나는 장면들을 정교하게 연출하여 끝까지 반대의 관점에서 볼 수 없게 유도한다. 「미안하다 사랑한다」도 엄마에 대한 복수의 한 측면만을 보게끔 맥락적으로 강요한다. 그럼에도 두 작품 모두 반대 관점으로 볼 수 있는 분명한 계기들을 지속적으로 보여 준다. 그렇기 때문에 드러난 이야기의 절정 국면과 숨은 이야기의 내용이 정확하게 일치한다. 이것이 바로 반전이 이루어지기 직전까지 숨은 이야기를 철저히 은닉할 수 있고, 선택적 주의가 주어졌을 때에는 숨은 이야기를 즉각적으로 인지할 수 있는 까닭이다.

4. 재미의 사회 심리

　재미는 다양한 의미에서 사회적이다. 예를 들어 "유머는 근본적으로 사회 현상이다. 우리는 혼자 있을 때보다 다른 사람들과 함께 있을 때 더 자주 웃고 농담을 한다."[132] 그리고 유머는 재미의 한 부분이며, 재미 자체는 사회적 경험에 의존하고 사회성을 강화한다.

　재미와 사회성의 관계에 대한 연구는 주로 유머에 대한 연구들에서 강조되었다. 그중에서 필자가 중요하다고 생각하는 내용을 다음의 〈표 4.6〉에 정리하였다.

공격성과 응집성

　재미는 사회적 상호 작용성을 본질적으로 가지고 있다. 예를 들면 온

---

[132]　R. A. Martin & N. A. Kuiper, "Daily occurrence of laughter: Rekationships with age, gender, and Type A personality", *Humor; [International Journal of Humor Research,* 12(4)*,* (1999), pp. 355-384.

재미의 사회 심리		내용
상호 작용성	공격성	재미는 누군가를 공격하고 악인으로 만든다.
	응집성	재미는 사회적 응집성을 조장하기도 한다.
사회성	의사소통 강화	재미를 통해서 의사소통을 강화할 수 있다.
	친교 강화	의사소통의 강화는 친교의 강화로 이어진다.
	긍정적 정서	재미는 긍정적 정서를 유발한다.

표 4.6 재미의 사회 심리 현상

라인 게임에서 재미는 상호 작용, 경쟁과 행위의 다양성 및 가능성이 중요한 요인이다.[133] 이러한 재미의 사회적 상호 작용성은 모순적으로 보이는 두 속성을 유발한다. 하나는 공격성이고 다른 하나는 응집성이다.

첫째, 재미는 공격적이다. 이는 재미가 누군가를 공격하고 악인으로 만든다는 뜻이다. 이러한 재미의 공격성은 마틴과 같은 유머 연구자들이 많이 지적하였다. "오랫동안 존속해 온 한 가지 이론적 접근은 공격성을 모든 유머의 본질적 특징으로 간주한다. 이 견해에서는 유머가 실제로 공격의 한 형태이다."[134] 실제로 유머가 성공하려면 유머 속에서 누군가는 바보가 되거나 사소한 정도일지라도 모욕을 당해야 한다. 예를 들어 "인종적 농담은 목표 집단이 어리석다는 것을 가정하고 있다."[135]

공격성은 유머를 넘어서 콘텐츠 일반으로 확대 적용할 수 있다. 재미 있는 모든 콘텐츠의 이야기에는 악당들이 필요하다. 이야기 속의 갈등 구조에서 갈등의 한쪽에 콘텐츠 사용자가 스스로와 동일시할 주인공이

---

133 P. Vorderer, T. Hartmann, & C. Dlimmt, "Explaining the Enjoyment of playing video games: The Role of Competition", *Entertainment computing*, (2003), pp. 1-9.

134 마틴, 앞의 책, p. 55.

135 마이클 아가일, 앞의 책, p. 103.

있다면, 반대쪽에는 반드시 악당이 있어야 한다. 할리우드 영화의 예를 보면 그 악당이 제2차 세계대전 직후에는 독일의 나치였고, 냉전 시대에는 소련이었으며, 냉전 이후에는 중국이나 북한으로 바뀌었다. 슈퍼맨이나 배트맨과 같은 슈퍼히어로 콘텐츠에서는 그 악당이 외계 세력이거나 미국 내의 악당이기도 하다. 이와 같이 재미있는 이야기에는 항상 악당이 필요하고, 그 악당으로 표현되는 대상을 공격한다.

아리스토텔레스는 "희극은 실제 이하의 악인을 모방하려 하고, 비극은 실제 이상의 선인을 모방하려 한다"[136]라고 말했는데 이것 역시 희극이 지닌 공격성을 포착한 것으로 이해할 수 있다. 희극에서 표현되는 악인은 실제 이하의 악인이므로 그때 악인으로 표현되는 대상은 실제 이하의 사람으로 모욕을 당한다. 그것은 공격이다.

프로이트 역시 유머의 재미와 관련하여 공격성을 중요한 측면으로 간주하였다. "프로이트에 따르면, 우리가 그토록 농담을 즐기는 이유는 원초적인 성적 충동과 공격 충동을 방출함으로써 잠시 동안 얻을 수 있는 금지된 즐거움을 경험할 수 있게 해 주기 때문이다." 그럼에도 "농담에 대해서 죄의식을 느끼지 않는 이유는 농담에 포함된 재치 있는 인지적 계략에 의해서 초자아(양심)가 잠시 혼란에 빠지기 때문이며, 농담이 그러한 공격적 주제와 성적 주제를 담고 있다는 사실조차 의식적으로는 자각하지 못하기 때문이다."[137]

둘째, 재미는 사회적 응집성을 조장한다. "무엇이 물질인가? 마음에 두지 말라. 무엇이 마음인가? 문제가 되지 않는다(What is matter? Never mind. What is mind? Never matter.)." 이는 근대의 철학자 버클리가 한 철학적 말장

---

136 아리스토텔레스, 『시학』, 제2장.

137 마틴, 앞의 책, p. 42.

난이다.[138] 이 말장난이 왜 재미있는지를 이해하려면 철학 중에서도 물질과 마음의 관계를 논의하는 심리 철학을 이해해야 한다. 더 나아가 심리 철학의 핵심적인 용어인 '물질'과 '마음'의 단어에 대한 문맥적 이해에 익숙해야만 한다. 아무나 이해할 수 없는 이 내용을 이해하고 재미를 느끼는 사람들은 서로 동질감을 느끼고 유대감이 생겨난다.

이러한 응집성은 공격성의 이면으로 볼 수도 있다. "유머는 내집단in-group에서는 사회적 응집성을 고양시켜 주는 방법일 수 있지만, 외집단out-group의 사람들을 배척하는 방법도 될 수 있다. 사람들 간에 사회적 지위의 차이를 감소시켜 주기도 하지만 강화시키기도 하며, 동의와 친밀성을 표현하기도 하지만 거부와 공격성을 나타내기도 하며, 협력뿐만 아니라 저항을 촉진시키기도 하며, 연대 의식과 연계성을 강화시키기도 하지만 권력과 지위를 무너뜨리는 수단이 될 수도 있는 것이다."[139] 로렌츠K. Lorenz는 웃음이 "참여자들 간에 강한 동료애를, 그리고 외집단에 대한 연합된 공격성을 야기한다"[140]라고 생각하였는데 이것 역시 재미 일반에 적용할 수 있다.

공격성과 결합된 동료애는 유머의 토대가 되는 재미의 논리적 구조, 즉 현비 구조의 특징에서 추측할 수 있다. 공유 경험이 있어야 재미와 유머가 이해된다. 이 공유 경험은 그것을 이해하는 사람들 사이에서 배타적으로 동료애를 강화하는 원인이 될 수 있다. 한편, 여기에 숨은 공격성은 다른 사람들이 이 공유 경험을 이해하지 못한다는 것에서 비롯되기보다는, 공유 경험에 내포된 숨은 이야기의 영향력에서 비롯된다고 생각한

---

138 모리스 클라인, 『지식의 추구와 수학』, 김경화·이혜숙 옮김, (이화여자대학교 출판부, 1994), pp. 15-16.

139 마틴, 앞의 책, p. 5-6.

140 K. Lorenz, *On Aggression*, (Bantam, 1963), p. 253.

다. 즉 유머의 재미를 통해 발견된 숨은 이야기는 매우 강력하게 인지되고, 그렇게 인지되고 기억된 내용은 차별 및 공격성의 토대가 된다.

의사소통, 친교, 긍정적 정서

재미의 상호 작용성은 세 가지 효과를 유발한다. 첫째는 의사소통을 효과적으로 강화하고, 둘째는 긍정적 정서를 유발하며, 셋째는 이로부터 사람들 간의 친교를 강화한다.

의사소통

첫째로 재미를 통해서 의사소통을 강화할 수 있다. 어떤 것이 재미있다고 느꼈을 때, 즉 재미를 경험했을 때 사람들은 재미와 관련한 내용들을 강력하게 인지하고 또렷이 기억한다. 이때 인지가 강력하다는 것은 그 인지 대상이 인상적으로 주어진다는 것을 뜻한다.

어떤 저자들은 "농담은 절개 없이 작은 구멍을 통해 관계를 치유하는 외과 수술 같은 것이다. 그래서 상처를 거의 남기지 않고 감정적으로 깊은 곳까지 침투할 수 있다"[141]라고 말했는데, 이는 유머(농담)뿐만 아니라 재미 일반에도 적용할 수 있다.

예를 들어 맥스 슐만Max Shulman의 단편 소설 「사랑은 오류이다」를 재미있게 읽은 콘텐츠 사용자들은 사랑이 논리적으로 이루어지는 것이 아니라는 사실을 강력하게 인지하고 기억한다.[142] 앞에서 언급한 손오공 유

---

141 스튜어트 브라운·크리스토퍼 본, 앞의 책, p. 223.

142 적어도 필자를 비롯한 필자의 여러 동료들이 영어 교과서에서 이 소설을 읽고 논리학에 관심을 가지게 되었다.

머[143]를 재미있게 읽고 웃었다면 그 경험자는 사람들의 머리카락에 흰 머리카락(새치)이 한두 가닥쯤은 있다는 것을 강력하게 인지한다.

친교

둘째, 의사소통의 강화는 친교의 강화로 이어진다. 재미를 통해 의사소통이 강화되고, 이에 따라 강화된 의사소통을 경험한 사람들 사이의 친교 역시 강화된다.

필자가 이전 논의[144]에서도 지적했듯이 친교는 공동체에 속한 사람들이 함께 나누는 어떤 느낌인데, 테드 코언의 유머 이론에서 가장 중요한 개념으로 보인다. 테드 코언에 따르면, "두 사람이 함께 우스개 속에 들어와 있다는 의식이 배경에 깔려 있을 때, 우스개가 시작된다. 이것이 바로 우스개의 기반이 되는 '친교'이다."[145] 유머가 친교에 긍정적 영향을 주는 과정을 테드 코언은 다음과 같이 설명한다.

우리가 우스개를 만들기 위해서는 화제가 있어야 하는데, 그러다 보면 때로 은밀하거나 난해한 화제로 우스개를 만들어야 할 때도 있다. 일단 화제가 정해지면 남은 과제는 그 화제에 어울리는 이야기를 찾는 것이다. 또 어떤 종류의 우스개들은 배경, 즉 수용자들이 당연히 알고 있을 거라 가정할 수 있는 상황이나 화제를 필요로 한다. 경우에 따라서는 우스개의 효과를 높이기 위해, 수용자 스스로 특정한 정보를 제공하지 않으면 우스개를 이해할 수 없도록 만드는 것도 도움이 된다. 이렇게 함으로써 그들을 끌어들여 전체 작업의 일부로 참여시키는 것이다.[146]

---

143 이 책의 제3장 283쪽 '유머의 네 가지 조건'을 참조하기 바란다.

144 이현비, 앞의 책, (2004).

145 테드 코언, 『농담 따먹기에 대한 철학적 고찰』, 강현석 옮김, (이소출판사, 2001), p. 68.

146 같은 책, p. 100.

필자가 이전 논의에서 정리한 것처럼 테드 코언이 말한 공동체의 친교에는 두 가지 요소가 있다. 첫 번째 요소는 신념, 성향, 선입견, 기호 등으로 이루어진 공통분모이고, 두 번째 요소는 어떤 일에 대한 공통된 반응이라는 의미의, 공통의 느낌이다. 테드 코언의 이론에서 우스개의 효과는 첫 번째 요소로 두 번째 요소를 확대한다는 데에 있다.[147]

테드 코언의 이런 통찰도 유용하긴 하지만, 현비 구조의 한 요소인 공유 경험으로 더 단순하고도 포괄적으로, 그리고 정확하게 유머와 친교의 의미를 설명할 수 있다. 유머는 의사소통 당사자들 간의 공유 경험에 의존하는데, 사람들은 이 공유 경험을 확인함으로써 서로의 공통점을 확인하고 친밀감을 강화한다. 이처럼 테드 코언이 지적하는 점이나 현비 구조에서 설명하는 것처럼 친교에 긍정적인 영향을 주는 모든 것은 재미 일반에 적용된다.

친교를 재미 일반의 특징에서 얻는다는 것은 스튜어트 브라운과 크리스토퍼 본이 놀이의 가치와 관련해서도 동일하게 지적하였다. 저자들에 따르면, 놀이는 "일상적인 상호 작용에서부터 장기적인 사랑에 이르기까지 모든 관계의 초석이 될 수 있다."[148] 아울러 "여러 가지 형태의 사회적 놀이가 없으면, 우리는 더불어 살기가 매우 어려울 것이다. ……놀이는 인간 사회가 제대로 돌아가게 하는 윤활제이자, 개인들이 서로 가까워지게 해 주는 접착제와 같다."[149]

긍정적 정서

셋째, 재미는 긍정적 정서를 유발한다. 에머슨J. Emerson에 따르면, 유

---

147 이현비, 앞의 책, (2004), p. 181.
148 스튜어트 브라운·크리스토퍼 본, 앞의 책, p. 223.
149 같은 책, p. 231.

머는 또한 공유된 정서에 따라 집단에서 금기시하는 주제와 갈등을 다룰 때 밝은 마음과 간접적인 방식을 사용해서 집단 내부의 긴장을 해결해 줄 수 있다.[150] 채프먼과 풋Chapman & Foot은 7세 어린이들에게서 유머가 전염성이 있다는 것을 발견하였다. 아이들은 유머를 공유할 때 좀 더 웃었으며, 자신의 친구가 좋아할 때, 그리고 친구들과 가깝게 앉아 있을 때, 서로 많이 바라볼 때 좀 더 많이 웃었다.[151]

또한 마이클 아가일에 따르면, "사회적 활동과 성 행동은 긍정적 감정의 가장 보편적인 근원이다. 왜 그런가? 다른 사람들에게 긍정적으로 반응하는 것은 웃는다는 것을 의미하며, 긍정적인 사회적 신호를 보낸다는 것을 의미한다."[152] 이것 역시 재미 전체로 일반화할 수 있다. 사람들은 어떤 재미 경험을 공유할 때 더 많이 웃는다. 그리고 재미 경험을 공유할 때 사회적 유대 관계가 강화된다.

그런데 공격성의 이면에서 응집성이 생겨나듯이 이러한 긍정적 정서 역시 공격성과 응집성의 이면에 있는 유머의 속성이다. 이는 마르티노와 마이클 아가일의 주장에서 알 수 있다. 마르티노J. W. H. Martineau는 유머가 외집단에 대한 실패와 내집단 내에서의 상대적 우월성에 대한 것일 경우 내집단의 응집성을 높일 수 있다고 주장한다. 예를 들어 미국 유대인과 흑인 같은 소수 집단 구성원들에 대한 인종적 유머로 다른 미국인들의 사기가 높아지는 것을 들 수 있다.[153]

---

150 J. Emerson, "Negotiating the serious import of humor", *Sociometry, 32,* (1969), pp. 169-181.

151 A. J. Chapman, & H. C. Foot, (Eds.), *Humour and Laughter: Theory, Research and Applications,* (Chichester, Wiley, 1976).

152 마이클 아가일, 앞의 책, p. 61.

153 W. H. Martineau, "A model of the social functions of humor", In. J. H. Goldstein & P. E. McGhee (Eds.), *The Psychology of Humor: Theoretical perpectives and empirical issues,* (Academic Press, 1972), pp. 101-125.

친교가 긍정적 정서를 강화하지만 반대로 긍정적 정서도 친교를 돕는다. 쇼타Michelle Shiota와 그 동료들도 긍정적 정서가 인간관계에 필수적인 세 가지 기본 과제를 수행하는 데 중요한 역할을 담당한다고 주장하였다. 여기서 인간관계에 필수적인 세 가지 기본 과제란, 잠재적 관계 파트너 확인하기, 핵심적인 관계로 발전시키고 타협하고 유지하기, 그리고 혼자서는 달성할 수 없는 목표를 달성하기 위하여 다른 사람들과 함께 작업하는 집합적 활동하기를 뜻한다.[154] 마찬가지로 친교는 다시 의사소통을 돕는다.

지금까지 살펴본 내용을 모두 종합하면, 유머의 사회적 기능은 재미와 유머의 중요한 요소인 공유 경험에 근거함을 추론할 수 있다. 유머에 내재된 공유 경험을 공유한 사람들은 그 유머를 함께 즐기면서 사회적 응집성을 강화하게 되며 이때 긍정적 감정을 느낀다.

그러나 이에 대응하여 유머에서 실제 이하의 악인으로 묘사되는 대상은 공격을 받는다.

---

[154] M. N. Shiota, B. Campos, D. Keltner & M. J. Hertensten, "Positive emotion and the regulation of interpersonal relationships", In P. Philippot & R. S. Feldman (Eds.), *The regulation of emotion, Mahwah,* (Lawrence Erlbaum Associates, 2004), pp. 127-155.

1. 재미와 표현

표현론과 콘텐츠학

재미와 표현은 밀접하게 관련되어 있다. 표현된 것에 따라서 재미 경험이 시작되고 지속되며, 이 재미 경험은 다시 경험자의 감탄사 한마디처럼 단순하게라도 표현된다. 인간의 모든 활동은 표현을 수반하기 때문에 표현을 이해하려면 곧 인간에 대한 이해가 필요하다. 어떤 표현에서든 표현하는 것은 결국 인간 자신이다. 그만큼 표현은 범위가 넓고 중요하다고 할 수 있다.

이에 따라 표현 자체에 대한 연구는 콘텐츠학과 분리해서 별도로 연구를 시도할 만한 가치가 있다고 필자는 생각한다. 표현을 정확히 이해하는 것은 매우 중요하고, 표현에는 분명히 이해해야 할 요소들이 많다. 하지만 그 연구는 매우 방대한 연구가 될 것이기에 이 책에서 시도할 수는 없다. 여기서는 단지 표현론의 중심을 이룰 만한 몇 가지 개념들을 시론적으로 논의하기로 한다.

표현론의 기본 명제는 예술론에서 찾아볼 수 있다. 오병남에 따르면,

예술론의 여러 사조 중에 예술을 감정의 표현으로 간주하는 입장이 있다. 베론E. Veron, 크로체B. Croce, 톨스토이Tolstoi 등이 이러한 입장을 주장하는데, 그들에 따르면 예술은 본질적으로 인간의 개성을 드러내는 것이고, 외적 수단으로 정서를 표현하고자 하는 본능의 자발적 결과이다.[1] 모든 표현을 예술이라 할 수 있을지에 대한 판단은 유보하더라도 예술에서 표현은 중요한 부분이므로 이러한 예술론의 입장은 재미론과 표현론의 관점에서 음미해 볼 필요가 있다.[2]

한편, 모든 표현의 근간은 모방이다. 모방은 그리스 원어로 '미메시스mimesis'라고 하는데 그 출발점은 플라톤과 아리스토텔레스이다. 플라톤은 『국가』 5권에서 시詩와 같은 예술이 모방 활동이므로 예술가를 배척해야 한다고 말한다. 좀 더 긍정적으로 모방을 이해한 아리스토텔레스는 『시학』에서 "서사시와 비극, 희극과 디티람보스dithyrambos, 그리고 대부분의 피리 취주吹奏와 키타라cithara 반주는 전체적으로 볼 때 모두 모방의 양식이다"[3]라고 말하였다.

이때 아리스토텔레스가 언급한 서사시와 비극, 희극 등은 모두 표현이자 창작이며 예술 분야이다. 김우창에 따르면, 예술론에서 이 용어는 '예술작품이 현실을 그려 낸다'는 것을 의미한다.[4] 여기서 표현과 현실

---

1 오병남, 「언어로서의 예술과 전달의 문제」, 『인문과학』, 제2집, (경북대학교 인문과학연구소, 1986).

2 하지만 여기서 표현론으로서의 예술론을 상세히 고찰하지는 않겠다. 왜냐하면 표현론으로서의 예술론은 예술론 중 일부이며, 더 중요한 점에서 이 논의는 모두 예술이 무엇인가에 대한 문제에 초점을 맞추기 때문이다. 하지만 이 책에서 필자는 그것이 예술이든 아니든 상관없이 표현에 대해 초점을 맞추며, 또한 그러한 표현의 기술적 요소들에 초점을 맞춘다. 즉 여기서 표현론의 현안 문제는 어떻게 해야 더 좋은 표현을 할 수 있는가이다. 예를 들어 학술 논문은 예술이 아닌 표현물이고, 그럼에도 잘 표현된 학술 논문이 있는가 하면, 그렇지 못한 논문도 있을 수 있다. 따라서 예술론에서의 표현에 대한 논의를 고찰할 필요가 별로 없다.

3 아리스토텔레스, 『시학』, 제1장.

4 에리히 아우어바흐, 『미메시스』, '김우창, 「'미메시스' 재출간에 부쳐」, 김우창·유종호 옮김, (민음사, 2012), p. 8.

(혹은 재미와 현실)의 문제가 함축된다.[5]

표현의 기초 요소

그렇다면 모든 표현은 어떻게 이루어지는가? 이에 관한 대답을 위해서 필자는 모든 표현에 공통된 핵심 요소들을 분석해 내어 '표현의 기초 요소'라고 부르고자 한다. 표현의 기초 요소는 다음 〈표 5.1〉과 같이 표현 방법, 표현 대상, 표현 주제라는 세 가지 요소이다.

기초 요소	아리스토텔레스의 개념	기술적 개념
표현 방법	수단	질서
표현 대상	대상(사실, 현실)	초점
표현 주제	양식	감성

표 5.1 표현의 기초 요소

첫째, 표현 방법은 매체의 구체적인 조작이다. 이는 표현 그 자체와 가장 유사한 개념이다. 이때 표현의 수단이 매체이고, 표현 혹은 표현의 방법은 이 수단을 조작하는 것이다. 예를 들어 시인은 언어를 조작하고, 미술가는 평면이나 입체라는 형체를 조작하며, 음악가는 소리를 조작한다.

둘째, 표현 대상이란 표현자가 표현 수단으로 직접적으로 모방하는 대상이다. 예를 들어 윤동주는 「서시」에서 바람, 별, 나뭇잎 등을 모방하고, 고흐는 「해바라기」에서 해바라기를 모방한다. 이러한 모방 없이는 표현이 불가능하다.

미국의 추상표현주의 화가 잭슨 폴록Jackson Pollock의 그림은 아무것도

---

5   이 책의 제6장 437쪽 '재미와 현실'을 참조하기 바란다.

모방하지 않는다는 느낌을 줄지도 모른다. 하지만 추상화를 감상할 때 우리가 무엇을 생각하는지를 현상학적으로 고찰해 보자. 아마도 추상화 속의 무질서한 모습을 보며 그 하나하나가 무엇을 표현한 것인지 생각할 것이다. 즉 그것이 모방하는 것을 찾아내는 것으로써 감상한다. 그리고 부분적으로 그 표현이 모방하는 표현 대상을 임의적으로나마 찾아냄으로써 그 표현을 이해하는데, 사실상 이 이해가 곧 표현의 끝이자 실현이다. 그렇지 못한 경우에 그 표현은 콘텐츠 사용자(감상자)에게 더 이상 표현이 아니다.

셋째, 표현 주제란 표현하는 사람(표현자)이 어떤 것을 표현하려는 의도, 혹은 그 표현에서 전달하려는 것을 가리킨다. 표현자가 대상을 직접적으로 모방하는 목적이 바로 표현 주제를 다른 사람들에게 전달하는 것이다. 주로 감성적인 부분이다.

예를 들어 윤동주가 「서시」에서 표현하려 한 것은 '자신의 양심 앞에 정직하고자 했던 한 젊은이의 번민과 의지'라고 할 수 있다. 마찬가지로 고흐도 「해바라기」에서 자신이 표현하고자 하는 해바라기를 담아 그린 것이다. 이때 표현한 그 의미는 감성적인 부분이다. 단지 잎새와 별, 바람에 대한 묘사는 윤동주가 표현하려 한 핵심이 아니며, 고흐 역시 단지 해바라기의 사실적 모습을 표현하려 한 것이 아니다. 만약 이들이 사실적인 묘사를 표현한 것이라면 오히려 잎새나 별, 또는 해바라기를 실제로 찍은 사진이 윤동주의 시나 고흐의 그림보다 더 훌륭한 표현으로 간주될 것이다. 이처럼 모든 표현자는 궁극적으로 자신이 표현하려는 느낌, 감정, 기분 등이 있으며, 그 감성적인 부분이 바로 표현 주제이다.

이처럼 표현의 세 가지 기초 요소는 일찍이 아리스토텔레스가 말한 것과 크게 다르지 않다. 아리스토텔레스는 『시학』에서 "이와 같이 모방은 처음에 말했듯이, 수단과 대상과 양식이라는 세 가지 점에서 상호 간에 차이가 있다"[6]라고 말했는데, 필자는 표현의 기초 요소들에 대한 약간 애매모호한 언급이라고 생각한다. 아리스토텔레스의 주장에서 모방의 수단이 곧 표현의 핵심적인 방법이며, 대상은 곧 표현 대상이고, 양식이 곧 표현 주제라고 볼 수 있다.

표현의 기술적 개념

각 표현의 기초 요소에는 훌륭한 표현이 되기 위해 주목해야 하는 기술적 개념이 있다. 질서, 초점과 갈등, 감성이 그 요소들이다.

첫째, 표현 방법에는 질서가 중요하다. 이때 질서란 표현 수단인 매체와 표현 과정인 조작 간의 질서이다. 표현자가 자신이 사용하는 매체를 능수능란하게 조작할 때 그 안에서 매체와 조작 간의 질서가 이루어진다. 이 질서는 주로 표현자의 숙달에서 얻는다.

화가가 물감과 붓을 능수능란하게 사용하거나 시인이 언어를 능수능란하게 사용하는 것에 필자가 질서라는 말을 사용하면 어색하게 보일 것이다. 하지만 장편 영화나 복잡한 온라인 게임의 제작처럼 매체와 매체의 조작 범위가 매우 넓고 복잡하여 많은 인원이 정교한 장비를 오랜 시간 동안 사용해서 작업하는 경우에 이 질서라는 뜻을 직설적으로 이해하기에 적합할 것이다. 그리고 능수능란함도 그 개념을 분석하면 질서라는 단순 개념의 다른 응용임을 알 수 있다.

둘째, 표현 대상에는 초점이 중요하다. 그 까닭은 대상은 입체적인 데 비해 표현은 평면적이기 때문이다. 평면성을 가진 표현에서 입체성을 가진 대상을 모방하려면 대상의 한 부분이나 측면을 선택해야 한다. 이것이 곧 초점이다.

---

6   아리스토텔레스, 『시학』, 제3장.

표현 대상이 무한히 많은 측면들을 가지고 있는 것을 필자는 '입체성'이라고 부른다. 대상은 우리가 경험하는 사실적인 어떤 것으로 앞과 뒤, 옆과 비스듬한 측면이 있고 위와 아래의 모습도 있다. 멀리에서는 전체 윤곽이 보이고, 가까이에서는 세부적인 특징이 보인다. 그리고 이런 측면들은 서로 섞일 수 있다. 이처럼 표현 대상은 입체적이다.

대상이 입체적인 데 비해 표현은 평면적이다. 이 표현의 평면성은 곧 대상의 한 부분이나 측면만을 담아내는 것을 의미한다. 표현의 평면성은 우리 의식과 주의의 단순성에서 생겨난다. 의식과 주의는 특정한 부분을 선택해서 거기에 모이는 속성, 즉 선택 주의의 속성을 가지고 있다. 따라서 초점은 표현 속에서 주의를 모으기 위해 대상의 한 부분이나 측면을 선택하는 것이다.

셋째, 표현 주제에서는 감성이 중요하다. 표현자는 매체를 조작할 때 직접적으로는 표현 대상을 모방하고, 간접적으로는 표현 주제인 자신의 감성을 모방한다. 이때 표현 주제인 감성은 표현 대상의 모방에서 간접적으로 표현되는데, 이것을 '감성 표현의 간접성'이라 부르기로 하자.

표현이 궁극적으로 드러내려는 감성적인 표현 주제는 인간의 내면에 있으며, 그 자체를 직접 표현할 수는 없다. 따라서 감성 표현의 간접성이란 추상적이고 애매모호해서 구체적으로 표현하기 어려운 감성을 효과적으로 표현하는 방법이다. 그리고 그 감성을 구체화하여 분명하고 강력하게 전달하는 것이 표현의 최종 목표이다.

정리하면 표현은 표현자가 수단과 조작의 결합을 질서 있게 대상을 모방하여 자신이 말하려는 감성적 주제를 전달한다. 그 감성적 주제는 구체성이 없어 막연하다. 하지만 그 감성적 의미는 경험에서 생겨나고, 우리의 경험이란 대상을 관찰하고 인식하며 활동함으로써 구축된다. 이때의 대상은 입체적이지만 대상 인식은 평면적이라 항상 입체적 대상의 한 부분이나 측면으로 한정된다. 따라서 구체성이 없는 막연한 감성적 표현 주제를 경험으로 모사함으로써 전달 가능한 방식으로 구체화한다. 대상을 모방하는 표현에서 초점화는 필수적이다.

모든 콘텐츠는 표현이라는 형태로 생산되며, 그 표현이 곧 콘텐츠의 좋고 나쁨의 품질을 결정한다. 이상의 표현 일반론은 재미론과 콘텐츠학에도 그대로 적용된다. 다만 표현 일반론에서 다시 범위를 좁혀 재미론 (콘텐츠학 포함)의 관점에서 보면, 관심은 재미있는 표현에 한정될 뿐이다. 즉 일반 표현론과 다른 내용인 재미론에서의 표현론은 재미있는 표현에만 관심을 기울이는 것이다.

초점화와 초점의 유지

재미의 창작도 표현이므로 재미 창작에서도 초점화는 매우 중요하다. 앞에서 초점화를 표현론적 관점에서 설명하고 정의했지만, 재미론과 콘텐츠학의 관점에서도 초점화를 다음과 같이 정의할 수 있다.

초점화란 체험의 초점을 전체 이야기에서 분명하게 제한하여 하나로 유지하는 것이다.

초점화의 근원은 대상의 입체성이다. 초점화는 일반적으로 입체적 대상에 대한 표현(모방)의 관점을 한정하는 것이었다. 재미론의 관점에서 초점화의 정의는 사실상 같은 내용을 재미의 개념에 특화하여 수정한 것에 지나지 않는다.

재미란 체험이 그 기반이며, 체험은 자각된 경험이고 자각의 특징은 의식 속의 주의의 활동이다. 그러므로 입체적 대상에 대한 표현의 관점을 한정하는 것은 그 대상과 관련한 경험을 자각하는 주의의 범위를 제한하여 하나로 유지하는 것이다. 이때 주의의 범위를 하나로 제한한다는 것은, 주의가 하나의 목적과 그 성취에 필요한 것만을 따라서 움직이는 것을 말한다. 이는 곧 체험의 단일성을 의미한다.

체험의 단일성은 경험이 하나의 긴장 구조로 이해되는 것이다. 하나의 경험과는 무관하게 서로 다른 긴장 구조가 결합된다면 체험의 단일성은 깨진다. 체험을 하나의 긴장 구조로 이해하게 하는 것이 초점화라고 정리해도 무방하다. 이처럼 체험에는 초점이 필요하므로 좋은 표현과 재미있는 콘텐츠를 위해서는 이야기 속의 초점화가 필수적이다. 콘텐츠에서 주인공이 필요하고 또 중요한 이유도 초점화로 설명할 수 있다.

앞[7]에서 초점화의 한 방법으로 1인 주인공의 원칙을 강조했지만, 여기서는 이야기의 초점화를 위해서 필요한 세부 조건들을 더 제시하겠다. 다음 〈표 5.2〉의 세 가지 조건이 이야기 속에서 초점을 유지하기 위한 세부 조건들이다.

먼저, 콘텐츠의 전체적인 이야기를 전개할 때에는 각 단계마다 하나의 긴장 구조가 부각되어야 한다. 그 까닭은 무엇인가? 이는 심리적 차

초점의 유지 조건	내용
단계별 하나의 긴장 관계	각 단계마다 하나의 긴장 구조를 부각시킨다.
부분 긴장 구조의 연결성	이야기의 각 부분을 이루는 긴장 구조들의 연결성이 좋다.
중심 갈등과의 연결성	이야기의 모든 부분들이 중심 갈등과 명확하게 연결된다.

표 5.2 이야기 속 초점의 유지 조건

---

7 이 책의 제3장 233쪽 '현비 구조의 보완 이론'을 참조하기 바란다.

원에서 주의의 핵심 특징이 정보 처리의 순차성serial processing이기 때문이다. 다시 말해 자각의 중심인 주의는 정보를 처리할 때 하나씩 순서대로 처리한다. 만약 여러 이야기가 병렬적으로 동시에 진행된다면 이야기를 순차적으로 이해하기 어렵다. 몰입하기 어려워지는 것이다.

다음으로, 각 단계들의 연결성이 좋아야 한다는 것은 하나의 일화에서 다음 일화로 넘어갈 때 전혀 새로운 이야기를 하는 것처럼 연결되지 않게 해야 한다는 뜻이다. 예를 들어 영화 「올드 보이」(2003)에서 오대수가 자신을 15년 동안이나 가둔 이우진에게 복수를 하려다가 이우진이 자신을 가둔 이유를 알고자 하는 다음 단계로 연결되는 것은 그 두 단계의 연결성이 좋은 예라고 할 수 있다. 이와 달리 영화 「트랜스포머」(2007)에서 주인공 샘을 중심으로 하는 이야기를 보여 주다가 미군 부대를 덮치는 로봇의 이야기를 보여 주는 것은 상대적으로 연결성이 좋지 않은 예라고 할 수 있다.[8]

끝으로, 항상 중심 갈등과 연결되어 있어야 한다는 것은 여러 국면의 이야기들이 하나의 중심 갈등과 연결되어 있고, 결국에는 이 모두가 점진적으로 중심 갈등을 극대화하는 방향으로 이어져야 한다는 것을 뜻한다. 시드 필드의 "당신이 하는 모든 것, 당신이 쓰는 모든 신scene, 당신이 묘사하는 모든 숏shot, 당신이 고안하는 모든 시퀀스sequence는 '대립'이라는 극적 정황에 의해 결속된다"[9]는 말도 바로 이러한 의미이다.

---

8 영화 「트랜스포머」는 재미있는 영화이다. 흥행 성공 실적이 이를 증명한다. 따라서 이 영화의 장면들의 연결성이 좋지 않다는 지적은 부당하게 보일지 모른다. 하지만 전체가 재미있다고 해서 그 모든 부분이 재미있게 잘 구성되었다고 추론할 수는 없다. 실제로 영화 초반에 샘이 학교에서 친구들과 겪는 이야기가 나오다가 갑자기 미군 부대의 이야기가 이어져 난삽해 보인다. 그러나 이 문제는 나중에 각 맥락이 하나로 연결되면서 해소된다. 만일 이러한 해소가 없다면 부분의 연결성뿐만 아니라 전체 이야기의 연결성도 좋지 않은 것으로 남았을 것이다.

9 시드 필드, 『시나리오 워크북』, 박지홍 옮김, (경당, 2007), p. 54.

초점화의 결과는 이야기의 단일성과 통일성이다.[10] 호라티우스가 콘텐츠를 만들 때 언제나 단일성과 통일성을 유지해야 한다고 말한 것[11]에서 알 수 있듯이, 그만큼 초점화도 중요하다.

초점화의 기술

초점화를 구체화하는 기술적인 방법은 한마디로 '체험적 모방'이라고 할 수 있다. 체험적 모방은 재미있는 콘텐츠의 이야기가 현실을 재미있게 모방하는 방식이다. 그런데 체험적 모방이 의미하는 것은 기술적으로 다음과 같이 세 부분으로 나누어서 이해할 수 있다.

앞의 〈표 5.2〉에서 나열한 '이야기 속 초점의 유지 조건'은 콘텐츠가 결과적으로 갖추어야 하는 이야기의 조건인 데 비해 〈표 5.3〉에서 제시한 '체험적 모방의 세 가지 기술'은 이러한 결과를 산출하기 위해서 콘텐츠 창작자가 염두에 두어야 하는 표현 활동의 지침이다.

초점화의 기술		의미
체험적 모방	구조의 부여	주제에 따라 이야기의 초점을 일정하게 유지한다.
	현실의 압축	현실의 요소들을 시공간적으로 압축한다.
	현실의 단순화	현실의 요소들 중에서 어떤 것을 버리고 표현한다.

표 5.3 체험적 모방의 세 가지 기술

---

10 체험의 단일성을 위해서 초점화가 필요하므로 이는 동어 반복적인 주장일 수 있다. 그럼에도 강조할 필요가 있다고 본다.

11 아리스토텔레스, 『시학』, '호라티우스, 「시학」', 천병희 옮김, (문예출판사, 1993), p.164

구조의 부여

첫째, 이야기에 구조를 부여하는 것이 중요하다. 콘텐츠의 이야기는 현실을 구조적으로 파악해서 모방한다. 표현에서 구조는 매우 중요한데 이는 소설이나 영화, 게임과 같은 콘텐츠의 표현에만 한정된 것이 아니다. 여기서 언급한 구조의 의미를 창작자의 입장에서 직관적으로 이해하는 데에 시드 필드의 다음 설명이 도움이 될 것이다.

> 당신은 어디론가 가야 한다. 당신은 목적지가 있다. 당신은 '여기서' 시작해서 '저기서' 끝낸다. 그것이 구조의 목적이다. 구조는 최대의 극적 가치를 갖도록 시나리오의 형태와 형식을 만드는 도구이다.[12]

물론 이러한 구조를 좀 더 구체적으로 설명한 것이 제3장에서 설명한 재미의 최소 조건과 현비 구조, 복구적 3장 구조 등이다.

감성적인 콘텐츠나 예술 작품에서뿐만 아니라 논리적인 글이나 연설에서도 시드 필드가 말한 것과 같은 구조는 필수적이다. 논리적인 글에서도 그 표현이 지향하는 목적지가 분명해야 한다. 이것이 논리적 표현에서는 주장이나 결론이 된다. 그만큼 좋은 표현을 위해서 구조는 보편적으로 필요하다. 감성적인 콘텐츠와 논리적인 콘텐츠를 포괄한 콘텐츠 속의 이야기의 구조란, 표현자의 의도를 기준으로 이야기의 부분인 사건들을 결합하는 초점의 연결선이라고 정의할 수 있다. 다른 한편으로는 이야기의 구조를 곧 플롯이라고 말할 수도 있는데, 위의 정의는 플롯에 대한 추가적인 해설로 이해할 수 있다.

이야기의 구조에서는 인과 관계, 의지와 목적, 도덕적 선악, 이 세 가

---

12 시드 필드, 앞의 책, p. 37.

지 요소가 핵심이다. 이 요소들을 설명하면 인과 관계란 사건들의 원인과 결과 관계를 의미하고, 의지와 목적이란 어떤 의도로 무엇을 했는지의 관계를 의미하며, 도덕적 선악이란 누가 착하고 누가 나쁜가의 관계를 의미한다. 이야기의 각 부분들에 이와 같은 관계의 연결망을 설정할 때 이야기의 구조가 결정된다. 이는 곧 표현에서 초점화가 이루어지는 것을 의미한다. 이해의 편의를 위해서, 초점화 과정에서 구조가 이야기에 부여되는 것이 아니라 이야기의 구조가 현실에 부여된다고 말할 수도 있는데, 이런 구조 부여는 부분적으로 이루어지기도 하고 전체적으로 이루어지기도 한다.

현실의 압축

둘째, 초점화를 위해서는 콘텐츠 속에 현실을 압축하려 노력해야 한다. 현실의 압축은 콘텐츠의 표현에서 모방의 대상이 되는 현실의 부분, 즉 사실이나 일련의 사건들을 시공간적으로 밀도를 높여 결합하는 것이다. 콘텐츠 이야기를 창작하는 것은 현실을 각색하는 것이라고 생각할 수 있는데, 그럴 경우 각본의 기술에 대한 닐 D. 힉스의 설명을 표현론의 주장으로 이해할 수 있다. 그에 따르면 "각본가의 업무는 인생에서 중요한 사건을 발췌하여 그것들에 강약을 주어 배열하고 그 변화되는 스토리를 말하는 것이다. 이것을 하기 위해 각본가는 시간을 압축하고 사건을 응축한다."[13]

표현의 과정에서 아무리 현실의 요소들을 시공간적으로 보존하면서 압축한다 해도 전체적으로는 현실과 다르다. 표현은 현실의 모방임에도 현실에서는 미녀를 만나더라도 한눈에 사랑에 빠지지 않고, 악당을 만

---

13 닐 D. 힉스, 『헐리우드 영화 각본술』, 이일범 옮김, (신아사, 2002), p. 16.

나더라도 즉시 싸우지 않으며, 하필 악당과 친구가 한곳에 모이지도 않는다. 그래서 이러한 현실의 압축을 다양한 이유로 회피하는 창작자들이 생겨난다. 이들은 다음과 같은 아리스토텔레스의 주장을 기억할 필요가 있다.

> 시인은…… 사물이 과거나 현재에 처하고 있는 상태를 모방하거나, 혹은 사물이 과거나 현재에 처하여 있다고 말해지거나 생각되는 상태를 모방하거나 혹은 사물이 마땅히 처하여야 할 상태를 모방하지 않을 수 없다.[14]

어떤 상황이 현실적으로 잘 발생하지 않더라도 현실을 모방하는 표현은 사물이 처할 수 있는 상태나 처하는 것이 '마땅한 상태'를 모방해야 한다. 이때 이루어지는 것이 현실의 압축이다. 압축된 현실은 사실상 현실 속에서 어떤 것을 경험한 우리의 의식 속에서 자각이 재구성하는 현실이다. 한편, 현실을 압축할 때 단순히 시공간적으로만 압축하는 것이 아니라 논리적으로 압축하는 것도 중요한데, 이것이 곧 구조 부여가 지닌 의미이다.

현실의 단순화

셋째, 초점화를 위해서는 현실의 단순화가 필요하다. 구조 부여와 현실의 압축이 결합하면 단순화가 도출된다. 현실에서 실제로 경험하는 이야기에 구조가 부여되고 시공간적으로 압축되면 거기에서 구조의 세 가지 핵심인 인과 관계, 의지와 목적, 도덕적 선악과 관련된 내용만 남는다. 그렇게 되면 이야기는 단순해진다. 그리고 꼭 그래야만 한다. 이것이

---

14 아리스토텔레스, 『시학』, 제25장.

바로 표현의 초점화가 지닌 의미이다.

현실의 단순화는 표현에서 중요하므로 단순하게 말하고 축소된 아이디어로 표현할 수 있어야 한다. 시드 필드는 영화 시나리오를 쓰기 위한 지침으로 "당신의 시나리오 주제는 무엇인가? 서너 개를 넘지 않는 간략한 문장을 이용하여 등장인물과 행동으로 아이디어를 축소하라"[15]고 요구한다.

앞의 제3장 재미의 창출 조건에서 설명한 내용을 모든 재미있는 콘텐츠의 공통점이라고 한다면, 초점화의 기술에서는 재미있는 각각의 콘텐츠의 차이점을 설명한다고 볼 수 있다. 재미있는 콘텐츠의 공통점은 구조에 있고, 차이점은 표현에 있다. 표현 차이의 핵심은 초점화의 차이이고, 결국 창작자 선택의 차이이다.

우리는 지금까지 초점화에 대한 논의를 통해 재미 창작에서 창작자의 선택이 어떤 부분에서 어떻게 이루어져야 하는지를 살펴보았다.

---

15 시드 필드, 앞의 책, p. 30.

2. 매체와 연출

매체의 중요성

매체의 개념과 콘텐츠학

콘텐츠학에서 재미를 추구할 때에 반드시 이해해야 하는 것이 매체이다. 그 까닭은 콘텐츠의 재미는 표현에 의존하고 표현은 매체에 의존하기 때문이다. 직접적으로 말해서 표현이란 매체의 조작이다. 매체가 달라지면 그것을 조작하는 방법이 달라지고 표현도 달라진다.

매체의 중요성은 아리스토텔레스의 『시학』의 제목에서도 유추할 수 있다. 필자가 생각하기에 『시학』의 제목이 '시학poetics'인 까닭은 당시 비극들이 시詩라는 표현 수단, 즉 매체에 의존했기 때문이다.[16]

그렇다면 매체媒體란 무엇인가? 매체란 말 그대로 '사이에' 개입(媒)하여 전달, 표현, 전파, 교환, 반복을 담당하는 (모든) 것(體)이다.[17]

---

[16] 이 점을 반영하여 『시학』의 제목인 '시학'이란 말의 의미를 현대적인 용어로 풀이해 보면 '매체론' 혹은 '매체의 학문'이 된다.

[17] 디터 메르쉬, 『매체 이론』, 문화학연구회 옮김, (연세대학교 출판부, 2009), p. 7.

매체에 대한 철학적 논의는 이보다 더 나아가 많은 개념들을 다루지만 여기에서는 불필요한 논의는 생략하고, 오로지 콘텐츠학과 재미론의 관점에서 매체를 정의할 필요가 있다. 이를 위해 단순하고 직접적인 정의에서 출발해 보자.

매체란 콘텐츠를 사용자에게 전달하는 수단이다.

다시 말해 콘텐츠와 사용자 사이에 개입하여 콘텐츠를 사용자에게 전달하는 어떤 것이다. 따라서 매체는 콘텐츠와 사용자 사이에 개입함으로써 다양한 효과를 유발한다. 이를 여러 관점에서 해석할 수 있다. 예를 들어 매체 중에서 특히 '사회적으로 영향이 큰 대중 매체는 권력과 빈부의 결정에 어떤 영향을 끼치는가' 등의 주제가 사회적 관점에서 관심거리가 될 수 있다.

콘텐츠학의 관점에서도 이와 같이 콘텐츠학의 핵심 목적에 맞추어서 논의의 지평을 한정하고, 이에 따라 매체에 대해 적절한 관심을 유지해야 한다.

매체에 대한 재미론·표현론의 관심

재미론 및 표현론의 관심은 콘텐츠학의 관심과 동일한데 이는 '적절히 표현된 콘텐츠를 생산하고 제공하는 것'이 콘텐츠학과 재미론 및 표현론의 공통된 관심사이기 때문이다. 여러 논의에서 이러한 관심을 일관되게 유지하기 위한 이론적 장치가 콘텐츠학의 가치론이며, 그 핵심 개념은 재미이다. 그런데 재미는 새로운 체험에 기초하므로 콘텐츠학에서 이해하는 매체도 바로 체험, 즉 콘텐츠 사용자의 체험에 어떤 영향을 주는가 하는 점에서 고찰해야 한다.

결국 재미의 관점에서 매체가 콘텐츠를 사용자에게 전달한다는 것은 곧 사용자 체험의 중요한 부분을 결정함을 의미한다. 그러므로 매체의 정의는 다음과 같이 변형된다.

매체란 사용자의 콘텐츠 체험의 구조와 질을 결정하는 직접적 요인들의 총합이다.

이와 관련하여 시드 필드의 다음과 같은 설명은 소설과 영화, 희곡의 매체의 차이점을 강조한다.

시나리오는 시각적 이미지나 외부적 '세부 묘사'로, 혼잡한 거리를 건너는 남자, 모퉁이를 도는 차, 열리는 엘리베이터 문, 군중 속을 헤집고 나아가는 여자를 보여 준다. 시나리오에서 당신은 영상으로 이야기를 전달한다. 소설은 다르다. 소설은 대개 누군가의 내면생활을 다루고, 등장인물의 생각, 느낌, 감정, 기억 등은 극적 행동의 '정신세계' 안에 존재한다. 소설은 대개 등장인물의 머릿속에서 발생한다. 아무 소설책이나 한두 장 읽어 보면 내가 의미하는 바를 알 것이다. 희곡은 다르다. 희곡은 대사를 통해 무대 위에서 말로 전해진다. 행동은 극적 행동의 '언어'로 상연된다. 등장인물들은 자신들이나 다른 등장인물들 또는 그들의 삶의 기억과 사건들에 대해 말한다. 희곡은 말로 전해진다. 즉 해설이다.[18]

이런 매체의 차이점은 재미론의 모든 부분과 콘텐츠학의 모든 분야로 확대해서 일반화할 수 있다. 소설의 매체는 문자이고 영화의 매체는 영상과 음향이며, 게임의 매체는 상호 작용적인 영상과 음향이다. 소설을 읽는 독자는 문자로 쓰인 내용을 읽고 나머지는 상상함으로써 간접 체

---

18 시드 필드, 앞의 책, p. 41.

험을 얻는다. 이때 얻는 독자의 체험의 구조와 질은 모두 문자 매체의 활용에 따라 결정된다. 반면, 영화는 영상과 음향을 동원할 수 있어 감각적 상상력이 부족한 콘텐츠 사용자에게 더욱 강력한 체험을 제공할 수 있다. 컴퓨터 게임은 이러한 영상과 음향이 콘텐츠 사용자의 행위에 반응한다는 특징이 있으며, 이 특징에 따라 영화 감상 때와는 다른 체험의 구조와 질이 결정된다.

매체의 미묘함

체험은 매체의 감각적인 차이에 섬세하게 반응한다. 예를 들어 일류 가수와 이류 가수의 노래는 음향의 물리적 성분에서 큰 차이가 없다. 즉 매체의 차이는 작다. 하지만 노래를 듣는 사람의 감동의 차이는 매우 크다. 영화에서도 배우의 연기가 콘텐츠의 재미와 상품성을 결정하지만 배우의 연기가 좋을 때와 나쁠 때의 차이는 매우 미묘해서 기계적으로 분간하기 어려울 정도이다. 그러나 콘텐츠 사용자에게는 그 미묘한 차이가 쉽게 감지되고 체험이 극단적으로 바뀔 수 있다.

이러한 매체의 미묘함은 직접적으로 앞[19]에서 논의한 경험 구성의 네 가지 차원 중에서 감각적 내용 차이의 민감성에서 온다. 잘생긴 사람과 그렇지 않은 사람의 얼굴을 기계적으로 분석하면 그 차이는 극도로 작다. 호라티우스가 "시를 쓰겠다고 약속한 작가는 언어를 선택함에 있어서도 신중을 기하여, 취할 것은 취하고 버릴 것은 버려야 한다"[20]고 말했던 것도 이와 같은 의미라고 필자는 생각한다.

매체는 체험의 구조와 질을 직접적으로 결정하므로 매체의 매력은 콘

---

19   이 책의 제2장 81쪽 '경험 구성의 네 가지 차원'을 참조하기 바란다.

20   호라티우스, 앞의 글, p. 166.

텐츠의 재미와 성공에서 결정적인 요인으로 자주 작용한다. 특히 더 많은 감각적 자극을 한꺼번에 줄 수 있는 공감각적 매체가 상업적 성공에 유리하다. 그러나 이런 공감각적 매체는 제대로 조작하여 연출하기도 어렵고, 이것을 활용할 때 많은 자본이 필요하다는 점에서는 불리하다.

매체의 매력이 상업적 성공에서 결정적인 영향을 끼친 전형적인 사례를 우리는 온라인 게임의 역사에서 발견할 수 있다. 1994년에 마리텔레콤에서 「단군의 땅」이라는 게임을 만들었다. 우리나라 기술력으로 만든 최초의 텍스트 기반 머드 게임이었다. 이 게임이 한창 흥행할 때 「리니지」가 나타났고, 「리니지」는 텍스트가 아니라 화려한 컴퓨터 그래픽에 의존한 영상과 음향이라는 매체를 사용하였다. 결국 「단군의 땅」은 상업적 경쟁에서 급속하게 도태되었다.

매체에 대한 기존 논의 고찰

'매체 이론', '매체들의 이론' 혹은 '매체학'은 맥락과 언어에 따라 뜻이 매우 다양하다. 그런데 매체에 대한 기존 논의들은 주로 철학적 관점이나 사회학적 관점에서 이루어졌다. 철학적 관점에서의 논의는 기호학이나 매체 철학 연구에서 찾아볼 수 있다. 디터 메르쉬Dieter Mersch에 따르면, 매체에 대해 말할 때 독일 독자들은 가장 먼저 대중 매체와 의사소통 매체를 생각하고, 그 다음으로 철학적 성찰이 담긴 매우 일반적이고 넓은 의미의 매체 개념을 생각한다.[21]

한편, 일찍이 문화 콘텐츠의 중요성을 인식한 유럽의 기호학자들은 문화를 다양한 콘텐츠를 생성하는 거대한 텍스트로 간주하고, 문화 기호의 의미 작용 체계에 대한 분석을 시도하였다. 그리고 이러한 분석을 통

---

21 디터 메르쉬, 앞의 책, p. 5.

해 다양한 문화 콘텐츠 개발과 문화 교육 프로그램을 제시하는 데 집중하고 있다.[22] 하지만 재미론과 콘텐츠학의 관점에서 필요한 매체의 상세한 기술적 속성과 분석은 매우 부족한 편이다.

매체에 대한 철학을 논의할 때 대표적인 매체 이론가인 마셜 맥루언Marshall McLuhan[23]을 빠뜨릴 수 없을 것이다. 그러나 맥루언의 논의 역시 재미론이나 콘텐츠학의 관점에서 필요한 매체의 이해와는 거의 무관하다. 맥루언이 자신의 주요 저서인 『미디어의 이해』에서 주장하는 것은, 매체가 단순한 정보 전달의 수단을 넘어서 인간의 인식 패러다임과 의사소통의 구조, 그리고 사회 구조 전반의 성격까지도 재편한다는 것이기 때문이다. 맥루언의 핵심적인 주장 중의 하나는 "모든 매체는 심리적이든 육체적이든 간에 특정한 인간 구조의 확장이다"[24]라는 것이다. 이러한 그의 통찰은 매체가 단순한 정보 전달 장치가 아니라, 인식론적이고 존재론적인 차원에서 심도 있게 다뤄야 할 대상이라는 사실을 거론한다는 점에서 철학적으로는 의미가 있을지 몰라도, 재미있는 콘텐츠를 생산하기 위한 논의와는 무관하다.

한편, 대중 매체에 대한 논의에서 조셉 터로우Joseph Turow는 매체의 사회학적 관점에서 대중 매체를 다룬다. 조셉 터로우는 주로 대중 매체가 사회 변화에 어떤 기능을 하는지, 그리고 정부와 시장은 대중 매체를 어떻게 규제해야 하는지 등을 사회학적 맥락에서 논의한다.[25]

『매스미디어 입문』이라는 책에서 대중 매체 일반을 다룬 유일상의 논

---

22 백승국, '미디어 속 문화 콘텐츠와 문화 기호학', 『문화 콘텐츠학의 탄생』, 미디어교육문화연구회, (다할미디어, 2005).

23 마셜 맥루언, 『미디어의 이해』, (민음사, 2010).

24 같은 책, p. 118.

25 조셉 터로우, 『매스커뮤니케이션 개론』, 고혜련 옮김, (커뮤니케이션북스, 2003).

의 역시 사회학적 관점에서 매체론의 예가 될 수 있다. 유일상은 신문, 잡지, 뉴스 통신, 방송, 웹 미디어, 매스커뮤니케이션 등을 나누어서 논의하는데, 대중 매체의 현황과 기능 및 역할에서 대중 매체는 광범위한 보급은 물론, 정보와 오락의 복합체, 설득의 장, 사회적 결속의 도구라고 주장한다.[26]

이와 같은 사회학적 논의는 매체, 특히 대중 매체의 정치·경제적인 역할 및 기능에 대한 논의로, 콘텐츠를 재미있게 만들기 위한 관점과는 너무 달라 흥미로운 통찰을 얻기 힘들다.

콘텐츠학의 관점에서 매체를 이해하려는 시도가 전혀 없는 것은 아니다. 백승국,[27] 오장근[28] 등이 그러한 예이다. 하지만 이들의 논의도 철학적·사회학적 매체 논의를 연장하여 콘텐츠와 관련지으려는 시도가 있을 뿐, 콘텐츠학이나 재미론의 본래 목적과 관점을 유지하고 이에 관한 내용을 충실하게 전개한 연구는 찾아보기 어렵다.

콘텐츠학의 다른 논의에서는 주로 각 매체별로 콘텐츠 제작의 기술이나 원칙들을 논의할 뿐이다. 예를 들어 시드 필드는 영화 매체의 특징을 간접적으로 강조하고 있다.[29] 하지만 매체가 콘텐츠와 어떻게 상호 작용하는지, 어떤 상관관계에 있는지, 혹은 더 나아가 매체가 달라짐에 따라서 콘텐츠가 어떻게 달라져야 하는지에 대해 논의한 내용은 어디에도 찾을 수 없다.

따라서 필자의 매체에 관한 논의는 바로 이와 같은 빈 부분을 보완해

---

26 유일상, 『매스미디어 입문』, (청년사, 2002).

27 백승국, 앞의 글.

28 오장근, '미디어텍스트로 세상 보기', 『문화 콘텐츠학의 탄생』, 미디어교육문화연구회, (다할미디어, 2005).

29 이에 관한 내용은 이 책의 제5장 383쪽 '매체의 중요성'에서 부분적으로 살펴보았다.

보고자 하는 시도이다. 그런 점에서 이 책에서의 콘텐츠 매체론은 최초의 독창적인 논의가 될 것이다.

연출

연출의 일반 개념

이미 언급했듯이 재미는 표현에 의존한다. 재미를 목적으로 표현하는 기술적 부분에서 대다수를 차지하는 것은 '연출directing'이다. 그렇다면 연출이란 정확히 무엇인가? 연출에 대한 필자의 정의는 다음과 같다.

연출이란 스토리를 특정 매체에 결합하는 과정이다.

이러한 연출의 개념은 콘텐츠학의 관점에서 그 의미가 외연적으로 분명한 선에서 가장 광범위한 뜻으로 정의한 것이다. 하지만 연출의 개념에는 대체로 스토리를 매체와 단순히 결합하는 것이 아니라, 효율적으로 결합한다는 뜻이 포함되어 있다.

또한 표현 방법이 매체의 구체적인 조작이고, 매체는 체험의 구조와 질을 결정하는 직접적 요인들의 총합이므로, 스토리를 매체에 결합하는 연출은 표현 작업의 세부 사항들을 선택하는 과정을 의미한다. 즉 표현자가 표현 작업에서 최종적으로 세부적인 사항들을 선택하는 과정이 연출이다.

지금까지의 연출에 대한 진지한 논의는 주로 연극이나 영화 혹은 TV 드라마 분야에서 이루어졌다. 예를 들어 김석만은 연출을 "연극을 구성하는 다양한 요소들, 즉 연기, 극작술, 디자인, 무대 표현 기술, 음악과 춤

등을 개별 장르의 한계를 넘어서 공연이라는 하나의 완성된 창작물로 종합해 내는 작업과 그것을 수행하는 주체"[30]라고 정의한다.

김석호에 따르면, "각본을 기초로 하여 배우의 연기, 무대 조명, 음악, 카메라 등을 종합·통일하여, 무대나 영화, 방송 등에 보여 주기 위해 지도하는 일을 연출이라 한다. 다시 말해 연출이라 함은 '연극과 무용, 영화, 방송에서 공연이나 상영, 또는 방영을 목적으로 작품을 해석하여, 그것을 바탕으로 예술적이고 기술적인 현상을 구체적으로 표현하기 위한 높은 조작 행위'라고 규정할 수 있다."[31]

이러한 김석호의 정의는 TV 드라마 매체를 기초로 하여 연출의 정의를 다른 유사 매체들로 확장한 예이다. 하지만 연출의 개념을 더욱 확대하여 모든 매체와 스토리 분야에 적용하지는 못하였다.

모든 매체에 일반화된 연출 개념의 정의는 장기오가 시도한다. 장기오는 "연출이란 간단히 말해서 작품을 만드는 모든 과정을 가리킨다. 연출은 모든 요소들을 조직하고 모으고 해석하고 그것을 극대화시킨다."[32]라고 말한다. 연출에 대한 사전적 정의도 이러한 일반화된 정의와 크게 다르지 않다. "연출이란 연극, 오페라, 영화 및 텔레비전, 라디오 프로그램을 이루는 모든 요소를 조정하고 통제하는 기술"이라는 것이다.

하지만 개념을 확대하여 일반성을 높일 때 흔히 나타나는 실수가 장기오의 정의에도 있다. 다시 말해 그 개념의 의미를 다른 개념과 구별하는 뜻을 갖게끔 적절히 제한하지 못했다. 이는 사실상 개념 정의의 실패이다. 장기오의 정의 역시 개념의 외연을 확대하기는 하였으나 적절히 제한하지는 못하였다. 그래서 장기오가 말한 '작품을 만드는 모든 과정'

---

30 김석만, 『인간의 마음을 사로잡는 연출』, (풀빛, 2013), p. 27.

31 김석호, 『실전 TV연출(AD/FD)론』, (숲속의꿈, 2004), p. 16.

32 장기오, 『TV드라마 연출론』, (창조문학사, 2002), p.15.

은 연출만을 의미하는 것이 아니라, 작품 기획이나 시나리오 작성 혹은 회계나 경영까지도 포괄할 수 있다.

이에 비해 필자가 제시한 연출 개념은 일반성을 최대한 높이면서도 다른 개념이 아닌 연출의 의미만으로 적절히 한정한다는 점에서 훨씬 좋은 개념이라 할 수 있다. 즉 필자의 연출 개념은 연극이나 TV 드라마, 영화, 만화 등을 넘어서는 모든 매체에 일반화된 연출의 정의이고, 동시에 연출 개념을 좁게 정의한 다른 정의들을 직접적으로 의미한다. 이는 비교적 구체적으로 정의한 김석만과 김석호의 연출 개념들을 분석해 필자의 연출 개념을 도출할 수 있다는 점에서 확인할 수 있다.

김석만과 김석호의 연출 개념에서 원작(혹은 각본), 모든 요소들을 조직화하고 통일함, 매체의 세 요소들을 추려 낼 수 있다. 이때 '원작'은 스토리를 의미하며 '모든 요소들을 조직화하고 통일함'이란 매체에 적절하게 결합함을 의미한다. 왜 그러한가?

먼저, 연출에 대한 여러 정의에서 원작 혹은 각본이 상대적으로 스토리에 해당됨은 분명하다. 연출이 이루어진다는 것은 하나의 콘텐츠를 다른 매체로 재생산한다는 것을 의미하며, 이때 원작에서 추출되는 것은 사실상 해석되지 않은 경험들, 즉 스토리이기 때문이다. 이에 따라 둘째 요소에 초점을 맞춰 보자.

연출의 정의에서 '모든 요소들을 조직화하고 통일한다'라고 할 때 그 '모든 요소들'은 어떤 것들인가? 당연히 스토리의 요소와 매체의 요소이다. 예를 들어 연극에서의 연출을 정의한 정철은 "연출가는 작품을 선정하고 해석하여 완성된 공연 예술로 만들어 내는 작품 해석자 내지는 창조자의 역할을 한다. 작품의 방향을 결정한 다음에는 배역을 선정하고 극작가나 무대·조명·의상 디자이너들과 시청각적 표현 방법을 협의하며, 배우들을 훈련시키고 극의 템포나 리듬을 조절하여 전체적인 앙상

블이 이루어진 무대 예술로서의 완성품을 창조하는 것이다"[33]라고 설명한다.

이때 무대, 조명, 의상, 배우 등은 모두 연극 매체의 요소들에 다름 아니다. 그러므로 '모든 요소들을 조직화하고 통일함'은 스토리와 매체를 연결하는 과정이다. 따라서 연출의 정의에서 매체는 필수적으로 포함된다.

이상에서 볼 때 '스토리를 특정 매체에 결합하는 과정'이라는 연출의 개념은 구체적인 연출을 의미하면서도 그 개념을 가장 일반화한 정의라고 할 수 있다.

연출과 이야기

스토리를 특정 매체와 결합하여 재미를 창출하는 연출은 그 자체가 새로운 표현이다. 이는 또한 연출자의 독자적인 선택의 과정이므로 새로운 창작이다. 즉 매우 정교하고 섬세한 부분에서 연출자의 역량을 보여주는 것이 연출에서의 창작이다.

그래서 장기오는 "수많은 작품이나 작가들을 자신의 철학과 소신에 따라 선택, 해석해 자기만의 독특한 내적 의미를 만들어 낸다는 점에서 연출의 행위는 작가적 행위로도 볼 수 있다"[34]라고 말한다.

스타니슬라브스키C. Stanislavski도 연극에서의 연출에 대해 "연출가는 공연을 조직하는 사람이며 희곡을 해석하는 사람이다. 그는 희곡을 문학적 형태에서 공연의 형식으로 바꿈으로써 새로운 가치를 창출한다"[35]라고 설명했는데, 이 역시 연출이 일종의 창작임을 함축한다.

---

33   정철, 『한국 근대 연출사』, (연극과인간, 2004), p. 22.

34   장기오, 앞의 책, p. 15.

35   스타니슬라브스키, 『스타니슬라브스키 연극론』, 김석만 편저, (이론과 실천, 1993), p. 219.

하지만 그 창작은 주어진 스토리와 매체의 사이에서만 여지가 있다. 이때 스토리의 개념은 앞[36]에서 정의했듯이 '여러 사건들이 시간적으로 인과 관계에 따라 결합된 체계'를 가리키며, 이는 간단히 말해서 사건의 연쇄이다.

이렇게 매체와 결합되지 않은 상태에서의 스토리는 그저 남의 이야기이다. 그 '남의 이야기'인 사건의 연쇄는 특정한 방식으로 이해됨에 따라서 '나의 이야기'가 된다. 연출의 핵심은 바로 여기에 있다. 따라서 연출 작업의 핵심은 사건들을 이해하는 방식을 제시하고 결정하는 것이라고 말할 수 있다.

이야기가 재미를 주려면 이야기의 내용을 구성하는 사건들, 인물들, 행위들이 감상자에게 내면화되어야 한다. 이 내면화를 위해서는 특정한 방식으로 내용을 해석해야 하는데, 이 해석은 근본적으로 인간의 주관성에 크게 의존한다. 즉 내면화를 위해서는 내용을 주관적으로 해석해야 한다. 이 주관적 해석을 제시하는 것이 곧 연출이다.

다음의 예는 동일한 이야기가 '글(혹은 문장)'이라는 매체와 잘 결합되었는지의 여부에 따라서, 즉 연출의 적절성에 따라서 어떻게 다르게 체험되는지를 보여 준다.

〈예시 1〉

힘든 과정을 거쳐서 경국이 특전하사관으로 임용되던 날, 임용식의 백미인 계급장 수여식에서 감성적인 경국은 입대 후의 힘든 훈련에 대한 기억으로 눈시울이 뜨거워졌다. 그러자 경국의 아버지는 경국이 아침부터 술을 먹었다고 오해를 하셨다.

---

36 이 책의 제2장 96쪽 '이야기의 부수 개념'을 참조하기 바란다.

〈예시 2〉

그런 모든 과정을 거쳐서 경국은 특전하사관으로 임용되었다.

특전사 사람들은 병아리가 독수리가 되는 시점을 임용일로 본다. 그리고 그 임용식이란 것은 말 그대로 피와 땀과 눈물이 없이는 결코 얻을 수 없는 것이기 때문에 임용식을 마친 하후생(하사관 후보생의 줄임말)들의 자부심은 대단하다.

세상이 모두 자기 것만 같다. 세상에서 자신이 가장 센 것 같았고 밤거리에서 깡패 100명을 만나도 자신이 혼자서 다 물리칠 수 있을 것만 같다.

"이어서 계급장 수여식이 있겠습니다. 이 자리를 빛내기 위해서 참석해 주신 부모님들은 각 하후생들 앞으로 이동해 주시기 바랍니다."

임용식의 가장 핵심적인 행사는 계급장 수여식이다.

부모님께서 직접 오셔서 자랑스러운 하사 계급장을 가슴에 달아주신다. 원래 감성적이고 예민했던 경국의 머릿속에는 그때 갑자기 입대 후의 그 많은 서러움과 고생했던 일들이 모두 한꺼번에 몰려들었고 그것은 눈물이 되어서 두 눈시울로 옮겨갔다.

옆에서 어떤 이들은 아무렇지도 않게 웃으면서 계급장을 다는데…… 그게 부끄러워서 눈물을 남에게 안 보이려고 경국은 계속 하늘만 쳐다보았다.

그런 경국의 눈언저리가 붉어진 것을 보고 아버님께서 하시는 말씀,

"너 이놈, 또 술 먹었지? 너희는 아침부터 술 먹냐?"

(이현비, 『공수부대 이야기』에서)

〈예시 1〉과 〈예시 2〉에서 보여 주는 스토리, 즉 사건의 내용은 동일하다. 그럼에도 두 글을 읽었을 때 독자가 체험하는 바는 다르다. 이야기가 다른 것이다. 이 차이를 만드는 것이 연출이다. 이로써 동일한 사건을 기초로 하여 이야기를 제시하더라도 어떤 방식으로 연출하는가에 따라서 재미가 매우 달라짐을 알 수 있다.

연출의 요소

연출이 스토리를 특정 매체에 결합하는 과정이고, 연출 작업의 핵심은 사건들을 이해하는 방식을 결정하고 제시하는 것이므로, 연출 과정에서 연출자는 다음 〈표 5.4〉와 같은 연출의 세 가지 요소가 조화되도록 해야 한다.

연출의 요소	표현의 요소	내용
매체	표현 방법	스토리를 전달하는 매체
의식의 흐름	표현 대상	스토리를 체험하는 콘텐츠 사용자의 의식의 흐름
스토리 해석	표현 주제	특정한 방식으로 이해된 일련의 경험

표 5.4 연출의 세 가지 요소

매체

연출의 첫째 요소는 매체이다. 그러므로 연출의 중요성은 매체의 중요성에서 출발한다. 아리스토텔레스는 『시학』에서 예술이나 콘텐츠에 영향을 주는 세 가지 요소 중의 하나로 매체를 언급한다. 아리스토텔레스에 따르면 예술의 분야는 세 가지로 나뉘며, "각각 그 분야에는 세 가지 점에서 서로 차이가 있으니, 즉 사용하는 모방의 수단이 그 종류가 상이하든지, 그 대상이 상이하든지, 그 양식이 상이하여 동일하지 않다."[37]

동일한 사건이나 기타의 내용, 즉 스토리가 매체에 따라서 매우 재미있게 전달될 수도 있고 재미없게 전달될 수도 있다. 마찬가지로 매체를 잘 다루는 정도에 따라 동일한 내용이 더 재미있을 수도 있고 덜 재미있을 수도 있다. 그러므로 매체를 다루고 조작하는 능력, 매체로 자신이 의

---

[37]   아리스토텔레스, 『시학』, 제1장.

도하는 내용을 표현하는 능력이 중요해진다. 연출 능력은 바로 이것을 의미한다.

매체를 원하는 방식으로 조작하는 것을 의미하는 연출은 콘텐츠가 완성되었을 때 결국 매체 속에 있다. 그러므로 매체의 조작은 연출의 처음과 끝이다. 매체별로 특징이 모두 다르기 때문에 매체의 조작에는 그 특징에 맞는 기술이 필요하다. 이는 매우 어려운 기술이며 오직 연출자 개인에게만 속하는 개성에 의존한다.

의식의 흐름

연출의 둘째 요소는 의식의 흐름이다. 이 의식의 흐름은 스토리를 체험하는 콘텐츠 사용자의 의식을 기준으로 한다. 연출은 스토리를 의식의 흐름에 맞게 조절하여 하나의 이야기로 풀어내는 작업이다. 이 대목에서 앞[38]에서 설명한 '이야기의 흐름 구조'의 개념이 중요하다. 더 구체적으로 말하면, 연출은 의식 속 주의의 흐름에 따라서 스토리를 배열하고, 주의의 강화와 약화에 따라서 경험을 과장하고 축소한다.

이미 말했듯이 이야기의 구조는 일련의 사건들 속에서 체험되고 자각되는 내면적 경험의 구조로, 이는 사건의 물리적 특징과 다르게 의식 속에서 재구성된다. 재미는 이처럼 의식 속에서 재구성된 경험의 구조이므로, 재미를 추구하는 연출은 이러한 경험의 재구성을 더 많은 사람들이 잘 수용할 수 있도록 결정해야 한다.

이때 스토리를 해석하는 연출자의 의식과 사용자의 의식은 연출 단계에서 동일하다. 즉 연출자는 자신의 의식을 기준으로 사용자가 어떻게 스토리를 인식하고 수용할 것인가를 추측하고 이해한다. 그렇다면 스

---

38 이 책의 제2장 127쪽 '이야기의 흐름 구조와 사건의 시간 구조'를 참조하기 바란다.

토리를 해석한 연출자의 의식만으로 충분하지 않을까? 실제로는 그렇지 않다.

어떤 것을 이해한 의식은 평면적이다. 거기에는 모든 것이 한 덩어리로 존재하며 의식의 주체는 그 어떤 것을 직관적으로 파악한다. 이에 비해 그 어떤 것을 이해하고 체험하는 과정에 있는 의식은 직선적이다. 시간의 흐름을 따라서 일직선으로 흐르며, 그 중심은 주의의 초점에 있다. 그런데 연출자의 작업 과정에서는 이 두 의식이 한 사람의 사고 능력 안에서 이루어져야 하므로 그 내용을 혼동하기 쉽다. 따라서 연출자는 이 두 의식을 혼동하지 않고, 연출자로서 이해한 의식의 내용과 콘텐츠 사용자가 그것을 체험할 때의 시간적 의식의 흐름을 별도로 병행하는 능력이 필요하다.

이때 말하는 의식의 흐름은 다양한 대상에 대한 모방을 통해서 구체화되기 때문에 지적으로 보일지 모르지만 근본적으로 감정적이다. 보상케Bosanquet는 자신의 예술론에서 "표현은 그 필수적인 성격이 상상적인 것이라서 상상적 표현이라고 하지만, 그것은 감정을 표현하는 데 있어서 그것을 조형하는plastic 표현적인 형식의 창조와 함께 진행되어야 하는 것"[39]이라고 주장한다.

재미에 대한 제1정의에 따르면 재미는 최종적으로 정서적 쾌감이므로 보상케의 이러한 주장은 재미론에 그대로 적용할 수 있다. 즉 연출에서 의식의 흐름을 표현해야 한다고 말할 때 이는 매우 감정적인 측면을 표현해야 함을 의미한다.

---

39 오병남, 「B. Croce에 있어서의 예술 곧 표현의 의미와 그 미학적 전제에 대한 연구」, 『미학』, 제3집, (1975).

스토리 해석

연출의 셋째 요소는 스토리 해석이다. 해석된 스토리는 이야기가 되고, 이야기란 앞[40]에서 정의한 재미론적 개념의 이야기로, 곧 '일련의 사건(경험)들을 특정한 방식으로 이해한 것'이다. 모든 스토리와 이야기는 구체적인 매체와 결합하여 존재한다. 하지만 다른 매체와 결합하려면 이전의 매체에서 분리되어야 한다. 매체와 분리된 스토리는 연출자의 의식 속에서 순수한 경험으로 존재한다. 이것이 곧 연출자의 해석이다. 이 해석을 새로운 매체에 결합하는 과정이 연출이다.

연출의 어려움은 연출자가 연출 과정에서 맞닥뜨리는 2중의 정신적 노동에서 생겨난다. 이는 연출자가 해석한 이야기와 콘텐츠 사용자의 의식의 흐름을 추적하는 2중의 사고를 해야 한다는 것이다.[41] 이 '2중의 정신적 노동'은 연출자에게 필요한 사용자와 창작자의 두 의식을 병행하는 능력으로 해결된다. 그리고 매체를 조작하는 능수능란한 기술(혹은 질서)이 반드시 필요하다.

만약 매체를 조작하는 기술마저 부족하다면 연출자는 스토리를 효과적으로 표현하기 위한 추가적인 정신적 노동을 더 짊어지게 된다. 결국 대부분 훌륭한 표현에 실패한다. 연출자가 특정한 스토리를 연출하기 전에 미리 자신이 다루는 매체에 대해 매우 능숙해야 하는 까닭이 여기에 있다. 매체 조작의 기술은 숙달하는 데에 많은 시간이 걸리지만 대신에 특정한 이야기의 해석 이전에 습득하고 숙달할 수 있다.

한편, 연출의 세 가지 요소 중에서 콘텐츠 결과물을 평가할 때의 기준은 의식의 흐름이다. 콘텐츠 사용자의 의식의 흐름을 적절히 추적하면서

---

40 이 책의 제2장 93쪽 '재미와 이야기'를 참조하기 바란다.

41 이것은 곧 현비 구조의 두 겹 이야기와 직접 연관된다.

이야기를 재구성하기 위한 수단이 매체이고, 그 수단으로 전달하는 의미적 내용물이 콘텐츠의 이야기이다. 즉 사용자의 의식의 흐름에 적합하게 매체가 조작되어 이야기(콘텐츠)가 전달되는 것이다.

연출과 매체의 효과

어떤 연출이 좋은 연출이고 어떤 연출이 나쁜 연출일까? 어떻게 해야 연출을 잘한다고 할 수 있을까? 앞에서 〈표 5.4〉에 제시한 연출의 세 가지 요소를 잘 조화하는 것이 하나의 답이다.

하지만 연출의 세 가지 요소의 조화는 연출의 원칙론이다. 연출에 따르는 실용적인 물음은, 창작자가 이러한 원칙에 따라 연출하려면 무엇을 고려해야 하는가이다. 다시 말해 연출자는 연출의 과정에서 어떻게 해야 연출의 세 가지 요소를 잘 조화할 수 있는지를 고려해야 한다. 다음의 〈표 5.5〉에 제시한 좋은 연출의 세 가지 지침은 이에 대한 적절한 대답이 될 수 있다.

좋은 연출의 첫 번째 지침은 '매체의 매력'을 강화해야 한다는 것이다. 여기서 매체의 매력이란 연출에서 사용하는 매체의 독특한 매력을 말한

연출의 지침	의미	대응 연출 요소
매체의 매력	사용 매체의 독특한 매력을 강화해야 한다.	매체
수용 조건	수용자의 인지 능력과 체험 특징에 맞춰야 한다.	의식의 흐름
초점 유지	이야기의 초점을 유지하고 강화해야 한다.	이야기 해석

표 5.5 좋은 연출의 세 가지 지침

다. 각 매체는 독특하고 고유한 감각적 매력을 가지고 있다.[42] 콘텐츠는 이런 각 개별 매체의 안에 존재한다. 콘텐츠 사용자는 매체의 매력을 알고 그 콘텐츠에 접근한다. 그러므로 매체의 매력을 살리지 못하면 콘텐츠의 재미가 사라진다.

구체적으로 말해 소설을 쓴다면 문장이 멋지고 매력적이어야 한다는 뜻이다. 뮤지컬을 만든다면 음악이 아름답고 감미로워야 한다. 또 영화를 만든다면 멋진 영상과 음향이 조화되어야 하고, 게임을 만든다면 게임 캐릭터와 배경, 그리고 조작에 따른 반응성이 뛰어나고 멋져야 한다. 이것이 바로 매체의 독특한 매력이다.

두 번째 지침인 '수용 조건'이란 연출은 수용자의 인지 능력과 체험 특징에 맞춰야 한다는 것이다. 이는 연출의 요소 중에서 의식의 흐름에 대응된다. 즉 연출은 콘텐츠 사용자의 의식의 흐름을 따라 이루어지는데, 수용자의 의식의 흐름은 인지 능력과 체험 특징에 따라 달라진다. 따라서 연출 역시 이를 고려해야 한다.

예를 들어 유아용 콘텐츠는 주인공들의 움직임과 사건 전개가 성인용 콘텐츠에 비해 느려야 한다. 유아들의 인지 능력과 체험 특징은 지나치게 빠른 역동적인 움직임을 수용하기 어렵기 때문이다.

좋은 연출의 세 번째 지침 '초점 유지'는 이야기의 초점을 유지하고 강화해야 함을 뜻한다. 초점 유지를 위해서는 연출한 표현이 전달하고자 하는 이야기를 매체의 특징에 맞게 압축하고 콘텐츠 사용자의 의식에 적합하게 내용을 과장하여 초점을 분명히 해야 한다.

초점 유지는 단순화를 함축한다. 콘텐츠에서 초점이 잘 유지되면 그

---

42 예를 들어 글은 추상적 어휘로 상상을 자극하는 매력이 있고, 영화는 생생한 시각과 청각을 결합하는 매력이 있으며, 음악은 청각 및 멜로디, 박자 등의 감각적 매력을, 미술은 색깔과 공간적 구조 등의 감각적 매력이 있다.

콘텐츠 속의 이야기가 아무리 복잡하고 다양한 내용을 포함하고 있더라도 전체 이야기는 단순하게 정리될 수 있다. 앞[43]에서 보았듯이 이 단순화는 표현 일반의 특징임과 동시에 연출에서 추구해야 할 부분이기도 하다.

연출에서 흔히 범하는 실수는 매체 자체의 매력을 강화하여 오히려 이야기의 초점 유지에 실패하는 것이다. 예를 들어 영화의 영상미를 강조하기 위해 이야기가 지나치게 느려지거나 진부한 경우도 있고 개연성이 사라지는 경우도 있다. 대표적으로 영화 「형사, 듀얼리스트」(2005)가 그러하다. 매체 자체의 매력으로 이야기를 혼란스럽게 해서는 안 된다.

훌륭한 연출의 효과

훌륭한 연출이 이루어지면 이야기와 콘텐츠는 다음과 같이 감각적, 설득적, 개성적이라는 세 가지 효과를 갖는다. 이는 연출이 끝난 콘텐츠에 대해 연출이 잘되었는지를 평가하는 기준이 될 수 있다.

앞의 〈표 5.5〉에서 제시한 좋은 연출의 세 가지 지침이 연출자(즉, 창작자) 입장에서 판단하는 기준이라면, 〈표 5.6〉에 제시한 좋은 연출의 평가 기준은 사용자 입장에서 판단하는 기준이다.

연출의 특징	연출의 지침	의미
감각적	매체의 매력	그 콘텐츠만의 새로운 매력을 가지고 있다.
설득적	수용 조건	콘텐츠 속의 이야기가 공감이 되고 감동적이다.
개성적	초점 유지	사물을 보는 관점 혹은 이야기 해석에 개성이 있다.

표 5.6 좋은 연출의 평가 기준

---

43 이 책의 제5장 378쪽 '초점화의 기술'을 참조하기 바란다.

첫째, 이야기가 감각적이라는 것은 연출을 통해 그 콘텐츠만의 새로운 감각적 매력을 가진 이야기가 창조되어야 한다는 뜻이다. 소설 『해리포터』를 영화로 만들었다면 거기에는 영화만의 새로운 감각적 매력이 있어야 한다. 소설 『해리포터』를 읽으면서 느끼는 재미의 상당 부분은 추리 소설적인 긴장감이다. 따라서 소설을 읽을 때 상상했던 마법의 세계가 영화에서는 실제로 눈앞에 생생하게 영상과 음향으로 펼쳐져야 한다. 대신 영화에서는 추리 소설적 긴장감이 상대적으로 약화되거나 제거된다. 한편, 어떤 영화를 새로운 영화로 다시 연출하더라도 거기에는 감각적인 차이가 있어야 하며, 새로운 영화가 훌륭하다면 그때 연출은 더욱 감각적이라고 할 수 있다. 그 감각적 차이는 직접적으로 매체의 매력 및 차이에서 온다.

둘째, 연출이 설득적이라는 것은 콘텐츠 속의 이야기가 공감될 수 있고 감동적이어야 함을 의미한다. 이 효과는 연출의 기준 가운데 수용 조건과 직접적으로 관련 있다. 즉 수용자의 인지 능력과 체험 특징에 맞춰서 연출해야 이야기가 설득력을 얻는다.

전투적이고 활달한 남성 사용자들을 대상으로 한 전투 게임에서 「심시티」와 같은 경영과 아기자기한 아이템을 모으는 분위기를 연출하면 그 연출은 설득력이 떨어질 것이다. 반대로 여성 사용자들을 대상으로 하는 게임이라면 비록 악마와 싸우는 게임일지라도 격투 단계 사이사이에 독특하고 매력적인 아이템을 모은다든가, 이 아이템으로 전투가 아닌 협상을 연출하는 것도 고려해야 할 점이다.

셋째, 연출이 개성적이라는 것은 사물을 보는 관점이나 이야기의 해석에 연출자만의 색다른 개성이 있어야 함을 의미한다. 이 효과는 연출의 기준 가운데 초점 유지와 직접적으로 관련 있다. 즉 동일한 스토리를 기반으로 하더라도 초점을 달리하면 연출의 개성이 부각된다. 영화 「스파이더맨」(2002)에서는 스파이더맨이 된 주인공의 액션과 단순한 선악 구도를 유지하지만 「어메이징 스파이더맨」(2012)에서는 주인공이 스파이더맨이 된 과정의 필연성과 숨겨진 비밀에 초점을 부각시킨다.

이러한 연출의 결과들은 연출에 대한 사용자 입장의 판단 기준이라고 말했지만, 달리 표현하면 잘 연출된 콘텐츠가 사용자에게 발휘하는 효과이기도 하다. 그러므로 최종 사용자들에게 이런 주관적 효과를 물어봄으로써 연출의 성공 여부를 직접적으로 확인할 수 있다.

3. 창작과 표현

재미있는 콘텐츠 창작의 절차

재미 경험의 분석에 근거한 재미 창작 절차

재미있는 콘텐츠를 창작하는 완벽한 절차가 있을까? 이에 대해 대답하기는 힘들지만, 추측하건대 부정적인 대답이 떠오를 것이다. 재미있는 콘텐츠는 인간 창의성의 산물이고 창작의 완벽한 절차라고 규정한다면, 이는 창의성을 구현하는 절차를 규정하는 것이라 모순적으로 보이기 때문이다. 일정한 틀에 따라 얻은 진부한 결과가 창의적이라는 뜻이 될 테니까.

하지만 창의적 아이디어를 만드는 절차로 브레인스토밍brainstorming이 있듯이, 재미 창작을 위한 유용한 절차를 생각할 수 있다. 이 절차는 모든 재미 창작에 적용해야 하는 절차는 결코 아니며, 단지 가능한 여러 창작 절차 중의 하나일 뿐이다.[44] 그래도 많이 활용할 수 있고 대체로 효과

---

44 이것이 최고의 작품을 만드는 방법일 수는 없겠지만, 필자가 생각했을 때 평균 이상의 재미있는 콘텐츠를 만드는 방법은 될 것으로 보인다.

적이라는 점에서 유용성이 크다.

재미 창작의 절차를 규정하기 위해 앞에서 제시했던 내용을 정리한 다음의 〈표 5.7〉을 살펴보자.[45]

재미 경험	내용	인지 과정
1단계: 흥미	어떤 것에 대한 자발적 관심	① 긴장의 축적과 해소
2단계: 몰입	주의의 집중에 따른 의사소통의 체험적 자기 목적화	
3단계: 쾌감	몰입의 끝에서 얻고자 하는 결과. 즐거움	② 해소에서 숨은 이야기의 개입
		③ 공유 경험에 따른 숨은 이야기 이해
4단계: 동경	재미 경험에 대한 그리움. 추가적 부가 가치의 힘	④ 기억과 경험자의 변화

표 5.7 재미 경험의 주관적 단계와 인지 과정

경험자의 흥미를 끌어내는 것은 주로 단편적인 요소들이다. 그 까닭은 대부분의 사람들이 복잡한 것에 흥미를 가지고 주의를 기울이려면 엄청난 주의 집중이 필요하기 때문이다. 따라서 사람들이 복잡하고 어려운 일에 흥미를 기울이는 일은 쉽게 발생하지 않는다. 문제는, 이렇게 단편적인 요소 덕분에 생겨난 흥미는 짧게 끝나는 경우가 많다는 점이다.

콘텐츠가 재미있는 이야기를 경험자에게 제공하려면 촉발된 흥미에 주의를 집중하게 한 뒤 그 주의를 지속해 나가야 한다. 이 과정에서 거의 필연적으로 경험자에게 긴장을 제시하고 긴장을 축적시켜야만 한다.[46] 이

---

45 이 〈표 5.7〉은 〈표 2.10〉과 〈표 3.5〉의 내용의 일부를 결합한 것이다.

46 만약 재미에 대한 제2정의를 받아들인다면 이 필연성을 쉽게 납득할 수 있다.

때 이야기의 논리적 구조는 주로 처음에 흥미를 불러일으킨 요소가 복잡한 요소의 일부임이 드러나는 관계이다.

이상의 내용은 앞[47]에서 설명한 재미 경험의 단계적 분석 내용을 요약한 것으로, 재미를 위해 콘텐츠 사용자에게 유발해야 할 구체적인 효과를 정리한 것이다. 따라서 재미있는 콘텐츠를 제작할 때 창작 중인 콘텐츠가 이러한 효과를 유발하는지를 기준으로 검토해야 한다.

이 내용을 콘텐츠 사용자의 의식의 흐름을 따라서 좀 더 상세하게 정리하면 다음과 같다.

ⓐ 단편적인 요소가 콘텐츠 사용자의 흥미를 이끌어낸다. 이에 따라 사용자는 콘텐츠 속의 이야기에 쉽게 흥미를 가진다.

ⓑ 흥미를 유발한 단편적 요소에 논리적·개연적으로 복잡한 긴장 관계들이 제시된다. 이에 따라 사용자는 긴장이 축적됨을 경험하며, 이야기 속의 세계를 학습한다. 이 과정에서 사용자는 이야기 연출자의 의도대로 복잡한 관계들의 구조 중 단순한 한두 개 측면에 주의를 기울인다.

ⓒ 이야기 연출자의 의도에 따라 축적된 긴장은 연출자가 숨겨 놓은 복잡한 긴장 관계들의 다른 부분과 갑자기 결합하면서 극적으로 해소된다. 이때 '극적인 해소'는 반전이나 발견을 의미한다. 이 과정에서 사용자는 인지적 충격을 받는 동시에 새로운 경험에서 오는 쾌감을 느낀다.

ⓓ 사용자는 인지적 충격과 쾌감으로 콘텐츠 속의 이야기를 강렬하게 기억하며 이에 영향을 받는다. 그리고 새로운 기대와 욕구를 생성한다.

이와 같은 효과를 산출하기 위해서, 즉 재미있는 이야기 창작을 위해

---

[47] 이 책의 제2장 138쪽 '재미 경험의 단계적 분석'을 참조하기 바란다.

서 절차적으로 따라야 할 사항들을 생각해 보면 다음과 같다.

㉮ **긴장 관계 구축**: 이야기의 중심축을 이룰 긴장 관계를 구성한다. 이때 구성해야 하는 것은 긴장 관계의 시작과 그 결말이다. 긴장 관계에서 대표적인 '갈등'을 예로 들면, 어떤 등장인물들의 어떤 갈등이 어떻게 시작해서 어떻게 끝나는가를 구성해야 한다.

㉯ **긴장 관계의 확장**: 긴장 관계를 보다 복잡하고 풍부하게 확장한다. 첫째, 주변 인물들의 갈등 관계를 배치하고 결합한다. 둘째, 상황의 변화와 인물의 변화를 추가한다. 셋째, 주인공과 악당 등 중심인물들의 갈등 관계가 단순하고 일관되게 유지되도록 전체적인 균형을 조정한다.

㉰ **흥미 요소의 선별**: 긴장 관계를 구성하는 여러 요소들 중에서 가장 호기심을 끌 만한 단순한 요소를 고른다. 이 요소가 긴장 관계의 많은 부분들과 논리적·상징적으로 연결되면 좋다. 이 요소를 이야기 구성의 처음에 배치한다.

㉱ **전체 이야기 흐름 구조의 설정**: 전체적인 이야기를 전개해 나갈 연출의 흐름을 설정한다. 이때 연출의 흐름은 첫째, 각 단계마다 하나의 긴장 관계에 초점을 맞추어야 한다. 둘째, 각 단계들의 연결성이 좋아야 한다. 셋째, 항상 중심 갈등과 연결되어 있어야 한다.

이렇게 재미있는 이야기 창작(재미 창작) 절차의 4단계와 재미 경험의 4단계와의 관계를 다음의 〈표 5.8〉로 설명할 수 있다.

재미 창작 절차의 이해

사용자의 재미 경험은 1단계 흥미에서 시작하지만, 콘텐츠 이야기의 창작은 몰입과 쾌감을 위한 내용에서 시작해야 한다. 사용자의 흥미를 이끌어내는 것은 쉽지만 사용자를 지속적으로 몰입하게 하고 최종적으

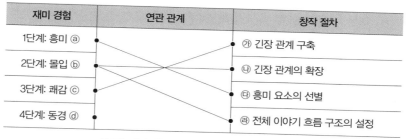

재미 경험	연관 관계	창작 절차
1단계: 흥미 ⓐ		㉮ 긴장 관계 구축
2단계: 몰입 ⓑ		㉯ 긴장 관계의 확장
3단계: 쾌감 ⓒ		㉰ 흥미 요소의 선별
4단계: 동경 ⓓ		㉱ 전체 이야기 흐름 구조의 설정

표 5.8 재미 경험의 단계와 창작 절차 단계와의 관계

로 쾌감에까지 이르게 하는 것은 어렵기 때문이다. 어려운 것을 먼저 완성하고, 이를 토대로 좀 더 쉬운 흥미의 유발을 적절히 시도해야 한다. 그렇지 않으면 사용자의 흥미를 이끌어내더라도 사용자가 곧 실망하는 작품이 될 것이다.

재미 창작의 첫 번째 단계인 긴장 관계 구축에는 많은 시간이 필요하다. 이야기의 중심축을 이룰 긴장 관계 구성 과정에는 실제로 이와 무관한 많은 단편적인 이야기들을 수집하고 고안하기 마련이다. 특히 이야기의 중심축은 논리적으로 도출되는 것이 아니라 발산적 사고를 통해 대부분 무작위적인 아이디어에서 생겨나므로, "즉흥적인 착상을 억제하지 않고 그대로 써 나가야 한다"[48]라는 가와베 가즈토의 충고도 합리적이다. 이 단계에서는 무책임이 필요조건의 하나이다.

그러나 무책임과 즉흥성은 아이디어 단계에 국한해야 한다. 긴장 관계 구축 단계의 최종적인 산물은 즉흥적이 아니라 논리적이고, 무책임한 것이 아니라 책임 있는 것이어야 한다. 그리하여 긴장 관계는 많은 사람들이 동감하는 계기에서 시작하여 진행 및 강화, 그리고 최종적인 해소까지의 단계가 개연성이나 필연성으로 이어져야 한다.

---

48 가와베 가즈토, 『시나리오 창작연습 12강』, 나윤 옮김, (시나리오친구들, 2002), p. 27.

두 번째 단계인 긴장 관계의 확장은 콘텐츠 창작의 경험과 기술에 많이 의존한다. 이 단계에서는 부분적으로 여러 콘텐츠에서 사용하는 보통 방식들을 적용하여 창작 작업을 진척한다. 상투적인 남녀 주인공의 애정 문제, 상투적인 삼각관계, 혹은 오해와 반목 등의 방식이다. 따라서 이때는 즉흥적인 발상이나 감성적인 아이디어보다는 논리적이고 체계적인 판단에 더 많이 의존하게 된다.

세 번째 단계인 흥미 요소의 선별은 창작자의 감각과 개성에 크게 의존한다. 어떤 부분이 콘텐츠 사용자의 호기심을 쉽고 단순하게 이끌어내면서도 이야기의 중심인 긴장 구조와 연결되는지는 이후의 연출 과정과도 밀접하게 관련 있기 때문이다. 연출 역시 개성이 중요하다.

네 번째 단계인 전체 이야기 흐름 구조의 설정은 콘텐츠 창작자의 감각적 개성과 논리적 판단이 함께 작용해야 하는 단계이다. 이 단계를 효율적으로 수행하려면 연출과 콘텐츠에 대한 기본 지식들을 충분히 숙지해야 한다. 이와 더불어 콘텐츠 창작자의 콘텐츠 연출 경험도 이 단계에서 매우 중요하다.

아리스토텔레스는 『시학』에서 드라마(작시作詩[49]) 창작의 "초심자들이 사건의 결합보다 조사와 성격 묘사에서 성공을 거둔다는 사실을 들 수 있는데, 이것은 초기 시인들 거의 전부에게서 볼 수 있는 현상이다"[50] 라고 지적한다. 이 지적을 콘텐츠 창작과 관련한 용어로 표현한다면, 창작자들이 스토리의 체계적인 설정과 구성보다 자신의 느낌과 개성에 의존하여 감각적으로 콘텐츠를 창작하려 해서는 안 된다고 할 수 있다. 창작을 할 때 감각적으로 접근하면 캐릭터의 개성이나 단편적인 연출에서 좋

---

49 호메로스의 「일리아드」와 같은 서사시를 의미한다.

50 아리스토텔레스, 『시학』, 제6장.

을 수는 있지만 전체적인 작품의 균형이 깨지기 쉽다. 그러면 콘텐츠 전체의 재미는 없어진다. 그만큼 콘텐츠의 재미는 사건들의 결합 관계에 더 많이 좌우된다는 뜻이다. 이에 따라 앞에서 설명한 재미 창작의 절차가 유용함을 알 수 있다.

한편, 영화나 소설과 같은 간접 체험의 재미 창작에서는 ㉰와 ㉱단계의 비중이 상대적으로 크며, 컴퓨터 게임이나 놀이공원과 같은 직접 체험의 재미 창작에서는 ㉮와 ㉯단계의 비중이 더 크다. 이와 같이 구조와 플롯 중심의 콘텐츠 창작은 아리스토텔레스 외에도 로널드 B. 토비아스[51]나 닐 D. 힉스[52] 등의 많은 연구자들과 실무자들이 강조하고 있다.

창작 능력의 자원

창작자가 일반적으로 가지고 있는 콘텐츠 제작에 대한 직접적인 지식과 기술 이외의 요소로 콘텐츠 창작에서 승패와 우열에 강력한 영향을 주는 간접적인 요소들을 논의해 보자. 필자는 이 요소들을 가리켜 '창작 능력의 자원'이라고 부르겠다. 그런데 왜 창작 능력의 자원에 대해서 논의해야 하는가? 이 논의는 재미 창작을 위해 무엇을 어떻게 해야 하는가에 대한 대답 가운데 중요한 부분에 해당되기 때문이다.

일반적으로 콘텐츠를 얼마나 재미있게 만들 수 있는가는 창작자 능력의 문제로 간주된다. 이것은 대체로 사실이다. 영화의 경우에 같은 시나리오로 영화를 만들더라도 어떤 감독이 만드느냐에 따라 영화의 재미는

---

51 로널드 B. 토비아스, 『인간의 마음을 사로잡는 스무 가지 플롯』, 김석만 옮김, (풀빛, 2007).
52 닐 D. 힉스, 앞의 책.

크게 달라진다. 게임에서도 마찬가지로, 어떤 개발자가 만든 게임인지가 그 게임의 재미를 추측할 수 있는 중요한 요인이다.

하지만 이런 사실을 피상적으로 받아들이면 두 가지 문제에 직면하게 된다. 첫째는 콘텐츠를 더 재미있게 만들기 위해 평소에 지속적으로 노력할 부분이 없는가이고, 둘째는 1인 창작이 아니라 여러 창작자가 협력하는 기업적 규모의 콘텐츠 창작에서는 그 성과의 핵심 요인을 어디에서 찾아야 하는가이다.

이 두 문제를 해결하기 위해 우리는 창작자의 능력과 그에 직접 영향을 주는 외부 요인들을 통합하여 '창작 능력의 자원'으로 범주화하고 이를 논의할 수 있다. 이런 논의는 순수하게 개인의 선천적인 특징은 아니지만 개인의 노력에 따라 향상되는 부분으로, 그 사람의 능력의 일부라 할 수 있는 부분에 초점을 맞춘다. 이것은 곧 첫째 물음에 대한 대답이다. 그리고 창작 능력의 자원을 적절히 분석하여 창작자가 개인이 아니라 집단이나 조직일 때도 동일하게 적용할 수 있다. 이것은 둘째 물음에 대한 대답이다.

이 요소들은 콘텐츠 창작 능력을 갖춘 사람에게 그 콘텐츠를 더 재미있게 만들 수 있도록 하는 것으로, 콘텐츠 창작에 직접적으로 활용된다는 의미에서 '창작의 자원'이며, 동시에 창작 과정에서 창작 능력을 강화시킨다는 점에서 '능력의 자원'이다.

창작 능력의 자원에 대한 논의는 필자가 『재미의 경계』에서 '재미와 작가 사이에 있는 것'에서 간단히 설명했고, 창작 능력의 자원 요소는 다음 〈표 5.9〉와 같이 사실성,[53] 세계관, 전문 지식으로 정리했다.

---

53 『재미의 경계』에서는 '구체성'이라는 용어를 사용했는데, 여러 맥락에서 '사실성'이 더 적합하다고 생각하여 용어를 수정하였다.

창작 능력의 자원	내용	존재 영역
사실성	콘텐츠에서 제공하는 경험이 현실적이기 위한 조건	콘텐츠
세계관	콘텐츠의 재미에 필요한 적절한 사실성의 자원	개념
전문 지식	독특한 세계관을 구축하기 위한 자원	창작자

표 5.9 재미와 작가 사이의 요소

이 세 가지 요소는 대등한 수준으로 나열한 것이 아니라 재미있는 콘텐츠라는 결과물에서 인과적으로 한 단계씩 심층적 원인을 추적하는 순서로 나열했다. 즉 재미있는 콘텐츠를 창작하려면 그 콘텐츠의 이야기가 사실성을 띠어야 하는데, 이 사실성은 세계관의 구체성에서 나온다. 그리고 세계관의 구체성은 전문 지식에서 확보된다. 이 관계를 그림으로 설명하면 〈그림 18〉과 같다.

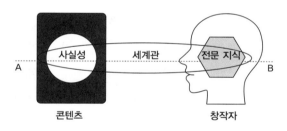

그림 18 창작 능력 자원의 관계

〈그림 18〉에서 A는 콘텐츠와 같은 객관적인 요소 및 그에 대한 평가 기준이 있는 방향이고, B는 창작자의 주관 및 창작 능력이 있는 방향이다. 따라서 더 객관적으로 평가할 수 있는 요소가 A쪽에 가까이 놓여 있고, 이것이 사용자의 평가 대상이다. 반대로 B쪽으로 더 가까운 요소일수록 주관적이고 창작자 개인의 특성을 보여 준다. 이 요소가 좋다, 나쁘다는 평가의 대상이 되기는 어렵다.

〈그림 18〉에서 알 수 있듯이 사실성은 콘텐츠의 속성이다. 이에 비해 창작자는 전문 지식을 가지고 있어야 한다. 전문 지식과 사실성을 포괄하는 세계관은 이 둘의 결합에 따라 산출된 결과이자 부분이다. 즉 세계관은 전문 지식으로 구축되며 사실적으로 표현될 수 있다. 세계관은 창작자와 콘텐츠 사이에 있거나 혹은 이 둘을 포괄하는 전체에 존재하지만, 사실성과 전문 지식은 세계관의 일부분이 결코 아니다.

사실성

사실성은 재미있는 콘텐츠가 가지고 있는 중요한 특성이다. 재미 있으려면 사실성이 필요하다는 점은 재미에 대한 지금까지의 논의에서 도출할 수 있다.

개념적인 차원에서 생각해 보자. 모든 재미있는 콘텐츠는 표현됨으로써 생겨나는데, 앞[54]에서 말했듯이 표현의 근간은 모방이다. 그런데 표현은 어떤 부분에서 사실과 같아야만 모방이 이루어진다. 그 부분이 패턴과 같은 형식적인 부분이어도 좋고, 색깔이나 질감, 소리 등의 내용적인 부분이어도 좋다. 어쨌든 같은 부분이 있어야 한다. 표현과 표현 대상이 전적으로 달라 전혀 같지 않다면 모방이라 할 수 없다. 표현이 사실과 일치하는 부분이 곧 사실성이다.

사실성이 필요한 세 가지 이유

사실성의 필요는 개념적인 차원에서보다 재미 창작의 실제적인 측면에서 더 중요하다. 콘텐츠가 재미있기 위해 사실성이 필요한 이유는 무엇인가? 적어도 다음과 같은 세 가지 이유를 생각할 수 있다.

---

54 이 책의 제5장 369쪽 '표현론과 콘텐츠학'을 참조하기 바란다.

첫째, 사실성은 체험을 새롭게하기 때문에 필요하다. 이는 서로 다른 사실성이 서로 다른 체험을 구성하기 때문이다. 사실성의 내용 차이가 체험의 차이를 만들어 낸다는 뜻이다.

앞[55]에서 경험 구성의 네 가지 차원을 논의하면서 분석했듯이 개별 경험의 차별성은 감각적 내용에서 결정된다. 왜 그럴까? 경험의 결합 구조는 재미있는 경험의 경우에 모두 유사하다. 재미있는 경험은 긴장의 축적과 해소라는 긴장 구조를 갖추어야 한다. 그리고 이 경험이 더 재미있게 구성되어 있다면 현비 구조가 포함되어 있을 것이다. 그러므로 이런 점에서도 재미있는 많은 경험들이 다양하게 차별화될 수 없다.

그 차별성은 1차적으로 경험 구성의 네 가지 차원 가운데 경험의 세 가지 중심과 경험의 네 가지 요소가 달라짐으로써 생겨난다. 하지만 영화나 게임에서 사용하는 소재에도 공통된 부분이 많다. 많은 주인공들이 전사들이고 배경은 계곡이나 산 속, 광장, 우주 공간이기도 하다. 그럼에도 각각의 콘텐츠들은 매우 다른 경험을 제공한다. 이 2차적 차별성이 경험 구성의 네 가지 차원 중 감각적 내용에서 결정된다.

둘째, 사실성은 콘텐츠에서 제공하는 대리 경험이 현실이라는 착각을 불러일으키기 위해서 중요하다. 이러한 착각이 유발되어야 재미있을 수 있다. 원래 모든 경험은 현실적이기를 원하기 때문이다. 그러므로 모든 재미는 어떤 종류든 현실성을 가져야 한다. 이 현실성의 일부를 표현의 사실성에서 얻는다.

사실성에서 얻은 현실성이 자각되면 현실감이 된다. 앞[56]에서 설명했듯이 현실감이란 감각 내용과 의도된 실제 경험의 관계를 말한다. 이 관계에서 같은 부분이 많아져 닮은 정도가 더 커지면, 경험은 실제 경험과

---

55 이 책의 제2장 81쪽 '경험 구성의 네 가지 차원'을 참조하기 바란다.

56 이 책의 제3장 172쪽 '몰입 유발 요소'를 참조하기 바란다.

더 많이 닮게 되고 현실감이 강화된다. 그리고 콘텐츠 사용자의 몰입도 강해진다.

사실성을 제공하기 위한 보다 세부적인 조건은 구체성이다. 현실감을 가지려면 표현 내용이 구체적이어야 한다. 예를 들어 콘텐츠에서 인물을 묘사할 때 콘텐츠 사용자가 그 인물에 몰입하려면 묘사가 구체적이어야 한다.[57]

농구 만화 「슬램덩크」는 농구에 대한 상세한 지식과 구체적인 사실 묘사가 재미의 중요한 부분을 이루는 예이다. 물론 「슬램덩크」의 재미에는 독특한 캐릭터들의 매력도 중요한 역할을 하지만, 농구에 대한 상세하고 구체적인 지식과 사실 묘사가 없다면 「슬램덩크」는 매력적이지 않았을 것이다. 많은 경우에 "이러한 구체성은 사실성이다. 그래서 그 생생한 사실감 속으로 쉽게 작품 감상자를 몰입시킨다."[58]

게임에서도 감각적 구체성에 따른 사실성의 제공은 재미의 중요한 부분을 차지한다. 플레이스테이션 3 전용 레이싱 게임인 「그란투리스모 5」는 극단적으로 현실성을 강조하는 게임이다. 이 게임은 실제로 존재하는 다양한 차량의 성능과 서킷의 노면 상태에 따른 차량의 움직임까지 사실적으로 표현하여 재미를 선사한다.

---

57 이현비, 『재미의 경계』, (지성사, 2004), p. 331.

58 같은 책 pp. 331-332.
다음 유머는 구체적인 사실성만으로도 재미있는 콘텐츠의 사례이다.
〈학기 초에 이런 애들 꼭 있다〉
1. 쌈 잘하는 척하려고 괜히 시비 걸다 맞는 아이들. 그리고 1년 내내 애들한테 당한다.
2. 공부 열심히 하는 척하다 쫌만 지나면 열심히 자는 아이들
3. 여선생님(or 남선생님)한테 잘 보이려는 애들
4. 선생님 수업 방식을 무시하고 혼자서 자기 공부를 하는 아이들(그런 애들 백 퍼센트 망한다.)
5. 옆 반 가서 자기 출석 안 불러 준다고 화내는 애들

「**그란 투리스모 5**」**의 실행 화면** 극도의 사실성을 제공하는 자동차 경주 게임이다.

　게임 「AA 온라인」은 미국 국방성이 게임의 제작에 참여하여 화제를 불러일으킨 군사 FPS 온라인 게임이다. 이 게임 역시 극사실주의를 표방한 게임으로 마니아들의 찬사를 받기도 하였다. 이 게임은 거리에 따라 다르게 적용하는 조준점, 호흡까지 조절해서 사격하는 저격 시스템, 사격 자세에 따라 달라지는 명중률 등과 같은 세밀하고 구체적인 요소까지 게임에 구현하였다.

　셋째, 구체적인 표현에 기초한 사실성은 현비 구조를 만들어 내기 위한 자원으로 필요하다. 현비 구조와 그 밖의 재미 창출 조건을 만족시키려면 사물의 구체성이 부각되어야 하기 때문이다. 예를 들어 영화 「쏘우」(2004)에서의 마지막 반전을 설득력 있게 묘사하려면 주인공이 처음에 욕조 안에서 깨어나는 장면을 구체적으로 보여 주어야 한다. 등장인물의 눈에 보이는 불빛, 욕조 배수구로 물이 빠져나가는 모습, 욕조 안의 물에서 숨을 헐떡이며 일어서는 등장인물의 모습 등이 구체적이어야 그 안의 어떤 것을 복선으로 숨길 수 있다.

사실성의 구현

재미있는 콘텐츠를 만들기 위하여 이러한 사실성을 잘 구현하려면 어떻게 해야 할까? 다음의 〈표 5.10〉에서 보여 주듯이 섬세함, 정확성, 정교성의 세 가지 요소에 유의해서 콘텐츠를 만들어야 한다.

첫째, 표현에서의 섬세함이란 작은 것 하나도 빠뜨리지 않고 표현하는 것을 말한다. 목가적 정경을 표현한다면 거기에 산과 들, 그리고 나무와 꽃, 흙이 있음과 더불어 눈에 잘 보이지 않는 날벌레, 작은 돌멩이의 그림자까지 빠뜨리지 않고 표현하는 것이 섬세함이다. 이런 섬세함의 예는 「그란 투리스모 5」와 같은 게임이나 「아바타」(2009)와 같은 영화에서 찾아볼 수 있다.

둘째, 표현에서의 정확성이란 그 표현이 모방하려는 사실과 일치하는 것을 말한다. 대체로 표현은 사실과 모든 면에서 같지 않고 단지 유사한데, 이는 전체가 아닌 부분에서만 사실과 같은 것을 의미한다. 정확하려면 제한된 범위에서 표현과 사실(표현 대상)이 전적으로 일치해야 한다.

예를 들어 영화 「유령 신부」(2005)에서 빅터와 유령 신부가 서로 상처 받은 후에 피아노 앞에서 화해하는 장면인데, 빅터가 피아노를 치면서 유령 신부의 마음을 돌리려는 가운데 유령 신부는 만감이 교차하는 표정을 지으며 망설인다. 이때의 표정은 상대에게 상처 입은 연인이 짓는 표정과 정확히 일치한다. 이 일치는 순간적인 표정의 정확성과 시간적인

사실성의 요소	내용
섬세함	작은 것 하나하나가 표현되어 있다.
정확성	사실과 일치한다.
정교성	콘텐츠의 이 부분과 저 부분이 일치한다.

표 5.10 사실성의 요소

변화 과정의 정확성에서 이루어진다. 다만 앞[59]에서 언급한 현실의 압축 원리에 따라 매우 짧은 시간에 모두 구현된다는 차이점만 있을 뿐이다. 게임에서도 탱크가 발포를 하면 그때의 음향과 진동, 영상은 사실과 일치해야 한다. 즉 소리가 같거나 비슷해야 하고 적절한 순간에 진동이 느껴져야 하며 포탄 발사에 따른 반응이 시각적으로 표현되어야 한다.

셋째, 표현에서의 정교성은 표현의 여러 부분들이 서로 일치하는 것을 말한다. 정교하지 않은 애니메이션에서는 영상과 음향이 일치하지 않을 수 있다. 이런 부분에서의 일치가 당연한 영화에서는 또한 스토리의 앞부분과 뒷부분이 일치해야 하고, 음악과 분위기가 일치해야 한다. 복선과 결말이 일치해야 하며 모든 인물들의 의도와 행동, 그리고 대사가 일치해야 한다.

재미를 위해서 사실성은 중요하지만, 사실성은 콘텐츠 작품에서 재미의 한 요소에 불과하다는 점도 잊으면 안 된다. 특히 정교한 짜임새의 요소와 상충하는 사실성은 재미를 해친다. 앞[60]에서 릭 굿맨Rick Goodman의 지적을 언급했듯이, 구체성 및 거기에서 얻는 사실성은 때로는 전체적인 재미를 위해 포기할 필요가 있다.

사실성을 제공한다며 엄청난 사양의 컴퓨터가 필요한 게임은 재미있을 수 없다. 컴퓨터에서 게임이 실행될 때마다 버벅거린다면 재미 이전에 짜증이 날 것이다. 영화나 만화에서도 사람의 심리나 대화를 사실적으로 묘사하려고 사건 전개가 지루하다면 곤란하다. "그러므로 사실성과 조밀한 배열의 결합이 중요하다."[61]

---

59 이 책의 제5장 378쪽 '초점화의 기술'을 참조하기 바란다.

60 이 책의 제2장 51쪽 '재미 개념의 세 가지 속성'을 참조하기 바란다.

61 이현비, 앞의 책, p. 334.

세계관

세계관은 재미를 창작하는 창작자가 마음속에 상상하는 세계의 모습이다. 콘텐츠 속에서 사용자가 대리 경험하는 체험의 배경인 세계관은 콘텐츠 속 이야기의 배경이 되는 구조물이며, 콘텐츠 사용자의 대리 경험을 제약하는 모든 요인들의 종합으로 작용한다.

유제상은 경쟁력 있는 콘텐츠를 만들려면 통일된 세계의 구축이 필요하다고 말하는데,[62] 이는 곧 콘텐츠를 통해 재미를 경험하는 콘텐츠 사용자가 경험하고 공유하는 세계관이다. 예를 들어 게임의 세계는 게임 사용자가 활동하는 생활과 활동 무대이다.[63] 즉 세계관은 상상 속에 있지만 콘텐츠 속에서 구체적으로 표현되고 창작자와 콘텐츠 사용자가 공유한다는 점에서 부분적으로는 특정한 세계의 객관적인 모습이다.

'세계관'이라는 용어

세계관은 '어떤 세계의 모습'이라는 뜻으로, 사실 '세계상'이라 부르는 것이 더 적절할 것 같다. 원래 세계관이라는 용어는 철학적인 맥락에서 주로 사용하며, '세상을 보는 방식', '세상을 이해하는 주관적 입장에 대한 이론' 등을 의미한다. 예를 들어 염세주의적 세계관을 가진 사람이라면, 남녀의 결혼과 같은 행복한 일도 매우 비관적이고 부정적으로 이해할 것이다. 이에 비해 긍정적인 세계관을 가진 사람은 결혼뿐만 아니라 때때로 인생에서 경험하는 난관조차도 좋은 것이라고 이해할 것이다. 이렇게 주어진 것을 어떤 입장에서 바라보는가가 세계관의 일반적인 의미이다.

---

62 유제상, 「글로벌 문화콘텐츠의 세계관 기획에 관한 연구」, 『글로벌문화콘텐츠』, Vol.13, (글로벌문화콘텐츠학회, 2013), pp. 145-169.

63 오규환, 「MMORPG의 다이나믹 게임월드」, 『디지털 스토리텔링연구』, 1호, (2006), p. 43.

하지만 콘텐츠 분야에서 세계관이라는 용어를 쓸 때는 이와 의미가 다르다. "캐릭터를 둘러싸고 있는 시간적, 공간적, 자연적, 사상적 배경"[64]과 같이 세계가 어떤 모습인지가 그 의미이다. 「스타워즈」의 세계는 우주 공간에서 비행기들이 날아다니고 먼 행성에 외계 생명체들이 살며, 선과 악으로 나뉜 우주의 생명체들이 서로 싸우는 모습이다. 한편, 「반지의 제왕」의 세계에서는 요정과 인간, 호빗 족, 그리고 오크와 늑대 인간 등의 괴물들이 공존하고, 마법이 작용하며 마력을 가진 절대 반지가 존재한다. 이와 같이 「스타워즈」와 「반지의 제왕」의 세계는 그 모습이 무척 다르다.

이는 동일한 세계를 어떤 방식으로 바라보는가의 문제라기보다는 특정한 허구 세계의 모습과 속성이 어떠한가의 문제이다. 따라서 「스타워즈」나 「반지의 제왕」의 세계의 모습은 필자가 이전[65]에 쓴 용어법대로 '세계상'이라는 말로 표현하는 것이 더 적절하다. 하지만 많은 사람들이 '세계관'이라는 말을 '세계상'의 의미로 쓰고 있어 그대로 이 용어법을 따르도록 하겠다.

세계관은 콘텐츠를 재미있게 만들기 위해 적절한 사실성을 발굴하는 자원이다. 콘텐츠가 재미있으려면 차별화된 세계관을 보여 줄 필요가 있다. 차별화된 세계관이 등장인물들의 행동을 제약하고 여기에서 새로운 경험을 얻기 때문이다.

오랫동안 인기 있는 콘텐츠의 세계관은 독특한 세계인 경우가 많다. 이때 '차별화된 세계관'이란 반드시 비현실적인 허구의 세계관을 의미하지는 않는다. 다시 말해 반드시 온라인 게임 「리니지」나 영화 「스타워

---

64 조은하, 『게임 시나리오 쓰기』, (랜덤하우스코리아, 2008).

65 이현비, 앞의 책.

즈」처럼 현실적으로 존재하지 않는 세계를 배경으로 해야 하는 것이 아니다. 「슬램덩크」처럼 사람들이 잘 알지 못하는 농구의 세계를 상세하게 보여 주거나 FPS 게임 「AA 온라인」처럼 군사 기술과 전투의 세계를 상세하고 구체적으로 보여 주는 것도 차별화된 세계관의 하나이다.

좋은 세계관의 효과

필자가 지적했듯이[66] 차별화된 독특한 세계관은 콘텐츠의 재미에 다음과 같이 두 가지 측면에서 큰 영향을 미친다.

첫째, 독특한 세계관은 구조적으로 유사한 체험을 매우 다르게 이끄는 주된 원천이다. 현비 구조에서 알 수 있듯이 재미있는 콘텐츠는 갈등 구조에 특징이 있는 것이 아니다. 달리 말하면, 사건의 결합 구조(플롯, 갈등 구조가 전개되는 추상적인 틀, 혹은 갈등의 해소 방식 등)는 대부분의 콘텐츠에서 거의 같다. 로널드 B. 토비아스의 『인간의 마음을 사로잡는 스무 가지 플롯』 책 제목에서도 알 수 있듯이 좋은 콘텐츠의 플롯은 많지 않다. 하지만 재미있는 콘텐츠는 훨씬 많다. 그 차별적인 재미가 모두 독특한 세계관에서 생겨난다.

둘째, 조밀한 배열[67]과 사실성의 결합은 매우 어렵지만 구체적인 독특한 세계관에서는 매우 쉬워진다. 앞에서 강조했듯이 콘텐츠의 사실성이 중요하다 해도 콘텐츠의 전체적인 유기적 결합 관계를 해쳐서는 안 된다. 그러나 이 균형을 적절히 유지하는 것은 매우 어렵다. 만약 훌륭한 세계관이 있다면 이런 어려움은 많이 완화된다. 영화 「아바타」(2009)처럼 세계관이 구체적으로 마련되어 있다면 창작자는 그 세계관에서 주인

---

66 이현비, 앞의 책.

67 정교한 짜임새의 네 가지 차원 중 하나이다. 이 책의 제3장 269쪽 '정교한 짜임새의 네 가지 차원'을 참조하기 바란다.

공과 등장인물들의 활동만을 조밀한 배열의 기준에 따라 구성하면 되는 것이다.[68]

이에 더하여 훌륭하고 독특한 세계관은 재미 경험의 단계 가운데 동경에 가장 크게 영향을 미친다는 점도 강조할 만하다. 만약 콘텐츠 사용자가 콘텐츠 속의 이야기에 그리움을 갖는다면, 그때 그리움의 대상은 단지 매력적인 주인공이나 그의 구체적인 활동에 한정되는 것은 아니다. 예를 들어 영화 「트랜스포머」(2007)나 「아바타」(2009)를 보고 동경을 한다면 그 그리움은 변신하는 로봇들이 전투를 벌이는 세계와 이크란을 타고 날아다니는 판도라 행성의 모든 것을 향한다. 게임의 경우에는 사용자가 게임 콘텐츠의 어떤 부분을 동경할 때 이 점이 더욱 분명해진다.

좋은 세계관의 확립은 쉽지 않다. 질서 있고 규칙적이면서도 구체적인 세상을 창조하려면 감각적 상상력과 논리 정연한 사고력이 동시에 필요하다. 하지만 이 두 능력은 서로 대립적이다. 그 밖에도 열정적인 노력과 긴 시간이 필요하다는 문제점이 있다. 이런 어려움을 극복하는 한 가지 현실적인 방법은 필자가 『재미의 경계』에서 지적했던 것처럼 전문 지식을 축적하여 활용하는 것이다.[69]

전문 지식

이재홍은 게임 세계관을 구성할 경우 시간적인 배경 및 공간적 배경의 정보를 어떻게 확보할 것인가에 대한 심리적 부담이 매우 크다고 말하는데,[70] 이는 모든 콘텐츠의 세계관에 대한 일반적인 문제이다. 이 문제

---

68 이현비, 앞의 책, pp. 337-340.

69 같은 책, p. 340.

70 이재홍, 「게임 스토리텔링 리스트에 관한 연구: 게임의 4요소를 중심으로」, 『한국게임학회 논문지』, Vol.9 No.5, (한국게임학회, 2009), pp. 13-24.

를 해결하는 한 가지 방법은 특정 분야의 전문 지식을 활용하는 것이다. 물론 전문 지식의 활용이 이런 문제를 해결하는 유일한 방법은 아니다. 뿐만 아니라 가장 중요한 방법인지도 확실하지 않다.

그럼에도 전문 지식을 활용하면 좋은 세계관을 구축할 수 있다는 점은 확실하다. 즉 전문 지식은 콘텐츠 창작자가 독특한 세계관을 구축하고, 작품에서의 적절한 구체성을 연출할 수 있는 중요한 자원이다. 철광석이라는 자원이 있어야 용광로에서 철을 만들 수 있듯이, 전문 지식이 있어야 창작자가 독특하고 설득력 있는 세계관을 구축할 수 있다. 콘텐츠 창작자가 전문 지식을 활용해서 세계관을 창조한다면 다음과 같은 이점을 얻을 수 있다.

- 새로운 세계의 구체성과 규칙을 우리가 쉽게 동감하고 이해할 수 있게 된다.
- 세계관의 구성 요소들을 쉽게 조직화할 수 있고, 보다 설득력 있게 만들 수 있다.[71]

첫째, 콘텐츠의 세계관은 어떤 점에서든 새로워야 한다. 이는 곧 많은 경우 실제 세계의 내용과 어떤 점에서든 다르다는 것을 의미하며, 그렇지 않은 경우에도 잘 알려지지 않은 모습을 보여 준다는 것을 의미한다. 이렇게 낯설고 새로운 세계의 모습은 새로운 체험을 유발하기 위해서 필수적이지만, 동시에 콘텐츠 사용자들로 하여금 그것에 동감하고 받아들이게 하는 데에는 어려움이 따른다. 전문 지식이 이 점에서 효과를 발휘하는 경우가 많다.

둘째, 전문 지식에 기초한 세계관은 비록 복잡하더라도 모순 없이 조직화할 수 있고 설득력도 있다. 전문 지식이란 상상력의 산물이 아니라

---

71 이현비, 앞의 책, p. 341.

이미 존재하는 어떤 것에 대한 지식이기 때문이다. 그래서 전문 지식은 모순이 없고 그 속의 복잡한 내용들도 일관성을 갖추고 있다.

전문 지식 없이 세계관을 구성하려 할 때 흔히 나타나는 부작용은 두 가지로 나뉜다. 하나는 단순한 상상력만으로 사람들이 흥미와 재미를 느끼지 못하는 세계관을 만드는 것이고, 다른 하나는 기존에 성공한 세계관에 기대어 그와 유사한 진부한 세계관을 재생산하는 것이다. 일반적으로 창작 실무자들은 후자를 택하는데, 이재현은 이 점을 나태한 상업주의의 관성 때문에 생긴 답습이라고 비판하였다. 즉 게임 제작자가 상업적으로 검증된 내러티브와 캐릭터 체계에 안주하면서 별도의 구상이나 노력 없이 간단하게 제작하거나 현실에 맞게 수정하여 사용하면 결국 다른 게임의 유사한 세계관을 차용하게 되는 것이다.[72]

전문 지식을 활용해서 세계관과 스토리를 구성한 경우와 전문 지식 없이 상상력에만 의존한 경우의 차이를 필자는 『재미의 경계』에서 제시하였다. 대표적인 예가 영화 「고질라」(1998)와 영화 「쥬라기 공원」(1993)의 비교이다. 영화 「고질라」는 핵 실험으로 이구아나가 돌연변이를 일으켜 거대한 공룡 같은 괴물이 되어 나타난다는 이야기이다. 이에 반해 「쥬라기 공원」(1993)은 과학자들이 쥐라기Jura紀 당시의 모기가 그대로 보존된 광물에서 모기가 머금고 있던 피를 추출해 공룡의 유전자를 검출하고, 유전자 복제와 합성 기술로 공룡을 만들어 낸다는 이야기이다. 세계관과 스토리의 핵심 발상 자체가 가진 매력에서 「쥬라기 공원」은 「고질라」에 비해 훨씬 더 우월하다. 이는 영화의 흥행 성적으로 간접적으로 증명이 되었다.[73]

---

72   이재현, 『인터넷과 온라인게임』, (커뮤니케이션북스, 2001).

73   이현비, 앞의 책, pp. 341-342.

이 밖에도 널리 알려진 유명한 콘텐츠인 영화 「반지의 제왕」(2001), 영화 「매트릭스」(1999), 베르나르 베르베르Bernard Werber의 소설 『개미』 등이 전문 지식에 기반을 두고 있다.[74]

열정, 노력, 시간

지금까지의 논의에서 알 수 있듯이 콘텐츠가 성공적으로 재미있기 위한 조건들은 많다. 한 예로 사실성을 강화하여 콘텐츠에서 제공하는 체험을 사용자가 더 잘 느끼게 만들 수도 있다. 그런데 앞[75]에서도 지적했듯이 그 사실성에는 섬세함, 정확성, 정교성이 필요하고, 이를 위해서 창작자의 섬세한 노력이 있어야만 한다. 아주 많이 힘들고, 많은 시간을 할애해야 하는 노력이다. 이러한 노력을 가능하게 하는 창작자의 조건이 바로 표현에 대한 열정이다.

재미의 조건인 현비 구조를 살펴보더라도 표현에 대한 열정이 필요함을 알 수 있다. 앞[76]에서 우리는 영화의 극적 반전을 위해 형상 전이를 활용해야 함을 이해하였다. 그렇다면 이제 이 지식만으로 영화의 결말에서 충격적인 반전을 쉽게 구성해 낼 수 있을까? 여전히 어렵다. 그 이유는 무엇일까? 그것은 형상 전이에서 창의적이고 정교한 구성이 필요하기 때문이다. 영화에서 이러한 부분을 구현하려면 이야기(스토리와 연출)를 공들여서 매우 정교하게 다듬어야 한다.

형상 전이에 창의적이고 정교한 구성이 필요하다는 것은 형상 전이의

74 이현비, 앞의 책, pp. 344-347.

75 이 책의 제5장 414쪽 '사실성'을 참조하기 바란다.

76 이 책의 제4장 350쪽 '형상 전이와 묘한 일치'를 참조하기 바란다.

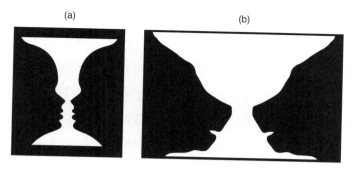

그림 19 루빈의 컵과 조악한 묘한 일치의 비교

가장 단순한 예인 〈그림 19〉 루빈의 컵 (a)만 봐도 알 수 있다. 이 그림은 그저 단순하고 재치 있는 그림 정도로 보일 수도 있지만, 이와 유사한 다른 그림을 그리는 것은 결코 쉽지 않다. 거기에는 묘한 일치가 있어야 하기 때문이다. 지금까지의 논의에서 살펴본 것처럼 묘한 일치는 재미있는 콘텐츠의 한 특징이다.

이러한 묘한 일치는 루빈의 컵처럼 컵과 마주 보는 두 사람의 옆얼굴로 그려질 수 있지만, 컵과 소나무는 형상 전이적 그림으로 그리기 어려울 것으로 보인다. 사람의 옆얼굴을 단지 소나무로 대치하는 것만 어려운 것이 아니다. 실제로 루빈의 컵 속의 옆얼굴들은 다른 어떤 것으로도 대치하기 어렵다. 혹시 마주 보는 두 마리의 늑대 정도라면 어떨까? 사람을 늑대로 바꾸는 정도라면 사소한 변화라서 컵과 함께 형상 전이적 그림이 될 수 있을 것처럼 생각된다. 하지만 실제로는 결코 쉽지 않다.

〈그림 19〉의 (b)는 사람이 아닌 늑대가 마주 보는 것으로 루빈의 컵을 그린 것이다. 그러나 웬만해서는 이 그림이 컵으로 보이지 않을 것이다. 물론 루빈의 컵에 익숙한 사람들에게는 어쩌면 루빈의 컵의 일종으로 보일지 모르겠다. 그러나 그렇다고 해도, 원래의 루빈의 컵이 가진 형상 전

이적 힘은 매우 약하다. 중간에 있는 컵도 자연스럽지 않고, 늑대의 옆모습도 별로 늑대 같지 않기 때문이다.

이렇게 마주 보는 사람과 마주 보는 늑대가 소나무보다는 비교적 유사함에도 루빈의 컵에서 서로 대치하면 형상 전이의 효과는 크게 약해진다. 그렇다면 컵과 사람의 옆얼굴이 아닌 새로운 방식의 형상 전이적 그림을 그리는 것은 훨씬 더 어려울 것임은 쉽게 추론할 수 있다.

루빈의 컵 외에도 형상 전이적 그림의 예들을 찾기 어려운 것은 결코 아니다. 흔하지는 않지만 이런 그림들은 모두 창의적이고 정교하다는 특징을 보여 준다. 그래서 어느 부분이 조금만 달라져도 형상 전이의 힘이 크게 약해진다. 그만큼 형상 전이를 위해서는 콘텐츠에 구체적이고 섬세하면서 정확한 묘한 일치가 있어야 한다. 이렇게 하려면 열정이 있어야 하고 긴 시간의 노력이 필요하다.

현실적인 함축

이상의 논의에서 재미 창작에 대한 중요한 현실적인 함축을 이끌어낼 수 있다. 다음의 두 가지 결론은 그중 일부이다.

첫째, 재미있는 콘텐츠는 짧은 시간에 만들어질 수 없다.
둘째, 재미 창작에는 개개인의 능력이 중요하다.

먼저, 재미있는 콘텐츠는 짧은 시간에 만들어질 수 없다는 것은 특히 많은 사람들이 오랫동안 즐길 수 있는, 그리하여 재미 경험의 단계 중 마지막의 동경 단계를 강력하게 유발할 수 있는 콘텐츠는 더욱 그러하다. 따라서 콘텐츠 산업의 성공 방식은 굴뚝 산업시대의 성공 방식과는 상당히 다르다. 아무리 많은 자본을 투자하고, 짧은 시간에 많은 인원들이 굴

뚝 산업시대의 방식에 따라 만든 콘텐츠는 대부분 실패하기 쉽다. 그 까닭은 현비 구조, 묘한 일치, 섬세함, 정교함 등의 재미 창작 요소들은 많은 자본을 투자한다고 해서 금방 만들 수 있는 것이 아니기 때문이다.

재미 창작에서 자본을 투자해서 할 수 있는 유용한 것 하나는, 재미 창작 전문가들의 능력을 결집하는 것이다. 이때 확보할 수 있는 것은 단지 다양한 전문가들의 많은 경험뿐이다. 그런데 재미는 많은 경험에서 나오는 것이 아니라 새로운 체험에서 나온다. 경험과 체험의 차이는 여러 번 지적했듯이 '자각'의 차이이다. 자각된 경험은 인간의 단일한 의식 속에서 이해되고 통합되어 재구성된 경험이다. 거기에는 경험에는 없는 독특한 초점이 존재하고, 이 초점이 별도의 맥락을 형성하여 체험을 단순하면서도 다채롭게 만든다.

그런데 많은 전문가들이 같이 만들더라도 짧은 시간에 만든 콘텐츠에는 이러한 단일한 통합이 불가능하다. 그래서 하나의 체험이 구성될 수 없고, 그렇게 만든 콘텐츠는 사용자 개개인을 설득하여 몰입하게 할 수 없다. 결국 재미의 근원은 창작자의 개성이므로 이것을 자본으로 대체하는 데에는 많은 제약이 따른다.

다음으로, 재미 창작에서 개개인의 능력이 중요하다는 것은 재미 창작의 근원이 개인의 개성이라는 점에서 추론할 수 있다. 결국 재미 창작에서는 개인의 능력(재능)이 중요하다. 대작 영화나 게임처럼 조직적인 활동으로 창작을 할 경우에는 콘텐츠 창작자 개개인이 각자 맡은 분야에서 자기 능력을 완전히 체험화해서 발휘해야 하지만, 이 경우에도 콘텐츠 전체를 연출하는 총감독자의 역량이 가장 중요하다.

진정성

표현되지 않은 창작이란 없다. 이는 모순이고 언어도단일 정도로 창작이란 최종적으로 표현이 되어야 그 본래의 의미를 얻는다. 이런 면에서 표현은 창작의 구체적인 시작이자 끝이라고 할 수 있다. 곧 좋은 표현이 좋은 콘텐츠를 만든다. 표현이 좋지 않으면 콘텐츠 역시 훌륭할 수 없다. 예를 들어 아무리 좋은 시나리오라도 뛰어난 연출 감독의 손을 거치지 않으면 좋은 영화가 될 수 없다. 시나리오에서 의도한 이야기가 잘 표현되지 못하기 때문이다.

그렇다면 좋은 표현을 위해서는 무엇이 필요한가? 많은 것들이 있지만 그중에서 가장 중요한 것은 진정성이다. 좋은 표현은 표현자의 진정성에서 나온다. 이 말은 표현과 관련해서 절대 진리라 할 수 있다. 진정성의 필요는 재미를 초월해서 모든 좋은 표현에 적용된다.

진정성이 중요한 까닭

진정성이 중요한 까닭은 쉽게 논증할 수 있다. 표현은 표현하고자 하는 생각이나 감정, 이야기의 표현이다. 그런데 표현하고자 하는 내용이 사실은 별로 표현하고 싶은 것이 아니라면 어떻겠는가? 그 표현은 길을 잃게 마련이다. 마치 목적지로 가고 있지만 사실상 거기에 가고 싶지 않다면 그 여행이 제대로 이루어지기 어려운 것과 같다.

표현에서의 진정성이란, 표현 자체를 목적으로 하는 강렬한 의지가 있음을 뜻한다. 일반적으로 우리는 표현에 뒤따르는 결과가 아닌, 표현하는 것 자체를 하려는 의지가 간절할 때 진정으로 표현하려 한다고 이해한다. 이와 대조적으로, 표현 자체가 아니라 표현에 뒤따르는 결과로서의 어떤 것을 원하는 의지는 표현을 수단으로 하는 의지이다.

예를 들어 돈을 벌기 위해서 콘텐츠를 빨리 만들려는 의지가 강하다면 이는 표현을 수단으로 하는 의지이다. 이에 비해 죽은 연인이 그리워서 그 모습을 그림으로 그린다면 표현을 목적으로 하는 의지이다.

표현에 대한 진정성이 있으면 내적인 힘에 따라 표현이 분출되듯이 나타난다. 그때 창작자의 마음속에 있는 것은 표현하려는 감정, 표현하려는 이야기, 세부적인 느낌, 표정, 소리, 언어 등 구체적인 것들의 덩어리이다. 반면에 표현을 수단으로써 간절하게 원하면 어떤 것을 표현해야 한다는 강박 관념이나 당위성이 따르고, 그때 창작자의 마음속에는 구체적인 것이 아니라 추상적이고 막연한 관념이 존재한다.

표현이 좋아야 재미있을 수 있고, 좋은 표현을 위해서는 진정성이 필요하다는 것을 필자는 도덕적 교훈의 차원에서 강조하는 것이 아니다. 이러한 진정성의 요구는 콘텐츠 기획에서 중요한 판단 기준이기 때문이다. 그만큼 실용적인 원칙이라 할 수 있다. 예를 들어 기획 영화는 성공하기 어렵다는 것을 금방 떠올릴 수 있다.

기획 영화란 아이디어를 발굴한 후에 사전 조사로 시나리오나 영화 작업의 가능성을 타진해 보고 시나리오 작가를 선정하여 이 기획안으로 제작 자본을 찾는 순서로 만들어지는 영화인데,[77] 간단히 말해 영화 관객의 취향과 유행을 조사하여 이에 적합한 영화를 만드는 것이다. 물론 「결혼 이야기」(1992)와 같이 기획 영화의 성공 사례가 아예 없는 것은 아니지만, 「집으로」(2002)나 「아바타」(2009) 등에서 보듯이 진정성을 바탕으로 만든 영화가 더욱더 재미를 창출하고 대중의 선택을 받는다.[78] 이

---

77 황동미, 「한국영화산업구조 분석: 할리우드 영화 직배 이후를 중심으로」, 한국영화진흥위원회 연구 보고 2001-3.

78 「집으로」(2002)는 영화 제작 단계에서 투자를 받지 못해 큰 어려움을 겪었다고 알려져 있다. 「아바타」(2009) 역시 개봉 전에는 정말 재미있을지, 흥행할지에 대해서 의혹의 시선을 받았다. 그만큼 유행에 따라 기획된 영화가 아님을 알 수 있다.

에 비해 기획 영화의 대표적 사례로 성공을 거둔 영화의 후속작들이 흥행에 크게 성공한 예는 많지 않다.[79]

표현에 진정성을 얻는 방법

좋은 표현의 가장 중요한 근원이 진정성이라면, 이제 재미론의 관점에서 관심을 가져야 할 문제는 표현에 필요한 진정성을 어떻게 얻을 수 있는가이다.

첫째, 진정성을 얻으려면 절실한 자신의 체험이 필요하다.
둘째, 어떤 경우에도 짧은 시간에 간단한 노력으로 진정성을 얻을 수 없다.

첫째, 진정성을 위해서는 절실한 자신의 체험이 필요하다는 것은 간단히 말해 '자기 체험'이 진정성의 근원이다. 좋은 표현을 위해 필요한 진정성을 자기 체험에서 얻는다는 것은, 적어도 재미에 대한 제1정의를 근거로 생각하면 동어 반복적일 정도로 타당하다. 왜냐하면 현비 개념에서 재미란 새로운 체험에서 얻어지기 때문이다. 이러한 재미를 표현하기 위해 표현자가 스스로 체험하지 않았다면 이는 표현하고자 하는 것이 없는 셈이다.

이는 아리스토텔레스 외에 많은 콘텐츠 연구자들이 강조한 내용이다. 아리스토텔레스는 『시학』에서 "시인은 플롯을 구성하고, 그것을 언어로 표현할 때 가능한 한 실제 장면을 눈앞에 그려 보아야 한다. 또한 시인은 가능한 한 작중 인물의 제스처로 스토리를 실연해 볼 필요가 있다"고 말

---

79 「조폭 마누라 2」(2003), 「로보캅 3」(1993) 등이 대표적인 예이다. 또한 큰 기대를 받았으나 기대에 못 미친 「토탈 리콜」(2012), 「로보캅」(2014) 등의 리부트reboot 영화도 기획 영화의 예라 할 수 있다.

하였다.[80]

호라티우스도 "만일 그대가 나를 울리고자 한다면 먼저 그대 자신이 고통을 느껴야 할 것이오. 그래야만 비로소 텔레포스여, 그리고 펠레우스여, 그대의 불행이 나를 감동케 할 것이오. 만일 그대가 남이 시키는 말만 서투르게 늘어놓는다면 나는 하품과 웃음을 참지 못할 것이오"[81]라고 말하였다. 최근의 연구자들의 주장에서도 이와 유사한 주장을 찾을 수 있다. 작가가 다른 사람을 감동시키려면 어떻게 해야 하는지에 대한 노다 고고野田高梧의 설명이 한 예이다.[82]

그런데 창작자가 표현하려는 모든 체험을 직접 체험할 수 없는 경우가 많다. 예를 들어 판타지 세계에 관한 콘텐츠를 창작할 때 특히 그렇다. 따라서 창작자는 좋은 표현을 위해 수용성이 민감해야 한다. 즉 책을 읽거나 영화를 보는 등의 간접 체험에서도 마치 자신이 직접 체험하는 것처럼 절실하게 경험할 수 있는 능력이 필요하다. 이것 역시 아리스토텔레스 등의 연구자들이 이미 강조한 바가 있다.[83]

둘째, 어떤 경우에도 짧은 시간 안에 간단한 노력으로 진정성을 얻을 수 없다는 것은 앞에서 열정과 노력, 시간에 관해 논의하면서 언급하였다. 따라서 추가적인 논의는 불필요할 것이다.

---

80 아리스토텔레스, 『시학』, 제17장.

81 호라티우스, 앞의 글, p. 171.

82 "작가가 한 사건에서 감동을 받은 결과, 그 사건을 써서 다른 사람을 감동시키려면, 그는 먼저 자기를 감동시킨 원인이 어디에 있는가를 탐구하여 그 사건의 현상으로서의 특수성 속에, 진실로서의 보편성을 발견한 다음 이것을 다시 자기의 공상 속에 녹여 넣어서 한 작품으로서의 구상을 정리해야 한다. 즉 사실로부터 진실로, 진실로부터 공상으로, 공상으로부터 다시 구상화로 나아가는 이러한 심적 경과가 빈틈없이 이루어지지 않는 한에 있어서는, 그것은 결코 뛰어난 작품이 될 수 없을 것이다."(노다 고고野田高梧, 『시나리오 구조론』, 장천호 옮김, (집문당, 1996), p. 59.)

83 아리스토텔레스는 이렇게 말하였다. "두 사람의 재능이 같은 경우에는, 표현해야 할 감정을 실제로 느끼는 사람이 더 설득력 있게 표현할 수 있을 것이다." (아리스토텔레스, 같은 책, 제17장)

제6장

재미의 철학적 고찰

1. 재미와 현실

재미있는 콘텐츠 속의 이야기는 대개 현실이 아니다. 영화 「슈퍼맨」 (1978)의 이야기는 현실에서 결코 발생할 수 없으며, 게임 「디아블로」의 내용도 마찬가지이다. 이렇게 콘텐츠 속의 이야기는 현실과 매우 동떨어져 있다. 더 나아가 일반적으로 재미있는 이야기는 비현실적인 경우가 많고, 반대로 현실 그대로의 사실들은 별로 극적이지 못하다.

그럼에도 재미는 현실과 필연적으로 밀접한 관계를 가지고 있다. 그 관계는 재미를 통해서 창작자와 콘텐츠 사용자가 현실의 문제를 특정한 방식으로 해석하고, 문제 해결을 위한 방향을 제시하는 것이라고 할 수 있다. 이것은 재미 창작이나 콘텐츠 사용이 모두 사람의 활동이고, 사람의 활동은 전반적으로 현실의 문제를 해석하고 해결하려는 노력으로써 존립하므로, 재미 창작과 콘텐츠 사용의 활동을 통해 재미와 현실이 관계를 맺는다는 것은 당연하고 자연스러운 사실이라 할 것이다.

따라서 재미와 현실의 관계에 대해 좀 더 독특한 부분을 고찰할 필요가 있다. 첫째는 재미와 현실이 서로 관계 맺는 구체적인 방식에 대한 부분이고, 둘째는 재미가 현실의 해석과 문제 해결의 방향을 제시할 때 얻는 설득력의 특징, 곧 재미의 목소리에 대한 부분이다.

재미와 현실이 관계 맺는 방식

창작의 과정에서 항상 확인할 수 있는 한 가지 사실은 재미를 위해서 인간은 현실을 변형한다는 것이다. 이 변형은 취사선택이다. 즉 재미 창작에서 현실의 어떤 부분은 선택되고, 어떤 부분은 거부된다. 그렇다면 현실의 어떤 부분이 선택되는가? 이 답을 찾기 위해 재미의 기본 단위인 현비 구조를 논리적 출발점으로 하여 재미 창작에서의 현실 변형을 분석할 수 있다.

먼저 현비 구조의 출발점인 긴장 구조를 살펴보자. 긴장 구조는 전체 현비 구조에서 '드러난 이야기'의 핵심이다. 이 드러난 이야기에서 보여 주는 현실은 우리 삶에서 빈발하는 부분, 혹은 비중이 큰 부분이며 그래서 중요한 부분이다. 따라서 드러난 이야기의 긴장 구조는 현실적이어야 한다. 특히 긴장의 축적 단계는 있는 그대로의 현실을 보여 준다는 점에서 더욱 현실적이라 할 수 있다. 예를 들어 「대부」(1972)와 같은 영화에서도 그러하지만, 「배트맨」(1989)과 같은 매우 허구적인 오락 영화에서도 그러하다. 재미있는 이야기의 긴장 축적 과정은 우리 주변의 현실에서 볼 수 있는 영웅과 악당을 좀 더 확대하고 좀 더 과장할 뿐 경험을 모방하기 때문에 현실적이다.

아리스토텔레스는 『시학』에서 믿어지지 않는 현실보다는 있음 직한 가상이 더 낫다고 말했는데, 이 역시 긴장 구조 중 긴장 축적 단계에서 현실의 흔한 부분을 반영해야 함을 의미한다. 왜 그런가? 믿어지지 않는 현실은 자주 발생하지 않는다. 그래서 우리 삶에서 중요한 부분이 아니다. 반대로 있음 직한 가상은 정확히 그 일이 발생하지는 않았지만 중요한 측면에서 그와 동일하게 벌어지는 일들이다. 따라서 우리 삶에서 더 큰 비중을 차지하는 일이라 할 수 있다.

한편, 긴장 해소 단계인 결말은 훨씬 덜 현실적이다. 그 대신 결말은 우리가 원하는 현실의 문제 해결 방식을 각인시킨다. 이 각인 과정은 기본적으로 두 유형으로 구분할 수 있는데, 하나는 희극형이고 다른 하나는 비극형이다.

이른바 해피 엔딩의 결말인 희극은 긴장 해소 단계에서 우리가 원하는 현실을 보여 준다. 반면에 비극은 우리의 희망과 대조되는 결말을 보여 줌으로써 우리가 원하는 문제 해결이 어떤 것인지를 강력하게 인식하도록 유도한다. 예를 들어 「도가니」(2011)와 같은 영화는 비극적인 결말을 보여 주지만, 바로 이 점 때문에 문제 해결이 잘못되었다는 인식을 대중에게 강력하게 심어 주었다.

숨은 이야기에 어떤 맥락이 놓이는가도 이야기를 통해 재미가 보여 주는 현실에 큰 영향을 준다. 숨은 이야기에는 현실 속 문제를 해결할 열쇠가 들어 있다. 공유 경험의 속성을 이해하면 알 수 있듯이, 친숙하면서도 우리가 간과하는 그 어떤 것이다. 실제로 현실 속 문제 해결의 중요한 열쇠는 친숙하면서도 우리가 간과하는 어떤 것인 경우가 많다. 이런 논의를 하나의 명제로 집약한다면, "재미가 입체적인 현실을 특정한 관점으로 단순화한다"라고 말할 수 있다.

앞[1]에서 말했듯이 대상은 입체적이다. 마찬가지로 대상의 전체인 현실 역시 입체적이다. 현비 구조가 드러난 이야기와 숨은 이야기의 두 겹 이야기로 구성될 때, 현실의 이러한 입체성을 어떤 관점에 따라 재단한다. 다시 말해 현실을 보여 주기(긴장 축적)와 문제를 해결하기(긴장 해소), 그리고 그 해결의 열쇠(숨은 이야기)라는 세 지점에 무엇을 놓는가

---

1 이 책의 제5장 369쪽 '표현론과 콘텐츠학'을 참조하기 바란다.

하는 것도 취사선택의 문제이기 때문이다.

재미의 목소리

재미가 현실을 해석하고 문제를 해결할 때의 목소리에는 특징이 있
다. 곧 그 목소리는 감성적이고 단기적으로 강력하다. 재미가 현실을 보
여 주고 문제 해결을 추구한다는 것은 평범한 사실이다. 여기에는 재미
와 현실의 공통점이 존재한다. 반면에 이 둘의 차이는 재미가 가진 설득
력에서 찾을 수 있다. 그 설득력은 논리적이기보다는 감성적이고, 장기
적으로 지속되기보다는 단기적으로 폭발적이다. 반대로 현실은 감성적
이기보다 논리적이고, 장기적으로 지속된다.

이상과 같이 재미와 현실의 관계를 고찰함으로써 얻는 함축이 있다.
그중 하나는 재미 창작을 위해서는 끊임없이 현실에 대해 관심을 가져야
한다는 것이다. 현실에 대한 관심과 문제의식이 표현의 진정성을 강화한
다. 필자가 지적했듯이 다른 사람을 자연스럽게 웃길 수 있는 사람은 다
른 사람을 배려하고 분위기를 포착할 줄 아는 사람이다. 이는 곧 현실과
함께 숨 쉬며 현실에서 등 돌리지 않는 사람이라는 뜻이고, 현실의 일부
분인 다른 사람들에게 꾸준히 관심을 갖고 그들을 기쁘게 한다는 것을
의미한다.[2] 이런 생각을 재미에 일반화할 수 있을 것이다.

끝으로 재미가 보여 주는 현실의 중요한 논리적 속성을 한 번 더 언급
하고자 한다. 재미를 통해 현실의 속성을 추리해 보면 다음과 같은 결론
을 얻을 수 있다. 앞[3]에서 언급했듯이 재미의 기본 단위는 현비 구조이
다. 현비 구조에는 위상적으로 뫼비우스 띠가 포함된다.[4] 그런데 뫼비우

2　이현비, 『원리를 알면 공자도 웃길 수 있다』, (지성사, 1997), p. 200.

3　이 책의 제3장 233쪽 '현비 구조의 보완 이론'을 참조하기 바란다.

4　이현비, 『재미의 경계』, (지성사, 2004), 제2장. 그리고 이 책의 제6장 442쪽 '재미의 추상적

스 띠에서는 방향을 정할 수 없다.[5] 그러므로 재미있는 콘텐츠의 이야기에서도 방향을 부여할 수 없다. 또한 재미있는 이야기는 현실의 모방이니 현실에서도 방향을 정할 수 없는 요소들이 있다. 그만큼 현실은 복잡다단하고 다양한 측면을 포함한다. 재미가 보여 주는 현실의 이러한 속성의 논리적 기초를 확인하기 위해 다음 절에서 뫼비우스 띠와 재미의 관계를 살펴보도록 하자.

구조'를 참조하기 바란다.

5 김용운·김용국, 『토폴로지 입문』, (우성문화사, 1995), p. 179. 그리고 혼마 다쓰오, 『위상공간으로 가는 길』, 임승원 옮김, (전파과학사, 1995), p. 119.

2. 재미의 추상적 구조

현비 구조와 뫼비우스 띠

재미 경험의 구조가 현비 구조라면 여기에는 뫼비우스 띠로 요약되는 위상적 구조가 내재한다. 이때의 재미는 재미 분석의 여러 차원 중에서 내용적 차원에서 이해된다. 재미와 현비 구조, 그리고 뫼비우스 띠의 관계는 다음 〈그림 20〉으로 정리된다.

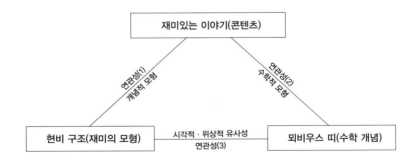

그림 20 재미와 현비 구조, 그리고 뫼비우스 띠의 관계[6]

필자가 『재미의 경계』에서 설명했듯이 재미의 추상적 구조는 뫼비우스 띠Mobius band라는 위상수학적 개념으로 요약된다.[7] 뫼비우스 띠는 수학자 뫼비우스(Mobius, 1790~1868)가 발견하였다. 뫼비우스는 1865년경에 다면체의 표면은 다각형들을 이어 붙인 것에 지나지 않는다는 견해를 발표하였는데, 이것은 2차원 복체의 개념을 처음 도입한 것이었다. 뫼비우스는 이에 관한 조직적 연구에서 뫼비우스 띠를 발견하였다.[8]

뫼비우스 띠는 흔히 한 면과 한 경계만을 가진 특이한 곡면이라고 설명한다. 뫼비우스 띠에 초점을 맞춘 우리의 과제는 재미에 대한 정확한 개념에 기초해서 그 다양한 함축을 해명해 보는 것이다. 이때 정확한 재미의 개념으로 현비 구조를 채택하려 한다. 필자의 이전 저작들[9]에서부터 지금까지의 논의에서 알 수 있듯이 현비 구조는 재미를 이해하기 위한 개념이면서 동시에 재미를 창출하는 데 도움이 되는 개념이므로,[10] 재미의 개념을 현비 구조와 동일시하는 것이 어느 정도는 정당화될 것이다. 따라서 연관성(1)은 '현비 구조가 재미있는 이야기를 모형화한다'라는 관계이다.

이렇게 현비 구조를 받아들이고 나면, 현비 구조는 뫼비우스 띠와 시각적·위상적으로 분명한 유사성을 가진다는 것을 알 수 있다. 즉 연관성(3)은 양자의 시각적·위상적 유사성이다. 이때 위상적으로 유사하다는 말은 위상수학topology의 개념으로 동일한 위상공간의 속성을 가지고 있

---

6   이현비, 앞의 책, (2004), p. 71.

7   같은 책, p. 67-78.

8   박세희, 『수학의 세계』, (서울대학교 출판부, 1993), p. 162.

9   이현비, 앞의 책, (1997). 그리고 앞의 책, (2004).

10 비유하면, 물리학에서 물체의 운동을 기술하는 방정식은 그 운동을 이해하기 위한 개념이면서 동시에 그 운동을 제어하는 데 도움이 되는 개념이다. 이런 것이 적절한 이론의 부분이라면 재미에 대한 개념 역시 이와 같은 속성들을 가져야 한다.

다는 뜻이다. 이때 "위상공간topological space이라 함은 점의 집합의 각 점의 근방계가 정의되어 있는 것이다."[11] 한편, 어떤 공간의 연결성에만 초점을 맞추어 수학적으로 연구하는 것이 위상수학이므로, 위상적으로 유사하다는 것은 공간적 연결성에서 서로 같다는 뜻이다.

현비 구조와 뫼비우스 띠가 위상적으로 동일성을 가질 경우, 연관성 (2)는 뫼비우스 띠와 재미있는 이야기의 관계가 되며, 이는 연관성(1)과 연관성(3)에 기초한 추론에서 얻어진다. 따라서 뫼비우스 띠가 재미있는 이야기의 수학적 모형이라는 것을 추론할 수 있다. 정리하면, 뫼비우스 띠는 재미의 어떤 중요한 부분을 포착하는 수학적 개념이라고 할 수 있다.

위상수학적인 수준에서 현비 구조와 뫼비우스 띠의 연관성은 다음의 몇 가지 방법으로 근거를 찾을 수 있다.

첫째는 두 구조물의 시각적 유사성이다. 〈그림 21〉은 현비 구조와 뫼비우스 띠의 유사성과 연속성을 보여 준다. 그리고 이 그림에서 볼 수 있는 시각적 유사성이란 바로 2차원 면의 연결성이 같다는 뜻이며, 이는 앞에서 정의한 대로 위상적 동일성이라 할 수 있다.

둘째, 뫼비우스 띠에 대한 수학적 정의를 바탕으로 재미와 현비 구조, 그리고 뫼비우스 띠의 연관성을 논증할 수

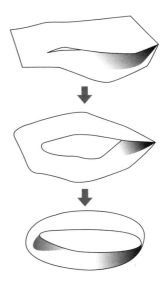

그림 21 현비 구조와 뫼비우스 띠의 시각적 연속성[12]

11 혼마 다쓰오, 앞의 책, (1995), p. 14.

12 이현비, 앞의 책, (2004), p. 68.

444

도 있다. 뫼비우스 띠에 대한 위상수학적 정의는 다음 〈그림 22〉와 같다.

〈그림 22〉에서 a=a′, P=P′, Q=Q′는 뫼비우스 띠에 대한 수학적 정의이다. 즉 동일한 평면 속에서 그 평면의 한쪽 끝 방향이 다른 쪽 끝 방향과 서로 거꾸로 연결되어 있다. 뫼비우스 띠에서는 방향을 정할 수 없다는 속성은 여기에서 도출되었다.

〈그림 23〉처럼 뫼비우스 띠의 위상수학적 속성인 '방향을 정할 수 없다'라는 속성은 재미있는 이야기를 분석해 봄으로써 실제로 확인할 수 있다.

그림 22 뫼비우스 띠에 대한 위상수학적 정의[13]

방향 설정이 가능   방향 설정이 가능   방향 설정이 불가능

그림 23 방향 설정 가능성과 불가능성의 대조[14]

---

13 이현비, 앞의 책, (2004), p. 72.

14 김용운·김용국, 앞의 책, p. 179.

『재미의 경계』에서는「똥 퍼 이름」[15]과 같은 유머를 예로 들어 분석하였지만, 영화「세븐 데이즈」(2007)를 분석해도 유사한 결과가 나온다. 「세븐 데이즈」에서는 주인공인 변호사 유지연이 영화 내내 살인 혐의자 정철진의 무죄 판정을 받으려고 고군분투하는 것으로 보였던 이유가 설득력 있는 극적 반전으로 전혀 달라지기 때문이다. 즉 이야기가 설득력 있게 진행될 때에는 PQ의 방향이 일정하게 연장되었는데, 이 방향이 마지막에는 반대로 바뀌게 되는 것이다. 그리고 이 구조가「세븐 데이즈」이야기의 주된 구조이다.

켄 댄시거와 제프 러시는 반전을 '플롯의 뒤틀림'이라고 말하는데[16] 뫼비우스 띠를 만들려면 면을 한 번 비틀어야 한다는 점도 반전을 포함하는 재미와 뫼비우스 띠의 유사성을 뒷받침한다.

재미에 대한 뫼비우스 띠의 두 가지 함축

한편, 박세희는 보통의 곡면은 대체로 두 면으로 되어 있지만 뫼비우스 띠는 면이 하나밖에 없는 곡면이라는 점을 강조한다.[17] 쉽게 관찰할 수 있듯이 뫼비우스 띠의 한쪽 면을 따라가면 얼핏 앞뒷면으로 보이는 모든 표면을 지나갈 수 있다. 마찬가지로 뫼비우스 띠의 면 양쪽의 경계선도 하나로 연결되어 있다. 이 특성이 현비 구조를 매개로 하여 재미에 대해 함축하는 것은 대략 다음의 두 가지로 이해할 수 있다.

---

15 이현비, 앞의 책, (2004), p. 76 유머「똥 퍼 이름」
어떤 학교에서 선생님이 학생들에게 말했다.
"레오나르도 디카프리오는 똥 퍼 이름이다!!"
아이들이 궁금해했다.
그러자 선생님의 명쾌한 설명 한마디.
"내 오날도 뒷간 푸리오???"

16 켄 댄시거·제프 러시, 『얼터너티브 시나리오』, 안병규 옮김, (커뮤니케이션북스, 2006), p. 11.

17 박세희, 앞의 책, p. 168.

첫째, 플롯과 소재가 사실상 하나로 연결된 전체라는 것이다. 하나의 띠가 양쪽의 경계선을 필연적으로 가지듯이 하나의 이야기는 '플롯'이라는 형식과 '소재'라는 내용을 필연적으로 포함한다. 그런데 뫼비우스 띠의 한쪽 경계선을 따라가면, 얼핏 보아 다른 경계선으로 보이던 그 경계선과 이어져 있음을 알게 된다. 마찬가지로 현비 구조를 따른 재미있는 이야기들은 그 플롯을 따라가면 반드시 소재와 연결됨을 보여 준다.

영화 「식스 센스」(1999)는 주인공이 귀신을 보는 소년을 치료한다는 소재가 플롯상의 반전과 긴밀하게 연관되어 있다. 만약 부모님의 이혼으로 고통받는 소년을 치료하는 것으로 소재가 바뀌면 「식스 센스」의 플롯은 성립하기가 매우 어렵게 된다. 충격적 반전에 성공한 「올드 보이」(2003)나 「메멘토」(2000)도 그러하다.

둘째, 『재미의 경계』에서 지적했듯이 재미가 한 차원 높은 수준의 고차원성을 갖는다는 것을 알 수 있다. 뫼비우스 띠는 각 부분이 모두 2차원이지만 뫼비우스 띠 전체는 2차원 안에 존재할 수 없고 오직 3차원 안에서만 존재할 수 있다. 이것을 '뫼비우스 띠는 2·3차원이다'라고 표현하자. 그렇다면 마찬가지로 뫼비우스 띠와 속성이 같고, 한 차원 높은 입체 도형인 클라인 병Klien bottle은 각 부분이 3차원이지만 4차원 안에서만 존재할 수 있으므로 3·4차원이라고 할 수 있다.[18]

이러한 생각을 논리적으로 좀 더 엄밀하게 뒷받침하려면 차원을 정의해야 한다. 이때 차원 개념에 대한 정의는 다음의 두 조건을 충족해야 한다.

첫째, 기존의 차원에 대한 정의와 같거나 유사하며, 특히 그 기본 아이디어에서 동

---

18 이현비, 앞의 책, (2004), pp. 237-238.
  참고로 클라인 병을 둘로 나누면 뫼비우스 띠가 두 개 생긴다.(김용운·김용국, 앞의 책, p. 179.)

일해야 한다.

둘째, 수학이나 물리학에서 엄밀하게 정의한 차원과는 달리 재미에 대한 이론에 적용할 수 있도록 포괄적이어야 한다.

차원의 기본 아이디어에서 핵심은 순서 관계이다. 기하학적 차원의 각 기저는 직선인데, 이 직선이 곧 실수의 순서 관계와 대등하기 때문이다. 또한 순서 관계에 따라 방향성이 결정된다. 따라서 재미의 관점에서 영역 전이적으로 사고하려면 이러한 순서 관계로 추상화할 수 있는 다양한 여러 속성이 무엇인지 결정해야 한다. 필자가 보기에 힘의 강함과 약함, 도덕적인 선함과 악함, 외모의 아름다움 정도 등이 모두 이러한 순서 관계 혹은 방향성이라 할 수 있다. 그렇다면 이때 재미에서 말하는 차원은 앞에서 말한 두 조건을 충족시키는 개념이 될 것이다.

재미의 구조가 고차원성을 가진다는 것은, 콘텐츠를 재미있게 만들려면 한 차원 높은 복합적인 사고가 필요하다는 것을 의미한다. 재미있는 작품을 구현할 때 작품의 각 부분에서는 저차원의 단순한 사고가 필요하지만 작품 전체에서는 고차원의 복합적인 사고가 필요하다. 그리고 이것은 다시 콘텐츠를 재미있게 만들기가 매우 어려움을 함축한다. 고차원의 복합적인 사고가 필요한데, 차원이 하나씩 상승하면 난이도는 급격히 높아지기 때문이다.[19] 예를 들어 3차원 좌표 평면에서의 입체 도형을 다룬다면 그때의 어려움은 2차원 좌표 평면에서의 도형을 다룰 때보다 훨씬 어려운 것과 같다.

지금까지 현비 구조를 매개로 하여 재미의 수학적 모형으로 뫼비우스 띠를 연결하였는데, 파국 이론으로 재미(유머)를 설명하려는 시도도 이

---

19 이현비, 앞의 책, (2004), pp. 237-238.

와 유사하다. 재미에 대한 파국 이론적 모형은 수학자인 파울로스가 제시하였다. 그러나 단순하고 짧은 구조의 재미(유머)에만 적용되고 별로 생산적이지 못하다는 등의 한계점이 있다.[20]

재미와 역설

재미, 뫼비우스 띠, 그리고 역설은 구조적인 측면에서 서로 관련이 깊다. 이러한 관련성은 앞[21]에서 말했듯이, 현비 구조가 이야기의 재미 조건을 매우 분명하고 정확하게 추상화한 하나의 통합체로 제시하기 때문에 탐구할 수 있다.

먼저 논리적 역설의 가장 단순하고 대표적인 형태인 거짓말쟁이 역설의 두 가지 형태를 알아보자.

- **거짓말쟁이 역설 1**: 크레타 사람이 이렇게 말했다. "모든 크레타 사람들은 거짓말쟁이다."
- **거짓말쟁이 역설 2**: "이 문장은 거짓이다."

'거짓말쟁이 역설 2'는 '거짓말쟁이 역설 1'을 단순화한 형태이다. 즉 논리적인 구조는 같다. 여기서 중요한 것은, "각 부분에서는 아무런 문제가 없어 보이는데 그 연결 고리를 따라가면 나중에는 전혀 반대의 결과가 나타난다는 것이다."[22]

---

20   이현비, 앞의 책, (2004), pp. 162-175.

21   이 책의 제3장 256쪽 '현비 구조의 이론적 의의'를 참조하기 바란다.

22   같은 책, (2004), p. 230.

이 밖에도 논리적인 역설들이 많은데, 수학적으로 중요한 '칸토어의 역설', 철학자 러셀이 발견한 '러셀의 역설'과 '이발사의 역설', 쥘 리샤르Jules Richard가 발견한 '단어 역설' 등 여러 가지가 있다.[23]

역설의 본질

역설의 핵심적 특징은 각 단계가 정합적임에도 불구하고 전체적인 모순성이 나타난다는 것이다. 이러한 역설의 특징을 구성하는 개념들을 분석해 보면 다음의 〈표 6.1〉과 같이 '단계적 정합성'과 '전체적 모순성'으로 분석할 수 있다.

역설의 구성 요소	내용
단계적 정합성	부분적인 단계에서 어떤 규칙이 존재하고 일치함
전체적 모순성	전체적으로 이 부분에서의 일치와 저 부분에서의 일치가 반대됨

표 6.1 역설의 구성 요소

역설의 단계적 정합성과 전체적 모순성은 더글러스 호프스태터Douglas R. Hofstadter가 말한 '이상한 고리Strange Loops'와 같은 개념이다. 이상한 고리 현상은 일정한 위계 체계의 층위들이 위나 아래로 이동하다가 예기치 않게 다시 바로 이동의 출발점에 도달하는 경우에 언제나 출현하는데, 여기에서 '헝클어진 위계질서'가 나타나는 것을 의미한다.[24]

이러한 역설에서 단계적 정합성은 당연하고도 필수적인 부분이며 이해하기에 어렵지도 않다. 단, 역설의 각 부분들이 정합적이어서 문제가

---

23 모리스 클라인, 『수학의 확실성』, 심재관 옮김, (사이언스북스, 2007), pp. 347-363.

24 더글러스 호프스태터, 『괴델, 에셔, 바흐』, 박여성 옮김, (까치글방, 1999), p. 14.

없는 것처럼 보여야 한다. 그렇지 않고 각 부분들에도 문제가 있다면 역설이 시작될 수가 없다. 더글러스 호프스태터의 이상한 고리를 보더라도 일정한 위계 체계의 층위들이 위나 아래로 이동하지 않는가.

한편, 전체적 모순성의 핵심은 모순이며, 더글러스 호프스태터의 헝클어진 위계질서이다. 그런데 이런 모순은 또 다른 종류의 일치를 포함한다는 점에 주목해야 한다. 모순이 되려면 정확한 반대의 일치가 있어야 한다. 아무런 일치가 없다면 모순이 아니라 무의미일 뿐이다.

재미와 역설의 관련성 논증

이상의 분석에 기초하여 논리적 역설과 재미의 관련성을 좀 더 엄밀하게 주장할 수 있다. 재미있는 이야기는 현비 구조를 구현하고 긴장 축적의 전체 단계에서 단계적 정합성을 갖추지만, 긴장의 해소 단계를 포함하면 전체적 모순성을 보여 준다는 점이다.

역설 역시 뫼비우스 띠처럼 단순해 보일지라도 그 속에서 분명한 재미를 느낄 수 있다. 역설은 진지하고 따분한 이론적 고찰에서 주로 다루지만, 그럼에도 그것을 이해하는 사람들에게는 확실한 재미를 던져 준다. 역설 또한 논리에 대한 충분한 이해가 공유 경험으로 필요하다. 그러므로 역설에서 재미를 분명하게 인식하지 못하는 사람들은 대체로 역설의 의미를 인식하지 못하고 그저 말장난으로 여긴다. 하지만 말장난에 지나지 않더라도 재미있는 말장난으로 보이는 경우가 많은 것도 사실이다.

역설과 재미의 관련성은 역설의 논리적 구조를 〈그림 24〉로 표현해 봄으로써 시각화할 수 있다. 〈그림 24〉는 '거짓말쟁이 역설'을 표현하는 문장에서 말의 지칭 관계에 초점을 맞춘 논리적 흐름을 시각적으로 도형화한 것이다. 이 도형은 문장의 한 부분인 '이 문장'이 문장 전체와 연결되어

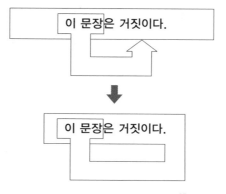

그림 24 역설의 구조에 대한 시각화[25]

있는 특징을 보여 주며 곧 안과 밖이 연결되어 있는 속성을 시각화한다.

재미와 역설의 관계는 현비 구조를 매개로 하지 않더라도 재미 경험 자체의 모순성에 따라 총체적으로 발견할 수 있다. 앞[26]에서 우리는 재미 있는 이야기에는 갈등과 위기에 직면하는 위험이 필요함과 동시에 그 체험에는 안정감과 복지감이 수반되어야 한다는 것을 논의하였다. 이는 재미 그 자체에 정서적이고 감성적인 측면에서도 모순적인 측면이 있음을 보여 준다.

조금 느슨하게 의미를 열어 보면, 이러한 모순적인 측면은 사실 재미에만 내재한 것이 아니라 모든 좋은 것에 내재하는 것으로 보인다. 예를 들어 훌륭한 사람이라면 남과 싸워 이길 수 있는 힘을 충분히 가지고 있지만 그것을 사용하지 않는 평화의 마음을 가지고 있어야 하며, 좋은 상품이라면 다양하고 뛰어난 기능들이 많으면서도 동시에 단순하고 사용하기 쉬워야 한다.

25 이창후, 『영화로 읽는 서양철학사』, (새문사, 2014).

26 이 책의 제2장 108쪽 '능력의 확대와 복지감, 그리고 인식적 대조'를 참조하기 바란다.

이런 측면에서 재미는 삶의 중요한 한 측면을 포함하는 것이라고 필자는 생각한다.

괴델과 재미, 형상 전이

재미있는 이야기는 파괴적이면서도 생산적이며, 마찬가지로 역설도 파괴적이면서 생산적이다.

먼저 재미는 매우 파괴적이다. 재미있는 콘텐츠를 만들려면 많은 것을 파괴하고 소모해야 한다. 액션 영화를 찍기 위해 멀쩡한 자동차를 부숴야 하고 날아가는 비행기도 폭파해야 한다. 이런 것을 컴퓨터 그래픽으로 처리하는 오늘날에도 많은 투자가 필요하다. 그럼에도 그 결과에서 1차적으로 생산되는 것은 눈에 보이는 영상일 뿐이다. 게임도 마찬가지이다. 막대한 투자금에 비해 1차적으로 생산되는 것은 프로그램 코드들일 뿐이다. 이처럼 재미있는 콘텐츠의 생산에서 많은 것을 파괴하고 소모한다. 또한 재미있는 이야기를 창출하기 위해 필요한 현비 구조는 주된 질서와 논리를 파괴한다. 강한 자가 약한 자에게 제압을 당하고 기쁨이 슬픔으로 바뀌며 성공이 실패로 바뀐다.

하지만 재미는 생산적이기도 하다. 놀이를 통해 재미있는 콘텐츠의 중요성을 강조하는 스튜어트 브라운과 크리스토퍼 본은 "놀이 없는 세상에는 책, 영화, 예술, 음악, 농담, 드라마도 없다. ……그런 세상은 살기에 끔찍한 곳일 것이다. 넓은 의미로 사람들을 세속적인 삶에서 벗어나게 해 주는 것이 놀이다"[27]라고 말한다. 이렇게 재미는 삶의 의미를 생산

---

27 스튜어트 브라운·크리스토퍼 본, 『플레이, 즐거움의 발견』, 윤미나 옮김, (흐름출판, 2010), p. 40.

하고 확대한다. 일반적으로 재미는 모든 것을 더 생산적이게 만든다. 대표적인 예로 재미있는 교육과 재미없는 교육은 그 효과 면에서 큰 차이를 보여 준다.

마찬가지로 역설은 파괴적이면서도 생산적이다. 역설의 파괴적인 생산성을 가장 효과적으로 보여 준 예는 집합론을 창안한 칸토어Georg F. L. P. Cantor나 수학의 불완전성을 증명한 쿠르트 괴델Kurt Gödel에서 찾을 수 있다. 여기서는 괴델의 예만 살펴보도록 하겠다.

영화나 게임과 같은 콘텐츠에 관심 있는 사람들은 괴델이라는 이름이 낯설겠지만 괴델은 수학과 논리학 분야에서 매우 유명한 학자이다. 20세기 최고의 지적 성과 중의 하나로 꼽히는 괴델의 증명은 수학 체계가 논리적[28]으로 완전하지 않다는 것을 논리적으로 보여 준다.[29] 이때 논리적으로 완전하다는 것은 논리적으로 옳은 수학적 명제는 빠짐없이 증명될 수 있다는 속성을 말한다. 그러므로 괴델의 증명이란 수학의 체계에는 논리적으로 옳지만 증명될 수 없는 명제가 있다는 것을 괴델이 논리적으로 증명하였다는 말이다.

괴델의 불완전성 정리

이를 '수학 체계의 불완전성 정리 증명'이라고 하는데, 이 증명은 현비

---

28 여기서의 '논리적'이라는 말은 '수학적'이라는 말과 동일하게 사용된다. 콘텐츠학 연구자들 대부분이 논리학이나 수학에 대해서 친숙하지 않을 것이므로 용어를 다소 자의적이지만 친숙하게 사용하였다.

29 관심 있는 독자들을 위해서 좀 더 정확히 말하면, 괴델의 불완전성 정리는 다음을 의미한다. "수론number theory의 모순 없는 공리 체계들은 반드시 결정 불가능한 명제들을 포함한다" [더글러스 호프스태터, 앞의 책, p. 22]. 이것은 수학 체계의 중심이라고 할 수 있는 산술(숫자 계산) 체계가 모순이 없을 경우, 수학적으로 증명할 수 없지만 옳은 수학적 명제가 반드시 있다는 말이다.

구조가 말하는 재미의 용어로 설명할 수도 있다.[30] 먼저 괴델의 불완전성 정리 증명의 내용을 간단히 이해해 보자.

수학의 내용을 엄밀하게 표현한 논리 구조의 형식은 기호들의 패턴인데, 괴델은 이러한 "엄밀한 기호들의 패턴이 사실은 수 패턴과 똑같다는 것을 파악하였다. 괴델은 실제로 모든 기호를 수로 대치할 수 있었고," 그래서 "수학의 내용을 표현하는 모든 내용이 '기호 조작'이 아니라 '수치 처리'라고 바꾸어 이해할 수 있었다."[31] 이것이 괴델 증명의 핵심이다.

그리하여 "괴델은 수학에 대한 진술과 수학 자체 사이에 성립하는 대응 관계를 정립함으로써 그의 이론을 증명하였다. 그는 수학에 대한 그 어떤 진술과도 연관시킬 수 있는 '괴델 수'를 창안하여, 어떤 정수가 주어지기만 하면 그것에 대응하는 수학적 진술을 써내려 갈 수 있었으며, 반대로 주어진 진술에 대응하는 괴델 수를 찾아낼 수도 있었다."[32] 이 괴델 수를 사용하여 괴델은 다음과 같은 명제를 만들고 이 명제가 증명될 수 없음을 보여 주었다.[33]

괴델 수 G를 포함하는 정리는 결정 불가능undecidable하다.

---

30 재미 용어로 설명한다는 것은 자의적이고 은유적인 언어에 의존하므로 수학적 증명이나 설명만큼이나 엄밀성과 대단한 가치를 갖는다고 보기는 어렵다. 대신에 직관적 설득력으로 창작자들에게 영감을 전달하는 효과를 기대할 수는 있을 것이다.

31 어니스트 네이글·제임스 뉴먼, 『괴델의 증명』, '더글러스 호프스태터, 「서문」', 곽강제·고중숙 옮김, (승산, 2010), p.14.

32 존 배로, 『수학, 천상의 학문』, 박병철 옮김, (경문사, 2004), p. 181.

33 이 괴델 수는 소인수 분해의 원리를 이용하여 만든 것인데, 필자가 보기에 괴델 증명에서 수학적이거나 논리적인 부분이 아닌, 가장 '창의적인' 부분은 이 괴델 수를 고안한 아이디어일 것이다. 이 괴델 수에 의해서 "우리는 어떤 수가 주어진다 하더라도…… 어떤 표현이 그 수로 바뀌었는가를 알 수 있다. 또…… 우리는 그 표현을 재구성하고 그 표현의 구조를 분석하는 등등의 작업을 할 수 있다."[어니스트 네이글·제임스 뉴먼, 같은 책, pp. 119-120]

괴델 수를 가지고 이 명제가 증명될 수 없다는 것을 보이는 방법을 학자들은 '대각화'라고 부른다. 이 방법은 칸토어가 처음 사용하였고, 그핵심은 주어진 전제에서 모순을 이끌어 내는 추론 방식이다.[34] 결국 전체적으로 괴델의 증명은 수학 체계에 수학의 원리를 적용하여 모순을 이끌어 내는 과정이므로, 수학적 추론이 보여 주는 단계적 정합성으로 전체적 모순성을 도출하는 것이다. 이런 괴델의 증명 방법에 대해서 존 배로John D. Barrow는 "악명 높은 언어적 모순을 이용했다는 것은 흥미로운일이다."[35]라고 말하였다.

괴델의 증명은 파괴적이었다.[36] 괴델의 증명이 보여 주는 파괴적인 성격은 존 배로가 말하듯이 "당시의 논리학자들이 괴델의 충격적인 발표에 별다른 관심을 보이지 않았"는데 그것은 "그 내용을 받아들였다가는 수학 자체가 와해될 판이기 때문이었다"[37]는 점에서 잘 알 수 있다.

동시에 괴델의 증명은 생산적이기도 했다. "괴델의 결론들은 광범위하게 영향을 미치고 있지만 거기에 함축되어 있는 의미는 아직도 충분히 밝혀지지 못한 상태이다. ……괴델 자신의 논증이 보여 준 바와 같이 이전의 어떤 제약도 수학자들이 증명을 위한 새로운 규칙을 고안하는 작업을 할 때 수학자들의 창의력을 제한할 수 없다."[38] 이것은 인간 지성의 창의력은 논리 체계[39] 속에 갇히지 않는다는 뜻인데,[40] 정확히 재미가 그러하다. 재미를 위한 창의력은 논리 체계 속에 갇힐 수 없기 때문이다.

---

34 그 방법론은 고등학교 수학 시간에 배운 '귀류법'과 근본적으로 같다.

35 존 배로, 앞의 책, p. 182.

36 모리스 클라인, 앞의 책, (2007), p. 461.

37 존 배로, 같은 책, p. 173.

38 어니스트 네이글·제임스 뉴먼, 앞의 책, p. 148.

39 정확히 말하면 '공리적 방법'으로 만들어지는 연역 체계를 가리킨다.

40 어니스트 네이글·제임스 뉴먼, 같은 책, p. 27.

괴델의 증명과 현비 구조

이러한 괴델의 증명은 2중으로 재미의 현비 구조에서 말하는 것과 일치한다. 첫째는 괴델의 증명 '방법' 자체가 현비 구조의 함축과 일치하며, 둘째로는 괴델이 증명한 '결과'가 현비 구조의 함축과 일치한다. 이때 현비 구조의 함축이라는 것은 내용(소재)의 연장선에서 형식(플롯)이 나타나고, 형식의 연장선에서 내용이 나타나는 것을 의미한다. 즉 내용과 형식이 서로 구분되지 않는다.

이미 언급했듯이 괴델 증명의 핵심은 기호 조작을 수치 처리로 바꾸어서 이해하고 이때 괴델 수를 도입하는 데에 있다. 그런데 여기서 기호 조작은 수학의 형식이며 수치 처리는 수학의 의미이다. 이 형식과 의미를 결합해서 일관되게 확장하여 수학 자체에 대한 증명을 이끌어 내었다. "즉 수학이 모순을 포함하지 않는다는 것에 대한 확인은 '수학적 수단'으로는 결코 얻을 수 없다는 것"을 괴델이 증명한 것이다.[41] 현비 구조가 설명하는 이야기의 반전과 같은 뜻이다.

괴델이 증명한 최종적인 내용의 의미도 재미있다. 수학 자체의 논리적 증명에 한계가 있음을 수학 자체의 논리로 증명한 것이다. 이것은 '거짓말쟁이 역설'처럼 보인다. 수학 자체의 논리적 증명에 한계가 있다면, '한계가 있다는 이 사실'을 증명한 것에도 한계가 있을 수 있고, 그래서 그 증명이 스스로 무너질 수도 있지 않겠는가!

그러나 실제로 그렇지는 않다. 괴델의 증명을 수학 및 논리학에서 엄청난 성취이자 충격으로 받아들이는 까닭은 적어도 현재 수학의 체계에서는 이러한 문제가 나타나지 않기 때문이다. 어쨌든 괴델의 증명에서 재미있는 이 측면이 곧 역설의 구조이고, 또한 현비 구조의 형식이며, 결

---

41 요시나가 요시마사, 『괴델 · 불완전성 정리』, 임승원 옮김, (전파과학사, 1993), p. 16.

과적으로 재미의 형식이기도 하다.

뢰벤하임 – 스콜렘 정리와 재미

괴델의 불완전성 정리만큼이나 파괴적이고, 또 창조적인 수학의 정리는 뢰벤하임–스콜렘Lowenheim-Skolem 정리이다. 그리고 이 정리 역시 재미의 논리적인 기초로서 중요하다. 먼저 뢰벤하임–스콜렘 정리의 정확한 의미를 설명하면, 논리 체계의 조건이 아무리 엄격하고 까다롭다 해도 "의도했던 것과는 완전히 다른 모델을 허용하게 된다"는 것이다.[42] 이 표현을 풀어서 모리스 클라인Morris Kline은 다음과 같이 설명한다.

> 미국 사람들만을 규정해 주는 속성들을 적어 놓았다고 하자. 그런데 적어 놓은 속성들을 모두 만족시키지만 동시에 미국 사람들과는 완전히 다른 성질도 가진 동물을 발견한다. 다시 말해서 특정한 수학적 대상물들을 규정하도록 의도해 놓은 공리 체계는 그런 의도를 충족시키지 않는다는 것이다.[43]

뢰벤하임–스콜렘 정리가 파괴적이라고 할 수 있는 까닭은 이 정리가 수학을, 그리고 모든 논리 정연한 이야기를 전혀 엉뚱한 이야기로 만들기 때문이다. 아울러 이 정리가 창조적이라고 할 수 있는 까닭은 이 정리로 묘한 일치에 따른 형상 전이가 가능해지기 때문이다. 재미론의 용어로 말하면, 현비 구조에서 갈등의 해소를 재미있게 만드는 묘한 일치는 뢰벤하임–스콜렘 정리로 항상 가능하다는 것이 보장되는 셈이다. 즉 이 정리가 옳기 때문에 하나의 표상에 대한 형상 전이가 항상

---

42   모리스 클라인, 앞의 책, (2007), p. 474.
43   같은 책, p. 473.

재미 관련 차원	핵심 개념	내용
이야기의 속성	역설적 창조	현비 구조(괴델의 불완전성 정리)
사건의 논리적·수학적 속성	뢰벤하임–스콜렘 정리	동일한 조건을 충족시키는 또 다른 내용이 있음이 논리적으로 보장됨
결말의 속성	묘한 일치	동일한 조건에 두 개 이상의 내용이 적합함
경험자의 인지	형상 전이	한 내용의 인지에서 다른 내용의 인지로 이동

표 6.2 괴델의 정리와 뢰벤하임–스콜렘 정리가 차지하는 이론적 위치

이루어질 수 있다.

물론 이는 논리적인 가능성에 지나지 않는다는 점도 기억해야 한다. 그 이유는 형상 전이에 따른 재미가 충분히 강력하려면 묘한 일치를 충족시키는 두 개의 내용이 인지적·정서적 거리에서 충분히 떨어져야 하는데, 이러한 점은 뢰벤하임–스콜렘 정리에서 보장하지 않기 때문이다.

위의 〈표 6.2〉를 보면 재미론 전체의 이론적 틀에서 괴델의 정리와 뢰벤하임–스콜렘 정리가 차지하는 이론적 위치가 정확히 어디인지를 명확히 알 수 있을 것이다.

3. 재미와 철학

재미와 미학

미학美學은 원래 있던 학문처럼 보이는 데 비해 재미론은 신생 학문처럼 보일 것이다. 하지만 그 근원적인 개념을 추적해 보면 재미론은 본디 미학의 출발점이었다고 생각할 수도 있다.

오병남에 따르면, 고전적 미학의 핵심 개념인 '아름다움beautiful'이라는 말은 고대의 그리스어 'kalon(칼론)'에서 출발한다. 그런데 고대 그리스인들은 무엇을 아름답다고 했을까? 오병남은 "그들은 우리를 즐겁게 해 주고, 우리의 감탄을 불러일으키는 많은 것을 들고 있다. 따라서 애초 미의 개념은 시각이나 청각에 속하는 형상, 색 또는 음에만 국한되는 것이 아니라, 습관과 행위, 법률과 도덕, 과학과 진리에로까지 확대되는 넓은 의미로서였다"[44] 라고 말한다.

그런데 '우리를 즐겁게 해 주고 감탄을 불러일으킨다'라는 칼론의 개

---

[44]   오병남, 「미; 그 말과 개념과 이론」, 『철학연구』, 제20집, (철학연구회, 1985).

념은 재미의 뜻과 더 일치한다. 칼론의 개념은 습관과 행위, 법률과 도덕, 과학과 진리에도 적용된다. 이처럼 습관과 행위, 법률과 도덕이 재미있다고 말하는 것은 그럴듯하지만, 예술적이라고 말한다면 이는 말의 개념을 확대하고 전용하는 것에 가깝다. 재미있는 습관을 가지고 있는 사람이 있다고 하자. 예를 들어 이쑤시개로 조각품 같은 사물의 모형을 만드는 습관을 가지고 있는 경우에 그러하다. 혹은 친구들의 말투를 흉내내는 습관도 재미있을 수 있다. 하지만 어떤 습관이 예술적이라고 말하는 것은 정확한 서술이라기보다는 은유로 들린다.

미학의 저술과 재미론

고전적인 미학의 저술로 평가하는 문헌들도 재미론으로 보아야 더 적절하다. 대표적인 것이 아리스토텔레스의 『시학』이다. 이창배에 따르면 『시학』은 서구 시학의 원조이고, 그 이론의 타당성은 낭만주의 시대에 잠시 빛을 잃기도 했지만 오늘에 이르기까지 영향이 지대하다. '시학'이라는 말 자체가 그의 책 제목에서 연유했고, "그 시학의 핵심 이론인 모방론이 R. S. 크레인R. S. Crane 등 시카고 학파 비평가들에 의하여 현대에 부활되었으며, 마르크스주의 비평가들에 있어서도 이론의 바탕이 되고 있는 사실 등은 유념할 만한 일이다."[45]

『시학』의 원문은 분량이 그리 많지 않아 전체를 읽어 보기가 어렵지 않은데, 원문에서 시의 본질이나 예술 혹은 문학에 대해서 이야기하는 부분은 거의 없다. 있다고 해도 논의의 초점은 결코 아니다. 마이클 티어노가 말하듯이 아리스토텔레스의 『시학』은 비극tragedy에 대한 이론이

45　이창배, 「모방론과 엘리엇의 시학」, 『T. S. 엘리엇 연구』, Vol.6 No.- (1998), (한국T.S.엘리엇학회, 1998), pp. 249-265. 하지만 여기서 이창배의 "아리스토텔레스의 시학의 핵심은 모방론이고, 그것을 더 따져들면 자연과 형상과 언어의 관계이다"와 같은 주장에까지 이르면 이것은 상당한 곡해요, 와전이라고 볼 수밖에 없다.

며, 비극은 '진지한 드라마serious drama'를 의미할 뿐이다. '비극'이라는 말을 요즘 관객이 통상적으로 알고 있는 '슬픈 드라마'로 이해할 필요는 없다.[46]

원문에 충실하고자 한다면, 필자가 보기에 『시학』에서 말하는 비극을 진지한 드라마 정도로 이해해야 한다는 것은 단지 필요성의 문제가 아니라 정확한 이해를 위한 기본 조건이다. "아리스토텔레스는 『시학』에서 극적인 이야기 구조의 근본 요소를 아주 면밀하게 탐구했"으며[47] 사실상 그것이 전부이다. 이렇듯 마이클 티어노의 말처럼 오히려 영화 이론으로 해석하는 것이 더 적합하다. 즉 아리스토텔레스의 『시학』은 오늘날의 예술론이 아니라 재미론, 혹은 콘텐츠학인 것이다.

비례와 재미

고전적인 미학 혹은 예술론에서 중요 개념으로 다루었던 '비례'의 개념도 오히려 재미론이나 콘텐츠학에서 정확하고 실질적인 의미로 이해된다. 오병남에 따르면 "좁은 의미의 '아름답다'라는 말은 결국 비례와 조화와 같은 합리적 성질을 지시하는 말이 되고 있"는데, 이와 같이 비례에 관련한 미의 이론은 기원전 6세기경의 고대 그리스에서 서양의 중세, 그리고 르네상스와 그 후에까지 지속되어 왔다.[48] 이런 미학 이론은 '미' 혹은 '아름답다'라는 표현은 대상의 어떤 객관적인 성질을 지시하는 말이라고 간주하는데, 이런 입장은 아름다움의 정의적인 성질일 뿐 즐거움과 같은 개념이 배제되어 있다는 비판을 받게 되었다.

오늘날 현대 미술의 많은 부분은 이러한 고전적인 비례의 미학을 거

---

46 마이클 티어노, 『스토리텔링의 비밀』, 김윤철 역, (아우라, 2008), p. 19.

47 같은 책, p. 17.

48 오병남, 앞의 글, (1985).

부하고 새로운 시도를 하고 있음이 분명하다. 유명한 현대 추상 화가들 중에서 잭슨 폴록은 마룻바닥에 펼쳐 놓은 화포畵布 위에 공업용 페인트를 떨어뜨리는, 이른바 '액션 페인팅'이라는 독자적인 기법을 1947년에 개발하여 그림을 그렸다. 그의 대표작 중의 하나인 「가을 리듬」(1950)을 보면 예술성의 본질이나 중요한 부분이 일종의 비례라고 말하기는 매우 어려울 것 같다.

그러나 재미론으로 오면 비례는 훨씬 중요하고 실질적으로 된다. 흥행 영화를 위한 시나리오 작법을 설명한 시드 필드는 자신이 '패러다임'이라고 부르는 극적 구조를 중요시한다. 여기서 비례는 실질적으로 중요하다. 앞[49]에서 보았던 패러다임의 도식 〈그림 10〉에서도 이것을 알 수 있다.

시드 필드의 패러다임에서 전체 구조는 세 개의 행동을 중심으로 구성되며, 각 행동은 양적 비례를 보여 주는 시나리오의 양으로 구성된다.[50] 앞에서 언급했듯이 켄 댄시거와 제프 러시도 장편 시나리오는 '50쪽 : 60쪽 : 30쪽' 정도의 비율로 구성된다고 말하였다.[51] 이 모두 시나리오 분량의 비례에 대한 주장이며, 이 비례를 만족해야 재미있을 수 있다는 주장이다.

물론 이런 대조만으로 재미론에서는 여전히 비례가 중요하며, 미술이나 예술론에서 비례의 중요성은 배제되고 있다는 결론에 곧장 도달할 수는 없다. 옳지도 않은 주장이다. 구도는 여전히 미술의 기본으로서 중요하며, 직간접적으로 아름다움에 적용된다고 말할 수 있다. 이 구도가 비율에 크게 의존한다. 더 나아가 음악의 경우에는 피타고라스 학파에서부

---

49 이 책의 제3장 249쪽 '1인 주인공, 전환점, 복선'을 참조하기 바란다.

50 시드 필드, 『시나리오 워크북』, 박지홍 옮김, (경당, 2007), p. 50.

51 켄 댄시거·제프 러시, 앞의 책, p. 32.

터 강조해 온 비례가 음계와 장조에 작용하고 있다고 볼 수 있으며, 또한 영화 시나리오의 구성에서 요구하는 비례는 어쩌면 연극에 여전히 적용될지 모른다.

필자가 이 절의 처음에서 재미론은 미학의 출발점이라고 말한 순간부터 지금까지 재미론이 미학을 배척한다고 말한 적은 없다. 주장의 핵심은 재미론은 본디 미학의 출발점이라고 볼 수 있다는 점이다. 여기에서 한 발짝 더 나아간다면 재미론의 많은 부분이 미학과 겹친다는 주장으로 나아갈 수도 있다. 다만 미학은 예술이라는 표현 및 그 표현물에 대한 철학적 분석과 평가만을 논의의 목적으로 삼지만, 재미론은 그러한 표현의 기술적 지식까지 포함한다는 데 차이가 있다.

재미와 관조

제1정의에 따르면 재미에는 관조적인 측면을 내재하고 있다. 앞[52]에서 자각이란 '의식적 주의 과정 속에서 이루어지는 자기 지각'이라고 한 내용을 기억하자. 자각은 자신이 무엇을 하고 있는지를 지각하는 자기 지각이다. 관조적인 측면은 여기에 있다.

재미 경험에서 자각이 본질적이라는 사실은, 재미가 몰입 단계에 이르면 몰입은 자아를 망각하는 특징을 보여 준다는 사실과 모순적으로 보일 것이다. 특히 칙센트미하이는 재미 경험의 핵심 단계인 몰입 상태는 행동에 대한 의식과 그 의식에 대해 자각하지 않는다는 특징을 보여 준다고 주장한다. 예를 들어 "테니스 선수는 공과 상대에게 조금도 흐트러

---

52 이 책의 제2장 75쪽 '체험의 구조와 두 측면'을 참조하기 바란다.

짐 없이 집중하고, 체스 선수는 게임 전략에 초점을 맞추며, 가장 종교적인 엑스터시ecstasy 상태는 복잡한 제의 단계를 거쳐서 도달하게 된다."[53] 이것을 '몰아의 상태'라고 할 수 있다. 이에 매슬로는 '자아의 몰입', '자아 망실', '자의식의 상실', 심지어 '개별성의 초월', '세계와의 융합'과 같은 개념으로 기술한다.[54]

그러나 몰입 상태에서 몰아의 상태는 재미 경험의 한 국면에서 나타나는 현상일 뿐이다. 그리고 오직 몰입만 있다면 재미로 인식되지 않는다. 재미는 몰입 후에, 몰입했던 자신의 활동을 상기하고 자각하면서 확정된다. 따라서 재미 경험 전체는 자각적이다. 칙센트미하이는 몰입 상태가 자신의 행동과 환경에 대한 제어 능력을 확신한다는 점도 중요하다고 지적했는데, 이때의 제어 능력에 대한 확신은 '최소한 부분적으로' 자각에 기초한다. "어떤 경우든 제어할 수 있다는 느낌은 몰입의 경험에 있어서 가장 중요한 요소이다."[55]

자기 자신을 지각하지 않는다면 제어 능력에 대한 확신이 생길 수 없다. 또한 칙센트미하이는, 주어진 순간 동안 사람들이 행동하기 위해 도전하는 한정된 기회를 인식한다고 주장한다. "동시에 그들(콘텐츠 사용자)은 자신의 기술 또한 의식한다. 말하자면 주변 환경으로 인해 부과된 요구에 대처하는 능력 또한 의식하고 있다는 말이다."[56]

영화나 연극을 관람하는 관람자들은 명백하게 자각적인 경험을 얻는다. 자기가 보는 주인공이 곧 자기 자신이다. 이것이 바로 대리 경험의 의미이기도 하다. 이러한 대리 경험이 성립하지 않는다면 재미가 없다.

53 칙센트미하이, 『몰입의 기술』, 이삼출 옮김, (더불어책, 2008), p. 93쪽.

54 A. Maslow, *The Farther Reaches of Human Nature*, (Harper & Brothers, 1954), p. 65, p. 70.

55 칙센트미하이, 같은 책, p. 105.

56 칙센트미하이, 『몰입, Flow』, 최인수 옮김, 한울림, (2004), p. 110.

배우를 경험하는 자신으로 인식하지 않는다면 대리 경험도 있을 수 없다. 그렇기 때문에 재미있는 영화나 연극 관람은 반드시 자각적임을 알수 있다.

게임의 경우에도 게임의 재미가 자각적이고 반성적 특성을 가지고 있음을 많은 연구자들의 지적에서 알 수 있다. 마크 살츠만에 따르면, 게임 디자이너들 사이에 게임의 시점 중 '어깨 너머over-the-shoulder'라고도 불리는 3인칭 시점의 인기가 점점 높아지고 있다. 3인칭 시점의 장점은 사용자가 화면 밖에서 실행 중인 캐릭터의 시각으로 게임을 볼 수 있고, 동시에 게임 수행 중에 더 많은 환경을 볼 수 있으며, 캐릭터의 움직임을 볼 수 있다는 것이다.[57] 이런 장점은 곧 게임의 재미 역시 반성적 인식을 포함한다는 것을 보여 준다.

또한 김정남과 김정현에 따르면, 스포츠를 좋아하는 사람들에는 두 부류가 있는데, 직접 하는 것을 좋아하는 사람과 경기를 그냥 지켜보는 것을 좋아하는 사람이다. 컴퓨터 게임은 이 두 부류의 사람들을 모두 만족시켜 주는 역할을 한다.[58] 그렇다면 이 사실 역시 재미에는 자각이 중요한 측면임을 뒷받침해 준다.

재미의 본질을 구성하는 이러한 자각성 혹은 반성적 특성은 인간의 발전된 사고인 '비판적 사고' 혹은 '철학'과 닮았다. 철학의 핵심은 비판적 사고이고, 비판적 사고는 다음의 〈그림 25〉로 알 수 있듯이 '생각에 대한 생각'이다.[59] 앞서 제2장에서 경험과 자각의 구조를 설명한 〈그림 2〉와도 구조적으로 동일하다.

---

57 마크 살츠만, 『Game Design: 이것이 게임 기획이다』, 박상호 옮김, (민커뮤니케이션, 2001), p. 5.

58 김정남·김정현, 『For Fun 게임 시나리오』, (사이텍미디어, 2007), p. 85.

59 이창후, 『나를 성장시키는 생각의 기술』, (소울메이트, 2011), p. 30.

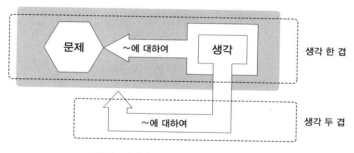

그림 25 비판적 사고의 특징인 두 겹의 생각

재미와 행복

이렇게 보면 행복한 삶의 가장 중요한 조건은 이성을 가진 실천적 삶이라고 말한 아리스토텔레스의 주장도 어느 정도 납득이 된다. 아리스토텔레스는 『니코마코스 윤리학』에서 "행복은 탁월성에 따른 영혼의 어떤 활동"이라고 규정한다. 그리고 인간에게 행복이란 "이성logos을 가진 것의 실천적 삶"이라고 말한다.[60] 행복이란 최상의 좋음이며, 인간의 고유한 기능을 잘 발휘하는 것이기 때문이다.

또한 "아리스토텔레스는 인간의 기능을 세 가지로 나눈다. 첫째는 영양과 생식의 기능, 둘째는 감각과 욕구의 기능, 셋째는 이성과 사유의 기능이 그것이다. 그리고 인간의 본질적인 기능은 이성과 사유의 기능이라고 결론을 내린다. 영양을 취하여 생식하는 기능은 식물에게도 있고, 감각과 욕구는 짐승들에게도 가능하기 때문이다."[61] 따라서 아리스토텔레스는 인간의 고유한 기능은 이성을 가진 실천적 삶이라고 결론짓는다.

이성을 가진 실천적 삶이란 곧 생각하는 능력을 활용하면서 살아가

---

60 아리스토텔레스, 『니코마코스 윤리학』, 이창우 외 2인 옮김, (이제이북스, 2008), 제1권, 7, 8장.

61 이창후, 『영화로 읽는 윤리학 이야기』, (새문사, 2010), p. 167.

는 것이다. 이것은 '사색하는 생활contemplative life'이며 관조하는 생활이라고도 할 수 있다. 아리스토텔레스가 말하는 행복한 생활이란 "이미 달성된 진리에 관하여 사색하는 생활"이며, 이러한 "사색하는 생활이란 문학, 음악, 조형 예술 및 회화에 관한 미적인 감상까지 포함하는 생활"이기 때문이다.[62]

아리스토텔레스의 행복론은 언뜻 납득하기 어려워 보이지만, 재미의 본질이 우리 경험에 대한 자각이라는 이해 위에서 아리스토텔레스의 행복론을 이해하면 수긍이 된다. 아리스토텔레스는 행복한 삶을 위해서는 재미있게 살아야 한다고 말하는 셈이고, 이는 우리의 직관에 매우 설득력 있게 다가오는 주장이다. 삶의 모든 순간이, 혹은 많은 순간이 재미있다면 거기에는 항상 몰입과 즐거움이 있을 것이고, 그러한 삶이 행복하지 않다고 말할 사람은 없을 테니까 말이다. 칙센트미하이나 스튜어트 브라운와 크리스토퍼 본의 주장 역시 이러한 점에서 아리스토텔레스와 일치한다고 볼 수 있는 대목이다. 그러므로 이렇게 말할 수 있다.

"재미는 철학적이기도 하다."

62　사하키안, W.S., 『윤리학의 이론과 역사』, 송희칠·황경식 옮김, (박영사, 1999), p. 61.

　지금까지 재미에 대한 여러 주제들을 학술적인 차원에서 논의해 보았다. 여기에는 재미의 기술적인 요소에서부터 재미와 예술의 관계, 그리고 심리학적인 논의 및 재미에 대한 철학적인 논의까지 모두 포함된다. 하지만 어쩌면 이 책에서 다루지 않은 또 다른 중요한 논의나 선행 연구들이 있을 것이다. 이런 점에서 이 책의 논의는 불완전할 수 있다.

　이러한 불완전함에도 이 책은 더욱 중요한 목적을 달성하고자 노력하였다. 그것은 재미의 개념, 심리적 측면, 재미의 결과적 조건, 재미 창작의 기술적 요소 등, 재미에 대한 모든 중요한 주제들을 체계적으로 정리해서 논리적으로 발전시킨다는 것이다. 이 책의 내용은 재미에 대한 관련 논의를 모두 포함하면서도 단순하고 설득력 있는 개념(즉 제1정의)을 중심으로 논리적으로 통합한다.

　이 목적이 얼마나 성공적으로 달성되었는가는 다른 연구자들의 평가에 따라서 결정될 것이다. 하지만 이 시도는, 우리가 재미를 중요하게 여기는 한, 언젠가 누군가에 의해서 반드시 이루어져야 할 시도임에 틀림없다. 왜냐하면 통합적이고 체계적인 이론을 통해서만이 재미에 대한 논의가 보다 객관적이고 생산적일 수 있기 때문이다.

　반대 측면을 보자면, 지금까지의 재미에 대한 여러 논의들은 다른 분야의 연구에 비해 단편적이고 주관적으로 이루어져 왔다. 유머에 대한 연구는 많이 이루어져 왔지만 이 연구가 스토리텔링의 연구와 어떤 관련

469

이 있는지는 한번도 논의된 적이 없다. 스토리텔링이라는 개념을 중심으로 영화 이론과 게임 창작 이론의 상호 관련성이 최근에 연구자들의 관심을 끌기도 했지만 아직 정교한 발전을 이루지는 못하였다. 이런 점을 보면 재미와 관련한 여러 분야 연구들의 단편성을 짐작할 수 있다.

이 책의 논의를 시작하면서 언급했듯이 이 연구가 향하고자 하는 목적지는 '재미론'이라는 연구 주제와 분야를 확정하고 발전시키는 것이다. 재미론의 연구는 기존에 없었던 연구 주제라는 이유만으로도 새로이 관심을 가져볼 만하다. 또한 이미 많은 연구자들이 다른 연구들에서 재미의 기본적인 의미와 그 필요성 등을 항상 가정하고 있다는 점에서 이에 대한 연구는 더욱 필요하다.

재미론의 필요성과 관련하여 가장 대표적인 분야는 최근에 연구 활동이 활발한 콘텐츠 분야이다. 이 분야에서는 직접적으로 어떤 종류의 '재미' 개념을 전제로 연구가 이루어지기 때문이다. 비유하자면 건축학에서 물리학의 내용을 전제로 연구하는 것처럼 콘텐츠 연구는 재미 개념에 대한 이해를 전제로 연구한다고 할 수 있다. 따라서 건축학에서 물리학의 중요성을 아무리 과소평가하더라도 건축학 이상으로 중요하듯, 콘텐츠학에서 재미론의 중요성을 아무리 과소평가하더라도 콘텐츠 이상으로 중요하다.

이러한 필요성에 이 책이 조금이라도 보탬이 되기를 기대하면서 또 다른 연구자들의 후속 연구를 기대해 본다.

가와베 가즈토, 2002, 『시나리오 창작연습 12강』, 나윤 옮김, 서울: 시나리오친구들.

곽강제, 2010, '옮긴이의 말' - 어니스트 네이글·제임스 뉴먼, 『괴델의 증명』, 곽강제·고중숙 옮김, 서울: 승산.

권창현·최정운, 2010, 「유아 문화콘텐츠 제작을 위한 재미에 관한 연구」, 『정보디자인학연구』, Vol.15 No. – 2010, 서울: 한국정보디자인학회, pp. 29-43.

권혁빈, 2003, 「레고의 재미에 대한 연구」, 서울: 홍익대학교 광고홍보대학원, 석사학위논문.

김경희, 2004, 『정서심리학』, 서울: 박영사.

김만수, 2006, 『문화콘텐츠 유형론』, 서울: 글누림.

김만식, 2009, 『문화콘텐츠 개발전략』, 서울: 학연사.

김석만, 2013, 『인간의 마음을 사로잡는 연출』, 서울: 풀빛.

김석호, 2004, 『실전 TV연출(AD/FD)론』, 서울: 숲속의꿈.

김선진, 2013, 『재미의 본질』, 부산: 경성대학교 출판부.

김용운·김용국, 1995, 『토폴로지 입문』, 서울: 우성문화사.

김우창, 2012, '『미메시스』 재출간에 부쳐' - 에리히 아우어바흐, 김우창, 유종호 옮김, 2012, 『미메시스』, 서울: 민음사.

김유미, 2002, 『두뇌를 알고 가르치자』, 서울: 학지사.

김유진, 2002, 「조형으로부터의 Fun 감성의 발생 메커니즘에 대한 이론적 고찰」, 『디자인학 연구』, 제50호.

김정남·김정현, 2007, 『For Fun 게임 시나리오』, 서울: 사이텍미디어.

김정국, 1998, 「Herbart와 Dewey의 흥미론 비교 분석」, 충주: 한국교원대학교 대학원, 석사 학위 논문.

김정배, 2002, 『마음을 움직이는 콘텐츠 디자인』, 서울: 디자인네트.

김정식 외 2인, 2008, 「문화점화가 자기평가에 미치는 영향」, 『한국심리학회지: 사회 및 성격』, 22, 서울: 한국심리학회, pp. 177-194.

김정우, 2007, 『문화콘텐츠 제작』, 서울: 커뮤니케이션북스.

김정진, 2009, 『미디어콘텐츠 창작론』, 서울: 박이정.

김진영·곽동해, 2012, 『문화재 콘텐츠 연구와 미술사소설 신공사녀가』, 파주: 한국학술정보.

노다 고고(野田高梧), 1984, 『시나리오 구조론』, 장천호 옮김, 서울: 집문당.

닐 D. 힉스, 2002, 『헐리우드 영화 각본술』, 이일범 옮김, 서울: 신아사.

더글러스 호프스태터, 1999, 『괴델, 에셔, 바흐』, 박여성 옮김, 서울: 까치글방.

_____, 2010, '서문' – 어니스트 네이글·제임스 뉴먼, 2010, 『괴델의 증명』, 곽강제·고중숙 옮김, 서울: 승산.

데이빗 리버만, 2013, 『학습과 기억』, 김기중 외 옮김, 파주: 교육과학사.

디터 메르쉬, 2009, 『매체 이론』, 문화학연구회 옮김, 서울: 연세대학교 출판부.

라프 코스터, 2005, 『라프 코스터의 재미이론』, 안소현 옮김, 서울: 디지털미디어리서치.

로널드 B. 토비아스, 2007, 『인간의 마음을 사로잡는 스무 가지 플롯』, 김석만 옮김, 서울: 풀빛.

로제 카이와, 2002, 『놀이와 인간』, 이상률 역, 서울: 문예출판사.

류수열 외 5인, 2007, 『스토리텔링의 이해』, 서울: 글누림.

리처드 라우스 3세, 2001, 『게임 디자인: 이론과 실제』, 최현호 옮김, 서울: 정보문화사.

마가렛 W. 마틀린, 2007, 『인지 심리학, 제6판』, 민윤기 옮김, 서울: 박학사.

마셜 맥루언, 2010, 『미디어의 이해』, 서울: 민음사.

마이클 티어노, 2008, 『스토리텔링의 비밀』, 김윤철 옮김, 고양: 아우라.

마이클 아가일, 2005, 『행복심리학』, 김동기·김은미 옮김, 서울: 학지사.

마크 살츠만, 2001, 『Game Design: 이것이 게임 기획이다』, 박상호 옮김, 대구: 민커뮤니케이션.

마틴, 2008, 『유머심리학: 통합적 접근』, 신현정 옮김, 서울: 박학사.

모리스 클라인, 1994, 『지식의 추구와 수학』, 김경화·이혜숙 옮김, 서울: 이화여자대학교 출판부.

_____, 2007, 『수학의 확실성』, 심재관 옮김, 서울: 사이언스북스.

미야시타 마코토, 2002, 『캐릭터 비즈니스, 감성체험을 팔아라』, 정택상 옮김, 서울: 넥서스 BOOKS.

박세희, 1993, 『수학의 세계』, 서울: 서울대학교 출판부.

백승국, 2005, '미디어 속 문화콘텐츠와 문화기호학', 『문화콘텐츠학의 탄생』, 미디어교육문화연구회, 서울: 다할미디어.

변민주, 2011, 『콘텐츠 디자인』, 서울: 커뮤니케이션북스.

보이드, 1994, 『서양교육사』, 이홍우·박재문·유한구 옮김, 파주: 교육과학사.

브루스 골드스타인, 1999, 『감각과 지각』, 정찬섭 외 6인 옮김, 서울: 시그마프레스.

서성은, 2009, '중세 판타지 게임의 세계관 연구', 『한국콘텐츠학회논문지』, 제9권 제9호, 대전: 한국콘텐츠학회.

서창원, 2001, 『현대 심리학: 인간심리의 이해』, 서울: 시그마프레스.

손영숙 외 3인, 2003, 「선택적 주의와 관점의 변화가 무의미 도형의 재인에 미치는 영향」,

『한국심리학회지 인지 및 생물』, Vol.15 No.2, 서울: 한국심리학회.

송방원, 2005, "인간성능의 계층적 분석(Hierarchical Analysis)을 이용한 재미(Fun)의 구조", 석사학위논문, 서울: 서울대학교 대학원 산업공학과 인간공학전공.

스타니슬라브스키, 1993, 『스타니슬라브스키 연극론』, 김석만 편저, 서울: 이론과 실천.

스턴버그, 2005, 『인지 심리학』, 김민식 외 2인 옮김, 서울: 박학사.

스튜어트 브라운·크리스토퍼 본, 2010, 『플레이, 즐거움의 발견』, 윤미나 옮김, 서울: 흐름출판.

시드 필드, 2007, 『시나리오 워크북』, 박지홍 옮김, 서울: 경당.

아리스토텔레스, 1993, 『시학』, 천병희 옮김, 서울: 문예출판사.

──────, 2008, 『니코마코스 윤리학』, 이창우 외 2인 옮김, 서울: 이제이북스.

알랜 파킨, 2001, 『기억 연구의 실제와 응용』, 이영애·박희경 옮김, 서울: 시그마프레스.

앙리 베르그송, 1992, 『웃음』, 정연복 옮김, 서울: 세계사.

어니스트 네이글·제임스 뉴먼, 2010, 『괴델의 증명』, 곽강제·고중숙 옮김, 서울: 승산.

오규환, 2006, 「MMORPG의 다이나믹 게임월드」, 『디지털 스토리텔링연구』, 1호.

오병남, 1975, 「B. Croce에 있어서의 예술 곧 표현의 의미와 그 미학적 전제에 대한 연구」, 『미학』 제3집.

──────, 1985, 「미; 그 말과 개념과 이론」, 『철학연구』, 제20집, 서울: 철학연구회.

──────, 1986, 「언어로서의 예술과 전달의 문제」, 『인문과학』, 제2집, 대구: 경북대학교 인문 과학연구소.

오세진 외 11명, 1999, 『인간 행동과 심리학』, 서울: 학지사.

오장근, 2005, '미디어텍스트로 세상 보기', 『문화콘텐츠학의 탄생』, 미디어교육문화연구회, 서울: 다할미디어.

요시나가 요시마사, 1993, 『괴델 · 불완전성 정리』, 임승원 옮김, 서울: 전파과학사.

요한 하위징아, 2010, 『호모 루덴스』, 이종인 옮김, 고양: 연암서가.

월터 아이작슨, 2011, 『스티브 잡스』, 안진환 옮김, 서울: 민음사.

웰스 루트, 1997, 『시나리오의 구성과 기법』, 윤계정·김태원 옮김, 서울: 현대미학사.

유일상, 2002, 『매스미디어 입문』, 서울: 청년사.

유제상, 2013, 「글로벌 문화콘텐츠의 세계관 기획에 관한 연구」, 『글로벌문화콘텐츠』, Vol.13, 서울: 글로벌문화콘텐츠학회.

윌리엄 S. 사하키안, 1999, 『윤리학의 이론과 역사』, 송희칠·황경식 옮김, 서울: 박영사.

이상근, 2002, 『해학 형성의 이론』, 서울: 경인문화사.

이인화, 2005, 『한국형 디지털 스토리텔링: 「리니지 2」 바츠 해방 전쟁 이야기』, 파주: 살림출판사.

이재현, 2001, 『인터넷과 온라인게임』, 서울: 커뮤니케이션북스.

이재홍, 2009, 「게임 스토리텔링 리스트에 관한 연구: 게임의 4요소를 중심으로」, 『한국게임학회 논문지』, Vol.9 No.5, 서울: 한국게임학회.

_____, 2011, 『게임 스토리텔링』, 서울: 생각의나무.

이정모 외 11인, 1989, 『인지과학: 마음, 언어, 계산』, 대우학술총서, 서울: 민음사.

이정모 외 17인, 1999, 『인지 심리학』, 서울: 학지사.

이창배, 1998, 「모방론과 엘리엇의 시학」, 『T. S. 엘리엇 연구』, Vol.6 No.-1998, 서울: 한국 T.S.엘리엇학회.

이창후, 2010, 『영화로 읽는 윤리학 이야기』, 서울: 새문사.

_____, 2011, 『나를 성장시키는 생각의 기술』, 서울: 소울메이트.

_____, 2014, 『영화로 읽는 서양철학사』, 서울: 새문사.

이현비, 1997, 『원리를 알면 공자도 웃길 수 있다.』, 서울: 지성사.

_____, 2004, 『재미의 경계』, 서울: 지성사.

장기오, 2002, 『TV드라마 연출론』, 서울: 창조문학사.

장병희, 2013, '콘텐츠 반복 이용', 김대호 외 10인, 『콘텐츠』, 서울: 커뮤니케이션북스.

장휘숙, 1987, 『전 생애 발달심리학』, 서울: 박영사.

자네티, 1996, 『영화의 이해』, 김진해 옮김, 서울: 현암사.

정기애, 2000, 「John Dewey의 흥미이론과 교육」, 부산: 경성대학교 교육대학원 석사학위 논문.

정철, 2004, 『한국 근대 연출사』, 서울: 도서출판 연극과인간.

조셉 터로우, 2003, 『매스커뮤니케이션 개론』, 고혜련 옮김, 서울: 커뮤니케이션북스.

조은하, 2008, 『게임 시나리오 쓰기』, 서울: 랜덤하우스코리아.

존 듀이, 1988, 『교육에 있어서의 흥미와 노력』, 신현태 옮김, 서울: 이문출판사.

_____, 1996, 『민주주의와 교육』, 이홍우 옮김, 파주: 교육과학사.

존 로버트 앤더슨, 2013, 『인지 심리학과 그 응용』, 이영애 옮김, 서울: 이화여자대학교 출판부.

존 배로, 2004, 『수학, 천상의 학문』, 박병철 옮김, 서울: 경문사.

천병희, 1993, '머리말', 아리스토텔레스, 『시학』, 천병희 옮김, 서울: 문예출판사.

칙센트미하이, 1999, 『몰입의 즐거움』, 이희재 옮김, 서울: 해냄.

_____, 2004, 『몰입, Flow』, 최인수 옮김, 서울: 한울림.

_____, 2008, 『몰입의 기술』, 이삼출 옮김, 서울: 더불어책.

_____, 2009, 『자기진화를 위한 몰입의 재발견』, 김우열 옮김, 서울: 한국경제신문.

켄 댄시거 · 제프 러시, 2006, 『얼터너티브 시나리오』, 안병규 옮김, 서울: 커뮤니케이션북스.

크리스토프 코흐, 2006, 『의식의 탐구』, 김미선 옮김, 서울: 시그마프레스.

테드 코언, 2001, 『농담 따먹기에 대한 철학적 고찰』, 강현석 옮김, 고양: 이소출판사.

톰 스템플, 2011, 『좋은 시나리오의 법칙』, 김병철 · 이우석 옮김, 서울: 시공아트.

파울로스, 2003, 『수학 그리고 유머』, 박영훈 옮김, 서울: 경문사.

프랑켄, 2009, 『인간의 동기, 제6판』, 강갑원 · 김정희 옮김, 서울: 시그마프레스.

한기언, 1986, "멋의 논리: 교육 철학적 의미", 『교육논보』, Vol.6.

호라티우스, 1993, '시학', 아리스토텔레스, 『시학』, 천병희 옮김, 서울: 문예출판사.

혼마 다쓰오, 1995, 『위상공간으로 가는 길』, 임승원 옮김, 서울: 전파과학사.

황동미, 2001, 「한국영화산업구조 분석: 할리우드 영화 직배 이후를 중심으로」, 한국영화 진흥위원회 연구 보고 2001-3.

휴 J. 폴리·마가렛 W. 마틀린, 2003, 『감각과 지각, 제5판』, 민윤기·김보성 옮김, 서울: 박학사.

Allen, R. B. and Breackler, S. J., 1983, "Human Factors of Telephone-Mediated Interactive Electronic Games", *Association for computing machiner*.

Apter, M. M., 1982, *The experience of motivation: The theory of psychological reversals*, London: Academic Press.

Atkinson, R. C., & Shiffrin, R. M., 1968, "Human memory: A proposed system and its control processes", In K. W. Spence & J. T. Spence (Eds.), *The psychology of learning and motivation: Vol.2. Advances in research and theory*, New York: Academic Press.

Barthes, Roland, 1977, "Intoruduction to the Structural Analysis of Narratives", *Image-Music-Text*, selected and trans, Stephen Heath, London: Fontana/Collins.

Berlyne, D. E., 1960, *Conflict, Arousal and Curiosity*, New York: McGraw-Hill.

_____, 1970, "Novelty, Complexity, and Hedonic Value", *Perception and Psychophysics, 8*.

Biederman, I., Mezzanott, R. J., & Rabinowitz, J. C., 1982, "Scene perception: Detecting and judging objects undergoing relational violations", *Cognitive Psychology, 14*.

Boolos, G. S. & Jeffrey, R. C., 1996, *Computability and Logic*, Cambridge: Cambridge University Press.

Bradley, L., 1971, "Repetition as a factor in the development of musical preference", *Journal of Research in Music Education, 19*.

Buenz, R. Y. & Merrill, I. R., 1968, "Effects of Effort on Retention and Enjoyment", *Journal of educational psychology, 59(3)*.

Carter, R., 1999, *Mapping the mind*, CA: University of California Press.

Chapman, A. J. & Foot. H. C. (Eds.), 1976, *Humour and Laughter: Theory, Research and Applications, Chichester*, UK: Wiley.

Csikszentmihalyi, M., 2000, *Beyond boredom and anxiety: Experiencing flow in work and play*, San Francisco: Jossey Bass.

_____, 1990, *Flow: The psychology of optimal experience*, NY: Haper & Row.

Damasio, A. R., 1999, *The feeling of what happens*, New York: Harcourt, Inc.

De Charms, R., 1968, *Personal Causation*, New York: Academic Press.

De Valois, R. L. & De Valois, K. K., 1990, *Spatial vision*, New York: Oxford University Press.

Deci, E. L., 1975, *Intrinsic motivation*, New York: Plenum.

Deci, E. & Ryan, R., 1985, *Intrinsic motivation and self-determination in human behavior*, New York: Plenum.

Dewey, J., 1931, *Interest and effort in education*, Boston: Riverside.

Duncan, J., 1999. "Attention", In R. A. Wilson & F. C. Keil (Eds.), *The MIT encyclopedia of the cognitive sciences*, Cambridge, MA: MIT Press.

Emerson, J., 1969, "Negotiating the serious import of humor", *Sociometry, 32*.

Epstein, W. & Rogers, S. (Eds.), Handbook of perception and cognition (Vol. 5): Perception of space and motion, San Diego, CA: Academic Press.

Gazzaniga, M. S. & Heatherton, T. F., 2003, *Psychological science*, New York: W.W.Norton, & Company.

Gervais, M. & Wilson, D. S., 2005, "The evolution and functions of laughter and humor: A synthetic approach", *Quarterly Review of Biology, 80(4)*.

Gill, D. L., Gross, J. B. & Huddleston, S., 1983, "Participation motivation in youth sports", *International Journal of Sport Psychology, 14*.

Greenfield, S. A., 2000, *The human brain*, New York: Basic books.

Hebb, D. O., 1955, "Drives and the CNS", *Psychological Review, 62*.

Henderson, K., Glancy, M. and Little, S., 1999, "Putting the Fun into Physical Activity", *Journal of physical education, recreation & dance, 70(8)*.

Iso-Ahola, S. E., 1980, *The Social Psychology of Leisure and Recreation*, William, Dubuque: C. Brown Company.

Iyengar, S. & Kinder, D., 1987, *News That Matters*, Chicago: University of Chicago Press.

Izard, C. E., 1991, *The psychology of emotions*, New York: Plenum Press.

Jensen, E., 1998, *Teaching with the brain in mind*, VA: ASCD.

Kagan, J., 1972, "Motives and development", *Journal of Personality and SocialPsychology, 22*.

Keltner, J., Capps, L., Kring, A. M., Young, R. C. & Heeney, E. A., 2001, "Just teasing: A conceptual analysis and empirical review", *Psychological Bulletin, 127(2)*.

Kelly, J. R., 1987, *Freedom to Be: A New Sociology of Leisure*, Macmillan, New York.

Koster, R., 2005, *A theory of fun for game design*, Scottsdale, AZ: Paraglyph.

Koestler, A., 1964, *The act of creation*, London: Hutchinson.

LaBerge, D. & Brown, V., 1989, "Theory of attentional operations in shape identification", *Psychological Review, 96(1)*.

Lazzaro, 2005, "Why we play games together: the people factor", *Game Developers Conference*, Symposium conducted at the meeting of GDC 2005, San Jose, CA.

Lorenz, K., 1963, *On Aggression*, New York: Bantam.

Mackworth, N. H., 1948, "The breakdown of vigilance during prolonged visual search", *Quarterly Journal of Experimental Psychology, 1*.

Malone, T. W., 1981, "Heuristics for Designing Enjoyable User Interfaces: Lessons from Computer Games", *Association for computing machinery*.

Marcel, A. J., 1983, "Conscious and unconscious perception: An approach to the relations between phenomenal experience and perceptual processes", *Cognitive Psychology, 15(2)*.

Marr, D., 1982, *Vision*, San Francisco: W. H. Freeman.

Martin, R. A. & Kuiper, N. A., 1999, "Daily occurrence of laughter: Rekationships with age, gender, and Type A personality", *Humor: International Journal of Humor Research, 12(4)*.

Martineau, J. W. H., 1972, "A model of the social functions of humor", In. J. H. Goldstein & P. E. McGhee (Eds.), The *Psychology of Humor*, New York: Academic Press.

Maslow, A., 1954, *The Farther Reaches of Human Nature*, New York: Harper & Brothers.

―――――――, 1954, *Motivation and personality*, New York: Harper.

Motter, B., 1999, "Attention in the animal brain", In R. A. Wilson & F. C. Keil (Eds.) *The MIT encyclopedia of the cognitive sciences*, Cambridge, MA: MIT Press.

Olds, J., 1956, "Pleasure centers in the brain", *Scientific American*, Reprinted in S. Coopersmith (ed.), *Frontiers of Psychological Research,* San Francisco: W.H. Freeman & Company(1966).

Pearson, P. H., 1970, "Relationship between global and specified measures of novelty seeking", *Journal of Consulting and Clinical Psychology, 34*.

Pert, C. B., 1999, "Molecules of emotion: A chicken-and-egg problem revisited", *Motivation and Emotion, 9*.

Podilchak, W., 1985, "The Social organization of Fun", *Leisure and Society, 8(2)*.

Ratey, J. J., 2001, *A user's guide to the brain*, New York: Pantheon Books.

Rock, I. & Gutman, D., 1981, "The effect of inattention on form perception", *Journal of Experimental Psychology: Human Perception and Performance, 7*.

Roeckelein, J. E., 2002, *The psychology of humor: A reference guide and annotated bibliography,* Westport, CT: Greenwood Press.

Shiota, M. N., Campos, B., Keltner, D. & Hertensten, M. J., 2004, "Positive emotion and the regulation of interpersonal relationships", In P. Philippot & R. S. Feldman (Eds.), *The regulation of emotion*, Mahwah, NJ: Lawrence Erlbaum Associates.

Spielberger, C. & Starr, L., 1994, "Curiosity and exploratory behavior", In H. O'Neil & M. Drillings (Eds.), *Motivation: Theory and research*, Hillsdale, NJ: Lawrence Erlbaum Associates.

Taylor, S. E. & Brown, J. D., 1988, "Illusion and well-being; a social-psychological perspective on mental health", *Psychological Bulletin, 103*.

Tye, M., 1995, *Ten problems of consciousness: A representational theory of the phenomenal mind*, Cambridge, MA: MIT Press.

Vakratsa, D. & Ambler, T., 1999, "How Advertising Works: What Do We Really Know?", *Journal of Marketing, 63(January)*.

Velmans, M. (Ed.), 1996, *Science of consciousness: Psychological, neuropsychological, and clinical reviews*, London: Routledge.

Vorderer, P., Hartmann, T. & Dlimmt, C., 2003, "Explaining the Enjoyment of playing video games: The Role of Competition", *Entertainment computing*.

Waldrop, M. Mitchell, 1987, *Man-made Minds*, New York(state): Walker Publishing.

White, R. W., 1959, "Motivation Reconsidered: The Concept of Competence", *Psychological Review, 66(4)*.

Wyer, R. S. & Collins, J. E., 1992, "A theory of humor elicitation", *Psychological Review, 99(4)*.

Zajonc, R. B., 1968, "Attitudinal Effects of Mere Exposure", *Journal of Personality and Social Psychology Monograph Supplement, 9*.

Zissman, A. & Neimark, E., 1990, "The influence of familiarity on evaluations of liking and goodness of several types of music", *The Psychological Record, 40*.

Zull, J. E., 2002, *The art of changing the brain*, VA: Stylus.

재미

_ 콘텐츠 창작과 분석, 이해에 관한 개념

초판 1쇄 발행일 2016년 7월 7일
초판 2쇄 발행일 2017년 8월 7일

지은이 이현비
펴낸이 이원중

펴낸곳 지성사
출판등록일 1993년 12월 9일 등록번호 제10-916호
주소 (03408) 서울시 은평구 진흥로1길 4, 2층
전화 (02) 335-5494 팩스 (02) 335-5496
홈페이지 지성사.한국 | www.jisungsa.co.kr 이메일 jisungsa@hanmail.net

ISBN 978-89-7889-318-3 (93170)

잘못된 책은 바꾸어드립니다. 책값은 뒤표지에 있습니다.

「이 도서의 국립중앙도서관 출판예정도서목록(CIP)은 서지정보유통지원시스템 홈페이지(http://seoji.nl.go.kr)와
자료공동목록시스템(http://www.nl.go.kr/kolisnet)에서 이용하실 수 있습니다. (CIP제어번호:CIP2016014971)」